ARISTOTLE

亚里士多德全集

第一卷

苗力田　主编

中国人民大学出版社
·北京·

《亚里士多德全集》编译组成员

苗力田　徐开来　秦典华

余纪元　颜　一　喻　阳

申　明　崔延强　李秋零

序

古希腊哲学是西方哲学的故乡。在希腊哲学多种多样的形式中，差不多可以找到以后西方哲学各种观点的胚胎和萌芽。亚里士多德（Aristoteles 公元前 384—前 322 年）是古希腊哲学的集大成者，被称为古代最博学的人物，出生于马其顿的斯它吉拉城，家族以行医为世业。亚里士多德的一生，是竭力摆脱外部干扰，潜心于教学和学术研究的一生。公元前 367 年，风华正茂的青年亚里士多德，离开了宫廷中正在进行着惨烈的夺权斗争的马其顿王国，来到了雅典，投入正处鼎盛时期的阿加德米亚，师事柏拉图。他在这里一住就是 20 年，大约前 10 年按照柏拉图所规定的，修习基础课程，后 10 年则以辅导员（agagnostes）身份，做教学辅助工作。他最早的著作被认为是在这一时期写成的。它们仍以对话体为形式，罗马的西塞罗尚见到这一批作品，盛赞其文采的华美和语言的流畅。柏拉图逝世之后，大半是为了避免学院的人事纠葛，他离开雅典到了小亚细亚，在这里他充分利用了沿海礁岛林立的地理条件进行研究，积累了初步的生物学资料。不久他应聘回到了马其顿，作了当时的王子、后来的亚历山大大帝的教师，在这里他开始注意政治、伦理问题。他的第一批政治伦理作品，是在这个时期写成的。公元前 335 年，亚里士多德回到阔别 12 年的雅典，雅典已在马其顿的控制之下了。这时候，他以知命之年在吕克昂创建了自己的学校，亲自主持讲授，并广泛地开展学术研究。现在我们所见到的较为完整的著作，大都是亚里士多德这一时期的作品。然而好景不长，公元前 323 年亚历山大猝死于远征的军旅之中，雅典对他这个外邦人已充满敌意。他不得不把学校移交给自己的学生和朋友，避居于优卑亚岛卡尔基斯城他母亲所遗下的老屋中，独享其寂寞，于次年病死，终年 63 岁。亚里士多德所创立的学派，被称为漫步学派（Peripatetikoi）。

我们说，亚里士多德是古希腊哲学的集大成者，并不是因为他建立了一个无所不包的体系，宣示了几条永恒不变的真理，而是因为他把希腊哲学爱智慧、尚思辨的精神，也就是追求知识、探索真理的精神，充实了，具体化了，发扬光大达到顶峰。亚里士多德的哲学尊重经验，跟随现象，最后归于理智和思维。他认为，求知是所有人的本性，而对感觉的喜爱就是证明。人们通过经验得到了科学和技术。经验造成技术，无经验则只能诉诸偶然。并且，对于实际活动来说，经验和技术似乎并无区别，而一个有经验的人，比那些只知道原理而没有经验的人，有更多的成功机会。亚里士多德把理智置于灵魂的最尊崇的地位，把它看作是本原。在自身的思想，是其自身为最善的东西的思想，是以至善为对象的至高思想。理智通过分享思想对象而思想自身。被思想的东西生成于接触和思想，所以思想和被思想的东西是同一的。思想就是对被思想者的接受，对本质的接受。在具有对象时思想就现实着。这样看来，在理智所具有的东西中，思想的现实活动比对象的具有更为神圣。思辨是最大的快乐，是至高无上的快乐。如若我们能一时享受到神所永久享受的这种至福，那就令人受宠若惊了，如若享受得更多那就令人感到更大的惊奇，事情就是如此。

亚里士多德把智慧，把哲学称为思辨科学。他更进一步从不同角度，在与其他科学的不同关系中，对哲学作出不同的规定。首先，在哲学的起源上，在它和创制科学的关系上，他把智慧规定为关于最初原因和本原的科学。哲学不能满足于事物是什么，还要探索日常所见事物生成和存在的原因，要去解决事物是由什么构成的，以及怎样才能使人去了解这样的难题。在这一方面，哲学就有别于创制科学。创制科学进行创制以实用为目的，哲学则不以实用为目的，而是学以致知，是一种想知道个别事物为什么而做的科学。因此哲学起源于好奇，不论是在现在，还是在最初，人们都是由于好奇而开始哲学思考的。在开始，人们对身边所不懂的事情感到好奇，进而对更重大的事情感到好奇，如关于月象的盈亏，太阳和星辰的变化，关于万物的生成。一个感到困惑和好奇的人，就感到了自己的无知，所以，人们是为了摆脱无知而进行哲学思考的。很显然，这是为了知识而去追求知识，而不是为了其他的效益。正如我们把为了自身而存在，而不是为了他人而存在的人称为自由人一样，那么，这种为知识自身而存在的科学，也是唯一自由的科学，是高尚的科学、神圣的科学。其次，亚里士多德又在哲学的对象上，从它和其他具体科学的关系上，把它规定为关于作为存在的存在的科学。这就是说，哲学是一种普遍科学，而不是一种特殊科学。其他的特殊科学，都是从存在截取一个部分作为研究对象，而探索它的属性。例如数学，就是从存在截取数量部分，只探索其数量方面的属性。哲学则以未经任何划分、不受任何规定的存在为对象，以作为存在的存在为对象，而探索它就其自身而言属于它的属性。既然哲学所探索的是最初本原和原因，那么很显然它自身也必然有所依从，有所归属。如若先辈哲学家们所寻求的事物存在的元素就是这样的最初本原和原因，那么很显然，它们就不能作为偶性，而只能作为存在。所以，人们必须就作为存在的存在来把握最初原因。亚里士多德关于哲学的这两个著名的定义又是相互紧密联系的。

一方面，必须就作为存在的存在来把握最初原因；另一方面，又必须就最初原因来把握作为存在的存在。这样就艳艳荧荧千古绵绵形成了一个不断的循环、宇宙的奥秘，为那些不以无知为自足的人所不懈追询、无穷探索，却始终得不到一个自足的、最后的答案。关于什么是存在的问题，亚里士多德的回答是否定的。他明确地宣布，存在是什么，换句话说实体是什么，不论在古老的过去，还是当前的现在，以至永远的未来，都是一个被不断探索而总不会得到答案的问题。很显然，如若存在是什么果真得到了最后的答案，那么，这一存在也就不是普遍的、无条件的了，探索也就终止了，哲学也就消亡了。关于最初因问题，从形式上看，亚里士多德似乎作了一个肯定不移的回答。他根据无穷后退不可能的推理原则，最后达到了一个永远不被运动的运动者，或者称之为神，而停住了脚步。这样一个神启动万物，是宇宙的最初动因，它甚至具有生命，享受着不尽的至福。看起来，很有一点人格神、创世主的味道。然而，只要稍微体察一下亚里士多德的本文，就会得出完全相反的结论。因为，神只不过是一种以思想为实体的东西，神的生命就是思想的现实活动，它就是现实性，是就其自身的现实性，它的生命是至善和永恒。如若它是至善，那就是思想它自己，思想就是对思想的思想。这样看来，神不过是一种不懈追询、无穷探索的别名，亚里士多德就是爱智慧、尚思辨的希腊哲学精神的化身。黑格尔说：假如一个人真想从事哲学工作，那就没有什么比讲述亚里士多德这件事更值得去做了。

作为一个哲学教师，亚里士多德在讲授和著述中大概度过了 40 年生涯。他所留下来的作品，仅依公元 2 世纪传记作家第欧根尼·拉尔修（Diogenes Lartius）在其《著名哲学家传》中保存的目录所载，就有 164 种 400 余卷，共计 445 270行。可是到现在，在被誉为标准本的《亚里士多德全集》里我们只能见到 47 种。而其中《论宇宙》(peri Kosmou) 等 13 种，经学者们从内容及文体上多方考证，已被公认为是后人所托之作品。这些篇目虽非原作，但仍具很高文献参考价值，所以仍保留在全集中，加以标志以示区别。标准本的《亚里士多德全集》是由柏林科学院授命，在伊曼努尔·贝克尔（Immanuel Bakker）主持下编辑的。全书共 5 大卷，从 1831 到 1870 年历经 40 年才最后完成这一巨著。这部书的前两卷收集了亚里士多德著作的本文。两卷计 1 462页，每页分 a、b 两栏，每栏从 30 到 40 余行不等，大多为 35 行左右。每隔 5 行都标出行数号码。例如《形而上学》一书就是从 980b25 行开始的。这部《全集》的出版被认为给亚里士多德研究奠定了新基础。这个版本是从最优秀和最古老的手稿中整理出来的、以亚里士多德为名的全部著作的版本。在贝克尔版之后，西方各国的古典学者们对亚里士多德著作做进一步的加工、订证、诠释的工作，出版了各种文本的版本，如《托布奈丛书》(Teubner Series，1868—1961 年)，《牛津古典本文》(Oxford Classical Texts，1894—1968 年)，希法对照的《布德丛书》(Budé Series，1926—1968 年)，希英对照的《洛布丛书》(Leob Series，1926—1966 年)，不过这些版本都是在贝克尔版的基础上进行的。此外，学者们还收集了亚里士多德已散失的著作的残篇，并加以出版。

在《全集》中，贝克尔对亚里士多德各篇著作的编排从《工具论》的《范畴篇》开始到《论诗》为止，大体是依照亚里士多德关于科学的分类来进行的。在这里，以《工具论》六篇为方法学上的预备，接着就安排了思辨或理论科学的《物理学》或广义的自然学（Phusika），以及与此相关的天文、气象、生理、心理、动物、植物诸篇章，然后就是总名为《形而上学》的物理学后的诸篇章。亚里士多德把数学和物理学、形而上学并列为思辨科学的一个组成部分，但没有专门的著作保存下来。其次是实践科学，在这里，伦理学、政治学、家政学（或经济学）三部分是完整的。最后是创制科学，其中三个组成部分诗学、修辞学、辩证法三部分也是完整的。不过辩证法被看作是依据公认的意见立论和反驳的方法，把与此有关的著作《论题篇》和《辩谬篇》（Sophistikoi elenkoi）提到《工具论》中去了。由于亚里士多德的著作中缺乏显明的客观标志，使人可以确定其写作时代的顺序，所以，在这里所用的方法，也许是能从亚里士多德著作中找得到某种依据的、唯一可行的方法。在我们的译本里，也无可选择，无可创新，只能依照标准本的办法，按贝克尔的顺序和页码来编排。贝克尔版的第三卷收集了在15和16世纪译成的、优秀的亚里士多德著作的拉丁文译本。其他各卷是从古代的亚里士多德注释中，选其重要的编辑整理而成，一部分包含了亚里士多德已散失了的著作的残篇，此外还附加了有关亚里士多德著作的目录。

贝克尔版问世90年之后，在奥托·吉冈（Otto Gigon）的主持下出版了《亚里士多德全集》新版1、2、4、5卷（1960—1961年）。在新版的《亚里士多德全集》里，贝克尔版的前两卷，也就是亚里士多德著作的本文“完全按照原样重新交付印行”，因为吉冈认为，虽然在更完善的版本中，肯定会出现某种特点和优点，但和这些新的版本相比较越发显得贝克尔以其惊人的机敏选择了这些手稿，并且在大多数情况下审慎地规划并编排了这些手稿。此外，贝克尔版在当时是唯一用两卷或三卷就把亚里士多德全部著作包容在内的版本。而在新的版本中所表现的一个或少数特点或优点，在学术上可能是足够的，但在实用上却显得不够。所以，按照贝克尔原文重新印行第1、2两卷。无论对文献研究，还是对亚里士多德哲学，这都将受到欢迎。在新版中，吉冈删去了第三卷亚里士多德著作的拉丁文译本，而代之以一个更完整的残篇汇编。因为这种拉丁文译本对于亚里士多德著作研究的发展虽然是很有价值的，但是谁要想解释亚里士多德的词句，就没有什么太大的帮助了。而且，亚里士多德著作的残篇，自贝克尔之后，经过许多学者的大力搜求，已经大大地丰富起来。特别是《雅典政制》的纸草在1890年被意外地发现，更使这种残篇的搜集工作具有了重大的意义。此外，新版还从亚里士多德本文的注释中选印了最重要的文献，在第四卷中就刊行包尼茨（Bonitz）的著名的《亚里士多德著作索引》。编者指出，这个索引虽然在今日看来已有许多不足之处，但它是渊博的，综合了所有最有价值之点，即使在今日，这个索引也可以使所有那些想认识亚里士多德大量主题，以及其各种最重要用法的读者感到满足。新版的《亚里士多德全集》附有自贝克尔版之后所出版的各种版本的全部目录，最后加上称作“亚里士多德”的马尔西安传记。所以要出版这一传记，为的是让文献研究者们能够确有把握地区别，哪些词句是在今日纸草本中总可以读得到的，哪些词句是我们时代学者们所补充的。在这最后两卷中汇集了新的研究成果。

现在我们所能见到的较为完整的亚里士多德的作品中，充满了课堂用语，以及复述、小结等显明的教学环节。这说明，人们对这些作品大多是讲授提纲和听讲摘要的推测是有根据的。而且《物理学》一书的原名，即明白标示出是一种讲义（akroasis）。作为希腊哲学爱智精神化身的亚里士多德，以40年的教学生涯，于今只有这样30来种著作传世，其本身就反映了一个愚昧与启蒙、野蛮与文明、暴力与理智的历史斗争过程。关于亚里士多德著作的坎坷命运，早在公元11世纪，就以传奇故事的形式记载于著名的地理和历史学家斯特拉波（Strabo）的《地理学》和阿加德米亚哲学家、传记作家普鲁塔克（Ploutarkhos）的《道德论集》中。根据传说，公元前322年亚里士多德殁后，吕克昂由亚里士多德的学生和朋友塞奥弗拉斯特（Theophrastos）主持。后者在公元前288年逝世前，把藏于吕克昂的亚里士多德和自己的稿本托付于同事斯开普斯（Skepsis）的纳留斯（Neleus），由纳留斯带回他小亚细亚的故乡，公开展览，任人抄传。后来珀加蒙王国的君主，为自己的图书馆向民间征集书籍，为了避免被征用，这批稿本就被藏于斯开普斯的地窖中，一直沉睡了百余年，直到公元前1世纪才发掘出来，被卖给了台奥斯的哲学家阿柏里康（Apellikon）重新带回雅典。公元前86年苏拉攻占了雅典，把这批书稿劫到罗马，后来又转手到文法学家提兰尼奥（Tyrannion）手中，准备编辑抄传。但经两个世纪岁月的腐蚀，播迁散乱，这批稿子已经面目全非，又加上誊抄手文化不高、讹误百出，所以稿件的内容次序、写作先后完全不可辨认。直到罗马吕克昂第十一任主持、罗得斯岛的安德罗尼珂（Andronicus）收藏了它，并重新加以编辑，这大概是公元前60年左右的事情。在当时，安德罗尼珂已经无法查清这些著作的写作年代，只能用当时流行的分类归纳法，把它们按内容排比在一处。

这样一个传奇故事，说来虽也凄婉动听，但总难免启人疑窦。因为，吕克昂在当时已是古代西方文明世界国际性的学术机构，自亚里士多德后已存续了250余年，很难想象在各地的学院里连创建者的一份手稿也无保存，更难想象漫步派的门徒们让其开山祖的典籍受到如此恶劣的对待。不过无论如何，我们现在所见到的亚里士多德著作的形式次序和每篇的标题，都应归功于安德罗尼珂，这已是人所公认的了。更令人遗憾的是，安德罗尼珂所编定的《全集》后来也失散了，甚至连一份目录也不曾保存下来。至少也可以断言，第欧根尼·拉尔修没能够见到这份目录，若不然我们就会从保存下来的第氏目录中，更多见到我们今日所见的亚里士多德著作的标题。特别是那些主要著作的标题，如《物理学》、《形而上学》等。实际上，公元后的几个世纪里，罗马帝国战乱频仍、社会腐败，希腊哲学的智慧火花已濒于熄灭。学者们纷纷带着他们的典籍移居较安定的东方，继续自己的事业。于是新兴的基督教就来填补这一精神空位。基督教是一个以信仰为基础的、排他性很强的宗教，它和把求知看作是人的本性的希腊哲学针锋相对。特别在公元 4 世纪基督教被宣布为罗马帝国国教，对世俗的希腊哲学加强限制，终于在公元 529 年查士丁尼下令封闭了全部非基督教的学校，希腊哲学在西方失去了最后的存身之所，亚里士多德的著作几乎不再为人所知。除了在公元 6 世纪初，罗马的一位学者和政治家波埃修(Boethius) 把《范畴篇》、《解释篇》等几个短篇译为拉丁语之外，直到 12 世纪初 600 年间，就没有迹象表明，拉丁语世界还接触过其他亚里士多德著作。12 世纪之后，随着东西文化的交流，西方人士通过阿拉伯哲学家阿维洛依(Averroes) 重新见到了亚里士多德著作，并从希伯来语转译为拉丁语。大约在 1255 到 1278 年，绝大部分的亚里士多德著作已有拉丁文本。不过，在这一时期由佛兰德翻译家莫依贝克（Moerbecke）所编的亚里士多德全集拉丁文本中，还有一半是从阿拉伯文转译过来的。在14世纪末年，出版家阿尔杜斯·曼努修（Aldus Manutius）出版了几乎是全部的亚里士多德著作的希腊本文，不过其中的《论诗》直到1500年实际上尚不为西方学术界所知。

现代文化的中国对亚里士多德这个名字并不陌生。那些热心于中西文化比较的人士，如若愿把苏格拉底比做孔丘，把柏拉图比做孟轲，那么，就会顺理成章地把亚里士多德比做主张“学不可以已”的荀卿了。对亚里士多德著作的翻译工作早年就在进行着，特别在50年代之后更比较严肃认真。也许并非纯粹的历史巧合，在我们这里最先出现的亚里士多德著作的译著也是《范畴篇》和《解释篇》。不过亚里士多德在我们中华大地上的遭遇比在自己的故土幸运得多，不到30年，他的著作已有十来种陆续译为汉语，其中包括像《形而上学》、《物理学》这样重要的著作，而且《范畴篇》和《解释篇》又很快地有了不同的译本。所以，我们目前的工作，说不上什么创新，不过是继续他人已经开始了的事业，并把它坚持到底而已。国外古典著作的翻译是一个民族意欲开拓自己的文化前途，丰富自己的精神营养所不可缺少的。巨大的任务令人惴惴，不敢自安。困扰使人发现了自己的无知，比较使人汲取了他人的经验，包括国外翻译亚里士多德著作的经验。经过商讨和思考，我们给自己的译文提出这样一个要求：确切、简洁、清通可读。这个要求在实质上和信、达、雅没有什么不同，但对于不同的对象，在不同的时间，须作进一步规定罢了。

就确切来说，在今日汉语中哲学词汇已经相当丰富并日臻完备的情况下，如若完全用现有词汇来对译亚里士多德的古希腊词汇，那么，遣词造句就会方便得多，读起来也会顺畅得多。但这样的译文，我们认为对亚里士多德是不确切的。因为亚里士多德是一位2000多年之前的古代西方哲学家，这时哲学尚处于自己的幼年时期，它不但在艰难地探索着如何回答所面临的令人困惑的问题，也同样艰难地，或许是更艰难地探索着各种回答的表述方式。因为，在许多情况下，特别是越在关键处，就越难以觅得适当的词汇来表达自己的概念。于是不得已，亚里士多德往往从日常生活语言中撷取一个词组或一个短句来完整地表达自己的意思。对于这样一些词组或短句，如果用一个现代术语相对应，譬如说“本质”，对于译和读来说虽然是较为轻便了，但不免失去亚里士多德语汇中所包涵的许多意蕴，失去了亚里士多德之为亚里士多德的东西。翻译是一种载体，古代外国典籍的翻译向我们传递了彼时、彼地、彼民族灵魂的消息。所以，在译文里不但要使我们见到，彼时、彼地、他们的这番议论，在此时、此地、我们是什么意思，还应该（也许是更应该）使我们看到，我们这番意思，他们在彼时、彼地是用什么方式说出来的。从这一角度来看，翻译也是种认识手段，古籍的翻译是认识的历史手段。当今时代，人们还有兴趣去阅读古代文献，除了在这里进行发掘和寻求启示之外，我们想，还在于去索解一些思想、一些概念在其最初究竟是个什么样子。而这一点对于哲学、对于西方哲学尤其重要，因为理论思维说到底是一种概念思维，离开了概念，没有人能认真地进行思维。而近现代西方哲学的各种观点，可以在古希腊哲学多种多样的形式中找到自己的胚胎和萌芽。同样，近现代西方哲学的各种语汇和概念，也可以在那里找到自己的根源和出处。言必称希腊。这些思想、语汇和概念，则大多是通过亚里士多德流传下来的，它们是素朴的、与生活血肉相联的。但从历史上去把握它们的最素朴的意义，也就是最根本、最本质、最核心的意义时，如若把它们全部以现代词汇来代替，那就会使古代典籍失去其认识的历史功能，不成其为古籍。而且，就是在专业语汇已大大丰富的近现代，用词组来表现一种较为复杂的思想和概念的办法，也难于完全避免，“自在之物”就是一个例子。确切不但是对作者、对原文和原意而言，还要对读者而言。古代语言和现代语言的表达方式是不同的，外国语言和中国语言的表达方式是不同的。而且每个著作家还有自己独特的写作习惯和表达方式。如若机械地把现代汉语和亚里士多德的希腊语的表达方式相对译，譬如被动语态，那么就会引起歧意和误解，使现代的中国读者不能确切地理解原意。这两个意义上的确切看来是矛盾的，但必须使之相反相成，既忠实地传达彼时、彼地、原作的本意，又能使此时、此地的我们无误地把握其本意。

就简洁来说，这可能是亚里士多德著作翻译中的一个特别突出的问题。如上所说，现存的亚里士多德著作，大部系讲授提纲、听讲摘要一类的东西，其内容语意简赅，往往是容许进一步铺陈和发挥的。但这样经过发挥了的译文，正如牛津英译《亚里士多德全集》修订版编者乔纳逊·巴恩斯（Jonathan Barnes）教授在该书的序言里所说，并不是在用英语来转达亚里士多德的希腊语，而是随意地用他们自己的话来表达自己所想说的话，于是就往往把翻译变成了一种引申（paraphrase）。在这种引申式的译文里，本文里的一个词变成了一串词，本文里的一句话变成了几行话，完全失去了亚里士多德语言简洁、行文严密的风貌。我们生也鲁钝，对于自己的发挥会在多大程度上合乎斯它吉拉哲人的原意，没有多大的把握，所以谨约严守本文，宁愿把本文所涵容的广大思辨空间保留下来，奉献给捷思敏求的读者，去思考、去想象、去填充。除非在不增加一个词或一个句就词意不全的情况下，我们都不作增加，更严禁任己意引申铺陈，尽力保持亚里士多德原来的文风。

至于清通可读，本身就很明白，似乎没有什么可说的。我们的意愿不过是用现代通用的汉语，以在理论文章中所习用的方式，在确切和简洁的前提下，把亚里士多德的希腊语转达给现代汉语的读书界。或者像人们所说，教亚里士多德说现代汉语。还须说明一下的是，在本《全集》的脚注中所引证的希腊语词，都是按照国家颁布的《汉语拼音方案》的字母表来对应拼写的。在一般的读物中，用本国字母，按照本国方式来拼写希腊词，目前已成为世界潮流，我们中国的希腊哲学研究者和出版者，似乎也没有必要再用那些复杂的气号和重音来麻烦自己，而是寻求一种简便可行的自己的拼写方法，既不借用法语的，也不借用德语和英语的拼写方法。关于《汉语拼音方案》和希腊语两种字母的对应表，在旧编《古希腊哲学》一书后记中可以找到，这里不再重复。这个设想当然也存在着困难，不能尽如人意，但愿能得到多方帮助，能产生出一个适当的方案来。像这样一个方案虽说不上是什么伟业和创举，但我们相信，如若人们想从本文来研究和阐述希腊哲学，它却是推不脱、绕不过的一个关节。

我们给自己所提出的要求，实际上是我们不断奋斗着以求实现的目标。古代外国典籍的翻译，是一个民族为开拓自己的文化前途，丰富精神营养所经常采取的有效手段。这同样是一个不懈追询、无穷探索、永远前进的过程，求知是人之本性。

“Pantes anthropoi tou eidenai oregontai phusei”。

苗力田

1989年4月于林园

工 具 论

目　　录

一、范畴篇 …………………………………… 1
二、解释篇 …………………………………… 47
三、前分析篇 ………………………………… 81
四、后分析篇 ………………………………… 243
五、论题篇 …………………………………… 351
六、辩谬篇 …………………………………… 549

后记 ………………………………………… 622

范畴篇

秦典华　译

* Categoria 据《洛布古典丛书》希腊本文。

【1】 当事物只有一个共同名称，而和名称相应的实体的定义则有所区别时，事物的名称就是“同名异义的”；例如，“人”和“肖像”都可以叫做“动物”，因为这只是它们的共同名称，而和名称相当的实体的定义则是有所区别的，因为如若要定义，指出人和肖像作为动物是什么，那么就得对每一种情况加以适当的定义。 1a

当事物不仅具有一个共同名称，而且与名称相应的实体的定义也是同一的，那么事物的名称就是“同名同义的”。例如，“人”和“牛”都可以叫做“动物”，这个名称对于人和牛来说是共同的，而且其实体的定义也是同一的。因为如若要定义这两者作为“动物”，各是指什么，那么就得给这两个特殊的名称以同样的定义。

当事物自身的名称是由某些其他的名称而来，但词尾有所不同，那么这种名称就是派生的。如“语法家”从“语法”一词而来，“勇士”从“勇敢”一词而来。

【2】 语言的表达，或者是复合的，或者是简单的。复合的表达，如“人跑”，“人得胜”；简单的表达，如“人”、“牛”，“跑”、“得胜”。

其中，有些事物能述说一个主体，但并不依存于一个主体，例如，“人”能述说某一个别的人这一主体，但并不存在于这一主体之中。有些事物则存在于一个主体之中，但并不能述说一个主体（所谓“依存①于一个主体”，我并非指像部分依存于整体那样，而是指离开了主体它便不能存在）；例如，某种语法知识就存在于心灵这种主体中，但并不述说一个主体。再如，“白”存在于身体这一主体中（因为所有的颜色都存在于身体表面），但并不能述说一个主体。有些事物不仅述说一个主体，而且还存在于一个主体中，如“知识”既存在于心灵这个主体中，而且还述说“语法”这个主 1b 体。有些事物既不存在于一个主体中，也不述说一个主体，如某一个别的人和个别的马。这样的事物既不存在于一个主体中，也不述说一个主体 。一般说来，个体②和在数目上单一的事物绝不可能述说一个主体。然而在某些情况下并不妨碍它存在于一个主体中，因为某种个别的语法知识就存在于心灵这个主体中。

【3】 当用一事物来表述③作为主体的另一事物时，一切可以表述宾词的事物，也可以被用来表述主体。例如，“人”可以表述某一个别的人，“动物”可以表述人；所以“动物”也可以被用来表述某一个别的人，因为这个个别的人既是人又是动物。

---

① en。

② atoma。

③ kategorein。

当一些种是并列的并且有所不同时，属差在种类上也会有所不同。例如“动物”和“知识”这两个种。动物的属差是“有脚的”、“两脚的”、“有翼的”、“水栖的”。但这些并不是知识的属差，因为一种知识和另一种知识的区别并不是以“两脚的”来确定。

但如若有些种隶属于另一些种，那么就没有什么妨碍它们具有相同的属差。因为较大的种可以表述较小的种。所以，宾词的所有属差也将是主词的属差。

【4】 一切非复合词包括：实体、数量、性质、关系、何地、何时、所处①、所有②、动作、承受③。举个例子来说，实体，如人和马；数量，如“两肘长”、“三肘长”；性质，如“白色的”、“有教养的”；关系，如“一半”、“二倍”、“大于”；何地，如“在吕克昂”、“在市场”；何时，如“昨天”、“去年”；所处，如“躺着”、“坐着”；所有，如“穿鞋的”、“贯甲的”；动作， 2a
如“分割”、“点燃”；承受，如“被分割”、“被点燃”。

这些词自身并不能产生任何肯定或否定，只有把这样的词结合起来时，才能产生肯定和否定。因为，所有的肯定命题和否定命题必然被看作或者是真实的，或者是虚假的。而

① keisthai，意为“姿态”，“状况”。

② echein。

③ paschein。

非复合词既没有真实，也没有虚假，如人、白、跑、得胜等等。

【5】 实体，在最严格、最原始、最根本的意义上说，是既不述说一个主体，也不存在一个主体之中，如“个别的人”、“个别的马”。而人们所说的第二实体，是指作为属或种而包含第一实体的东西，就像种包含属一样，如某个具体的人被包含在“人”这个属之中，而“人”这个属自身又被包含在“动物”这个种之中。所以，这些是第二实体，如“人”、“动物”。

从上述可以清楚地看到，述说一个主体的名称和定义，也一定能表述一个主体，如“人”能述说作为主体的某个具体的人，也能表述其名称。因为人乃是某个具体的人的表语，人的定义可以用来表述某个具体的人，因为某个具体的人既是人又是动物，而属的名称和定义都能够表述一个主体。

大多数存在于一个主体中的事物，无论其名称，还是其定义，都不能表述一个主体。但是，虽然其定义不能表述一个主体，但有时却没有什么能妨碍其名称能表述一个主体。例如，“白”就依存于身体这个主体，并被用来表述身体这个主体（因为身体被说成是白的），但白的定义却不能被用来表述身体。

除了第一实体，所有其他事物，或者都可以被用来述说作为主体的第一实体，或存在于作为主体的第一实体中。这从一些个别的情况中可以看得很清楚。例如，我们可以用

"动物"来表述人，所以我们也可以用"动物"来表述某个具体的人。因为如果不存在可用"动物"来表述的个别的人，那么就不存在可用"动物"来表述的一般的人。其次，颜色 2b
存在于身体中，那么也存在于某一具体的身体中，因为如果它不存在于某个具体的身体中，它也就不存在于一般的身体中。所以，所有其他事物，除了第一实体，或者可以被用来述说作为主体的第一实体，或者存在于作为主体的第一实体中。如果第一实体不存在，那么其他一切都不可能存在。

属比种更能被称为第二实体，因为它更接近于第一实体，因为如果要说明第一实体是什么，那么，用属去说明就比用种去说明更明白、更恰当。例如，要说明某个具体的人，用人说明就比用动物说明来得更明白。因为前者更接近于某个具体的人，而后者过于宽泛。要说明某棵树是什么，用树说明就要比用植物说明更明白。

而且，第一实体之所以被认为比其他事物更是实体，就在于第一实体是支撑着其他一切事物的载体，其他事物或被用来表达它们，或存在于它们中。属和种的关系，就如第一实体和其他事物的关系一样。因为属支撑着种，人们是用种来表述属，而绝不会反过来用属来表述种。所以，根据这些理由，可以说属比种更是实体。

属自身，如果没有一个属还兼为种，就不会有一个属比另一个属更是实体，因为并不存在用人来说明个别的人比用马来说明个别的马更为恰当的问题。正如那些第一实体自身一样，不会有某个第一实体比另一个第一实体更是实体，因为不会有某个人比某头牛更是实体。

除了第一实体，其他事物中只有属和种可以被称作第二实体，因为在所有的表语中，只有它们能够清楚地说明第一实体。如果要说明某个具体的人是什么，或者用属说明，或者用种说明，而且，用“人”比用“动物”说明更加恰当。但是，如果用别的东西来说明，如用“白”、“跑”或诸如此类的其他东西来说明，这对于要说明的事物就不合适了。所以，在其他事物中，只有属和种可以被称为实体。

3a 由于第一实体乃是其他一切事物的载体，所以，第一实体乃是在最主要意义上的实体，第一实体和其他一切事物的关系，正如第一实体的属与种和其他事物的关系一样，因为其他所有的东西都是被用来表述它们的，你可以说某个具体的人是有教养的，同样也可以说人和动物是有教养的，其他情况也是如此。

所有的实体都有一个共同的特点，即不存在于一个主体中。因为第一实体既不存在于一个主体中，也不述说一个主体。第二实体显然也是如此：不存在于一个主体中。我们可以用“人”来述说作为主体的某个具体的人，但它并不存在于主体中。因为“人”并不存在于某个人中；同样，我们可以用“动物”来述说作为主体的某个人，但动物并不存在于某个人中。一事物依存于一个主体，并不妨碍我们可以用这一事物的名称来表述一个主体，但是，它的定义不能用来表述一个主体。第二实体的定义和名称都可以用来表述主体。人的定义就可以用来表述某个特殊的人，动物的定义也是如此。所以，实体不存在于一个主体中。

但这种特性并不为实体所独有，属差也不存在于一个主体中。因为我们可以用“有足的”、“两足的”来述说作为主体的人，但它们并不在主体中，“有足的”、“两足的”并不在人中。用属差来述说的东西，也可以用属差的定义来表述，如，我们可以用“有足的”述说“人”，也可以用“两足的”定义来表述“人”，因为人是“有足的”。

实体的部分存在于作为主体的整体中，这个事实不必令人担心，这样的部分不是实体。因为当我们说，某物存在于主体中时，并不意味着这些东西是作为部分依存于某物。

实体和属差都有这样的特性，全部由它们所表述的东西，都是同名同义的。所有由它们所表述的东西，既有个体①，也有属。第一实体从来不表述任何事物，因为它并不述说任何主体，在第二实体中，则可以用来表述个体，而种既可以用来表述属，也可以用来表述个体。同样，属差也可以用来表述属和个体。属和种的定义都适用于第一实体，种的定义适用于属。因为被用来述说表语的，全都可以用来述说主语。同样，属差的定义也能够适用于属和个体。“同名同义的”这个词可用于既有相同名称，又有同样定义的事

① atomon。

物，正如在由实体和属差所表述的全部命题中，都是被同名同义地表述着的。

所有的实体，似乎都在表示某一“这个”[1]，而相对于第一实体来说，它所表明的是一“这个”，更是无可争辩的真理。因为它所表明的东西是不可分割的，在数目上是单一的。从表面上看来，第二实体似乎也同样表明的是某一这个，例如，当我们说到“人”或“动物”时就是这样，但这并不是真的。它更多地表明的是某种性质，它不像第一实体那样，是单一的主体，我们说“人”和“动物”，并不是一件事物而是多种事物。但它们所表明的不是某种笼统的性质，如“白的”。因为“白的”除了表明性质以外，别无所指。而属和种决定了实体的性质，这些性质表明它是什么实体，而且，种所确定的性质的范围要比属所确定的更宽泛。因为说“动物”，就要比说到“人”包含得更多。

实体自身没有相反者。因为有什么东西能和第一实体相对立呢？例如，某个具体的人或某一具体的动物，它们是不会有相反者的。不仅实体无相反者，而且其他许多事物也没有，如数量，“两肘长”或“三肘长”是不会有相反者的，“10”和其他同类数目也都没有相反者，除非有人说“多”和“少”、“大”和“小”是相反者，但确定的量是绝不会有相反者的。

实体似乎不具有更多、更少等程度上的不同，我说的意

① tode ti。

思，并非指实体之间没有更是实体，以及较远于实体的实体（因为这点已经说过了，是有的），我是说，实体自身不容许有程度上的不同，例如，人这同一个实体，就不可能会更多地或更少地是一个人，无论是和他自己比较，还是和别人比较，这个人也不会比另一个人更多地或更少地是一个人，正如一个白色的东西不会比另一个白色的东西更多地或更少地是 4a
白色的东西，就好像一个美的东西不会比另一个美的东西更是一个美的东西。也许同一事物的同一种性质，在不同的时间里，会在程度上有所区别，例如，身体的白净，现在就可能比过去更白净；热的东西，在不同的时间里可能会显得或者更热，或者不太热。所以，实体不能被说成更多地或更少地是实体。因为现在的某人不会比从前更是人，其他的所有实体也是如此。所以，实体没有更多或更少的问题。

实体独有的特征似乎是，在数目上保持单一，在性质上可以有相反的性质。除实体外，其他事物并不具有这种特点：在数目上保持同一，又可容受相反的性质。如“颜色”，虽然在数目上保持同一，但同一种颜色不可能既白又黑，某一行为自身，在数目上是单一的，但不可能同时既是善的又是恶的。除实体以外的一切事物都是这样。实体不仅能在数目上保持单一，而且能容受相反的性质，如某个人，在数目上始终是同一个人，但他有时白，有时黑，有时发热，有时发冷，有时行善，有时行恶。而其他的事物则不会这样。虽然人们可能会认为，命题[1]和意见有相反者，因为同一个命题可能会既是真实的，又是虚假的，如“他坐着”，当他坐着时，这句话是真实的，但他一旦站起来了，这句话就是虚假的；意见也是一样，当有人坐着时，认为他坐着的意见就是真实的，当他站起来后，如果还坚持这个意见，那么这个意见就是虚假的了。即使承认这一点，但在发生变化的方式上还是有差别的。实体有相反的性质仍是在它自身中发生变化，一事物由热变冷（是发生了性质变化），由白变黑，由善变恶，都是在自身之内发生的。在这种情况下也是如此，每一可接受相反者的实体都要经历自身变化。而命题和意见在任何情况下，它们自身都是保持不变的，如果它们有了相反的性质，那是因为事实本身发生了变化。因为“他坐着”这句话始终没有改变，只是由于事实发生了变化，才变得有真实和虚假之分。意见也是如此。因此，就实体在自身之中发生变化的方式来说，具有相反的性质，乃是实体的特点。

即或有人坚持说，命题和意见是个例外，它们具有相反的性质，这种看法也不可能是正确的，因为命题和意见如果有了这种相反的性质，事实上并不是命题和意见自身，而是某些别的东西发生了变化。因为人们是根据事实自身的存在与不存在，来判别命题的真实和虚假的。命题自身并没有相反的性质，因为绝对不会有什么东西能改变命题和意见的性

---

[1] logos。

质，它们自身不可能发生变化。所以，它们不可能有相反的性质。但实体自身则允许有相反的性质，这种相反的性质是在它们自身的意义上被述说的，变得健康以及害了疾病，白以及黑，诸如此类的相反的性质，都是在实体自身的意义上被述说的。所以，实体具有这样的特点，它既在数目上保持同一，而且通过自身变化而具有相反的性质。关于实体我就说到这里。

【6】 有的数量是间断的，有的是连续的，而且有些数量，其构成部分相互之间具有相对的位置，而有些数量则没有这样的位置。间断的量，如数目、语言，连续的量，如线、面、体，此外还有时间和地点。因为数目的各部分之间并不存在一个由数目的各部分连接起来的共同边界，如两个5等于10，但并没有一个使5和5连接起来的共同边界，它们是分离的。也没有一个使3和7连接起来的共同边界。一般地，就数目来说，在它们的各部分之中不可能存在着一个共同的边界，它们总是分离的，所以，数目是间断的数量。同样，语言也是间断的数量。语言显然是数量，因为它可以用长音节和短音节来度量。我所说的是能产生声音的语言。并不存在一个使语言的各个部分连接起来的共同边界，因为并不存在一个使各个音节连接起来的共同边界，它的每一个音节与其他音节都是分离的。 5a

线是连续的，因为我们发现存在着一个连接其各部分的共同边界。就线而言，这个界限就是点，就面而言，乃是线，因为面的各部分有一个连接的共同界限。相对于体也是一样，体也有一个共同的边界，即线或面。时间和空间也是这样的数量。因为时间的过去、现在与将来是一个连续性的整体。空间是连续性的数量。因为体的各部分占据着空间[①]，而且这些部分具有连接它们的共同边界，空间的部分也是如此。体的每个部分都占据着空间，和体的各部分一样，空间有连接它的各部分的同样界限。所以，不仅时间，而且空间也都是连续的数量，因为它们有连接其部分的共同界限。

数量由部分构成，这些部分之间或者有着相对的位置，或者没有这样的位置。如线的各部分之间就有这样的位置，因为每条线都位于某处，可以与某条线加以区别，而且可以说出每一条线位于面的位置以及它与哪一部分相连接。同样，面的部分也具有位置，因为可以说出面的每个部分处于哪种位置以及每个部分和哪一部分相连接。对于体和空间也是如此。但数目的各部分之间则不可能有相对的位置或某一特殊的位置，也不可能确定哪些部分是连续的。时间的部分也没有这样的位置，因为时间的部分不能维持住，而不能维持住的东西，又怎么能够有其位置呢？但说时间的部分具有相对秩序倒更合适一些，时间的部分有先后之分。数目也是

---

① topos。

一样，在计数中，有的数目就是在先的，如 1 先于 2，2 先于 3，所以，数目的部分也具有相对的秩序，但没有位置。语言①也是这样，因为语言的部分不能持久存在，人们一旦把它说出来，它也就不能再维持其存在了。所以，语言的部分没有位置，它不能持久存在。因此，有些数量，其部分具有位置，而有些数量，其部分则没有位置。

只有我们说到的这些事物，才能在严格的意义上叫做数量，其他所有事物被称为数量则是在偶性的意义上说的。当我们注意到某一真正的数量时，我们才把其他事物也叫做数量。如某一白的物体所以被说成是“大的”，乃是因为白色所覆盖的“面”是大的，某一行为或某一运动过程被说成是“很长久的”，乃是因为它们所费的“时间”很长久，因为这些事物就自身而言②不能被称为数量。例如，有人会问“这一行为有多长”，而回答所指出的时间乃是行为所费的时间，如“它持续了一年”等。有人会问“这个白色的东西有多大”，回答所指的是白色所覆盖的面。白色所覆盖的面积有多大，你就会说白色的物体有多大。所以，只有那些我们说过的事物才能就其自身被称为真正的数量。其他事物都不是就其自身被称作数量，而是在偶性的意义上说的。

数量不会有相反者。所有确定的数量都显然不会有相反

① logos。
② kath hauto。

者，如“两肘长”或“三肘长”，或“面”等类似的事物，就不会有相反者。但有人也许会说，“多”和“少”、“大”和“小”是相反者，但所有这些都不是数量，而是关系。这些事物并不是就其自身被说成“大”或“小”，人之所以这样称它们，乃是相比较而言的。如一座山被说成是小的，而一颗谷粒被说成是大的，这不过是说，这颗谷粒比其他谷粒更大，这座山比其他山更小而已。所以，这里就涉及一个外部标准，如果是就自身而言的大或小，那么，一座山就不可能被说成是小，一颗谷粒也不会被说成是大。再者，我们说，在某个村子里有很多人，而在雅典则人很少，虽然雅典的人比村子里的人多出许多倍；我们说，在屋子里有很多人，而在剧场里则人很少，虽然剧场里的人数远远超过了屋子里的人数。“两肘长”、“三肘长”以及其他同类的东西表示的是数量，而“大”或“小”，并不表示数量而主要是表示关系，因为“大”和“小”与外在的标准相关，所以，它们显然是一种关系。

无论是否把它们确定为数量，它们都没有相反者。因为要知道，它们并不是在自身意义上说的，而是相对于某种外在的东西来说的，所以，它们怎么可能有相反者呢？如若“大”和“小”是相反者，那么，同一主体就会在同一时间具有相反的性质，这些事物就会同它们自身相反。有时会产生同一事物既是大又是小。因为和一事物相比较它是小的，而和另一事物相比较它又是大的，所以，同一事物在同一时间
6a 里既是大又是小，因此它在同时就具有相反的性质。但有些

事物似乎不可能同时具有相反者，如实体。虽然实体能接受相反的性质，但一个人不可能同时既有疾病又很健康，一事物也不可能同时既是白的又是黑的。其他事物也都不可能同时具有相反的性质。如若“大”和“小”是相反的，那么它们应当对自身就是相反的，同一事物在同时就应当既是大又是小，这样它对自身就成为相反的了，但这是不可能的，它不可能对自身是相反的。所以，大和小、多和少并不相反。虽然有人并不把它们叫做关系，而是称为数量，但它们并没有相反者。

对空间，说它作为数量似乎具有相反者，好像是很有道理。因为人们把“在上”称作是“在下”的相反者。“在下”乃是指在中心的地方，这是由于人们认为，没有什么比从宇宙的极端到中心更远的了。的确，我们在限定所有其他相反者时，都会想到空间。因为我们把那种属于同一种，而且相互之间距离最远的东西叫做相反者。

数量似乎不允许有更大或更小，如“两肘长”，一个“两肘长”就不会比另一个“两肘长”在更大的程度上是“两肘长”。数目也是如此。如没有一个3比另一个3在更大的程度上是3，也不会有一个5比另一个5在更大的程度上是5。不会有一段时间比另一段时间在更大程度上是时间。我们所说的任何东西都没有更大或更小，所以，数量不可能有更大或更小。

数量最突出的特点，是用“相等”或“不相等”来述说。因为我们可以用“相等”和“不相等”来指所有的数量。如用相等和不相等来述说物体，用相等和不相等来述说时间，同样，我们所提到过的其他数量，都可以用相等或不相等来述说。不是数量的东西，就不能用“相等”和“不相等”来述说。例如，两种气质之间就不能说“相等”或“不相等”，而只能说是否“相同”，白也不能说成相等或不相等，而只能说成是否“相同”。所以，数量最突出的特点，就是可以用相等和不相等来述说。

【7】 这样一些事物被称作关系[1]，它们或者通过别的事物、或者与别的事物相关而被述说。如“较大的”就是与别的事物比较而被说成是较大的，因为当我们说某物较大时，就是指它比别的事物大。我们说某物是“两倍”的，乃
6b 是说它是其他某物的两倍。其他同类的事物也是一样。还存在着一些属于关系的事物，如习性、状况[2]、感觉、知识、姿态，因为所有这些都是通过别的事物来加以说明，而不可能用任何其他方法来说明，一种状况得用另一种状况来说明，一种知识得用另一种知识来解释，一位置得用另一位置来述说，其他属于关系的事物也都是如此。通过别的事物来说明自身的、或者与别的事物相关，都属于关系。如一座山乃是与另一座山相比较而是大的，因此山的“大”就可以说

① pros ti。
② heksis。

属于关系。“相似”也是通过与其他相同事物的比较而相似，其他一些类似的事物也都可以同样地被说成是关系。躺着、站着、坐着，乃是某种特殊的姿态，而姿态自身是相对而言的，躺、站、坐，它们自身并不是姿态，但它们的名称则是从我们刚才所说到的这些姿态而来的。

关系有时有相反者，如德性和邪恶就是相反的，这两个词都属于关系范畴。知识和无知是相反的。但这并不意味着所有关系都有相反者。“两倍”和“三倍”就没有相反者，而且诸如此类的事物都没有相反者。

关系似乎有时可以允许有更多或更少。“相同”、“不同”、“相等”、“不等”都可以使用“更多”或“更少”这样的字眼。这些词都属于关系范畴。“相同”是指和某个其他东西“相同”，“不同”是指和某个其他东西“不同”。然而，并非所有的关系都可以具有更多或更少等程度的不同，因为“两倍”就不能被说成“更多的”或“更少的”两倍。诸如此类事物都是如此。

所有的关系都有和它们相互转换的东西。如“奴隶”乃是“主人”的奴隶，“主人”乃是奴隶的主人。“两倍”是指一半的两倍，“一半”是指两倍的一半。“大”是指比某一较小的事物大，“小”是指比某一较大的事物小。所有的关系都是这样。但是，在某些情况下，关系词的格或语法的复杂变化会有所不同。例如，知识乃是知识对象的知识，而知识对象是被知识所认知的东西，感觉乃是被感觉对象的感觉，而被感觉对象乃是通过感觉而被感觉到的东西。

但有时这种相互关系似乎并不存在。一旦出了差错，这种相互关系就不能被正确地表达出来。例如，如若说羽翼是
7a 鸟的羽翼，那么这里便没有相互关系，羽翼和鸟并不是相互关系。把羽翼规定为鸟的羽翼，这开头就是用词不当。因为只有在作为有羽翼的生物，而不是作为鸟时，才能说它是有翼的，许多其他的东西并不是鸟，但有羽翼。如若我们使用了恰当的词，相互关系就会马上出现。例如，羽翼乃是有羽翼生物的羽翼，有羽翼生物乃是因为羽翼而成为有羽翼的生物。

有时，找不到一个合适的词来正确地说明相互关系，这时我们就必须造出一个新词。例如，“船的舵”，而“船的”一词不宜于说明相互关系，因为舵并不必然属于作为船的船，有些船就没有舵，所以，舵和船的关系并不是相互关系，“船”并不是“舵的船”，虽然舵是船的舵。因为这里并没有适当的词，我们就必须造出一个词，以适应这种情况，并且以便说得更精确一些，舵乃是“有舵之物”的舵。如若我们有了恰当的表达，那么这两个词之间便有了相互关系。有舵之物乃是由于它的舵而成为有舵之物。一切其他的类似情况也是如此，例如，规定“头”和“有头的东西”有相互关系，要比规定“头”和“一个动物”有相互关系来得更为恰当。作为动物的动物并非必然有头，许多动物就没有头。理解那些没有适当名称之事物的最佳方法，是把从与原来相关事物得来的名称，应用到与它们有相互关系的事物上，就

像上面的例子，“有羽翼的东西”一词就是从“羽翼”一词而来，“有舵之物”就是从“舵”一词而来。

所以，所有的关系，都有与它们相关的事物，如若对它们加以正确地规定的话。我必须增加这个附加条件，因为，如若相互转换的事物碰巧是以随便的不精确的方式被说出来的，这些事物就不可能存在相互关系了。我是说，只要有适当的名称，事物便会存在相互关系。如若我们从两个并不能说明关系，而且其意义不相干的名称中，拿出一个名称，便不会有相互关系。例如，我们规定“奴隶”和“人”、“两足的动物”或其他这一类的东西相联系，而不是规定它和“主人”相联系，那么便不会有相互关系，因为这里所关联的事物是不确切的。再者，如若两件事物是相互关联的，而且为了说明另一事物使用了适当的词，即便我们撇开它的所有不相干的属性，只要剩下相关联的属性，那么所说的相互关系也会存在。例如，和“奴隶”相关的是“主人”，假如我们撇开他的所有其他不相干的属性，诸如他是“两足的”、“能获取知识的”、或者“人”，而只剩下他作为“主人”的属性，那么，“奴隶”便会有相互关联的事物，“奴隶”意味着是“主人”的奴隶。

但如若用一个不正确的名称来说明相互关联的事物中的 7b
一事物，即便我们除去它的其他属性，只剩下相互关联的属性，那么也不会有相互关系存在。如若把“奴隶”规定为和“人”相关，并把“主人”这一属性从“人”那里拿开，那么在“人”和“奴隶”之间就不会有相互关系存在。如若把

"羽翼"规定为和"鸟"相关，并把"有羽翼的东西"的属性从鸟这里拿开，则羽翼便没有相互关联的东西，那么羽翼便不可能有相互关联的东西了。

所以，应该对相互关系的词作确切的说明，如若已经有了名称，那么便会轻而易举，如若没有适当的名称，我们就得制造一个名称。很清楚，一旦有了适当的名称，所有的关系词都会有相关的事物。

相关的事物被认为是同时存在的，总的说来这是对的，例如，"两倍"和"一半"就是这样，"一半"存在也就同时意味着"两倍"存在，"主人"的存在也就蕴含了"奴隶"的存在，如若"奴隶"存在，"主人"也必然存在。在所有同类的情况下都是如此。而且，一个不存在了，另一个也必然不存在，例如，没有"两倍"便没有"一半"；反之，没有"一半"也就没有"两倍"。在所有同样情况下都是如此。认为相互关系的两个事物同时存在的观点，似乎并非在任何时候都正确。因为知识的对象似乎就先于知识而存在，在大多数情况下，我们获得事物的知识之前，事物就已经存在了。因为，我们的知识与知识的对象同时存在只是极个别的情况，或者说绝无仅有。

如若知识的对象一旦被取消，那么知识自身便不复存在了，但相反的情况则不会出现，如若知识的对象不再存在，也就不可能再有任何知识了，就不会有任何东西可以认知了。但是，即使我们还没有关于某一特殊对象的知识，对象自身也依然存在。例如，使圆的面积等于正方形的面积，如若这也可以被称为知识的对象的话，虽然它作为知识的对象是存在的，但还没有关于它的知识。如若所有的动物都不存在，则根本不可能存在知识，尽管这样，知识的对象却依然存在。

对于感觉来说也是如此，因为感觉的对象似乎先于感觉活动。如若感觉对象消失了，那么感觉便也会消失。而感觉消失了，则感觉的对象仍然存在，因为感觉首先涉及的乃是被感觉到的物体，然后是感觉在其中发生的物体，所以，如若取消了感觉对象，那么也就取消了物体自身，因为物体自 8a
身就是感觉对象。物体不存在了，感觉也会随之而消失。取消了感觉对象，也就取消了感觉。但取消了感觉却不会取消感觉对象。如若动物自身被消灭了，感觉也就会被消灭，但感觉对象仍然存在，诸如物体、热、甜、苦以及其他所有能被感觉到的东西。

而且，感觉乃是和进行感觉的主体同时存在的，因为动物是和感觉同时存在的。但感觉对象则先于动物和感觉。这样的东西如水、火（动物就是以这些东西为质料结合而成的），在所有这些东西之前就已经存在了，且先于所有的感觉活动。所以我们认为，感觉对象似乎是先于感觉的。

实体是否像人们所看到的那样，不能被说成是相关的，这尚是一个难题。也许对第二实体来说可能会有例外，关于第一实体，这无疑是正确的，因为无论是它的整体还是部分，都不可能是相对的。某一个人或某一头牛绝不可能是相对于任何其他外在的东西而被说成是人或牛。相对于第一实体的部分来说也是如此。某只手并不是相对于其他的东西而被说成是一只手，某个头也不是因为其他的东西而被说成是一个头，我们把它们叫做某个人的手和头。相对于第二实体也是如此，至少在绝大多数情况下是如此，例如，“人”并不是相对于某个外在的东西而被说成是“人”，“牛”并不是相对于其他东西而被说成是“牛”，“木头”并不是相对于其他东西而被说成是“木头”，但木头作为某人的财产而不是在木头自身的特性上，可以被认为是相对的。显然在这样的情况下，实体几乎不可能是相对的。但有时某些第二实体则可能有例外的情况。例如，“头”指的是某个人的头，“手”是指的某个人的手，这些似乎是相对的。

如若我们充分地定义了关系的含义，那么要证明没有任何实体是相对的，虽然这并不是不可能的，但的确也是极其困难的。相反，如若我们定义并不充分，如若只有这些事物是相对的（这些事物的存在就在于与其他对象相关），也许便可以找到某个答案。前面的定义无疑地可以适用于所有关系。但事实上，一事物要相对于其他事物来述说，并不等于它就必然是相对的。

从以上所说，可以看得很清楚，如若有人确切知道某物是相对的，那么他也一定确切知道它是和什么相关。这从事
8b 物的表面上就可以看清楚，假如有人知道某一这个是相对的，作为相对的东西和相对于其他事物而存在的东西是同一

的，所以他也一定知道和这一事物所相对的其他事物是什么，因为他如若根本不知道它相对的事物是什么，那么他也不可能知道它是不是相对的。这可以用一些个别事例说明。假如有人确切地知道某一这个是“两倍”，那么他也一定同时知道它是什么的两倍。假如他不知道它是某个确定事物的两倍，他也就不可能知道它是“两倍”。再者，如若他确切地知道某一这个更美丽，那么他也就必然同时知道，它比什么东西更美丽。所以他不会含糊地说，这东西比不太美丽的事物更美丽。这根本就不是知识，而只是一种假设，只是知道它比不太美丽的东西更美丽乃是不确切的，因为可能并没有什么东西不如它美丽。由此显然可见，确切地知道一事物为关系的人，也一定会知道和它相关的事物是什么。

头和手，以及其他这类的东西都是实体，人们不需要必然知道它们和什么东西相关，也能够确切地知道，这些事物在本性上是什么。因为人们并不必确切地知道这个头或这只手是谁的。如果是这样，我们就不得不承认，这些东西以及类似的东西并不是相对的，既然这样，那么肯定实体不是相对的也就是正确的了。对于这样的问题，如若不作出更为详尽的研究便要简述出来，可不是件容易的事情。详细地提出这些观点并不是完全无用的。

【8】 所谓“性质”，我是指决定某一事物如此这般的原因。性质可以在多种意义上被述说。有一类性质我们叫做

状况和习性[1]。状况与习性又有不同，前者比后者更持久、更稳定。各种知识和德性就是状况或品质。因为知识似乎很能持久，而且难以忘记（虽然人们可能只是在中等程度上掌握了知识），除非发生极大的变故，如疾病或其他类似的事情。德性也是一样，如公正、节制以及所有类似的事情，这些德性似乎难以被取代，难以发生变化。而习性则是易于动变的性质，如热和冷、疾病和健康以及诸如此类的事情。一个人就是由这些而处于某种特殊的状态，但他很快就会由热变冷；由健康变为疾病缠身。其他同类情况也是如此，除非
9a 某习性由于经年累月偶然成为人的本性，它已经根深蒂固，难以改变，那么我们也许就可以把它叫做状况或品质了。很显然，人们倾向于把这样一些更为持久、更不易变化的性质叫做状况。因为那些不能握有知识而且易于变化的人，就不能说他们具有品质，虽然他们在知识方面处于某种坏的或好的习性。状况和习性的差别就在于，后者易于变化，而前者则更持久、更稳定。所有的状况、品质也是状态，而所有的习性并不一定是品质，因为有某种品质的人同时就有某种习性，具有某种习性并不拥有某种品质。

另一种性质是，由于具有这种性质，我们说某人善于拳击，或善于奔跑，或健康，或有疾病，简单地说，人们用这种性质来述说所有天生的能力或无能。我们说某人具有这样

① heksis，diathesis。

的性质，并不是由于某人具有某种习性，而是由于他具有某种天生的能力或无能，使他善于做某种事情或不受某种事物的影响。比如我们说有些人善于拳击或善于奔跑，并不是由于他们具有某种习性，而是指他们拥有一种易于从事某种事情的天生能力，我们说某些人是健康人，是由于他们具有抵抗一般疾病的天生能力，说有些人是多病的人，乃是由于他们不具有这种抵抗疾病的天生能力。硬的东西和软的东西也是一样，说一个东西硬就是由于它具有某种不易被击碎的能力，说它软是由于它不具有这种能力。

第三种性质指感受的性质和承受①。这一类事物如甜、苦、酸，以及所有诸如此类的事物。冷与热以及白与黑也属于这一类事物，这些事物显然是性质。因为拥有它们的事物乃是由于它们而被说成是如此的，如蜂蜜自身即包含有甜，所以被说成是甜的；身体自身即包含着白色，所以被说成是白的，其他同类情况也是如此。

但是，这类事物被称为感受的性质，并不是因为拥有这
些性质的事物以任何方式受到了作用。蜂蜜并不是因为受到 9b
了某种方式的作用而被称为甜的。对这一类的其他事物也是如此。同样，热和冷被说成是感受的性质，也不是因为拥有这种性质的事物受到了任何方式的作用，而毋宁是我们所说的这种性质对感觉产生了某种作用，因为味觉就是受到了甜

① pathos：在人作“情感”、“感受”，在物作“规定”、“性质”等。

或酸的影响，触觉是受到冷或热的影响，其他同类事物也是一样。

白色、黑色以及其他颜色虽然被说成是感受的性质，但与我们以上所说过的那些事物并不是在同一意义上说的，它们作为感受的性质主要因为它们是作为感受的结果而产生的。很显然，颜色的多种变化，事实上就是作为某种感受的结果而产生的，因为当人们害羞时就会脸红，恐惧时脸就会变得苍白，如此等等。一个天性羞涩或天生胆怯的人就更是如此，一旦他的身体有了某种习性，他的脸上就会出现相应的颜色。伴随着羞怯所发生的这种身体变化也是由于他的体质构造所造成的，所以说，类似颜色的产生是自然的。所有这一类情况，如果是由于某种经常的持久的作用所引起的，就叫做感受的性质，如果某人皮肤白或黑属于天生的构造，那么它就被说成是性质，因为正是由于它，我们才被说成是如此这般的人。如若由于长期的疾病或日光曝晒而产生了同样的白或黑，而且将不会轻易改变颜色，甚至终生不变，那么它也可以被说成是性质，因为我们也是由于它而被说成是这样的一类人。但是，那些容易毁坏而且很快就会消失掉的、作为事物结果的状态，却只能被说成是承受，因为人们并不是由于这些状态而被说成是这样的一类人，一个由于害羞而变得脸红的人，就不能被说成是红皮肤，一个由于恐惧而变得脸色苍白的人，就不能说他是白皮肤，而毋宁说它们是受了某种方式的作用，所以，这样的事物只能被说成是影响，而不是性质。

同样地，灵魂也存在着感受的性质和承受，那种作为作用的结果而与生俱来的事物，诸如疯狂或性情暴躁，可以被说成是性质，因为正是由于这些，人们才被说成是这样的一类人，如脾气暴躁的人或疯子。而且，那些并非天生、而是 10a
由于某种变故引起的疯癫，如若难以根除，或者完全无法治疗，那么我们就说它们是性质，因为人们被说成是这样一类人就是由于它们。但作为变化很快的偶然事件之结果的事物，则只能是感受。例如，若某人因烦恼而发怒，就不能说他是脾气暴躁的人，我们说，他是受了某种事情的影响。所以，这样的情况只能是感受，而不是性质。

第四种性质是所有事物的形状和外表形式，除此以外，还有直和曲，以及所有这一类事物。正是由于这样的性质，事物才被说成是这样的事物。比如，由于三角或四角，由于直或曲，事物才具有一定的性质。的确，事物的性质正是由于它的形状或形式而获得的。“疏松”和“稠密”、“粗糙”和“光滑”，似乎也表明事物性质，但这些词显得并不属于性质，事实上，这些词毋宁说表明的是部分的位置：一件事物各部分相互间如果排列很紧凑，那么它就是“稠密”的，如若事物各部分离得较远，就是“疏松”的，如若某事物的各部分沿直线排列，就是光滑的，如若它的各部分有些部分竖起，而有些部分则竖得更高，就是粗糙的。

也许还有其他性质，但主要意义上的性质我们都已经说到了。

我们说到的这些都是性质，那些或者因它们而得名，或依赖于它们的事物便在某些方面被说成是这样的事物，在大多数情况下，实际上几乎在所有情况下，事物的名称都是从其性质的名称而取得的。比如，一个人由于“白”的性质，就被说成是白净的；由于“有教养”而被叫做有教养的；由于“公正”而被称为公正的，在其他同类情况下也是如此。

但是，有时有些性质本身就没有名称，因此也就不可能从它们产生出派生词来。比如善跑者、拳击家的名称就不是从性质而来，而是从其天生的能力获得的。因为这些能力并没有一个特别的名称，但各种关于它们的知识有名称，我们就根据这些知识的名称而把某人称作拳击家和角斗士。我们用知识的名称来表示习性，每种知识都有自己的名称，如拳击术、角斗术，而那些具有这种习性的人就是从这种知识的名称而得到自己的名称的。有时，虽然某一性质具有十分确定的名称，但具有这种性质的事物却并非从这种性质的名称而得到自己的名称，比如作为德性的结果，我们说某人是善良的，我们说他善良乃是因为他有德性，善良这个词并不是从德性这个词派生出来的。不过，这一类的事情并不常有。所以，那些所谓有性质的事物，或者是从所说的性质而获得名称，或者在其他方面出于它们。

性质具有相反者，此如公正和非公正是相反的，白与黑是相反的，等等。那些由此而具有性质的事物也是这样，比如公正的事物和不公正的事物是相反的，白的东西和黑的东西是相反的。但并非所有的性质都是如此，比如红的或黄的，或任何这一类的颜色，就没有相反者，虽然它们都是性质。

两个相反者中，如若其一是性质，那么另一也是性质。只要我们比照一下其他的范畴就会十分清楚：不公正和公正是相反的，公正自身是性质，所以不公正也是性质。因为不公正并不属于其他范畴，如数量、关系、地点，或者任何其他范畴，一切属于性质范畴的其他相反者也都是这样。

性质可以有更多或更少。因为，一个东西可以被说成比另一个东西更白或没有另一东西白，一事物比另一事物更公正；某一个别事物可以更多地具有某种性质，白的东西可以变得更白。但并非所有的性质都是这样，只有大多数的性质是如此。如若说公正自身或任何其他习性有程度上的不同，那么困难就会产生出来，并引起争论，有的人认为公正自身或健康自身毫无疑问是存在着程度上的不同的。他们说，一个人可以比另一个人在更大程度上具有健康或公正，对于有教养或其他习性也是如此。但无论如何，这些具有性质的事物有程度上的差别乃是无可置疑的。一个人可以比另一个人更有教养或更公正、更健康，对于其他的情况也是如此。

但三角形和正方形似乎没有程度的差别，其他的任何形状也不存在程度上的不同，因为，所有的三角形或圆形都符合“三角形”或“圆形”的定义。那些不符合其定义的事物也没有一个比另一个更多或更少地是“三角形”或“圆形”，一个正方形不会比另一个长方形更是一个圆形，因为它们都不符合圆形的定义。简单地说，如若两件事物都不符合某一确定的定义，那它们根本就不能进行比较。因此，并不是所有的性质都允许有程度上的不同。

以上所说的这些特性并不为“性质”范畴所独有；但只有“性质”范畴可以使用“相同”或“不同”这样的词。因为一事物和另一事物相同只是就某种性质而言的。所以，性质的独特之点就在于它能使用“相同”或“不同”这样的词。

如若有人说，在说明性质时，事实上我们列举了许多属于关系的词，对此我们不必担心。因为我们把状况和习性说成是关系词。事实上，在几乎所有情况下，“种”都是相对于某事物来说的；但个别事物并不是这样，因为知识作为种在本性上是相对于某一外在于它的事物而说的，因为知识乃是某事物的知识。但个别的知识并不能这样加以说明，例如，我们就不能用某种事物来述说语法的知识或音乐的知识。因为如若它们在某种意义上都是关系，那么只能相对于它们的种或知识而被看作是关系。也就是说，我们把语法叫做某事物的知识，而不是某事物的语法；把音乐叫做某事物的知识，而不是某事物的音乐。

所以，个别知识并不属于关系范畴，人们由于拥有这些个别的知识而被看作是这样的人。这些个别知识是人们所拥有的东西，而不是“种”或一般的知识，所以人们被称为

“熟练的”或“老练的”。由于这些个别的情况我们便被认为有这样的性质，所以，这些个别的知识自身当然属于性质范畴，而不属于关系范畴。而且，如若某事物碰巧既是关系又是性质，那么把它归属到这两类范畴就完全没有什么不合理的了。

【9】 动作与承受，既有相反者，也有更多或更少。例 11b
如，加热与冷却相反，被加热与被冷却相反，令人快乐与令人痛苦相反。所以它们可以有相反者。而且，它们有更多或更少等程度上的不同，因此可以更热或不太热，或被弄得更热或不太热。所以动作与承受都可以有更多或更少等程度上的差别。

关于这两个范畴就说到这里。我们在前面谈到关系范畴时，谈到过所处范畴，这样的词是从与它们相关的属性获得其名称的。而何时、何地、所有这样的范畴很容易说明白，所以，我除了在开头说过的话外，就不再多说什么了。“穿鞋的”、“贯甲的”表示“所有”，“在吕克昂”表示地点，如此等等。

【10】 关于所提出的这些范畴，我们已经说得够多的了，接下来我们必须讨论对立①，以及对立这个词的多种意

① antikeimenon。

义。对立有四种意义：1. 有相互关系的两事物是对立的。2. 两个相反者是对立的。3. 缺乏与具有是对立的。4. 肯定命题与否定命题是对立的。概括地说，有相互关系的事物的对立，如“两倍”和“一半”，相反者的对立，如“好”和“坏”，缺乏与具有的对立，如“盲”和“视力”，肯定命题与否定命题的对立，如“他坐着”和“他没坐”。

相关事物的对立者就是以所属表示的对立者以及以其他方式与之相关的事物。例如，“两倍”正好是一半的两倍；再者知识和知识的对象也是属于关系范畴的对立者，所以知识正好就是知识对象的知识，而知识对象也正好是与它相对立的知识的知识对象，因为知识对象是通过知识而被称为知识对象的。所以，属于关系范畴的对立物正好是与它相对立事物的对立物。

但是，属于相反[1]事物的对立物，则绝不可能是与它们相反事物的对立物，虽然它们是另一事物的相反者。因为好不是坏的“好”，而是坏的相反者；白不是黑的“白”，而是黑的相反者。所以这两种对立完全是互不相同的。但是，如
12a 若两个相反者的某一个必然在本性上属于它们在其中生成的事物，或者它们所表述的事物，那么就不可能有中间物介于这两个相反者之间。例如，疾病和健康在本性上存在于动物的身体之中，两者必有其一属于某一动物的身体，或者是疾

① enantia。

病，或者是健康；另外，奇数和偶数在本性上表述数，两者必有其一属于数，或者是奇数，或者是偶数。不可能有中间物介于疾病和健康或奇数和偶数之间。但是如若一方或另一方并不必然属于某事物，那么在两者之间就会存在中间物①。例如，黑和白在本性上存在于身体之中，但两者的某一方并不一定属于身体，因为身体并非必然要么就是白的，要么就是黑的；另外，好和坏被用来表述人以及许多其他事物，但是这两者的任何一方并不一定属于它们所表述的那些事物，因为并非任何事物要么是好的，要么就是坏的。介于这两者之间的，还可以有某种中间物，如灰色、黄色以及所有其他颜色就介于白色和黑色之间，在好和坏之间存在着既非好也非坏的事物。有时候，中间物有名称，在白色和黑色之间的中间物有灰色、黄色等名称；但有时中间物就难以找到一个名称，这就得采用否定两个极端的名称来规定中间物，如既非好也非坏，既非公正也非不公正。

短缺和具有②是就相同事物而言的，如“盲”和“视力”都是相对于眼睛而说的，一般而论，这两者都是就拥有它们的事物在本性上所有的东西而言的，所以，可以拥有某种能力的东西，一旦在这一能力本应有，而且即使在失去时也应当有，事实上却完全没有时，我们就可以说这一能力是

① meson。

② steresis，heksis。

短缺的。所以，那些本来就无牙齿或没有视力的东西就不能说缺牙或盲。本来应有牙齿或有视力，而且即使在没有了这些东西时也应当有牙齿或有视力，然而事实上并没有牙齿或视力，这时我们才能使用“无齿”、“盲目”这样的词。因为有的动物天生就没有牙齿或视力，这些动物就不能说是缺乏牙齿或盲目的。

拥有或没有某种能力并不等于具有或短缺。例如，“视力”是具有，它的对立面“盲”是短缺，但“视力”和“有视力”并非同一回事，“是盲的”和“盲”也不是同一回事。因为“盲”是一种短缺，而“是盲的”则是一种损失。“是盲的”本身并不是短缺。而且，如若“是盲的”与“盲”是
12b 同一回事，则这两者所表述的也是同一回事。但这是绝不可能的，一个人可以被说成是盲的，却不可以被说成是“盲”。

处于短缺的状况和拥有某种能力，这两者是对立的，正如“具有”与“短缺”是对立的一样，而且其对立的方式也是相同的。“是盲的”与“有视力”是对立的，就像“盲”与“视力”是对立的一样。

在命题中，被肯定或被否定的事物自身，并不就是肯定或否定。“肯定”意味着“肯定命题”，“否定”意味着“否定命题”，但是，在命题中被肯定或被否定的事物是一件事实，而不是命题。然而，我们所肯定和否定的事物则可以在同样的意义上被称为对立，因为这里的对立方式是同样的，正如肯定命题和否定命题是对立的一样，如对立命题“他坐

着”和“他没有坐着”，命题所表达的事实，“坐着”和“没有坐着”也是对立的。

显然，“具有”与“短缺”之间的对立，和有相互关系的两事物之间的对立不同，因为这两者无论哪一个都不能借助于它的对立面来说明，视力不是盲的视力，而且也不能在其他方面说它们两者相互转换，我们也不能把盲说成是视力的盲，盲是视力的缺乏，并不是视力的盲。而且，所有的关系都有相关者，所以，如若盲属于关系范畴，那么它和与它相关的事物之间便有相互关系，但是它却并没有与它相关的东西，因为视力不是盲的视力。

缺乏和具有并不像相反者那样对立着，这可以从以下事实看清楚：对于其间不存在中间物的相反者来说，两者必有其一是在本性上在其中生成并且被用来表述它的事物，因为只有两者之中必有其一是能接受它们的事物，才会没有中间物，如疾病和健康，奇数和偶数。但是，在存在着中间物时，两者的一方或另一方就并不一定属于任何事物，并不一定所有能接受这些性质的事物要么就是白的，要么就是黑的，或者要么就是热的，要么就是冷的。因为在这两者之间还会存在着中间物，而且，只是在这样的情况下，即两者之中有一方并不一定属于能接受它们的事物，这时才会有中间物，除非有一方在本性上即属于某一事物，如“是热的”属于火，“是白的”属于雪。在这样的情况下，相反者的一方，而不能随便是任何一方，必然存在于事物之中，因为火不可能是冷的，雪不可能是黑的，所以，相反者的一方并不必然存在于能接受这种性质的任何事物之中，只存在于这一方本性上所属的事物，而且，在这样的情况下也只是两者中的确定的一方，而不是随便任何一方，必然存在于其主体之中。

但是，这一切并不适用于短缺和具有。因为，这两者的某一方并不必然属于能接受它们的事物，对于本性上并不需“有视力”的事物来说，既不能说它是盲的，也不能说它有视力。所以，这两者并不属于没有中间物的那种相反者，但也不属于有中间物的那种相反者，因为有时这两者中必有一方属于能接受它们的一切事物。如若一事物本性上应有视力，那么我们就说它有视力，或者是盲的，但它并不确定是这样，并不一定是这样，只是偶然是这样，即它并不一定有视力，也不一定是盲的。它必然或是这样，或是那样，但对于有中间物的相反者来说，两者中某一方并不必然属于任何事物，而只属于某些事物，属于某一确定的事物。所以很清楚，短缺和具有之间的对立的两种方式和相反者对立的两种方式互不相同。

对于相反者来说，两者可以相互变化为对方，而其主体始终保持同一，除非两个相反者的一个在本性上属于某物，如“是热的”属于火。健康可以变为疾病，白可以变为黑，热可以变为冷，好可以变为坏，坏可以变为好。因为当给一个坏人介绍一种新的生活方式、新的思维方式时，他便可以有些改进，也许进步甚微，但他一旦有了进步，即使进步很小，他也还可以有更大的进步，甚至完全改变。因为人总是更容易倾向于德性，尽管在开始时进步微乎其微，所以，他是可以有更大进步的。如若是这样，这个过程不断进行，最终他便会变得具有相反的品质，假如时间允许的话。然而，对于具有和短缺，不可能产生相互变化。因为变化只能出现在从具有到短缺之中，却不能出现在从短缺到具有之中。一个盲了目的人，就不可能再恢复视力，一个秃了头的人再不能生出头发，一个掉了牙的人，也不能再长出牙齿。

显然，我们以上所涉及的这些对立的方式，和肯定与否定的对立并不一样，对于这两者来说，对立双方必有一方是 13b 正确的，而另一方必然是错误的。而其他的对立，如相反者的对立，相互关系之间的对立，缺短和具有的对立，则不是这样。例如健康的对立面是疾病，这两者是相反者，它们既非真实，也非虚假。短缺和具有也是这样，如盲和视力。概而言之，不把词和词结合起来，就不可能有真实或虚假产生。而以上所提到的那些对立都不过是一些没有结合的词。

但是，一旦相反的词成为对立命题中的组成部分，那它们就似乎特别有权要求这个特性。“苏格拉底生病了”和“苏格拉底健康良好”是相反命题，但我们在这里，仍然无法确定两者之中必有一方真实，另一方必然虚假。因为如若苏格拉底确有其人，那么便有一方是真实的，另一方是虚假的，但如若苏格拉底是个乌有先生的话，那么这两个命题便都是虚假的。

对具有和短缺构成的命题来说，如若苏格拉底根本不存在，则两个命题都不是真实的，如果他存在，两个命题也并非必有其一真实，另一虚假。在具有和短缺意义上的对立命题，如“苏格拉底有视力”和“苏格拉底是盲的”，如若苏格拉底确有其人，那么并不一定一个命题必然是真实的，另一命题必然虚假。因为他也许还没有发展到一个人该有视力的阶段，所以，这两个命题都是虚假的，就像他并不存在时两个命题都是虚假的一样。

我们再回到肯定和否定上来，在这种情况下，无论他存在与否，我们都可以说，必然有一个命题是虚假的，另一命题是真实的。假如苏格拉底确有其人，必然不是“他生病了”真实，就是“他没有生病”真实；必然不是“他生病了”虚假，就是“他没有生病”虚假。假如他并不存在，情况也是一样。因为假如他不存在，那么“他生病了”便是虚假的，“他没有生病”则是真实的。所以，在肯定和否定意义上的所有对立命题，必有一个命题是真实的，一个命题是虚假的。

【11】 善的相反者必然是恶，用归纳法便可以证明这一
14a 点。健康的相反者是疾病，勇敢的相反者是怯懦，如此等等。但某种恶的相反者，可能既是一种善，又是某种恶，例如，“不及”是恶，它的相反者“过度”也是恶，而“中道”[1] 是

---

① mesotes。

一种善，但它与这两者是在同样程度上的相反者。不过这样的情况是极少的，一般说来，恶的相反者是善。

但这并不能必然推出：如若两个相反者有一方存在，另一方也一定存在。假如所有的东西都十分健康，那么将只存在健康，而不存在疾病。再如，所有的东西都是白的，那么将只有白，而没有黑。“苏格拉底生病了”与“苏格拉底健康良好”是相反的，由于这两者不可能同时存在于同一事物中，因此，如若相反者的一方存在，则另一方就不可能存在，假如事实上他是健康的，则他生病便不是事实。

显然，性质截然相反的两事物必然同属或同种。健康和疾病同属于生物的身体，白和黑的主体是需进一步说明的身体。同样，公正和不公正的主体是人类的灵魂。

此外，两种相反的性质，必然地或者同属一个种，或者分属相反的种，或者它们自身即是种。白与黑就属于同一个种——颜色；公正和不公正属于两个相反的种——德性和邪恶；善和恶不属于别的种，它们自身即是种，并且具有从属的属。

【12】 一事物是“在先”的有四种意义，最基本、最主要的意义是相对于时间来说的，所以，一事物比另一事物在时间上更长久，我们就说它更年长、更古老。

其次，当存在的次序被确定，并且这个次序不能转换的情况下，也可以使用“在先”这个词。在数目中，“1”先于

“2”，因为假如“2”存在，便可以推出“1”必然存在；相反，我们并不能从“1”的存在推出“2”也存在。因此，在这里，存在的次序是无变化、不能颠倒的，在一个不能颠倒的序列中，我们把前面的事物看作是“在先”的。

再次，“在先”这个词是相对于任何次序而说的，如在科学中、在讲话中就是这样。在论证的科学中，有的在 14b 先，有的在后，如几何学的元素点、线等，就先于命题；同样，在语法中，字母先于音节；在讲话中，开场白先于叙述。

除了这三种意义外，似乎更优秀的东西，更令人尊敬的东西，在本性上也被说成是“在先”的。所以，人们一般在说到他们所尊敬的人时，总是把他们看作在自己心目中占有优先位置的人。但是这种用法似乎是最牵强附会的。

“在先”可以在这几种意义上被述说，除了这些外，似乎它还有一种含义。在两件相互蕴含的事物中，作为原因的事物，可以被看作在本性上先于另一事物。我们可以清楚地看到这种事例。例如，某人存在这一事实，就蕴含了肯定他存在之命题的真实，反之亦然。如若他存在，则肯定这一事物的命题便是真实的；如若这个命题是真实的，那么我们便可以推出这个人必然存在。但真实的命题不是一个人存在的原因，然而他的存在，在某种意义上说，似乎是这一命题真实的原因。因为后者的真实或虚假乃是根据一个人是否存在来判断的。所以，使用“在先”这个词似乎有五种不同的意义。

【13】 “同时”，在最基本、最一般的意义上说，是指发生在同一时间里的事情，它既不在另一事情之先，也不在其之后，那么我们就说这两者“在时间上同时”。“同时的”在本质上也指两件互为原因或互不为原因的事情。例如，“两倍”和“一半”就是这样，因为这两者是相互依赖的。两倍存在，一半也存在；一半存在，两倍也存在。再者，两者互不为原因的事情也可以被说成是“同时的”。

在同一个种里，相互区别、相互对立的那些属，在本质上也被说成是“同时的”，我是指按照相同的分类方式加以区别的那些属，即“会飞的”这个属在本性上和“水栖的”、“陆生的”这两个属是“同时的”。因为这些属都是在同一个种里相互区别、相互对立的，这些属都统一在“动物”这个种里，它们是按照同样的分类方式而加以区分的，而且没有哪一个属在先，哪一个属在后，所以，这些属在本性上乃是“同时的”。这些属的每一个种还可以继续区分为更小的亚属，同理，这些亚属也可以被说成是“同时的”。种先于属，即是说，存在的这种次序是不能转换的，如若“水栖的”这一属存在，则“动物”这个种也存在，但假如“动物”这个种存在，则并不一定有“水栖的”这个属存在。

所以，我们把两者互为原因、或互不为原因的事物以及属于同一种内被相互区分开并且相互对立的那些属，说成是同时的。而“同时”这个词的一般意义，则是指那些在同一时间里发生的事情。

【14】 运动有六种：生成、毁灭、增加、减少、变化以及位移。显然，除了有一种运动是个例外，其他的运动相互间都是有区别的。毁灭不是生成，增加并非减少，也不意味着位移。相对于其他运动亦复如此。但对于变化来说，可能有人会反对说，一个主体发生变化时，乃是由于其他某种运动的作用而发生的变化。然而这并不是正确的。因为，一切作用，或者说大多数作用[1]，会在我们身上产生一种与其他几种运动截然不同的变化。因为受到作用的事物，并不一定要经历增加或减少，或诸如此类的其他某种运动。所以说，变化乃是一种和其他运动形式不同的运动。如果它和其他的运动相同，那么被改变了的东西便会同时被增加或被减少，或受到某种别的运动的作用。但情况并不是这样。而且，被增加的东西，或者易于经受其他运动影响的东西，并不一定有变化。有些事物有增加，但并不因此而发生变化。例如，将一个盘折形加到一正方形上，那么正方形的面积有所增加，但形状并没有发生变化，它仍然和从前一样是正方形。其他的同类情况也是如此。所以，变化和增加乃是两种不同的运动。

15b 一般地说，静止是运动的相反者。特殊的运动形式有自

① pathos。

己特殊的相反者，毁灭是生成的相反者，减少是增加的相反者，位移似乎和静止在同一地方不动是相反者，但是，在严格的意义上说，也许逆向的位移才是相反者，如向上的位移与向下的位移相反，向下的位移与向上的位移相反。但是，对于以上所提到的这些运动形式中的变化来说，就很难说它的相反者是什么。它似乎没有相反者，或者说，它的相反者是“性质保持不变”，或者是“朝相反性质的变化”，正如我们说位移的相反者是“在同一地方静止不动”或“逆向的位移”一样。变化就是指性质的改变，所以，我们可以说性质变化的相反者，乃是“性质保持不变”，或者“朝相反性质的变化”。白是黑的相反者，所以，变白是变黑的相反者，因为一事物由于性质发生改变而变化为相反的事物。

【15】　“所有”在多种意义上被使用。“所有”，首先是指作为一种习性和状况，或其他性质，因此我们“有德性”、“有知识”。其次，“所有”被用于数量，如人所有的高度，我们说某人身高“有”三肘或四肘长。再次，“所有”被用于衣物服饰，如某人“有”一件大氅或一件外衣。而且，我们还用“所有”来指我们身上某个部分所有的物件，如手指上的戒指；我们还用“所有”表示身体的部分，如人“有”手和脚。“所有”还被用来说明容器，如装酒的瓶子和量具里“有”酒，谷物量具里“有”麦子。“有”还被运用于财产：我们“有”房子，“有”土地。或者，还可以被说

成“有”妻子，或“有”丈夫，但这个意义似乎有些牵强附会，因为“有妻子”并不是指别的，而只是说他娶了她。

“所有”一词也许还有许多别的意义，但常见的意见我们都已经指出来了。

解释篇

秦典华　译

* peri Hermeneias 据《洛布古典丛书》希腊本文。

【1】 我们先来定义名词和动词，然后再来解释否定、 16a
肯定、命题以及句子各是什么意思。

口语是内心经验的符号，文字是口语的符号。正如所有民族并没有共同的文字，所有的民族也没有相同的口语。但是语言只是内心经验的符号，内心经验自身，对整个人类来说都是相同的，而且由这种内心经验所表现的类似的对象也是相同的。但是，我们已经在关于灵魂的论文里讨论过这些问题，这些问题与我们目下所进行的研究有所不同。

有时，我们心中的思想并无真实和虚假可言，有时则必然真实或者必然虚假。语言也是这样，通过结合与分离它才会产生真实和虚假，名词和动词自身，正像没有结合或分离的思想一样，如“人”，或“白”，如若不再增加什么，那它便既不是真实的，也不是虚假的。我们可以用“羊——牡鹿”一词来说这一点，这个词有所指，但若不加上“是”或“不是”，则无论它是一般的时态还是某种特殊的时态，都无所谓真实或虚假。

【2】 名词是因约定俗成而具有某种意义的与时间无关的声音。名词的任何部分一旦与整体分离，便不再表示什么意义。例如“好马”，“马”本身并不表示什么，正如它在“一匹良种马”这个短语中不再表示什么一样。但必须说明的是，简单名词与复合名词不同，简单名词的部分不表示什

么，而复合名词的部分则有所表示。不过，如若与整体分离，那也会不表示什么了，如“海盗船”，“船”这词本身就不表示什么。

我们已经说过，名词的意义通过约定俗成而来，声音本身并非名词，只是在它作为一种符号时才能成为名词，例如，野兽所发出的那种含糊不清的声音虽然具有一定意义，但这种声音并不是名词。

“非人”不是名词。这样的词我们还无法用一个确定的名称来表示，它既不是句子，也不表示否定，我们就把它叫做不确定名词。因为这一类词既可用来表示存在的事物，也可表示不存在的事物。

16b “菲罗所有的”、“给予菲罗”以及类似的情况，并不是名词，而是名词的格。我们要像给名词下定义一样，来定义所有的格。即使加上“现在是”、“过去是”或“将来是”，它们并不能形成或者真实或者虚假的命题，就像名词本身一样。因为“菲罗的是”这样的表达，既不能构成一个真实的命题，也不能构成一个虚假的命题。“菲罗的不是”也同样如此。

【3】 动词是不仅具有某种特殊意义而且还与时间有关的词。动词的部分没有独立的意义，它只是表示由其他事物所述说的某种情况。“动词与时间有关”是什么意思呢？举例说明，“健康”是名词，也可以作为动词，因为这个动词除了它自身有一定意义外，还表示现在所存在的这种样子。

所以，动词表示的只是由其他事物所述说的某种情况，例如，由主项所述说的某种情况，或在主项中被述说的某种情况。

“尚未康复”与“无病”这样的词不是动词，虽然这些词与时间有关，而且在任何时候都可以用作谓项，但我们没有确定的名称来表示这样的显然不同的词，我们就把这样的词叫做不确定动词，因为这样的词既可以用来表示不存在的事情，也可以用来表示存在的事情。

同样，“已康复”与“将康复”也不是动词，而是动词的时态，动词与时态的区别是，动词表示现在的时间，而时态则表示除现在时间以外的一切时间。

动词本身便是个词，并且有一定意义，因为说话的人一旦停止了他的思想活动，听话的人，其心灵活动也跟着停止。但是，动词既不表示肯定也不表示否定，它只有在增加某些成分后，不定式“是”、“不是”，以及分词“是”才表示某种事实。它们自身并不表示什么，而只是蕴涵着某种联系，离开所联系的事物，我们便无从想象它们。

【4】 句子是一连串有意义的声音，它的每个部分都有其独立的意思，但只是作为表达，而不是作为肯定命题或否定命题。我的意思是说，比如“人”表示某事物，但并不表示人是否存在。但如若增加某些成分，它就会成为肯定命题或否定命题的一部分。“人”的单个音节根本不能表示任何东西，如 mus（老鼠）一词中的 us 就不能表示任何东西，

它只是一种声音。而在复合词里，音节就具有某种意义，但就像我们以前说过的那样，它自身并不是独立的。

17a 所有句子都有意义，不过，并不是作为工具，而是如前所说是约定俗成的。并非任何句子都是命题，只有那些自身或者是真实的或者是虚假的句子才是命题。真实或虚假并不为任何句子所有，例如祈祷就是既无真实也无虚假可言的句子。我们现在研究的只是命题，而撇开其他类型的句子，因为对这些句子的解释主要属于修辞学或诗学的范围。

【5】 第一类简单命题是肯定命题，第二类简单命题是否定命题，但是如前所说，其他命题都是结合而成的。

所有命题都含有一个动词或一种动词的时态，甚至“人”的定义，如若不增加“现在是”、“过去是”、“将来是”或某些这一类的词，那么它就根本无法形成命题。“有脚的两足动物”如何便是一而不是多呢？连续不断说出这些词并不能使它们构成一个统一体。但这个问题属于和现在的研究不同的领域。

那些陈述了单一事实，或者通过结合而形成的单一事实的命题是单一命题。那些陈述了多个事实或者其各个部分并没有连结起来的命题乃是复多命题。

名词和动词只是一种表示，因为只有名词或动词，并不能作出有任何意义的陈述，无论是回答某一问题的陈述，还是对自己意见的陈述。

在各种命题中存在着简单命题，如肯定某事物的某种东西，或否定某事物的某种东西，另一种是复合命题，如由简单命题构成的命题。简单命题是一种有意义的表述，它肯定或否定某一事物在过去、现在或将来的存在。

【6】 肯定命题是肯定某事物属于另一事物，否定命题否定某事物属于另一事物。

既然有可能将把握的事情说成是不曾把握的，把不曾把握的事情说成把握了的，而且在现在以外的时间里也同样如此，那么，有人肯定过的事物，必定也可以加以否定，有人否定过的事物，必然也可以加以肯定，所以，肯定命题便有与其对立的否定命题，否定命题也有与其对立的肯定命题。所有这样成对的命题，我们称之为矛盾命题，矛盾命题的主项和谓项必须相同，而且相同的词不应当是“同名异义的”。除此之外，我们还需要其他附加条件以对付难缠的诡辩派所提出的疑难。

【7】 有些事物是全称的，有些事物是单称的，我的意思是说，全称可以被表述为多数主体，如“人”，单称则不能这样，如“加里亚斯”。 17b

无论是肯定命题还是否定命题，必然或者具有全称主项，或者具有单称主项。若两个命题，一个为肯定命题，一个为否定命题，两者在形式上都是全称的，都具有一个全称的主项，那么这两个命题便是“相反”命题。形式上是全称的，都具有一个全称主项，是指诸如“所有的人都是白的”这样的命题，另外，也指“没有人是白的”这样的命题。但是，如果两个命题虽具有全称主项，然而在性质上却不是全称的，这两个命题就不是“相反命题”，虽然有时它们所指的意思是相反的，例如，“人是白的”与“人不是白的”，主项“人”是全称的，但这两个命题本身都不是全称的，因为这两个命题都不含有“所有的”这种词，但“所有的”并不就表示主项是全称的，而只有主项是全称的，整个命题才是全称的。但是，如若主项和谓项都是全称的，则所得出的命题便会是虚假的。因为在这种情况下，肯定命题绝不可能会是真实的，如“所有的人是所有的动物”，便是一个很好的说明。

如若两个命题的主项相同，肯定命题的主项是全称的，否定命题的主项不是全称的，那我们就把这两个命题称为相对立的矛盾命题，如“所有的人是白的”和“并非所有的人是白的”，以及类似的命题。再如，“有些人是白的”，在我所说的矛盾意义上，就与“没有一个人是白的”相对立。如若肯定命题和否定命题都是全称的，即在这两种情况下主项都具有全称的特点，则这两个命题便是相反命题。所以，“所有的人是白的”或“所有的人是公正的”，与“没有人是白的”或“没有人是公正的”并不是矛盾命题，而只是相反命题。

我们可以看到，相反命题不可能同时是真实的，但有时一对相反命题的矛盾命题则可能同时是真实的，虽然它们的主词是相同的。例如，“并非所有的人是白的”和“有些人是白的”，这两个命题可以同时都真实。但是，一对矛盾命题，如若主项是全称的，而且命题的性质也是全称的，那么这一对命题，就必然一个是真实的，一个是虚假的。对于主项是单称的矛盾命题也是如此，例如，“苏格拉底是白的”和“苏格拉底不是白的”。但是，如若两个命题在性质上并不是全称，而只是主项全称，便不会有一个命题真实或一个命题虚假的情况产生。因为我们完全可以真实地说，“人是白的”，“人不是白的”；“人是美的”，“人不是美的”。如若一个人丑陋，他便不是美的，即使他将会变美，但他现在还不美。这个观点看起来与理性相违背，因为“人不是白的”似乎等于“并非人是白的”。但是在事实上，这两个命题的意义并不相同，而且两个命题也不可能同时为真或同时为假。

很显然，与一个单一的肯定命题相对应的否定命题自身，也一定是单一的。即，这个否定命题所否定的事物正是
肯定命题所肯定的同一事物、同一主项，而且，无论这两个 18a
主项是全称的还是单称的，无论这两者是采用全称的形式还是不采用全称的形式。“苏格拉底是白的”与“苏格拉底不是白的”，就是这样构成的一对命题。但如若否定的是其他任何事物，或者主项自身发生了变化，虽然谓项没有变化，那么这个否定命题便与肯定命题不是相对应的命题了，而是与另外一个不同的命题相对应。例如，“并非所有的人是白的”与“所有的人是白的”相对应，“没有人是白的”与“有些

人是白的”相对应，“人不是白的”与“人是白的”相对应。

我们已经说明，单一的否定命题是以我们称为矛盾命题的方式，与单一的肯定命题相对立，而且说明了它们是哪一些命题。我们区分了相反命题与矛盾命题，并且解释了相反命题有哪些。我们还证明了两个相对立的命题，并不必然总是一个真实、一个虚假，此外，我们还指明了其中的原因，并解释了在什么样的情况下，如果一个命题真实，另一个命题则是虚假的。

【8】 如若肯定命题或否定命题陈述的是某一事物的某一事实，那么便是单一命题，无论它的主项是否全称，也不论这种陈述是否具有全称的性质。例如，如果“白的”一词只有一种意义，就可得出这些单一命题：

所有的人是白的——并非所有的人是白的，

人是白的——人不是白的，

没有人是白的——有些人是白的。

如若一词项有两种意义，而这两种意义并不能结合为一种意义，则肯定命题与否定命题便不是单一的。比如我们可以用“外表”这个词来指人和马，因此，“外表是白的”就不是一个而是两个肯定命题，“外表不是白的”也一样，不是一个而是两个否定命题。因为“外表是白的”这个命题，真正的意思是说，“马和人都是白的”，而这个命题就等于说“马是白的”，“人是白的”。如若这两个命题不止一种意义，而且不形成一个单一的命题，那么“外表是白的”便一定不止一种意义，否则，便什么意义也没有。因为某一个别的人并不是一匹马。所以，在两个对立的矛盾命题中，并不一定一个真实，另一个虚假。

【9】　关于现在或过去所发生事情的判断，无论是肯定的还是否定的，必然或者是真实的，或者是虚假的。无论是关于普遍的全称命题，还是关于个别的单称命题，正如我们所说的那样，总要或者真实，或者虚假。但适用于普遍的非全称命题则并不一定是这样。关于这些我们已经说过。

但关于将来事件的单称命题则有所不同。因为，如若所有的肯定命题以及否定命题或者真实，或者虚假，那么，所有被断定的属性就必然或者属于被给定的主体，或者就不属于它。因为当一个人说一事件将会发生，而另一人说它不会发生，如果全部肯定命题和否定命题必然其一为真实，其一为虚假，那么很显然，其中一人说的是真实的，而另一人说的是虚假的。在这种情况下，两个命题不可能同时为真。如果说一事物或者是白的，或者不是白的，这是真实的话，那么这一事物就一定或者是白的，或者不是白的。如果这一事物或者是白的，或者不是白的，那么，或者肯定它是白的命题真实，或者否定它是白的命题真实。如果它在事实上并不是白的，那么说它是白的就是虚假的；如果说它是白的是虚假的，那么这事物就不是白的。所以，无论是肯定命题还是否定命题，它们必定或者真实，或者虚假。

如果是这样，那么就不会有什么东西是偶然的或碰巧发生的，而且将来也不会有。一切事物都是出自必然而非偶然，或者肯定某一事件将发生的人所说的是真实的，或者否定这一事件将发生的人所说的是真实的，否则，一件事的发生与不发生将会是同样的可能。因为与现在和将来相关的偶然事件，其意义就是指既可能是这样，也可能不这样。

如果一个事物现在是白的，那么，在过去它将是白的就是真实的。所以，现在发生了的事情，说它现在或将来要发生总是真实的。如果说某事物现在或将来发生一定真实，那么，就不可能说它现在或将来不会发生。如果一事物不可能不生成，它就会必然生成。所以，一切将发生的事件，就必然发生，没有什么东西是碰巧发生或偶然发生的。因为如果一事物是由偶然引起的，它就不会是出自必然。

但是，认为两个相矛盾的命题没有一个是真的，则是不可能的。比如说一件事既不会发生，也不会不发生，便是不可能的。因为，这首先就意味着，当一个肯定命题虚假时，其否定命题也并不真实；以及，当一个否定命题虚假时，其肯定命题仍然不真实。其次，如果说，一事物既白又大是真实的，那么这两种性质就一定属于这事物。如果说它们在明天将属于它是真实，那么它们在明天将一定属于它；如果某事件明天既不会发生，又不会不发生，那就不会有偶然性的东西发生了。如某一“海战”，以此为假设，那么它就会在明天既不会发生，也不会不发生。

这些和另外一些不可能的结论就要产生，如果我们假定，在所有相互矛盾的两个命题中——全称或单称的肯定命题与否定命题——其一必然是真实的，另一必然是虚假的。所发生的事情就不可能是偶然的，一切事物的生成都是出自必然。人们毫无必要进行选择，或者在这种假设上多费心思，即如果我们做这件事，这件事就将会发生。如果我们不做这件事，这件事就将不会发生。没有任何东西妨碍一个人预言，在一万年后将会有某一事件发生，而另一个人则预言它不会发生。由正确的预言所说到的事件，在将来终归要发生。的确，人们在以前是否作过这种相互矛盾的预言，那是无关紧要的，因为某人的肯定或否定并不能改变事件的发展方向，事件并不会因为某人肯定或否定而将发生或将不发生。无论这个预言是在一万年以前或其他久远的年代以前所 19a
作出的，都无关紧要。如果经过漫长的岁月，事物的本性使得某一预言成为真的，那么这个预言就必定会被实现；一切已经发生了的事情，将总是这样，以至于它们的发生都是出于必然。因为一个人如果正确地预见到某一事件将发生，那它就不可能不发生；断言已经发生了的事件将会发生，这永远都是真实的。

但是，这些结论都是不可能的。我们看到，未来的事件取决于人的意志和行为，一般地说，并不总是处于现实状态的事物，存在两种可能性，即“可能”和“不可能”。同样地，在这些事件中，也有两种可能性，即“存在”和“不存在”。这些事件可能发生，也可能不发生。关于这种事件有很多明显的例子，如这件斗篷有“可能被割破”，也有可能不被割破，而是被穿破。“可能不被割破”也是一样，因为如果不存在这样的可能性，那么它就不可能被先穿破。相对于可能性的其他情况也是如此，所以很显然，并非所有的事物都必然地存在或必然地发生，而是存在着偶然性，肯定命题并不比否定命题更真实或更虚假，一般说来，有些情况倾向于某一方向，但它们有时仍可能改变为其他方向。

存在的东西当其存在时，必然存在，不存在的东西当其不存在时，必然不存在。但是并非所有发生的事情或不发生的事情都是必然的。存在的东西当其存在时就必然存在，并不等于说，所有事情的发生都是必然的。关于不存在的东西也是如此。同样的道理也可以适用于两个矛盾命题。所有的事物在现在或将来的时间里都或者必然存在，或者不存在；或者必然地产生，或者不产生。但要确定其中一个命题，并说它就是必然的，这是不可能的，我说的意思是，一场海战在明天或者发生，或者不发生，这是必然的；但这场海战将发生或将不发生并不是必然的。只是在或者明天发生或者明天不发生这一点上是必然的。正如命题的真实就在于符合事实，很显然，就那些包含了偶然性或在相反方向的可能性的事件而言，关于这些事件的两个矛盾命题，也必然具有同样的性质。

并不总是存在的事物，或总是不存在的事物，就是这样。因为两个矛盾命题中，有一个必然是真，另一个必然是假，虽然其中一个更有可能，但并不能断定它就是真实的，或就是虚假的。很显然，就矛盾命题中所有肯定命题和否定 19b
命题来说，其一为真实，其一为虚假，这并不是必然的。因为这些事件还只是一种可能性，而不是现实的存在，它和现实存在的事物是有差别的。这正如我们以前所说过的那样。

【10】 肯定命题是对某一事物是什么的陈述，其主项或者是名词，或者是无名称的事物。在肯定判断中，主项和谓项必须是单一的。我们已经解释过什么是名词，以及自身无名称的事物是什么，我们说过，“非人”严格地说并不是一个名词，我们称其为不确定名词，因为它们毕竟以某种方式表示单一的事物。与此相似，“不健康”一词严格地说也不是一个动词，而是不确定动词。所以，肯定判断和否定判断是由名词和动词所构成的，无论这些词是在严格的意义上还是在不确定的意义上被使用。如若没有动词，那就既不会有肯定命题，也不会有否定命题。因为“现在是”、“将来是”、“过去是”、“生成”等用语，都符合动词的定义，而且，它们除了具有自身的独特意义外，还与时间有关。所以，“人是”与“人不是”便形成最基本的肯定命题和否定命题，其次是“非人是”与“非人不是”，最后是“所有的人是”与“所有的人不是”、“所有的非人是”与“所有的非

人不是”。相对于将来时态与过去时态来说也是同样。

当动词“是”被用来作为句子中的第三种因素时，会产生两种肯定命题与否定命题。如在句子“人是公正的”中，“是”这个词被用作第三种因素，无论你称它是动词还是名词。用这些材料可以形成四种命题，其中两种，就其肯定和否定来说，它们的结论是和与缺乏有关的那些命题一致的，其他两种命题则不是如此。我所指的是，若将“是”和“公正的”或“不公正的”放在一起，便会产生两种肯定命题；如若将“不是”和“公正的”或“不公正的”放在一起，便会产生两种否定命题。这些加起来便有四种命题：从以下图表我们便可以明白：

A. 肯定命题：人是公正的；	B 否定命题：人不是公正的。
D. 否定命题：人不是不公正的；	C. 肯定命题：人是不公正的。

“是”、“不是”与“公正的”、“不公正的”在这里被放在一起。这就是这些命题的正确图式，正如在《分析篇》中所说的那样。如若将主词换上全称名词，这样形成的肯定命题也是一样。

A′. 肯定命题：所有的人是公正的；	B′. 否定命题：并非所有的人是公正的。
D′. 否定命题：并非所有的人是不公正的；	C′. 肯定命题：所有的人是不公正的。

在这个图式中处于对角位置的命题，不可能像第一种情况那样，两者都是真实的，虽然有时情况也会这样。

以上我们就有了两对对立的命题，而且下面我们还将排列出另外两对命题来。如若我们将第三种因素和“非人”放在一起，并把“非人”当作某种主词的话：

A″. 肯定命题：非人是公正的；　　B″. 否定命题：非人不是公正的。 20a

D″. 否定命题：非人不是不公正的；　　C″. 肯定命题：非人是不公正的。

现在我们不可能再找出更多成对的对立命题了。但最后的一组命题应当与前两组命题加以区分，因为它是以“非人”作为主词的。

在动词不适于用“是”这一词时，我们就用“散步”、“健康”作为动词，这样我们也可形成以“是”作动词所形成的同样的图式，例如，我们有以下命题：

所有的人健康。　　所有的人不健康。

所有的非人健康，　　所有的非人不健康。

在这种情况下，我们务必不要使用“并非所有的人”这种说法。因为“非”必须和“人”放在一起，原因是，主项并不因为有了“所有的”便成为全称的，但是“所有的”这个词表明，作为主项自身，它是全称的，这可以从以下例子看出：

人健康，　　人不健康。

非人健康，　　非人不健康。

由于这些命题不确定，而且不是全称的，因此与上面的那些命题有所不同。所以，“所有的”与“非”这两个形容词，无论是在肯定命题还是在否定命题中，只不过表明主词自身是周延的而已。故此，命题中的其他部分在所有情况下都是相同的。

“所有的动物是公正的”，其相反命题是“并非所有的动物是公正的”。很清楚，这两个命题不可能适用于同一主词，也不可能同时为真，但它们的两个矛盾命题则有时可能同时是真实的，即“并非所有的动物是公正的”与“有些动物是公正的”，这两者可以同时是真实的。从“所有的人是不公正的”可以推出命题“没有人是公正的”；它的相对立的命题“并非所有的人是不公正的”又可以从“有些人是公正的”推出来。因为一定有某些公正的人。

当主词是单称的时，若提出一个问题，否定回答是真实的，那么，某个肯定命题也一定是真实的。如问：“苏格拉底有智慧吗?”若回答是“不”，那么我们便可以立刻正确地推论出“苏格拉底是没有智慧的”。但在主词全称的情况下，同样的推论就是不真实的，而否定的推论才是真实的。如问：“所有的人都是有智慧的吗?”若回答是“不”，那么，在这种情况下推论出“所有的人是没有智慧的”便是虚假的，而“并非所有的人是有智慧的”才是真实的。后一个命题与原命题是矛盾命题，而前一个命题与原命题则是相反命题。

不确定的谓项和名词，诸如“非人”、“不公正”，即使没有名词、动词，也仿佛实际上是一种否定命题似的，就像我们在更为适当的意义上所使用的词一样，但事实上并非如此。所有的否定命题都必然或者真实，或者虚假。如使用“非人”这个词，若不再增加什么，那就一点不比使用“人”这个词更真实或更虚假，而是真实或虚假的成分更少。“所有的非人是公正的”是一个命题，其意义与我们所提到的所有命题都不相同，它的矛盾命题“并非所有的非人是公正的”也与那些命题不相同。但是，“所有的非人是不公正的”与“没有什么非人是公正的”完全是同一回事。

主项和谓项可以相互换位，两个句子的意义并不会发生 20b
变化，例如，“人是白的”与“白的是人”。因为如若这两个句子其意义不同，那么，相对于同一肯定命题就会有一个以上的否定命题，但我们已经说明，只有一个否定命题，“人是白的”的否定命题是“人不是白的”。如若“白的是人”与“人是白的”有某种意义上的差别，那么“白的是人”的否定命题就是“白的不是人”，或者“白的不是非人”。因为前者是“人是白的”的否定命题，后者是“白的是非人”的否定命题，这样，同一个肯定命题就会有两个矛盾命题。所以，主项和谓项换位，无论是肯定命题还是否定命题，其意义都不会有变化。

【11】　一个命题，若是用多件事实来述说一个主体，或者用一件事实来述说多个主体，那么，无论它是以肯定还是以否定的方式出现，它都不是简单命题而是复合命题，除非多件事实表明的是同一事物。我不使用“一”这样的词来指虽然有一个名称但并不结合为一个统一整体的事物。例

如，人是动物，是两足动物，而且是驯化了的动物，这些都可以溶进同一事物；相反，“白的”、“人”、“散步”就不能溶进同一事物。即使我们用这三者述说同一主体，或用它们肯定某个单一的谓项，所构成的命题，除了在语言学意义上可称为单一的命题外，都不能算是单一的命题。

因此，如若辩证的问题需要回答，即承认一个前提，或者承认两个矛盾命题中的一个（这样的前提本身即是矛盾命题中的一个），那么，对这种包含有前面所提到谓项的问题的回答，就不可能是个单一命题。即使所寻求的回答是真实的，这问题也不是单一的。关于这一点我已在《论题篇》[①]中作过解释。“它是什么？”这样的问题不是辩证问题，因为很显然，辩证问题必须让人有机会在两个矛盾命题中选择他所愿意选择的那个命题，必须使得问题更具体。例如，人是有还是没有某种明确的性质。

在某些谓项的结合中可以看到，一些孤立的谓项自身可以结合为单一的谓项，但在其他情况下则不能结合。我们要问，这种区别是怎样产生的呢？我们一方面可以用两个命题来说，第一，“人是动物”，第二，“人是有两足的东西”；我们在另一方面也可以将这两者结合起来，变成一个命题，说“人是两足动物”。所以，我们也可以同样把独立的“人”和“白的”结合成一个单一的谓项。但是，对于独立的“鞋匠”

① 见《论题篇》，第八卷。

和“好的”就不能这样，虽然一个人可能既是鞋匠又是好的，我们也不能据此说他就是一个“好鞋匠”。因为如果以为两个独立的谓项真正属于一个主项，便可以得出这两者结合的谓项也真正属于这一主项，那么便会产生许多荒谬的结论。例如，一个人既是人，又是白的，所以他将是一个白人。如若他是白的，那便可以推论出，结合而成的事物也是白的。这样我们就会得到“一个白的白人”的结论，而且我们还可以照此无穷尽地推论下去。再如，“有教养的”、“散 21a
步”、“白的”，我们也可以把它们多次结合。而且，我们也可以说，苏格拉底说“他是苏格拉底”，他是人，所以“他是苏格拉底这个人”，我们还可以说他是人，并且是两足的，所以“他是两足的动物”。

坚持认为谓项在任何情况下都可以结合起来，不可避免地要导致许多荒谬的结论。下面我们说说正确的情况。

某些谓项，如若只是偶然属于某一主词，或者主谓之间只是偶性的关系，那么这些谓项就不能结合成单一的谓项。我们可以说，“人是有教养的、白的”。但“有教养的”和“白的”并不能结合为单一的谓项。因为这两者只是偶然地同属某一主项。即使所有白的东西都可以确切地被说成是有教养的，“有教养的”和“白的”也不能形成一个统一体，因为有教养的东西只是偶然是白的而已。所以，有教养的东西和白的不能结合成单一的谓项。如若一个人既是鞋匠又是好的，那么我们也不能把这两者结合起来，说他是一个“好鞋匠”。但是我们可以把“动物”和“两足的”结合起来，称人是“两足的动物”，因为这两个词的关系不是偶然的。

其次，如若一个谓项蕴涵在另一个谓项之中，这样的谓项也不能结合成单一的谓项。所以我们不能反复将“白的”和已经包含了“白的”的东西结合起来，或者将人叫做“动物人”或“两足的人”，因为“动物”和“两足的”两个概念都已经包含了“人”这个概念。但我们可以用单一的谓项来称谓单一的事实，如说某一个别的人是人，某一个别的白人是人。但并非在任何情况都是这样。如若在所增加的词中包含了某种可以引起矛盾的对立因素，如若这时再用单一的谓词来指称单一的事实就不是真实的，而是虚假的，比如说一个死人是人就是虚假的；但是，当它不包含对立因素时则是真实的。准确地说，当包含了对立因素时，就永远不可能是真实的，当不包含对立因素时就并非总是真实的；例如，“荷马是某物”，如“诗人”，那么，这是否能推论出他存在，还是不能推出他存在呢？在这里，这个“是”只是偶然地被用来述说荷马。因为我们只陈述“他是个诗人”，“是”在这里并不是以荷马的真实存在①这一意义来述说他。

所以，在那些自身不包含矛盾的述说中，如若名词没有被定义所取代，而且其宾词并不是偶然地、而是本质地属于那些事物，那么个别的东西也将是那些单一命题的主词，不

① tou homerou to estin。

存在的东西因为被人们所思维便说它也存在，那是不真实的，因为在人们的思维中，并不是它存在，而是它不存在。

【12】 作了前面这些区分之后，我们必须证明这一些关系，即关于断言或否认可能性、不可能性、偶然性、必然性的肯定命题和否定命题之间的关系，因为这个问题解决起来有些困难。我们先暂且承认，包含了“是”与“不是”的复合表述是相互矛盾的，试以“人是”为例，“人不是”与其相矛盾，而“非人是”则与它不矛盾。再如，“人是白的”与“人不是白的”相矛盾，但与“人是不白的”并不矛盾。如果不是这样，那么，对于任何主词，其肯定命题或否定命题便都是真实的，甚至“一块木头是一个不白的人”也可以被证明是真实的了。

这一些我们都可以承认，但大量并不包含“是”与“不是”而是用其他动词来代替它们的句子，其情况又怎样呢？如若我们刚才所说的观点正确，那后一种情况也会同样如此。“人散步”的矛盾命题是“人没有散步”，而不是“非人散步”，因为“人散步”与“人正在散步”这两个命题是同一回事情。如若情况始终如此，那这也会适用于“它可能存在”这样的表述，因此，与这个命题相矛盾的并不是“它不可能存在”，而是“它可能不存在”。

但同一事物看起来似乎既可能存在又可能不存在。例如，可能散步或可能被切割的东西，也可能并不散步或不被切割。其原因就在于，以可能性方式存在的事物并不在任何时候都现实地存在。所以，在这种情况下，无论是肯定命题还是否定命题都是真实的。因此，可能散步或可能被看见的东西，也可能并不散步或并不被人看见。

但是，既然矛盾命题不可能对于同一主项同时为真，那么我们便可以推论出“它可能存在”的否定命题不是“它可能不存在”，这样的话，我们便可以从以上所说的推论出，我们可以在同时对于同一主项，断言或否认同一谓项；或者，肯定命题或否定命题并不是由于增加了“是”或“不是”而形成。所以，如若前面的观点不可能成立，我们就必须选择后一种观点。

所以，“它可能存在”的否定命题应当是“它不可能存在”，这对于“它偶然存在”的情况也同样适用，它的矛盾命题是“它并非偶然存在”，对于其他类似的命题，如“它必然存在”、“它不可能存在”等，也是如此。就如在前面的例子中，“是”与“不是”和主项放在一起，即“白的”与“人”，在这里，“是”与“不是”① 则成了基准，而“可能”、“偶然”则作为附加词和基准放在一起，附加的词项表明某物是可能的还是不可能的。正如在前面的例子中，“是”与“不是”表明某物是真的还是不是真的一样。

“它可能不存在”的矛盾命题不是“它不可能存在”，而

① to einai kai to me einai。

是“它不可能不存在”。“它可能存在”的矛盾命题不是“它可能不存在”，而是“它不可能存在”。据此看来，“它可能存在”包含了“它可能不存在”，而“它可能不存在”也同样包含了“它可能存在”，因为“它可能存在”与“它可能不存在”乃是同一回事，两者并无矛盾。但是，因为“它可能存在”与“它不可能存在”这两者是相互矛盾的，所以它 22a
们不可能相对于同一主项同时真实，“它可能不存在”与“它不可能不存在”对于同一主项也不可能同时真实。

同样，“它必然存在”的矛盾命题并非“它必然不存在”，而是“它并非必然存在”；“它必然不存在”的矛盾命题是“它并非必然不存在”。“它不可能存在”的矛盾命题并非“它不可能不存在”，而是“它不是不可能存在”，“它不可能不存在”的矛盾命题是“它并非不可能不存在”。

一般而论，正如我们述说的，必须把“是”与“不是”当作基准，而其他词则作为附加词与“是”和“不是”放在一起，从而形成肯定命题和否定命题，我们必须把以下五对表述看作是五对矛盾表述：

它可能存在——它不可能存在；

它偶然存在——它并非偶然存在；

它不可能存在——它并非不可能存在；

它必然存在——它并非必然存在；

它真实——它不真实。

【13】 从以上面方式形成的肯定命题和否定命题，可以推出：

原命题	蕴涵的命题
1. 它可能存在	1. 它偶然存在；它并非不可能存在；它并非必然存在
2. 它偶然存在	2. 它可能存在
3. 它可能不存在（它偶然不存在）	3. 它并非必然不存在；它并非不可能不存在
4. 它不可能存在（它并非偶然存在）	4. 它必然不存在；它不可能存在
5. 它不可能不存在（它并非偶然不存在）	5. 它必然存在；它不可能不存在

让我们根据所附加的这张表，更详细地讨论这些命题：

1	2
它可能存在，	它不可能存在，
它偶然存在，	它并非偶然存在，
它并非不可能存在，	它不可能存在，
它并非必然存在，	它必然不存在，
3	**4**
它可能不存在，	它不可能不存在，
它偶然不存在，	它并非偶然不存在，
它并非不可能不存在，	它不可能不存在，
它并非必然不存在，	它必然存在。

“它不可能存在”、“它并非不可能存在”可以从“它可能存在”、“它偶然存在”和“它不能存在”推出，前后正好转换过来，相互矛盾，因为“它不可能存在”的否定命题可以从“它可能存在”推出，而它的肯定命题“它不可能存在”又可以从“它可能存在”的否定命题，即“它不能存在”中推导出来，因为“它不可能存在”是个肯定命题，“它并非不可能存在”则是个否定命题。

我们现在来看看，有关必然性的命题情况如何。显然，这里的情况有所不同，相反命题可以由矛盾命题推出，而且矛盾命题属于不同序列，因为“它必然不存在”并不是“它 22b
并非必然存在”的否定命题，这两种表述可以对同一主项都是正确的，因为必然不存在的东西并非必然存在。为什么有关必然性的命题不能用像其他命题一样的方式推出来呢？原因就在于，当“不可能”被用于相反主项时，它就等于肯定“必然”。因为如果它不可能存在，那么它就必然不会存在，因而是不存在，如果它不可能不存在，那么它就必然存在。如若肯定不可能或可能的命题，不需改变它们的主项就可以从表示可能性或不可能性的命题中推出，那么，表示必然性的命题则需要使用相反的主项才能推出。“它必然存在”与“它不可能存在”在意义上并不相同，但正如前所述，两者是转换地联系着的。

是不是不可以按照前面的方式来排列表示必然性的命题呢？因为必然存在的东西也可能存在，如若不是这样，那么便会推出否定命题；因为要么必然肯定它，要么必然否定它。所以，如若“它并非可能存在”，那“它就不可能存在”，而“它不可能存在”就“必然存在”，这就荒谬了。但是，“它并非可能存在”可以从“它可能存在”推出，“它并非必然存在”可以从“它并非不可能存在”推出，这就导致了必然存在的东西并非必然存在的结论，这是荒谬的。事实上，不仅“它必然存在”，而且“它必然不存在”都不能从“它可能存在”推出来。因为“它可能存在”表示这两者都可能发生，而如果刚才说到的这两个命题中有一个是正确的，那么就不再有二中选一的余地了。可能存在的事物也可能不存在，但是，如若它必然存在，或必然不存在，这就没有两者都存在的可能性了。只有“它并非必然不存在”才是从“它可能存在”中推出来的，这个命题对于“它必然存在”也是合适的。而且，这表明它与从“它不能存在”推出来的命题是矛盾的，因为从这个命题可以推出“它不可能存在”和“它必然不存在”，而“它必然不存在”的矛盾命题是“它并非必然不存在”，所以，这些命题也可以从矛盾命题中按照所说的方式推出来，而当这样排列它们时，并没有什么不可能的结论产生。

在这一点上，也许有人会提出疑问，“它可能存在”是否可以从“它必然存在”推出？若不能，必然会推出它的矛盾命题，即推出“它不能存在”，若有人认为这不是正确的矛盾命题，那么便会推出“它可能不存在”。但是，如若将其应用于必然的事物，这两个命题便都是虚假的。这个观点似乎容易被人们所接受，即可能存在或可能被切割的东西，也可能不存在或不被切割。如果是这样，我们便可以得出结论，必然存在的事物可能并不存在，而这是虚假的，很清楚，并非所有可能存在或可能散步的事物都具有相反的可能性，这里有些事例就属于例外，首先是那些属于没有理性的可能性的事物，例如火是热的，但可能无理性，而理性的可能性则不止一种结果，或有两种相反的结果，但一切无理性的可能性不是这样，我们还是说到火，它就不可能既发热又不发热，任何总是现实存在的事物也没有这样的可能性。但有些非理性的可能性可以有这样的可能性。不过我们以上的解释就足够说明问题了，即并非任何可能性都允许这种对立的结果，甚至在极其明确的意义上使用“可能性”这个词也是一样。

但有时这个词是双关地来使用的，因为“可能”[①] 一词就不是在笼统的意义上说的，一方面，它被用于那些实际存在着的事物，例如，对于某个人来说，可以说他“能”散步，因为他在现实地散步，一般说来，我们说一事物“可能”，乃是因为它现在已被实现了；另一方面，“可能”被用于可能被实现的事物，例如，对于某个人来说，他“可能”散步，因为在某种情况下他将会散步。这一类能力只属于能运动的事物，而前者则可以属于没有运动能力的事物。对于正在散步或现实地散步的事物，以及能散步但并没有现实地

① dunamis，又作“潜能”。

散步的事物，就可以说它并非不可能散步。严格地说，我们不能用后一种可能性来述说必然的事物，但可以用另一种来肯定必然性的事物。最后，由于全称命题必然从特称命题推出，所以，必然存在的事物也就是可能的事物，虽然在它的所有意义上并不见得就是这样，必然性和非必然性也许既是一切事物存在的本原，也是一切事物不存在的本原，其他一切都必须被看作是根据它们所推出来的结论。

显然，从我们以上所说，必然的也是现实的。现实先于可能，因为永恒的在先，所以首先存在的是没有可能的完全现实性，例如第一实体；然后是既属现实又属可能的事物，在自然的序列中，现实先于可能，虽然在时间上现实并不在先，最后才是只有可能性而绝不会实现的事物。

【14】 这里将有一个问题：一个肯定命题的相反命题是一个否定命题，还是一个从属的肯定命题？“所有的人是公正的”，它的相反命题是“没有人是公正的”呢，还是“所有的人都是不公正的”呢？例如“加里亚斯是公正的”，“加里亚斯不是公正的”，“加里亚斯是不公正的”，这些命题中哪两个是相反命题呢？假如口头表达和理智判断是一致的，而且，如若一个判断和另一个表示相反事实的判断是相反的，就像“所有的人是公正的”这个判断和“所有的人是不公正的”这个判断之间的关系一样。同理，我们其他口头表达也适应这种情况。但是，如若我们假定，在说话人心

里，宣称相反事实的判断和另一判断并不相反，那么一个肯定判断就不会与另一个肯定判断相反，而它们的否定判断则是真正的相反判断。在真实的判断中，哪一种判断和虚假的判断相反呢？是不是否定虚假判断的判断呢？抑或是那宣称相反事实的判断呢？我们可以拿关于好的事物的三个判断为 23b
例，真实的判断是“它是好的”，虚假的判断是“它是不好的”，以及第三种判断“它是坏的”，那么，后两个判断中，哪一个与真实的判断形成相反判断呢？或者，假如它们是相同的，那么哪一种口头表达是相反判断呢？

以为相反判断是具有相反主项的判断，那就错了。因为“好的事物是好的”这个判断与“坏的事物是坏的”这个判断可能是同一的，无论它们是一个判断还是多个判断，它们两者对于各自的主项来说都是正确的。而且这两个主项是相反的词，所以，两个判断是不是相反判断并不在于其主项是否相反，而在于这两种判断在意义上是否相反。

假如关于一件好的事物有两种判断，一种判断认为这件事是好的，一种认为它是不好的，如果这事物还有一些其他属性，如既不拥有也不可能拥有好的东西，但我们不能认为，那些虽然不拥有好而被认为拥有好的判断，以及虽然拥有好而被认为不拥有好的判断，与真实的判断是相反判断，因为这两种判断其数量是无限的，我们毋宁把那些虚假的判断看作是真实判断的相反判断，而这些又和生成有关，生成是从一端过渡到另一端，虚假就是这样的过渡。

好的东西是好的，而非坏的；某一属性就其自身属于一事物，那么另一属性则只是偶然地属于该事物。因为它偶然不是坏的。但如果一个最真实的判断涉及一事物自身，那么最虚假的判断也同样要涉及事物自身，涉及事物自身的虚假判断是“好的事物是不好的”。“它是坏的”虽然也是一个虚假判断，但它仅仅涉及偶然的东西，所以，否定好的事物是好的判断，便要比表示事物其他属性以及和好相反的属性的判断，更假得厉害。但最假的是那位在这点上持有与真实判断相反的判断的人。因为相反的事物乃是在同一种类中差别最大的事物。假如两个判断中有一个判断和真实的判断相反，矛盾判断便是更为相反的判断，所以，后者才是真正的相反判断。而且判断好的东西是坏的，乃是一种复合判断，因为作这种判断的人一定会把好的东西判断成不好的。

再者，如若在其他情况下也一定如此，那么对于这些例子我们所采取的观点便是真实的。因为矛盾判断要么总是相反判断，要么就不是相反判断。在事物没有相反者的情况下，我们认为，否定真实判断的判断便是虚假的；假如一个人认为人不是人，这个判断便是虚假的。所以，如果这些是相反判断，那么在其他场合，矛盾判断也会如此。

另外，认为好的东西是好的，与认为不好的东西不是好的，这两个判断是类似的；认为好的东西不好，与认为不好的东西是好的，这两者也是相类似的。那么什么样的看法与认为“不好的东西是不好的”的真实看法相反呢？当然不可能是认为“不好的东西是坏的”的看法，因为这种看法有时可以与上面的看法同时为真，而真实的看法绝不可能相互反对（因为坏的东西是不好的，所以这两种看法可能会同时为真）。也不可能是“不好的东西不是坏的”的看法，因为这两 24a
者也可能同时为真。这样就只剩下“不好的东西不是好的”与“不好的东西是好的”这两种相反看法。所以，“好的东西是不好的”的看法与“好的东西是好的”的看法相反。

显然，如若肯定判断是全称判断，这也绝不会产生任何差别，因为全称的否定判断将是其相反判断，例如，“没有什么好的东西是好的”这个判断与“所有好的东西是好的”这个判断就是相反判断，因为，在“好的东西是好的”这个判断中，如若“好的东西”是全称的，这就等于“凡是好的东西是好的”这一判断；这个判断与“所有好的东西是好的”毫无差别。相对于“不好的东西”，也是一样。 24b

如若判断的情况就是这样，而且口头的肯定和否定乃是内心判断的符号，很清楚，当全称否定和肯定陈述拥有同一主项时，全称否定也就是肯定陈述的真正的相反命题，例如，“所有好的东西是好的”或“所有人是好的”的相反命题是“并非所有好的东西是好的”或“并非所有人是好的”，而“并非所有好的东西是好的”或“并非所有人是好的”乃是与它们相对的矛盾命题。很显然，无论是一个真实的判断还是一个真实的矛盾命题，都不可能与一个真实的判断相反。因为，当两个命题都真实时，一个人可以同时坚持这两者而没有什么不一致，而相反命题则是陈述相反事实的命题，而相反事实不可能同时存在于同一主体。

前分析篇

余纪元　译

* Analutika protera 据《洛布古典丛书》希腊本文。

第 一 卷

【1】 我们首先要说明我们研究的对象以及这种研究属于什么科学：它所研究的对象是证明，它归属于证明的科学。其次，我们要给“前提”、“词项”和“三段论”下定义，要说明什么样的三段论是完满的，什么样的三段论是不完满的。此后，我们将解释在什么意义上一个词项可以说是或不是被整个地包括在另一个词项之中，我们还要说明一个词项完全指称或不指称另一个词项指的是什么意思。

前提是对某一事物肯定或否定另一事物的一个陈述。它或者是全称的，或者是特称的，或者是不定的。所谓全称前提，我是指一个事物属于或不属于另一事物的全体的陈述；所谓特称前提，我是指一个事物属于另一个事物的有些部分、不属于有些部分或不属于另一个事物全体的陈述；所谓不定前提，我指的是一个事物属于或不属于另一个事物，但没有表明是特称还是全称的陈述。例如，“相反者为同一门学问所研究”或“快乐不是善”。

证明的前提与辩证的前提是不相同的。证明的前提是对两个相矛盾陈述中一方的论断（因为证明者的工作不是提问，而是作断定），辩证的前提则是对在两种相矛盾的陈述中应接受哪一种这一问题的回答。但这种差异对三段论并无影响。三段论既可以从证明的前提推出，也可以从辩证的前提推出。因为无论是证明者还是论辩者都是首先断定某一谓项属于或不属于某一主项，然后得出一个三段论的结论。因此，根据上面所说的内容，一个三段论的前提，简单说来，是某一谓项对某一主项的肯定或否定。如果它是真实的，是从原初的公设中得出的，那么它就是证明的。而辩证的前提，对论辩者来说，是对在两个相矛盾的前提中应接受哪一个这一问题的回答；对推论者来说，它则显得是真实的并被普遍接受的论断。这一些我们在《论题篇》中已经讨论过了①。

什么是前提？三段论的、证明的及辩证的前提之间有什么差别？这些问题我们在以后还要详细解释②，对于我们目前的讨论而言，现有的定义已经足够了。

所谓词项③我是指一个前提分解后的成分，即谓项和主项，以及被加上或去掉的系词“是”或“不是”。

三段论是一种论证④，其中只要确定某些论断，某些异

---

① 见《论题篇》，$104^{a}8$，及 $100^{a}29$。

② 证明前提见《后分析篇》，第一卷，【6】—【9】，辩证前提见《论题篇》。

③ horon。

④ logos。

于它们的事物便可以必然地从如此确定的论断中推出。所谓“如此确定的论断”，我的意思是指结论通过它们而得出的东西，就是说，不需要其他任何词项就可以得出必然的结论。

如果一个三段论除了所说的东西以外不需要其他什么就可明确得出必然的结论，那么，我们就称这个三段论是完满的；如果一个三段论需要一个或多个尽管可以必然从已设定的词项中推出但却不包含在前提中的因素，那么，我们就称这个三段论是不完满的。

一个词项整个地包含在另一个词项中，与后一个词项可全部地表述前一个词项[1]，这二者意义相同。我们说一个词项表述所有的另一个词项，那就是说，在后一个词项之外再也找不到可断定的东西。根据同样方式，我们说一个词项不表述任何词项。

【2】 任何前提的形式都是某一属性要么属于、要么必然属于、要么可能属于某一主项。在这三种前提中，每一种都有肯定和否定两类。在肯定和否定的前提中，有的是全称的，有的是特称的，有的是不定的。在全称陈述中，否定前提的词项是可以转换的。例如，如果一切快乐都不是善，那么一切善的东西就都不是快乐。肯定前提的词项虽然也必然是可以转换的，但却不能换成全称陈述而只能换成特称陈

① to kata pantos kategoreisthai thaterou thateron。

述。例如，如果一切快乐都是善，那么某些善必定也是快乐。在特称陈述中，肯定的前提必然也能换成特称陈述（因为如果某些快乐是善，则某些善也是快乐）。可是否定的前提却不必然可以转换，因为从“人不属于有些动物”中推不出“动物不属于有些人”。

首先，让我们以 A 和 B 为词项的全称否定前提为例。如若 A 不属于任何 B，那么 B 也就不属于任何 A。如若 A 属于某种 B（譬如说 C），那么“A 不属于任何 B”就是不真实的，因为 C 属于 B。但是，如若 A 属于任何 B，那么，B 也就属于有些 A。因为如若 B 不属于任何 A，那么 A 也就不属于任何 B。但根据设定，A 属于一切 B，如若前提是特称的，情况也同样如此。因为如若 A 属于有些 B，那么 B 就必然属于有些 A。如若 A 不属于任何 B，那么 B 也不属于任何 A。但是，如若 A 不属于有些 B，却不必然可以推出 B 不属于有些 A。例如，设定 B 表示“动物”，A 表示“人”，那么，虽然人不属于每个动物，但动物却属于每个人。

【3】 如若前提是必然的，则换位的方式亦同样。全称否定判断可以换位成全称判断，而全称肯定判断却只能换位成特称判断。如若 A 必然不属于任何 B，则 B 也必然不属于任何 A；因为如若 B 可能属于有些 A，A 也可能属于有些 B。如若 A 必然属于一切或有些 B，B 也必然会属于有些

A；如果这不是必然的，A 也就不必然属于有些 B 了。特称否定判断是不能转换的，其原因与我们在上面所说的相同[1]。

再谈可能的前提。“可能”一词有多种含义[2]（因为我们把必然的、不必然的以及潜在的事物都称为可能）。在一切肯定前提中，转换的方式与以前相同。因为如若 A 可能属于一切或有些 B，B 也可能属于有些 A（如若 B 不属于任何 A，则 A 也不可能属于任何 B，这已经在上面证明过了[3]）。但是，在否定陈述中，情况就不相同了。凡被认为是“可能”的例子，无论陈述必然是真的还是不必然是真的，其转换方式都与以前说过的情况相同。例如，有人说，人可能不是一匹马，或白可能不属于任何外衣。在前面例子中，谓项必然不属于主项；在后面的例子中，谓项则不必然属于主项。这种前提的转换与其他否定前提相同。如若马可能不属于任何人，那么人也可能不属于任何马；如若白的可能不属于任何外衣，那么外衣也可能不属于任何白的。因为如若它必定属于有些白的，那么白的也必然属于有些衣服。这在上面已证明过了[4]。特称否定前提的转换方式亦相同。但是，如果在那些由于是经常的或自然的才被认为是可能

① 见《前分析篇》，第一卷，【2】。

② endekhomenon。

③ $25^{a}18$ 以下。

④ $25^{a}32$。

（我们就是按照这种方式来为“可能”下定义的）的前提中，那么否定前提的换位方式就与上述情况不相同了。全称否定前提不能换位，但特称否定前提却能换位。我们在讨论“可能”时会明白这一点①。

除上述内容外，让我们断定下面这一点也同样清楚，即“A是不属于任何B”或“A可能是不属于有些B”这样的论述在形式上是肯定的。“可能是”相当于“是”，而系词“是”可附加在作为谓项的任何词项上，它总是而且无例外地具有肯定的结果。例如，“是不善的”、“是不白的”或概而言之“是非X”，这一点也将在以后给予证明②。这些前提的转换方式与其他肯定前提一样。

【4】 作了这些区分之后，我们现在就可以讨论每个三段论是通过什么途径，在什么时候以及以何种方式产生的。然后，我们必须研究证明。我们之所以要在讨论证明以前先讨论三段论，是因为三段论更加普遍些。证明是一种三段论，但并非一切三段论都是证明。

如若三个词项相互间具有这样的联系，即小词整个包含在中词中，中词整个包含在或不包含在大词中，那么，这两个端词必定能构成一个完善的三段论。我所说的“中词”，

① 见《前分析篇》，第一卷，【13】以下。

② 见《前分析篇》，第一卷，【46】。

是指既包含在另一个词项中又包含着其他词项于自身中的词项。它被称作中词，也是由于它所处的位置的缘故。端词是指包含在另一个词项中的词，或者包含着另一个词项的词。如果 A 可以作为一切 B 的谓项，B 可以作一切 C 的谓项，那么 A 必定可以作一切 C 的谓项。我们在前面已经说明“一个词项作另一个词项的全体的谓项”是什么意思①。同样，如果 A 不能作一切 B 的谓项，B 可作一切 C 的谓项， 26^{a}
那就可以推出，A 不能作一切 C 的谓项。

如果大词属于中词的全体，中词不属于小词的全体，那么，两个端词便构不成三段论。因为从这样的前提中得不出必然的结论。因为大词可能属于小词的全体，也可能不属于小词的全体，结果，既不能必然地推出全称结论，也不能必然地推出特称结论；而如果从前提推不出必然的结论，三段论就不能成立。端词间的肯定联系可用动物——人——马这样的词项来表示，端词间的否定联系可用动物——人——石头这样的词项来表示。

再者，如果大词不属于中词，中词不属于小词，三段论也不能成立。端词间的肯定联系可用科学——线——医学这样的词项来表示，端词间的否定联系可用科学——线——单位这样的词项来表示。

因而，如果词项之间处在一种全称的联系中，那么在这

① 见 $24^{b}28$。

个格中，三段论什么时候能成立，什么时候不能成立就很清楚了。同样清楚的是，如果三段论能成立，词项之间的联系就必定如上所述，如果它们之间具有这样的联系，三段论便能成立。

如果有一个端词跟中词发生全称关系，另一个端词与中词发生特称关系，当全称陈述（无论是肯定的还是否定的）与大词相关，特称陈述是肯定的并且与小词相关时，那么，三段论必定是完善的；但如果全称陈述与小词相关，或者词项间以其他方式相联系时，三段论便不能成立（所谓大词，我是指包含中词的词项；所谓小词，我是指从属于中词的词项）。设定 A 属于一切 B，B 属于有些 C。如果“一个词项可作另一个词项的全体的谓项”其含义如同我们在一开头时所述[①]，则 A 必定属于有些 C。如果 A 不属于任何 B，B 属于有些 C，那么 A 必定不属于有些 C（我们也曾说明“不作为另一个词项的谓项”是什么意思[②]）。这样，我们就会获得一个完善的三段论。如果 BC 这一陈述是不定的，但只要它是肯定的，那么情况也相同；因为不论 BC 是不定的还是特称的，我们都具有同样的三段论。

但是，如果（肯定的或否定的）全称前提与小词相关，那么，无论不定的（或特称的）前提是肯定的还是否定的，

① 见 24^b28。
② 见 24^b30。

三段论都不可能成立。例如，如果 A 属于或不属于某个 B，B 属于一切 C。端词间的肯定联系可表示为：善——品质——明智；端词间的否定联系可表示为：善——品质——无知。

再者，如果 B 不属于 C，A 属于或者不属于某个 B，即并非一切 B 都是 A。那么，三段论就不能成立。我们可以用下面的词项作例子：白色的——马——天鹅；白色的——马——乌鸦。如果 AB 这一前提是不定的，也可以用同样的词项为例。

如若跟大词相联系的前提（无论是肯定还是否定）是全 26b
称的，与小词相联系的前提是否定的、特称的，那么，三段论便不能成立，无论小前提是不定的还是特称的；例如，如若 A 属于所有 B，B 不属于某个 C 或者并非所有的 C；如若中词不属于某个小词，那么大词既可与所有小词相结合，也可不相结合。让我们确定动物——人——白色的这组词项，然后，把“天鹅”和“雪”作为“人”不能以其为谓项的白色东西的例子。这样，“动物”可表述所有的“天鹅”，但不能表述任何“雪”，因而三段论不能成立。再者，让 A 不属于所有 B，B 不属于某个 C，把词项换成无生命的——人——白色的，把“天鹅”和“雪”作为“人”不能作其谓项的白色东西的例子。这样，“无生命的”可以表述所有的“雪”，却不能表述任何“天鹅”。

因为“B 不属于某个 C”这一陈述是不定的，而且无论

B不属于任何C还是不属于所有C，它都是真实的，因为我们选择了这样的词项，让B不属于任何C，所以，三段论便不能产生（这已经在上面说过了[①]）。十分明显，当词项之间处于这样一种联系时，三段论便不能成立。否则，用这些词项就能构成一个三段论了。如果全称前提被设定为是否定的，也可以作出同样的证明。

如果两个前提都是特称的，并且它们都是肯定的，或者都是否定的；或者一个肯定，一个否定；或者一个前提不确定，另一个确定；或者两个前提都不确定。在上述情况下，三段论都不能成立。可用来说明它们的词项是：动物——白色的——马；动物——白色的——石头。

从上面所说的内容可以清楚地看到，如若在这个格中的三段论有一个特称的结论，那么词项之间必定具有我们所描述的那种联系。如若它们以别的方式发生关系，那么在任何情况下，三段论都不能成立。同样清楚的是，在这个格中，一切三段论都是完善的（因为它们都是通过原来设定的前提而完成的），各种命题都可以用这个格来证明，因为它既能证明全称的又能证明特称的结论，无论它们是肯定的还是否定的。我把这一个格称作第一格，或初始格。

【5】 如果相同的词项属于一个主项的全部，而不属于

---

① 见 26^a2。

另一个主项的任何部分，或者属于两个主项的全部，或者不属于两个主项的任何部分，我就把这个格叫做第二格。在这个格中，中词即是表述两个主项的那个词项；端词即是被中词所表述的主项；大词是与中词较接近的词项；小词是与中词距离较远的词项；中词被置于端词之外，而且位于前面。

在这个格中，无论词项如何排列，都不可能产生完善的三段论，但却能形成可能[①]的三段论，无论词项间的关系是全称的，还是非全称的。如果它们是全称的，当中词属于一个主项的全体，而不属于另一个主项的任何部分时，无论哪个主项被表述，三段论都可以成立。但在其他情况下则不然。让 M 不表述所有 N，但却表述所有 O。由于否定前提可以换位，所以 N 也不属于任何 M。但根据设定，M 属于任何 O，因而 N 也不属于任何 O（这已经在上面证明了[②]）。再者，如果 M 属于所有 N，但不属于任何 O，那么 N 也不属于任何 O。因为如果 M 不属于任何 O，O 也不属于任何 M。然而根据设定，M 属于所有 N，所以 O 也不属于所有 N。我们再次得到了第一格。由于否定前提是可以换位的，则 N 也不属于任何 O。这样，它就与上面的三段论一样。运用归谬法[③]也能证明这些结果。

---

① dunatos。

② 见 25^b40。

③ eis to adunaton agein。

因此，很明显，当词项之间具有这样的关系时，我们就具有三段论，但不是一个完善的三段论。因为除了原有前提而外，还需要其他因素，才能推出必然的结论。

但是，如果 M 表述所有 N 和所有 O，则三段论不能成立。可说明端词间肯定联系的词项例证是实体——动物——人；可说明端词间否定联系的词项例证是实体——动物——数。实体是中词。如果 M 既不表述 N，也不表述所有 O，那么三段论也不能成立。可以说明端词间肯定联系的词项例证是线——动物——人；可以说明端词间否定联系的词项例证是线——动物——石头。

可见，如果端词之间具有全称联系的三段论能成立，那么词项之间的关系必定如同我们在一开始所陈述的那样①；如果它们以其他方式联系，那就得不到必然的结论。

如果中词与一个端词具有全称联系，当它与大词有全称联系（或者是肯定的，或者是否定的），与小词处于与全称关系相对立的特称联系时（我所谓的“与……相对立”，意思是说，如果全称联系是否定的，那么特称联系是肯定的；反之亦然），那么三段论的结论就必然是特称否定的。例如，如果 M 不属于任何 N，但属于某个 O，那么必然可以得出，N 不属于某个 O。因为否定陈述可以换位，所以 N 也不属于任何 M。但根据设定，M 属于某个 O，所以 N 不属于某

① 见 $27^{a}3$，M 属于所有 N。

个O。这个结论是通过第一格推得的[①]。再者，如果M属于所有N，但不属于某个O，那么必然可以得出，N不属于某个O。因为如果属于一切O，M可表述所有N，那么M必 27b 定也属于一切O。但根据设定，M不属于某个O。如果M属于所有N，不属于任何O，那么三段论的结果将是N不属于任何O。证明的方法与前述相同。但是，如果M表述所有O，却不表述所有N，则三段论不能成立。可作为例子的词项如动物——实体——乌鸦；动物——白色的——乌鸦。如果M不表述任何O，却表述某个N，那么，三段论也不能成立。可以说明端词间肯定联系的词项例子是：动物——实体——单位；可以说明端词间否定联系的词项例子是：动物——实体——知识。

这样，我们就说明了，当全称前提与特称前提相对立时，在什么条件下，三段论成立，在什么条件下，三段论不成立。如果两个前提的形式相同，即都是肯定的或者都是否定的，那么三段论就不能成立。让我们首先设定它们都是否定的，让全称联系与大词相关，例如，M不属于所有N，而且M不属于某个O，那么N可能属于所有O，也可能不属于所有O。用以说明端词间否定联系的例证是：黑色的——雪——动物。我们找不到可以说明全称肯定联系的端词，因为M虽然不属于O的某些部分，但却属于O的另一

① 见26a25。

些部分。如果N属于所有O，M不属于任何N，那么M不属于任何O。但根据设定，它属于某个O。所以我们不可能找到符合这些条件的词项，并且我们的证明必须从特称前提的不定性质中推论出。因为当M实际上不属于任何O时，说它不属于某个O，也是正确的。我们知道，当它不属于任何O时，三段论不成立。所以，很显然，在现在的情况下，三段论也不能成立。

再者，让我们设定两个前提都是肯定的，让全称联系的情况跟以前一样，例如，让M属于所有N并且属于某个O。N既可能属于所有O，也可能不属于任何O。可以说明端词间否定联系的词项例子是：白色的——天鹅——石头；可以说明端词间肯定联系的词项例证，我们找不到。原因与上述相同：我们的证明必须从特称前提的不定性质中推出。

如果全称联系与小词相关，即是说，M不属于任何O，不属于某个N，那么N既可能属于所有O，也可能不属于任何O。可以说明端词间肯定联系的词项例证是：白色的——动物——乌鸦；可以说明端词间否定联系的词项例子是：白色的——石头——乌鸦。如果两个前提都是肯定的，那么，可以说明端词间否定联系的词项例证是：白色的——动物——雪；可以说明端词间肯定联系的词项例子是：白色的——动物——天鹅。

所以，很明显，当前提在形式上相同，并且其中一个是全称的，另一个是特称的时，三段论在任何情况下都不能成立。如果中词属于或不属于每个主项的部分；或者属于一个主项的部分，不属于另一个主项的部分；或者不属于每个主项的全部；或者与它们的联系不定，在上述情况下，三段论都不能成立。以白色的——动物——人，白色的——动物——无生物这些词项为例；可以说明这些情况。

综上所述，可以明显看到，如果词项之间的联系如同我 28a
们所描述的那样[①]，那么，三段论必然可以产生。如果三段论成立，那么，词项之间必定具有这样的联系。同样清楚的是，在这个格中，所有的三段论都是不完善的（因为它们都是通过断定某些另外的前提而完成的，而这些另外的前提既不是必然隐含在词项中，也不是被设定的。例如，当我们用归谬法证明我们的结论时）。通过这个格，我们不能获得肯定的结论。一切结论，无论是全称还是特称，都是否定的。

【6】 如果一个词项属于一个主项的全部，另一个词项不属于这同一主项的任何部分；或者两个词项都属于同一主项的全部；或者两个词项都不属于同一主项的任何部分；那么，我把这个格称作第三格。在这个格中，中词即是两个端词都作其谓项的那个词项；端词即是指谓项；大词即是离中词较远的那个词项；小词即是离中词较近的那个词项。中词的位置处于两个端词之外，并且在最后。

---

① 见 27a3—5，26—32。

在这个格中，我们也得不到一个完善的三段论。但无论端词与中词的关系是全称的还是非全称的，三段论是可能成立的。如果它们的关系是全称的，当 P 和 R 属于所有 S 时，P 必定属于有些 R。因为肯定前提是可以转换的，S 属于有些 R，并且 P 属于所有 S，S 属于有些 R，所以 P 必定属于有些 R。我们通过第一格得到了这个三段论[①]。这也可以用归谬法和论述予以证明。当两个词项都属于所有 S 时，如果我们从 S 类中选择某个事物，譬如说，N，则 P 和 R 都能属于它。所以 P 属于有些 R。

如果 R 属于所有 S，P 不属于任何 S，则三段论的结果必定是 P 不属于有些 R。证明方法与上述相同，因为 R、S 可以转换[②]。跟上面的例证一样，这结果也可以通过归谬法得到证明。

如果 R 不属于任何 S，P 属于所有 S，则三段论不能成立。可说明端词间肯定联系的词项是：动物——马——人；可说明端词间否定联系的词项是：动物——无生物——人。如果两个端词都不表述任何 S，三段论也不能成立。可说明端词间肯定联系的词项是：动物——马——无生物，可说明端词间否定联系的词项是：人——马——无生物。“无生物”是中词。

① 见 26^a23。

② 见 26^a25。

因此，在这个格中，当词项间具有全称联系时，三段论在什么条件下能成立，在什么情况下不能成立，我们就很清楚了。当两个前提都是肯定的时，三段论就能成立，其结论是，一个端词属于另一个端词的部分。当两个前提都是否定 28b
的时，三段论便不能成立。当一个前提为肯定，另一个前提为否定时，如果大前提是否定，小前提是肯定，则三段论能成立。其结论是，一个端词不属于另一个端词的部分；如果相反，大前提是肯定，小前提是否定，则三段论不能成立。

但是，如果在两个端词中，一个与中词具有全称联系，另一个与中词具有特称联系，如果前提同为肯定，则无论哪个前提是全称的，三段论都必定成立。如果 R 属于所有 S，P 属于某些 S，则 P 必定属于有些 R；由于肯定前提是可以转换的，S 属于某些 P，由于 R 属于所有 S，S 属于某个 P，R 也属于某个 P，所以，P 也属于某个 R。再者，如果 R 属于某些 S，P 属于所有 S，则 P 必定属于某个 R。证明的方法与以前相同。也可以根据归谬法以及论述来证明它，就像前面的例子一样。

如果两个前提一个是肯定的，一个是否定的，并且肯定前提是全称的，那么，当小前提是肯定的时，则三段论能成立。如果 R 属于所有 S，P 不属于某个 S，那么 P 必定不属于某个 R（因为如果它属于所有 R，R 属于所有 S，则 P 也属于所有 S；但根据设定，它不属于任何 S。如果我们选取某些 P 所不属于的 S 作例子，那么，这一结论不用归纳法也能得到证明)。但如果大前提是肯定的,则三段论不能成立;例如,如果 P 属于所有 S,R 不属于某些 S。可说明端词间全称肯定联系的词项是:有生物——人——动物;但我们找不到可以说明全称否定联系的词项。因为 R 虽然不属于某个 S,却又属于另一些 S。如果 P 属于所有 S,R 属于有些 S,那么 P 就属于有些 R。但根据设定①,它不属于任何 R。我们必须像理解以前的例证那样来理解这种情况②。因为"一个词项不属于另一个"这一论述是不定的,所以说"不属于任何的也不属于有些"是真实的。但是,当 R 不属于任何 S 时,三段论不能成立③。所以,很显然,在这种情况下,三段论不能成立。

但是,如果否定词项是全称的,当大前提是否定,小前提是肯定时,三段论就能成立。如果 P 不属于任何 S,R 属于某个 S,P 也不属于有些 R。因为通过将前提 RS 转换,我们就可以再次得到第一格④。但当小前提是否定时,则三段论不能成立。可以说明端词间肯定联系的词项是:动物——人——野蛮的;可以说明端词间否定联系的词项是:动物——知识——野蛮的。在这两个例子中,中词都是"野蛮的"。

---

① 指"端词间的联系是全称否定的"这一假定。

② 见 27^b20,28。

③ 见 28^a30。

④ 见 26^a25。

如果两个前提都被设定为是否定的，并且一个是全称的、一个是特称的时，三段论亦不能成立。当小词与中词具有全称关系时，可用作例子的词项是：动物——知识——野蛮的、动物——人——野蛮的。如果大词与中词有全称关系时，可以说明端词间联系是否定的词项是：乌鸦——雪——白色的；但我们找不到可以说明端词间具有肯定联系的词项。因为R尽管不属于某个S，却又属于另一些S（如果P属于所有R，R属于有些S，P也属于某个S；但根据设定，它不属于任何S）。证明必须从特称前提的不定性质中推得①。 29^{a}

如果两个端词都属于或不属于中词的部分；或者一个属于中词的某个部分，另一个不属于；或者一个属于某个部分，另一个不属于任何部分；或者它们与中词的联系不定；——在所有这些情况下，三段论都不能成立。动物——人——白色的；动物——无生物——白色的，这些词项可用来说明所有这些情况。

因而，我们就说明了，在这个格中，三段论在什么时候能成立，在什么时候不能成立；如果词项是按照我们所论述的方式②相联系的，那么三段论必定可以成立；并且如果三段论能成立，那么词项之间的联系必定如此。同样清楚的是，在这个格中，一切三段论都是不完善的（因为它们都通

① 见27^{b}20。

② 见28^{a}18，26；28^{b}5，15，31。

过补充另外的前提才得以完成)。这个格不可能达到全称的结论，无论是肯定的还是否定的。

【7】 可见，在所有这些格中，当三段论不能成立时，如果两个前提都是肯定，或者都是否定，那就根本得不到必然的结论；如果两个前提一个是肯定，一个是否定，如果否定前提是全称的，那么，总是能产生一个把小词与大词联系起来的三段论[①]。例如，如果A属于所有或某个B，B不属于任何C；因为前提是可以转换的，那么必然可以推出，C不属于某个A。其他格亦相同。因为三段论总是通过转换法而产生的。很明显，在所有这些格中，如果特称肯定为不定所取代，那么结果就将是一个相同的三段论。

同样很清楚，一切不完善的三段论都是通过第一格完成的。达到结论的途径要么是直接证明，要么是归谬法。在这两种情况下，第一格都能产生：如若是通过证明而达到结论，则结论是通过换位而得到的，而一旦换位，第一格就产生了；如若是通过归谬法达到结论的，当一个虚假前提被断定时，三段论就通过第一格而产生。例如，在最后格中[②]，如果A和B属于所有C，那么我们便得到一个三段论，结论是：A属于某个B；如果A不属于任何B，而B属于所有

① 小词是谓项，大词是主项。

② 即第三格。

C，则 A 不属于任何 C。但根据设定，它属于所有 C。在其他格中，情况亦相同。

可以把一切三段论都还原为第一格中的全称三段论。第 29^{b}
二格中的三段论显然是借助它们而完成的。但方式并不全一样：全称三段论是通过否定判断的换位而得到的；特称判断则是根据归谬法得到的。第一格中的特称三段论确实是通过它们自身建立的。但如果我们运用归谬法，那么，它也可以通过第二格得到证明。例如，如果 A 属于所有 B，B 属于有些 C，那就可以证明 A 属于有些 C。因为如果 A 不属于任何 C，但属于所有 B，那么 B 也就不属于 C；而这是我们通过第二格得知的。当前提为否定时，证明的方式亦相同。因为如果 A 不属于任何 B，B 属于某个 C，那么 A 不属于某个 C；如果它属于所有 C，却不属于任何 B，那么 B 就不属于任何 C。这就是中间格的形式[①]。由于中间格中的三段论都可以还原为第一格中的全称三段论，第一格中的特称三段论皆可以还原为中间格中的全称三段论，所以，很显然，第一格中的特称三段论也可以还原为第一格中的全称三段论。

至于第三格中的三段论，当前提是全称的时，它们是直接通过上面提到的那种三段论而完成的[②]；当前提是特称的

① 见 $26^{b}34$，中间格即第二格。

② 即第一格中的全称三段论。

时，它们是通过第一格中的特称三段论完成的。但我们看到，这些都可以还原为上面提到的那种三段论；所以第三格中的特称三段论亦可以还原。由此可见，一切三段论都可以还原为第一格中的全称三段论。

这样，我们就说明了，所有证明一个谓项属于或不属于一个主项的三段论，在同一格中是如何联系的，在不同格中又是怎样联系的。

【8】 既然“属于”与“必然属于”和“可能属于”是不一样的（因为有许多谓项是属于，而不是必然属于；而另一些谓项既不是必然属于也不是整个①属于，而是可能属于），显然，在上述各种情况中，三段论是不一样的，词项之间并不以同样方式发生联系。有的三段论是必然的，有的是实然的，有的是或然的。

必然前提的情况基本上与实然前提的情况相同。如果词项间的联系方式相同，那么无论是实然前提还是必然前提，不管它们是肯定的还是否定的，三段论必然以同样方式成立或不成立。
30a 唯一的差异是词项要带上“必然属于”或“必然不属于”的字样。由于否定前提的转换方式相同②，所以我们对“整个地被包含”或“表述全体”作同样规定③。

---

① holos。

② 见 25a5。

③ 见 24b26。

在所有其他格中，结论跟实然三段论中的情况一样，通过转换，以同样方式被证明是必然的。在中间格中，当全称前提是肯定的，特称前提是否定的；再者，在第三格中，当全称前提是肯定的，特称前提是否定的时，则证明方式便不相同，就必须以每个谓项都不属于的那部分主项作为例子，并从中得出结论。因为根据词项间这种结合方式，我们就可以得出必然的结论。如果根据所选定的例证，结论必然是真的，那么根据原来的一些词项，结论亦必然是真的，因为它与所选定的例子相等同。每个三段论都按照它自己的格得出结论。

【9】 有时也出现这样的情况，即使只有一个前提是必然的，当然，不能是两个前提中的任意一个，只能是大前提，我们也能获得必然的三段论。例如，如果我们设定A必然属于（或必然不属于）B，B只是属于C，如果前提是这样被设定的，那么A必然属于（或不属于）C。因为A必然属于（或不属于）所有B，C是B的一部分，所以，很显然，A必定也属于（或不属于）C。

但是，如果AB不是必然的，BC是必然的，那么结论就不是必然的。如果它是必然的，则可以根据第一格和第三格推出，A必然属于某些B。然而这是虚假的。因为B的情况可能是A不属于它的任何部分。而且，根据词项例子也可明显地看到，结论不是必然的。例如，设定A表示“运动”，B 表示“动物”，C 表示“人”，那么，人必然是动物，但动物却不必然是被运动的；人也不必然是被运动的。如果前提 AB 是否定的，情况亦相同，因为证明是相同的。

在特称三段论中，如果全称前提是必然的，结论也会是必然的；但是，如果特称前提是必然的，那么不管全称前提是肯定的还是否定的，结论都不是必然的。让我们首先设定，全称前提是必然的，A 必然属于所有 B，B 仅能属于某个 C。由此可得的结论一定是：A 必然属于某个 C。因为 C
30b 是归属于 B 的。而根据设定，A 必然属于所有 B。如果三段论是否定的，情况亦同样，因为证明是相同的。但如果特称前提是必然的，结论却不会是必然的。否定这一点并不会产生什么不可能的结果，正如在全称三段论中不会产生不可能的结果一样。否定前提的情况亦相同，可作例证的词项是：运动——动物——白色的。

【10】 在第二格中，如果否定前提是必然的，则结果也是必然的；如果肯定前提是必然的，则结论就不是必然的。让我们首先设定否定前提是必然的。A 属于所有 B 是不可能的，A 仅能属于 C。那么，因为否定前提是可以换位的，所以 B 属于任何 A 也不可能。但 A 属于所有 C，则 B 属于任何 C 不可能，因为 C 归属于 A。如果否定前提与 C 相关，那么这同样适用。如果 A 属于所有 C 不可能，则 C 属于所有 A 也不可能。但 A 属于所有 B，所以 C 属于任何 B 不可

能。这里我们再次得到了第一格。B属于C是不可能的，因为前提与以前一样可以换位。

但如果肯定前提是必然的，则结论不会是必然的。让我们设定，A必然属于所有B，但它仅是不属于任何C。这样，通过否定前提的转换，我们就得到了第一格。前面已经证明①，在第一格中，如果否定的大前提不是必然的，那么结论也不是必然的。因而，在目前的例证中，它不是必然的。

进一步，如果结论是必然的，那就可以推出，C必然不属于某个A。因为如果B必然不属于任何C，那么C也不必然属于任何B。但B必然属于某个A，这就是说，如果A根据设定必定属于所有B，则C必然不属于某个A。但没有理由说明为什么A不应如此设定以至于C可能属于它的全体。

再者，可以通过词项的例子证明，结论并非无条件地是必然的，而只是在某些条件下是必然的。例如，设定A表示“动物”，B表示“人”，C表示“白色的”，前提的情况与以前相同②，那么，动物就可能不属于任何白色的事物，人也不属于任何白色的事物。但这个结论不是必然的。因为白色的人很有可能产生，但只要动物不属于任何白色的事

① 见30^a23以下。

② 见30^b20。

物，它也就不会产生。在设定了这些条件之后，结论就是必然的；但它并非无条件地是必然的。

31a 在特称三段论中，也可以获得同样的规则。当否定前提是全称必然的时，结论也是必然的；当肯定前提是全称的，否定前提是特称的时，结论就不是必然的。让我们首先设定，否定前提是全称必然的，A不可能属于任何B，但属于某个C。由于否定前提是可以转换的，B也不可能属于任何A。但A属于某个C，因而B必然不属于某个C。再者，设定肯定前提是全称必然的，肯定前提与B相关，那么，如果A必然属于所有B，但不属于某个C，则B显然不属于某个C。但这并不是必然的。可以证明它的词项与在全称三段论中的词项一样①。

如果否定前提是特称必然的，则结论不是必然的。这也可以通过相同的词项加以证明。

【11】 在最后格中，当端词与中词的关系是全称的，并且两个前提都为肯定时，如若其中有一个是必然的，则结论也是必然的。如果有一个前提是否定的，另一个前提是肯定的，当否定前提是必然的时，结论也是必然的；但当肯定前提是必然的时，结论就不是必然的。

让我们首先设定，两个前提都是肯定的。A和B都属

① 见30b23。

于所有C，AC是必然的。由于B属于所有C，C属于某个B（全称判断转换后成特称判断）；所以，如果A必然属于所有C，C属于某个B，那么，A就必然属于某个B；因为B从属于C。这样，第一格就产生了。如果前提BC是必然的，则证明方式亦相同；因为通过转换，C属于某个A，所以，如果B必然属于所有C，那么它也必然属于某个A。

再者，设定AC是否定的，BC是肯定的。否定前提是必然的。既然通过转换，C属于某个B，A必然不属于任何C，那么，A也必然不属于某个B。因为B从属于C。但如果肯定前提是必然的，则结论就不是必然的。让BC是肯定的，并且是必然的，AC是否定的，不必然的。由于肯定判断可以换位，C必然属于某个B。所以，如果A不属于任何C，C必然属于某个B，则A不属于某个B。但这并非出于必然；在第一格中已经证明，如果否定前提不是必然的，那么结论也就不是必然的。

如果用某些词项作例子，那么这种情况会变得十分清楚。设定A表示“好的”、B表示“动物”、C表示“马”，那么，好的可能不属于任何马，而动物必定属于所有马。但“动物不是好的”这一陈述并不是必然的。因为每种动物都可能是好的。或者如果这是不可能的，那就以“醒”与“睡”这两个词项作例子，因为每种动物都具有这两种状态。

这样，我们就说明了，当端词与中词发生全称联系时，在什么条件下结论是必然的。如果一个前提是全称的，另一个前提是特称的，两个前提都是肯定的，那么，如果全称前提是必然的，则结论也是必然的。证明的方式与以前相同①；因为特称肯定前提是可以转换的。因此，如果 B 必定属于所有 C，A 归属于 C，那么 B 必定属于某个 A。如果 B 属于某个 A，则 A 必然属于某个 B，因为前提是可以转换的。如果 AC 是全称必然的，情况亦相同；因为 B 从属于 C。

如果特称前提是必然的，那么结论就不是必然的。设定 BC 是特称必然的，A 属于所有 C，但不是必然属于。将 BC 转换，我们就得到了第一格。全称前提不是必然的，而特称前提是必然的。我们已经知道②，如果前提之间的联系是这样的，则结论就不是必然的。现在的情况亦不例外。用某些词项作例子，可以更清楚地认识到这一点。让 A 表示“醒着的”，B 表示“两足的”，C 表示“动物”。那么 B 必定属于某个 C，A 可能属于 C。但 A 不必然属于 B。因为某个两足的东西并不必然是醒着的或睡着的。设定 AC 是特称必然的，则借助同样的词项也能作出相同的证明。

如果一个前提是肯定的，另一个前提是否定的，当全称前提为必然否定时，结论也是必然的。因为 A 不可能属于任何 C，B 属于某个 C，A 必然不属于某个 B。但当肯定前

① 见 31^a24 以下。

② 见 30^a35，30^b1 以下。

提（不论是全称的，还是特称的），或者特称否定前提是必然的时，则结论不是必然的。其余的证明与以前相同[①]。当全称肯定前提是必然的时，可作例子的词项是：醒着的——动物——人；人是中词。当特称肯定前提是必然的时，可作例子的词项是：醒着的——动物——白色的（因为动物必定属于某些白色的事物，“醒着的”可能不属于任何白色的事物，而“醒着的”不必然不属于某些动物）；当特称否定前提为必然时，可作词项的例子是：双足的——被运动的——动物；动物是中词。

【12】 可见，只有当两个前提都是实然的时，实然三段论才有可能成立。但只要有一个前提是必然的，必然三段论就能成立。在这两种情况中，无论三段论是肯定的还是否定的，其中一个前提必定与结论相似（我所谓“相似”，意思是说，如果结论是实然的，则前提也必定是实然的；如果结论是必然的，则前提也是必然的）。因而，下面这一点也很清楚：除非设定一个前提为必然的或实然的，否则结论便既不可能是实然的，也不可能是必然的。

因而，我们就足够充分地说明了，必然三段论是怎样形成的，以及它与实然三段论有什么不同。

---

① 见 $31^{a}37$ 以下，$31^{b}20$ 以下。

【13】 我们接着讨论的是，对于可能的事物，我们何时、如何以及通过什么途径才能得到一个三段论。我说不必然的事情是可能的或可能的，是指它不会产生不可能的结果（之所以说“不是必然的”，是因为我们也含糊地用“可能”来称谓必然的东西①）。从相矛盾的肯定或否定来看，就能清楚地看到这一“可能”定义的正确性。“不是可能属于的”、“不能属于”、“必然不属于”这些表述要么是相同的，要么是相互蕴涵的。它们的矛盾方面也是这样。“是可能属于的”、“不能不属于”、“不必然不属于”要么是相同的，要么是互相蕴涵的。每个主项的谓项要么是肯定的，要么是否定的。“可能的”② 即是“不是必然的”，“不是必然的”即是“可能的”。

由此可以推出，一切可能前提都是可以互相换位的。我的意思并不是说，肯定前提可以换位为否定前提，而是指一切肯定形式的前提可以换位成它们的对立面。例如，“可能属于”换位成“可能不属于”；“可能属于全体”换位成“可能不属于任何”；“可能属于某个”换位成“可能不属于某个”。其余的情况亦相同。因为“可能的”不是“必然的”；“不必然的”可能不属于。所以很显然，A 可能属于 B，也
32b 可能不属于 B；如果它可能属于所有 B，那它也可能不属于

① 见 $25^{a}37$。

② to endekho menon。

所有 B。特称肯定的情况亦同样，因为证明方式是同样的。这样的前提是肯定的，不是否定的。我们已经说过，“是可能”的含义与“是”的含义相应①。

把这些区分清楚以后，我们可以进而指出，“可能”是在两种意义上被述说的。一种意义是指经常发生但又缺少必然性的情况。例如，人长出灰白头发、增长或衰退，或一般来说自然所属的一个东西（这样一种属性没有连续的必然性，因为人并不总是存在的；但只要人存在，那么这一属性要么是必然地属于他，要么是作为一个经常出现的现象而属于他）。另一种意义是指不确定的情况。它可能按一定的方式发生，也可能以另外的方式发生。例如，动物的行走，或在它行走时地震的发生，或一般来说偶性的发生。因为这件事情以这种方式发生并不比以那种方式发生更自然。在这两种意义下的可能事物，都可以转换成与其对立的前提，但不是以同样的方式。作为自然是这样的可能事物如此转换，是因为它不必然属于（正是在这个意义上，人才有可能不长灰白头发）。作为不确定的可能事物如此转换，是因为它们这种方式发生并不比另一种方式更合乎本性。

没有科学知识或证明三段论是关于不确定的事物的，因为中词还没有确立。它们是关于自然的事物的。一般而言，论证和研究都是对在这种意义上是可能的事物而作出的。对

① 见 25^b21。

在其他意义上是可能的事物也能够作出三段论，但去研究它们却是不自然的。

这些区分我们在下面还要详细论述。我们现在要讨论：在什么条件下，一个三段论能够从可能前提中推得？这种三段论的性质是什么？

一个词项可能属于另一个。这一陈述具有两种不同的含义，即它可能属于另一个词项所属于的主项，或者它可能属于另一个词项所可能属于的主项（A 可能述说 B 所述说的事物，这一述说的意思是，或者 A 可能述说一个 B 所述说的主项，或者它可能述说一个 B 可能述说的主项；“A 可能述说 B 所述说的主项”这一论断，和“A 可能属于所有 B”没有什么不同）。十分显然，“A 可能属于所有 B”有两种含义。首先让我们说明，如果 B 可能述说 C 所可能述说的主项，A 可能述说 B 所可能述说的主项，则什么三段论会成立，又是什么形式的三段论。因为在这种情况下，两个前提都是可能的；但当 A 可能述说 B 所述说的主项时，一个前提是实然的，另一个前提是可能的。与在其他例子中的情况相同，让我们从两个前提在质上相同的形式开始。

【14】 如果 A 可能属于所有 B，B 属于所有 C，那就会有一个完善的三段论，结论是：A 可能属于所有 C。这从

定义来看是十分明显的。我们说过①，“可能属于全体”的意义正是这样的。同样，如果A可能不属于任何B，B属于所有C，那么结果是，A可能不属于任何C。因为我们知道②，A不可能述说B所可能述说的主项。这一陈述的意思是说，归属于词项B的每一个事物都不会不被考虑到。 33a

如果A可能属于所有B，B可能不属于任何C，那么根据如此设定的前提，我们便得不到三段论；但如果前提BC在可能性上是可以转换的，那么我们便得到与上述相同的三段论③。由于B可能不属于任何C，它也可能属于所有C（这在上面已经论述过了）；所以，如果B可能属于所有C，A可能属于所有B，那么我们便再次得到相同的三段论。如果在两个前提中否定与“可能的”相联系，则情况亦相同。我的意思是说，如果A可能不属于任何B，B可能不属于任何C；如果前提如此被设定，则三段论不能成立。但通过转换，我们便再次具有与以前相同的三段论。所以，很显然，如果小前提是否定的，或者两个前提都是否定的，那么我们要么得不到三段论，要么得到一个不完善的三段论；因为必然的结论是通过转换得出的。

如果我们设定一个前提是全称的，另一个前提是特称

① 见 $32^{b}25$ 以下。

② 见 $32^{b}38$—40。

③ 见 $32^{a}29$ 以下。

的，当大前提为全称时，就可得到一个完善的三段论。如果A可能属于所有B，B属于某个C，那么A可能属于某个C。这从“可能属于全体”的定义中可以明显地看到[1]。再者，如果A可能不属于任何B，B可能属于某个C，那么必然可以推出，A可能不属于某个C。证明方式与上述相同。但如果特称前提是否定的，全称前提是肯定的，前提间的联系与以前相同，（如果A可能属于所有B，B可能不属于某个C），根据这样设定的前提，我们得不到明显的三段论。但如果将特称前提转换，设定B也可能属于某个C，我们就会得到与以前相同的结论，正如第一个例子一样[2]。

如果大前提是特称的，小前提是全称的，那么，无论两者都是肯定的，还是都是否定的；或者两者在形式上不相同；或者两者都是不定的；或者都是特称的；——不论我们如何设定，在所有这些情况中，三段论都不能成立。因为没有理由说明B为什么不能比A有更广泛的意义，所以它们在谓项中相同。让C代表B比A所宽泛的那部分。因为A
33^{b} 属于所有C，或不属于任何C，或属于某个C，或不属于某个C，这都是不可能的，如果可能前提转换，并且B所能属于的主项多于A的话，这一事实如果以具体词项为例子可以看得更清楚；因为无论是第一个词项不可能属于最后一个

① 见 $32^{b}25$ 以下。

② 见 $32^{b}5$—17。

词项的任何部分，还是它必定属于最后一个词项的全体，在这两种情况下，前提必定以这种方式相联系。当第一个词项必定属于最后一个词项的全体时，对一切情况都适用的词项例证是：动物——白色的——人；当它不可能属于时，词项例证则是：动物——白色的——外套。

因此，很显然，当词项以这种方式联系时，三段论不能成立。因为每个三段论要么是实然的，要么是必然的，要么是可能的。在现在这种情况下显然没有实然或必然的三段论；肯定的要为否定结论所推翻，否定的要为肯定结论所推翻。这样就只剩下可能三段论。然而它也不可能，因为已经证明，无论是首项必然属于末项的所有部分，还是首项不可能属于末项的任何部分，词项间的联系总是这样的。所以，可能三段论不能成立。因为“必然”不是“可能”。

同样很清楚，当可能前提中的词项是全称的时，我们总是能得到一个第一格的三段论，无论它们都是肯定的，还是都是否定的。差别只是在于：当它们是肯定的时，三段论是完善的。当它们是否定的时，三段论是不完善的。

“可能”这一词必须按照已经给出的定义来理解①，而不能理解为是指必然的东西。这一点往往被忽略。

【15】 如果一个前提是实然的，另一个是可能的，当

① 见 32^a18。

大前提表示可能性时，一切三段论都是完善的，其“可能”的类型与上面所给出的定义①相符合。但当小前提表示可能时，那么它们都是不完善的。并且，根据定义，否定三段论不是“可能”类型，而是不必然属于主项的任何或一切部分的东西；如果它不必然属于主项的任何或一切部分，那么我们说它不可能属于主项的任何或一切部分②。

设定A可能属于所有B，B属于所有C。由于C归属于B，A可能属于所有B，那么显然，A可能属于所有C。这样，我们就得到了一个完善的三段论。如果前提AB是否定的，BC是肯定的，前者是可能的，后者是实然的，那么，同样会得到一个完善的三段论，结论是：A可能不属于任何C。

34a 可见，当小前提是实然的时，我们就能得到一个完善的三段论。如若要证明三段论在相反的情况下也能产生，我们就要运用归谬法。同时，这些三段论都不完善这一点也非常明显，因为证明不是从原来设定的前提中得出的。

我们必须首先说明，如果当A存在时，B必然存在，那么，当A是可能的时，就必然可以推出，B是可能的。为了确定A和B之间具有这样的联系（即A蕴涵B），让我们设定A是可能，B是不可能，那么，当可能的东西是可

① 见32a18。

② 见25a37，32a20。

能存在时，可能便会产生。不可能的东西是不可能的，不可能却不会产生；同时，如果 A 可能，B 不可能，那么 A 没有 B 也可能生成；如果它生成，那么它就存在，因为当生成物已经生成时，它就存在。我们必须不仅联系到生成，而且要联系到真实的陈述、属性以及“可能”一词被使用的其他各种意义，来理解“可能”与“不可能”，因为在它们之中都可获得同样的规则。再者，我们不要认为，“如果 A 存在，则 B 存在”就是说，只要确立“A 存在”这样一个设定，则 B 就存在；因为只确立一个设定，并不能必然地得出什么，至少需要两个前提才行，亦即前提之间的联系与我们在关于三段论时所说的一样①。如果 C 述说 D，D 述说 E，那么 C 也必定述说 E。此外，如果每个前提都是可能的，那么结论也是可能的。因而，设定 A 代表前提，B 代表结论，则可以推出，不仅当 A 是必然的时，B 是必然的，而且当 A 是可能的时，B 也是可能的。

作为这一证明的结果，可见，如果一个设定是虚假的，但不是不可能的，那么通过这一设定达到的结果也是虚假的，但不是不可能的。例如，如果 A 是虚假的，但不是不可能的，并且如果 A 存在，则 B 也存在，那么 B 也将是虚假的，但不是不可能的。我们已经证明，如果 A 存在时，B 也存在。所以当 A 是可能的时，B 也是可能的；由于已经

① 见 40^b35，《后分析篇》，73^a8，94^a24。

确定 A 是可能的，所以 B 也是可能的；如果它是不可能的，那么同一件事就会同时既可能又不可能。

搞清了这些要点后，让我们设定 A 属于任何 B，B 可能属于所有 C，那么，必然地，A 也可能属于所有 C。设定它不可能属于，让 B 从属于所有 C（这是虚假的，但不是不可能的）。然后，如果 A 不可能属于 C，但 B 属于所有 C，那么 A 就不可能属于所有 B。我们通过第三格获得了这一三段论。但根据设定，A 可能属于所有 B。因而必然可以推出，A 可能属于所有 C。从一个虽然不是不可能的但却是虚假的设定中，所推得的结论是不可能的。

我们也能通过第一格，通过设定 B 属于 C 来证明不可能性。如果 B 属于所有 C，A 可能属于所有 B，那么 A 就可能属于所有 C。但我们已经设定，它不可能属于所有 C。

我们必须明白，“属于全体”并不具有时间性（例如，“现在”或“在这样一个时间里”），而是无条件的、总体的。我们正是在这种意义上设定前提才建立三段论的。如果所设定的前提与现在相关，那么三段论就不能成立。或许没有理由说明为什么在某个时候，例如没有其他事物被运动时，人不能属于一切被运动的事物；词项“被运动着的”可能属于所有马，而人却不可能属于任何马。让我们设定，大词是“动物”，中词是“被运动着的”，小词是“人”，则前提之间的联系将如同上述，但结论是必然的，不是可能的，因为人必然是一种动物。所以，很显然，全称前提必须在总体的意义上被设定，没有时间上的限制。

再者，设定AB是全称否定前提，设定A不属于任何B，B可能属于所有C。由此必然可以推出，A不可能属于任何C。让我们设定它不可能不属于任何C，设定B与上面一样①，属于所有C，则必然可得，A属于某些B。这样，我们通过第三格得到了一个三段论。但这是不可能的。因此A不属于任何C是可能的，通过确立一个虚假的（但不是不可能的）设定，我们得到一个不可能的结论。这样，这个三段论并没有产生一个在已规定的意义上来说是“可能”的结论，而是证明了谓项不必然属于主项的全体，因为这跟我们所确立的设定是矛盾的。我们确定A必然属于某个C。三段论通过归谬法确立了相矛盾的论断。

再者，从词项的例子中可以清楚地看到，结论不是或然的。让A表示“乌鸦”，B表示“理智”，C表示“人”。则A不属于任何B；因为有理智的东西不会是乌鸦。B可能属于所有C；因为每个人都可能有理智。但A必然不属于任何C。因而，结论就不是或然的。但是，它也并不总是必然的。让A表示“被运动”，B表示“知识”，C表示“人”。这样，A不属于任何B，但B可能属于所有C，结论不是必然的。“没有人在被运动”，这并不是必然的；“有些人在被 35a
运动”，这也不是必然的。因此，结论清楚地证明，谓项不

① 见34a36。

必然属于主项的全体。但我们必须更好地选择词项。

如果小前提是否定的，并且表示可能的意义，那么从上述前提中得不出任何三段论。但当或然前提转换时，三段论就能成立，就像上面的例子一样①。设定A属于任何B，B可能不属于任何C，则从如此联系的词项中得不出必然的结论。如果前提BC可换位，设定B可能属于任何C，那我们就能得到一个与以前一样的三段论②。因为词项的排列是一样的。如果两个陈述都是否定的，AB是实然否定的，BC是可能否定的，则情况亦相同。因为通过这样的设定根本得不到必然的推论；但如若将可能前提转换，三段论就能成立。让我们设定A不属于任何B，B可能不属于任何C。从这样的设定中得不出必然的结论。但如果设定B可能属于所有C，而且它是真的，同时前提AB保持不变，那么我们再次获得了同样的三段论③。但如果所设定的不是B不可能属于任何C，而是B不属于任何C，那么无论如何也得不到三段论，无论前提AB是否定的还是肯定的。对这两种情况都适用并且可以表示谓项与主项间肯定必然联系的词项是：白色的——动物——雪；表示否定必然联系的是：白色的——动物——黑漆。

① 见33^a7，16。

② 见34^a34。

③ 见34^b19。

因此，十分显然，如果前提是全称的，一个前提是实然的，另一个前提是或然的，当小前提是或然的时，三段论总能够成立，有时是从原来的设定中，有时是从所述前提的转换中。我们已经说明，它们各在什么条件下出现以及为什么原因而出现。

但是，如果一个命题是全称的，另一个命题是特称的，当大前提是全称可能的（无论是否定的还是肯定的），特称前提是实然肯定的时，就能得到完善的三段论，正如当前提都为全称时的情况一样。证明的方式与以前相同①。当大前提是全称的，但却是实然的而不是或然的，另一个前提是特称或然的，如果两个前提都是否定的，或者都是肯定的，或者一个为肯定、一个为否定时，在上述各种情况下，都可以得到一个不完善的三段论。但有些通过归谬法得到证明，有 35^b
些通过或然前提的换位得到证明，正如在以前的例子中一样。

当全称大前提为肯定实然或否定实然，特称前提为否定或然时，我们通过换位也能得到一个三段论。例如，如果 A 属于或不属于所有 B，B 可能不属于有些 C，当 BC 换位时，我们就能得到一个或然的三段论。但当特称前提是实然的和否定的时，三段论就不能成立。可说明谓项属于主项的词项例证是：白色的——动物——雪；可说明谓项不属于主项的

① 见 33^b33 以下。

词项例子是：白色的——动物——黑漆。证明必定是从特称前提的不定性质中得到的。

如果小前提是全称的，大前提是特称的，无论前提是肯定的还是否定的，是或然的还是实然的，在各种情况下，三段论都不可能成立。如果前提是特称的或不定的，无论两个都是或然的，或都是实然的；或一个是或然的，另一个是实然的，在这些情况下也不可能有三段论。证明方式与以前的论证一样①。当谓项必然属于主项时，可说明所有这些情况的词项例证是：动物——白色的——人；当谓项不可能属于主项时，词项例证是：动物——白色的——衣服。

可见，当大前提是全称的时，三段论总是能够成立；但当小前提是全称的时，任何种类的三段论都不能成立。

【16】 如果一个前提是必然的，另一个前提是可能的，如果词项之间的联系方式与以前一样②，那么三段论就能成立，并且当小前提是必然的时，三段论就是完善的。如果前提是肯定的，则不论它们是全称的还是非全称的，结论就将是或然的而不是实然的。如果一个前提是肯定的，另一个前提是否定的，当肯定前提是必然的时，结论将是或然的而不是实然否定的。当否定前提是必然的时，那就既会有或然的

---

① 见 33ª34 以下。

② 见《前分析篇》，第一卷，【15】。

也会有实然的否定结论，无论前提是全称的还是非全称的。结论中“或然”的含义必须跟以前作同样的理解①。任何三段论的结论都不会是“谓项必然不属于主项”。“不必然属于”与“必然不属于”是不一样的。

可见，如果前提是肯定的，那么我们所得到的结论就不是必然的。设定A必然属于所有B，B可能属于所有C，那么就会产生一个不完善的三段论，结论是，A可能属于所有C。从证明中可以很清楚地看到它是不完善的；证明可按与以前相同的方式进行②。再者，设定A可能属于所有B，B必然属于所有C，则三段论成立。结论是，A可能属于所有C，而不是A属于所有C。这个三段论是完善的，不是不完善的，因为它的结论是直接从原来的前提得出的。

如果前提在质上不相同，让我们首先设定前提是必然的：设定A不可能属于任何B，B可能属于所有C，那么必然可以推出，A不属于任何C。设定它属于所有或某个C，它不可能属于所有B。由于否定前提可以换位，所以B也不可能属于任何A。但已经设定A属于所有或某个C，所以B不可能属于任何或所有C。但我们原来设定它可能属于所有C③。

① 见 to endekhesthai，$33^{b}30$，$34^{b}27$。

② 见 $34^{a}34$ 以下。

③ 见 $30^{a}15$ 以下。

很清楚，我们能得到一个否定或然式的三段论，因为我们也有一个否定实然式的三段论。现在设定肯定前提是必然的，A 可能不属于任何 B，B 必然属于所有 C。这样，三段论就是完善的，但它不是否定实然式的，而是否定或然式的，因为与大词项相联系的前提就是在这个意义上被设定的；我们不能运用归谬法。如果我们设定 A 属于某些 C，但仍可能不属于任何 B，那么从这些设定中不可能得出不可能的结论。但是，如果小前提是否定的，当它表示可能时，三段论就可以通过换位而成立，与以前的例子一样①，当它不表示可能时，三段论就不能成立；当两个前提都是否定的，小前提不是可能的时，三段论也不能成立。可作例证的词项与以前相同，当谓项属于主项时是：白色的——动物——雪；当谓项不属于主项时是：白色的——动物——黑漆。

同样的规则亦适用于特称三段论。当否定前提为必然时，结论在形式上是否定实然的。例如，如果 A 属于任何 B 不可能，B 可能属于某些 C，那么必然可以推出，A 不属于某个 C。如果 A 属于所有 C，但不可能属于任何 B，则 B 也不可能属于任何 A；所以，如果 A 属于所有 C，则 B 不可能属于任何 C。但已经设定它可能属于某些 C。

当否定三段论中的特称肯定前提（即 BC），或者肯定三

① 见 35^a14，35^b1，7。

段论中的全称前提（即 AB）为必然时，则三段论不是实然的。证明的方式与以前相同①。如果小前提是全称可能的（无论是肯定的还是否定的），而大前提是特称必然的，则三段论不成立。可说明谓项必然属于主项的词项是：动物——白色的——人；能说明谓项不可能属于主项的词项是：动物——白色的——衣服。当全称前提是必然的、特称前提是可能的时，如果全称前提是否定的，则可说明谓项属于主项的词项是：动物——白色的——乌鸦；能说明谓项不属于主项的词项是：动物——白色的——黑漆。如果全称前提是肯定的，则可说明谓项属于主项的词项是：动物——白色的——天鹅；能说明谓项不可能属于主项的词项是：动物——白色的——雪。

当前提是不定的、或者两个都是特称的时，三段论也不能成立。当谓项属于主项时，适用于上述全部情况的词项是：动物——白色的——人；当谓项不属于主项时，适用的词项是：动物——白色的——无生物。动物属于某些白的事物，白色的属于某些无生物，这既是必然的，又是不可能的。如果联系是可能的，情况亦同样；所以这些词项在所有情况下都是适用的。

从上述分析中可以清楚地看到，在实然或必然的前提中，三段论从同样的词项联系中生成或不生成。此外，如果

① 见 36a19—25。

否定前提被设定为是实然的，则结论就是可能的；如果否定前提被设定为是必然的，则三段论既是可能的，又是实然否定的（同样清楚的是，所有的三段论都是不完善的，是通过已经论述过的格而完成的）。

【17】 在第二格中，当两个前提都为或然时，无论它们是肯定的还是否定的，全称的还是特称的，三段论都不能成立；但当一个前提是实然的，另一个前提是或然的时，如果肯定前提是实然的，则三段论永远不能成立；而如果全称否定前提是实然的，则三段论总能成立。当我们设定一个前提是必然的，另一个是或然的时，情况也相同。我们必须明白，在所有这些情况中，结论中“可能”的意义与以前相同①。

首先必须指出，可能否定前提是不能转换的；例如，如果 A 不可能属于任何 B，则不能必然推出，B 不可能属于任何 A。
37a 让我们设定 B 不可能属于任何 A。由于可能意义上的肯定能转换成它们的否定（无论是矛盾的还是反对的），由于 B 不可能属于任何 A，所以很明显，B 也可能属于所有 A。但这是虚假的。如果一个词项可能属于另一词项的全体，并不必然可以从此推出，后者也必然属于前者的全体。因而否定的（可能）陈述是不能转换的。

再者，没有什么阻止 A 可能不属于任何 B，尽管 B 必

① 见 33b30，24b27，35b32。

然不属于某个A。例如，白色的可能不属于所有人（因为它也可能属于某个人），但说人可能不属于任何白色的事物则是不真实的，因为人必然不属于许多白色的事物，并且“必然”不是“可能”。

但是，这类陈述不可能通过归谬法被证明是可转换的。例如，如果一个人认为，B不可能属于任何A是假的，那么，它不可能不属于A是真的（因为后一个论断与前一个相矛盾）；如果情况是这样的，那么B必定属于某个A是真实的；所以，A也必定属于某个B；但这是不可能的。因为从“B不可能不属于任何A”推不出“它必定属于某个A”。我们在两种意义上说谓项不可能不属于主项，即“它必然属于主项的某些部分”以及“它必然不属于主项的某些部分”。说“必然不属于某个A”的东西可能不属于任何A，这是不真实的。正如说“必然属于某个”不等于说“可能属于全部”一样。如果有人声称，由于C不可能属于任何D，那它必然不属于某个D，那么这一断定就是虚假的；它属于全体，但因为在某些情况下它必然属于，所以我们说它不可能属于全体。“A可能属于所有B”这一命题不仅与“A必然不属于某个B”相对立，而且与“A必然属于某个B”相对立。“A可能不属于任何B”这一命题的情况亦同样。

因此，十分清楚，与我们原来所定义的[①]“可能”与

---

① 见32^a18。

“不可能”相反的，不仅是“必然属于某个”，而且是“必然不属于某个”。作了这样的理解后（在前面的例子中），就得不出不可能的结论，因而三段论也不能成立。由上述可见，可能否定前提是不能转换的。

证明了这一点之后，让我们设定，A 可能不属于任何 B，但属于所有 C。这样，通过换位就得不到三段论。因为已经说过，这样一个前提（即大前提 AB）是不能转换的。再者，通过归谬法也得不到三段论。因为已经设定，B 可能属于所有 C，而不产生虚假的结论，因为 A 可能既属于所有 C，又可能不属于任何 C。一般地说，如果从这些前提中可得出一个三段论，那么，它就显然是或然的（因为没有一个前提被设定为是实然的）；这个三段论或者是肯定的，或
37b 者是否定的。但这两种情况都不能成立；如果设定它是肯定的，则通过具体词项可以证明，谓项不可能属于主项。如果设定它是否定的，那么，结论就不是可能的而是必然的。让 A 表示“白色的”，B 表示“人”，C 表示“马”。则 A（白色的）可能属于另一个的全体，也可能不属于另一个的任何部分；但 B 不可能属于或者不属于 C。很显然，它不可能属于 C，因为没有任何马是人；它也不可能不属于，因为没有马是人，这是必然的。“必然”不是“可能”①，所以三段论不能成立。

① 见 32a28。

如果设定否定前提可以倒转，或者两个前提都是肯定的或否定的，那么也可以得到同样的证明。因为它将从同样的词项中推得。当一个前提为全称，另一个前提为特称；或者两个前提都为特称或不定；或者以其他任何可能的方式组合时，情况亦同样。因为证明总是从相同的词项中推出的。可见，如果两个前提都被设定为或然，则三段论不能成立。

【18】 一个前提表示实然，另一个表示或然时，如果设定肯定前提为实然，否定前提为或然，则无论前提是全称的还是特称的，三段论都不可能产生。证明方式与以前相同，并可从相同的词项中推出。但如果肯定前提为或然，否定前提为实然时，则三段论能够成立。设定 A 不属于任何 B，但可能属于所有 C。那么，如果否定前提可以换位，B 就不属于任何 A，但已经设定 A 可能属于所有 C。因而，三段论便可通过第一格而产生。结论是：B 可能不属于任何 C。如果否定前提与 C 相关，情况也相同。

如果两个前提都是否定的，一个是实然否定，一个是或然否定，那么从这样的设定中得不出必然的结论。但如若将或然前提换位，则三段论就会产生，结论是，B 可能不属于任何 C，正如前面的例子一样，因为我们再次使用了第一格。如果设定两个前提都是肯定的，则三段论不能成立。可说明谓项属于主项的具体词项是：健康——动物——人；可说明谓项不属于主项的具体词项是：健康——马——人。

在特称三段论中也可以获得同样的规则。如果实然前提是肯定的，无论设定它是全称的还是特称的，三段论都不可能产生（这可以通过与以前相同的方法和词项得到证明）。但当它是否定的时，通过换位就能得出三段论，正如以前的例子一样。再者，如果设定两个命题都是否定的，实然否定是全称的，那么从这样的前提中便得不出必然的结论。但当或然前提换位时，那么跟以前一样，三段论可以成立。

如果设定否定前提是特称实然的，那么，不论另一个前提是肯定的还是否定的，三段论都不能产生。如果设定两个前提都是不定的，那么无论它们是肯定的还是否定的，三段论都不能成立。如果设定两个前提都是特称的，情况也同样。证明的方式是同样的，并可以适用相同的具体词项。

【19】 如若一个前提是必然的，另一个前提是可能的，当必然前提是否定的时，三段论便能成立。结论不仅谓项可能不属于主项，而且谓项也是不属于主项。但当它是肯定前提时，则三段论不能成立。设定 A 必然不属于任何 B，但可能属于所有 C。则通过否定前提的换位，B 也不属于所有 A；已经设定 A 可能属于任何 C，这样，我们再次通过第一格得到了一个三段论。结论是，B 可能不属于任何 C。此外，很显然，B 也不属于任何 C。设定它属于任何 C，那么，如果 A 不可能属于任何 B，B 属于某个 C，那么 A 不可能属于某个 C。但已经设定，它可能属于所有 C。

设定否定前提与 C 相关，则证明也能通过同样方式获得。

再者，设定肯定陈述是必然的，另一个是可能的，设定 A 可能不属于任何 B，必然属于所有 C。当词项间的联系是这样的时，则三段论不能成立，因为它会得出 B 必然不属于 C 的结论。例如，让 A 表示“白色的”，B 表示“人”，C 表示“天鹅”。那么，白色的必然属于天鹅，但可能不属于任何人；人必然不属于天鹅。所以，很显然，没有可能形式的三段论。因为“必然”不是“可能”。

必然三段论亦不成立。因为只有当两个前提都是必然的，或者当否定前提是必然的时，必然的结论才会产生。再者，当词项被这样设定时，B 属于 C 是可能的。没有什么阻止 C 以这样的方式归属于 B，以至于 A 可能属于所有 B，但必然属于所有 C；例如，如果 C 表示“醒着的”，B 表示“动
物”，A 表示“运动”；醒着的东西必然在运动；每个动物 38b
都可能在运动，每个醒着的东西都是动物。因此，很明显，也没有实然否定的结论。因为当词项这样联系时，结论必定是实然肯定的，对立形式的论断也不能被确立。所以，三段论不能成立。

如果肯定前提的位置发生变化，那么也可获得相似的证明。

如果前提在质上相同，当它们是否定的时，那么通过可能前提的换位，三段论便能产生，就像上面的情况一样。设

定 A 必然不属于 B，可能不属于 C。那么，根据前提的换位，B 不属于任何 A，A 可能属于所有 C。这样第一格就产生了。如果否定陈述与 C 相关，情况也同样。

但是，如果设定前提是肯定的，则三段论不能成立。实然否定及必然否定形式的三段论显然是不存在的。因为不可能在实然或必然的意义上设定否定前提。或然否定形式的三段论也不可能；因为当词项具有这样的联系时，B 必然不属于 C。例如，设定 A 表示“白色的”，B 表示“天鹅”，C 表示“人”。我们也不能断定任何相反的论断，因为我们已经表明，B 必然不属于 C。因而根本不能产生三段论。

特称三段论的情况也相同。当否定前提是全称必然的时，三段论总能产生，结论既是或然的，又是实然否定的（证明将通过换位而获得）。但当肯定陈述是全称必然的时，便永远不可能有三段论。证明方式与全称三段论一样，并可以通过同样的词项。

当两个前提都被设定为肯定时，三段论也不可能产生。对它的证明也与以前一样①。

但是，如果两个前提都是否定的，表示不属于的前提是全称必然的时，尽管通过这样的设定得不出必然的结论，但当或然前提可以转换时，三段论就可以成立，情况和以前一样。

---

① 见 38^b13—23。

如果设定两个前提都是不定的或特称的，则三段论就不能成立。证明方式与以前相同，并通过同样的词项。

从上面的讨论中可以清楚地看到，设定全称否定前提是必然的，则三段论就能成立，不仅产生或然否定形式的结论，而且产生实然否定形式的结论；但当全称肯定判断被这样设定时，三段论便不能产生；在必然前提中就像在实然前 39a
提中一样，三段论从相同的词项排列中得出或得不出。同样明显的是，所有这些三段论都是不完善的。它们都是通过已论述过的格①而完成的。

【20】 在最后一格中，当两个前提都是可能的，或者一个是可能的时，三段论就可以产生。当两个前提都表示可能的意义时，结论也是可能的。当一个前提是或然的，另一个前提是实然的时，情况亦相同。但是，当另一个前提是必然的时，如果它是肯定的，则结论既不是必然的，也不是实然的。但如果它是否定的，那就与以前一样，结论是实然否定的。在这些结论中，“可能”的含义必须与以前作同样的理解②。

首先，设定前提是可能的，设 A 和 B 都可能属于所有 C。由于肯定前提可以转换作特称前提，由于 B 可能属于所

① 实际上只是通过第一格。

② 见 33^b30，34^b27，35^b32，36^b33。

有 C，C 也可能属于某个 B，因而，如果 A 可能属于所有 C，C 可能属于某个 B，则 A 可能属于某个 B。这是通过第一格得到的。如果 A 可能不属于任何 C,B 可能属于所有 C，则必然可以推出，A 可能不属于某个 B。我们通过转换再次得到了第一格。如果设定两个前提都是否定的，则从中得不出必然的结论。但当前提可以转换时，则与以前一样，三段论可以成立。如果 A 和 B 都不可能属于 C，如果我们将它们换作“可能属于”，那么我们通过转换将再次得到第一格。

如果一个前提是全称的，另一个前提是特称的，则三段论能否成立的情况与实然判断相同，如果词项排列相同的话。设定 A 可能属于所有 C，B 可能属于某个 C。那么，通过特称前提的换位，我们将再次得到第一格；如果 A 可能属于所有 C，C 可能属于某个 B，则 A 可能属于某个 B。如果设定 BC 是全称的，情况也相同。如果 AC 是否定的，BC 是肯定的，那么情况也仍然相同；因为通过转换又可以得到第一格。

如果设定两个前提都是否定的，一个是全称的，一个是
39b 特称的，那么，从这样的前提中得不出任何结论。但与以前一样，通过转换就可以得到。

但是，如果两个前提都是不定的或特称的，三段论也不能成立；因为 A 必然既属于所有 B，又不属于任何 B。可说明谓项属于主项的词项是：动物——人——白色的；可说明

谓项不属于主项的词项是：马——人——白色的。“白色的”是中词。

【21】　如果一个前提表示实然，另一个前提表示或然，那么，结论将是或然的，而不是实然的。三段论将从与前例中相同的词项排列中推出。首先，设定前提是肯定的，让A属于所有C，B可能属于所有C，则通过BC的换位，我们就能得到第一格。结论是，A可能属于某个B；因为我们已经知道[①]，在第一格中，当一个前提是或然的时，结论也是或然的。如果BC是实然的，AC是或然的，或者如果AC是否定的，BC是肯定的，其中有一个是实然的，那么，在这两种情况下，结论都是或然的。因为我们再次获得了第一格，并且已经证明，当一个前提是或然的时，结论也是或然的。但是，如果设定小前提是或然否定的，或者两个前提都是否定的，则从它们之中得不出三段论。但与以前一样，通过换位就可以得到三段论。

如果一个前提是全称的，另一个是特称的，当两个前提都为肯定的时，或者当全称前提是否定的，特称前提是肯定的时，三段论将以同样方式产生，因为所有的结论都是通过第一格得到的。因此，很显然，结论将是或然的，而不是实然的。但是，如果肯定前提是全称的，否定前提是特称的

① 见33^b25—40。

时，则证明将通过归谬法而进行。设定B属于所有C，A可能不属于某个C，那么必然可以推出，A可能不属于某个B。如果A必然属于所有B，B仍然属于所有C，则A必然属于所有C（这在以前已经被证明了①）。但已经设定，它可能不属于有些C。

如果设定两个前提都是不定的，或者都是特称的，则三段论不能成立。证明的方式与全称三段论一样，并根据相同的词项。

【22】 如果一个前提是必然的，另一个前提是可能的，当它们都为肯定时，则结论始终是可能的。但当它们一个肯定，一个否定时，如果肯定前提是必然的，则结论是或然否定的及实然否定的。没有必然否定的结论，正如在其他格中也没有一样。

首先，设定前提都是肯定的，A必然属于所有C，B可能属于所有C。由于A必然属于所有C，C可能属于某个B，则A也在或然的意义上而不是在实然的意义上属于某个B，这是从第一格中得出的结果②。如果设定前提BC是必然的，AC是可能的，则证明也相同。

再者，设定一个前提是肯定的，另一个前提是否定的，

① 见$30^{a}15$—23。

② 见$35^{b}38$—$36^{a}1$。

肯定前提是必然的；让 A 可能不属于任何 C，B 必然属于所有 C。这样，我们就再次获得了第一格，否定的前提具有可能的意义。因此，很显然，结论是或然的；因为当词项在第一格中具有这样的联系时，结论也是或然的。

但是，如若否定前提是必然的，那么结论将不仅是特称或然否定，而且是特称实然否定。设定 A 必然不属于 C，B 可能属于所有 C。这样，肯定前提 BC 的转换将产生第一格，并且否定前提是必然的。但是，我们知道，当前提具有这样的联系时，就可以推出，不仅 A 可能不属于某个 C，而且实在是不属于某个 C；所以，也必定能推出：A 不属于某个 B。但是，当小前提是否定的时，如果它是可能的，则与以前一样通过前提的替换就可得到三段论；如果它是必然的，则三段论不能成立。因为 A 既必然属于所有 B 又可能不属于所有 B。可为前一种联系作例子的词项是：睡——睡着的马——人；可为后一种联系作例子的词项是：睡——醒着的马——人。

如果一个词项是全称的，另一个词项与中词有特称联系，则同样的原则亦适用。如果两个前提都是肯定的，则结论是或然的而不是实然的。当一个前提是否定的，另一个前提是肯定的，肯定前提是必然的时，结论亦相同。但是，当否定前提是必然的时，结论则是实然否定的。无论前提是全称的还是非全称的，证明的形式都一样。因为三段论必定通过第一格而完成，所以它们的结果必定与以前的例子一样①。如果小前提是全称否定的，如果它是或然的，则通过换位可以得到一个三段论；但如果它是必然的，则三段论不能成立。证明的方式与全称三段论一样，并可以运用相同的词项。

这样，我们就清楚了，在这个格中，什么时候、在什么条件下三段论能成立。它什么时候是或然的，什么时候是实然的。显然，在这个格中，三段论都是不完善的，它们是通过第一格完成的。

【23】 从上面的分析中，我们已经清楚地看到，在这些格中的三段论是通过第一格中的全称三段论完成的，并且可以还原于它们。所有的三段论都不例外。当我们证明每个三段论都通过这些格中的某一格而产生时，这将变得十分清楚。

一切证明，所有三段论都必须要么在全称的意义上，要么在特称的意义上，证实某一属性属于或不属于某一主项。证明必定要么是直接的，要么是基于假设的。有一类基于假设的证明是根据归谬法而作出的。我们首先讨论直接证明：当我们证明了决定它们的条件时，通过归谬法所作出的证明以及一般的基于假设的证明就都清楚了。

如果要求推论谓项 A 属于还是不属于主项 B，那么我

① 见 40^a25。

们必须确定某一谓项表述某一主项。如果我们设定 A 表述 B，那么我们就犯了“预期理由”的错误。如果我们设定 A 表述 C，而 C 却不表述任何词项，没有其他词项作它的谓项，也没有其他词项表述 A，则三段论不能成立；一个词项表述另一个词项，从这一设定中得不出必然的结论。因而，我们还必须设定另一个前提。

如果我们断定，A 表述另一个词项，另一个词项表述 A，还有一个词项表述 C，则没有什么阻止三段论的产生；但如果它是从这些设定中推出的，那就与 B 无关。再者，如果 C 与另一个词项相联，它又与第三个词项相联，后一 41a
个词项还与第四个词项相联，而这个系列不与 B 相联，在这种情况下，我们就得不到关于 B 的三段论。因为我们已经说过①，除非设定一个中词存在，它以某种方式通过谓项与其他每一个词项相联系，否则我们便得不到任何三段论，证明一个词项表述另一个词项。因为所有三段论都是从前提中推出的。与一个既定词项相联的三段论是从与那个词项相联的前提中推出的；证明一个词项与另一个词项的联系的三段论是通过陈述一个词项与另一个词项的联系的前提而获得的。但是，如果我们既不对 B 肯定，又不对它否定，则不可能获得一个与 B 相联系的前提，也不可能获得一个表示 A 与 B 的关系的三段论，如若我们找不到对两者都相同的

① 见 $25^{b}32$。

事物，而只是肯定或否定了它们每一个的特有属性的话。所以，如果要使证明一个词项与另一个词项的联系的三段论能成立，我们就必须采用与两者相联的中词，它能把各种指谓联系在一起。

所以，我们必须采用与两者都相联系的共同词项。这有三种方法，即以 A 表述 C，以 C 表述 B；或以 C 表述 A、B 两者；或以 A、B 两者表述 C。这就是已经论述过的格。很显然，每个三段论都必定是通过这三个格中的一格而产生的，如果 A 通过几个中词与 B 相联系，则结论亦相同，因为无论中词是一个还是多个，格总是一样的。

很显然，直接证明是通过已经论述过的格而进行的，归谬法的证明也同样是通过它们而进行的。我们在下面将清楚地看到这一点。每个运用归谬法进行证明的人都通过三段论证明结论的虚假，并且当一个不可能的结论从所设定的相矛盾命题中推出时，根据假设，证实原来所讨论之点。例如，一个人要证明正方形的对角线不能为边所通约，就要首先断定，如果它是可以通约的，则奇数就可以与偶数相等。这样，他就推出结论，即奇数变得与偶数相等。由于其矛盾命题产生了虚假的结论，所以，他根据假设证实对角线是不可通约的。我们看到，用归谬法进行推论即是证明，根据原来的设定，某种结论是不可能的。所以，在归谬法中，我们用一个直接证明的三段论获得虚假的结论（所讨论之点是根据假设证明的）。我们在上面已经说过，直接证明的三段论是通过这些格而产生的，所以很显然，归谬法的三段论也可以通过这些格而得出。同样的论断适用于其他一切基于假设的证明，因为在每种情况中，三段论都导向被替换的命题，达到所要求的结论的途径是同意其他某个设定。但如果这是真 41b
实的，那么，一切证明、一切三段论都可以通过已经论述过的格而产生。证明了这一点以后，那就很清楚，每个三段论都是通过第一格完成的，并且可以还原为第一格中的全称三段论。

【24】 在每个三段论中，一个前提必须是肯定的并且必须有一个全称前提。如果没有全称前提，那就要么三段论不能成立，要么结论与设定无关，要么犯“预期理由”的错误。设定我们要证明音乐的快乐是好的。那么，如果我们设定“快乐”是好的，除非把“所有”加在“快乐”之上，否则三段论便不能成立。如果我们设定有些快乐是好的，那么如果它们是与音乐的快乐不同的，则与原来的设定无关；如果它是相同的快乐，则就是“预期理由”。

在几何学定理中可以更清楚地看到这一点。我们取“与等腰三角形底边相连的内角相等”这一定理为例。向圆心画直线 A 和 B。如果你断定了∠AC=∠BD，却没有普遍地断定半圆中的三角形相等；再者，如果你断定了∠C=∠D，却没有确定同一切割部分中的所有角相等，此外，如果你断定当相等的角从全部角中减去时，剩余的角 E 和 F 相等，那么，除非你断定“当相等从相等者中减去时，剩余者相等”，不然就要犯“预期理由”的错误。

所以，很显然，每个三段论必须有全称前提。只有当所有前提都是全称的时，才能证明全称的结论；但无论前提是全称的还是非全称的，都可以证明特称的结论。所以，如果结论是全称的，则前提必定是全称的；但如果前提是全称的，结论也可能不是全称的。同样清楚的是，在每个三段论中，两个前提或者至少有一个前提必须与结论相同；所谓“相同”，不仅是指在肯定或否定方面，而且是指在必然、实然、或然方面。我们还必须讨论其他指谓形式。

不过，总的说来，我们已经很清楚，三段论在什么时候能够成立，在什么时候不能够成立，在什么时候是完善的。如果三段论能成立，则词项之间的联系必定与已经讨论过的三种方式之一相同。

【25】 可见，每个证明都是通过三个词项，而且只能是通过三个词项得到的——除非同样的结论通过不同的词项排列而得到。例如，E既是从命题A和B，从C和D，又是从命题A和B、A和C及B和C得到结论的（因为没有什
42a 么阻止在相同的词项间存在几个中词）。但在这种情况下，就不止有一个而是有几个三段论。再如，命题A和B中的每一个都可以通过三段论得到（例如A通过D与E，B通过F与G），或者一个是通过归纳，另一个是通过三段论

得到的。但是在这里又有几个三段论，因为有几个结论，如A、B以及C。如果设定三段论不是几个而只有一个，那么，同样的结论可以通过三个词项而达到，但不可能像C通过A与B而达到的那样。设定E是通过前提A、B、C和D而达到的结论。这样，就必须确定其中一个与另一个的联系，正如整体与部分的关系一样；因为我们在前面已经证明，如果三段论能成立，那么词项间必定具有这样的联系①。设定A与B具有这样的联系。那么从这些前提中就可得出某一结论：要么是E，或是命题C与D中的某一个，或是除此而外的其他命题。如果它是E，那么三段论仅从A与B就可以推出。并且如果C和D的联系如同整体对部分一样，则从这些前提中也能得出某一结论：或是E，或是A或B中的一个，或是除它们而外的东西。如果它是E或命题A和B中的一个，则要么有几个三段论，要么可以推出，同一结论可由几个词项按我们已经知道②是可能的方式达到。如果结论是除它们而外的命题，那就会有几个互不相关的三段论。此外，如果C与D的联系不能产生一个三段论，那么它们将被断定是枉然的，除非是为了归纳，为了混淆论证或其他诸如此类的东西。

如果从前提A和B中得出的结论不是E而是其他什么，

---

① 见40^b30。

② 见42^a6。

并且从C和D中推出的结论或者是命题A和B中的一个，或者是另外的东西，则会产生几个三段论。这些三段论不能证明所要求的结论，因为已经断定三段论是证明E的。如果从C和B推不出任何结论，那就可以得出，这些命题可被确定是枉然的，并且三段论没有证明原来的设定。因此，很显然，每个证明、每个三段论都只是通过三个词项而得到的。

明白了这一点以后，我们也就清楚了，每个三段论都是从两个前提并且只是从两个前提中推出的（因为三个词项只构成两个前提），除非如我们在一开头所说的，为了完成三段论再作另外的设定①。因此，十分明显，如果在任何三段论论证中，能得到适当结论的前提（我所谓“适当”是因为先前的一些结论必然也是前提）在数目上不是偶数的，那么这个论证要么没有被三段论式所证明，要么为了证明假设提出了过多而不必要的前提。

因此，如果三段论被认为具有合适的前提，那么，每个三段论都是由偶数的前提和奇数的词项构成的；因为词项比前提在数量上多一个。此外，结论的数目是前提的一半。如果结论是通过三段论的前进式或几个连续的中词达到的（例如，通过词项C和D获得结论AB），那么词项的数目也同样比前提多一个（因为每一个附加的词项要么是外在地，要

① 即通过转换，见24b23。

么是间接地被加到推论上的。在这两种情况下，结果都是指谓关系比词项少一个，而前提的数量总是与指谓关系的数量相等）。但是，前提也并不总是偶数，词项也并不总是奇数；它们的关系是相互的，当前提是偶数的时，词项是奇数的；当词项是偶数的时，前提是奇数的（因为加上了一个词项也就加上了一个前提）；因而，由于前提是偶数的，词项是奇数的，当把同样的成分加于两者时，它们的数量亦据此发生变化。但是结论却既不再与词项也不再与前提保持同样的数目关系。加上一个词项，结论将比原来的词项少增加一个，因为只有最后的词项不构成结论，其他词项皆可。例如，如果词项 D 加到词项 A、B 和 C 之上，因此就多出了两个结论，一个由 D 和 A 相连而构成，一个由 D 和 B 相连而构成。其他情况亦相同。即使词项是被间接地引入的，同样的规则依然适用，因为词项除了一个而外，其他皆可构成结论，所以结论要比词项和前提多得多。

【26】 现在，我们明白了三段论的范围，在每个格中能获得什么样的证明以及用多少个式；我们也很清楚，什么样的命题难以证明，什么样的命题较易证明。在较多的格和较多的式中得到的是比较容易的，在较少的格和较少的式中得到的是比较困难的。

全称肯定命题只能通过第一格、通过其中一个式得到证明。但全称否定命题则既能通过第一格也能通过中间格而得到证明：在第一格中可以用一个式，在中间格中可以用两个式；特称肯定命题通过第一格和最后格得到证明：在第一格中用一个式，在最后格中用三个式；特称否定命题在全部三个格中皆可得到证明：在第一格中用一个式，在第二格及第三格中分别是两个式和三个式。

43a 这就很清楚，全称肯定命题最难确立，又最容易被驳倒。一般地说，全称命题比特称命题更容易遭到反驳。因为它不仅在谓项不属于任何主项时不能成立，而且在谓项不属于有些主项时也不能成立。在这两种情况中，后者在所有三个格中都能得到证明，前者却只能在两个格中得到证明。全称否定命题的情况亦同样：它不仅在谓项属于全部主项时不能成立，而且在谓项属于有些主项时亦不成立。这可以在两个格中得到证明。但要驳倒特称判断则只能用一种方法，即证明谓项属于主项全体或不属于任何主项。特称判断也较易确立，因为它们能在较多的格中，通过较多的式得到证明。

我们一定不要忽视，一般地说，命题是可以相互反驳的。全称命题可以反驳特称命题，特称命题可以反驳全称命题。可是与此相反，全称命题不能通过特称命题而确立，虽然后者可以为前者所确立。同时，反驳一个命题显然比确立一个命题要容易。

每个三段论是怎样产生的，通过多少词项和前提，它们又如何相互联系，在每个格中可证明什么样的命题，什么样的命题可在较多的格中得到证明，什么样的命题只能在较少的格中得到证明，所有这些问题，我们在上面的分析中已经说清楚了①。

【27】　我们进而要讨论的是，我们自己怎样建立适当的三段论去解决特定的问题，我们通过什么方法找到适合于每个问题的出发点，因为我们不仅要研究三段论的形成，而且要拥有构造它们的能力。

在一切存在物中，有些不可能在普遍的意义上真实地表述其他任何事物（例如，克莱翁、加里亚斯以及其他个别的、可感觉的事物），但其他属性却可以表述它们（上面所说的两个例子都是人，是动物）；有些可表述其他事物，但自身却不能被在先的事物所表述；有些能表述其他事物，其他事物也能表述它们（例如“人”可表述“加里亚斯”，而“动物”也可表述“人”）。因此，很明显，有些事物在本性上是不可能述说其他事物的。大致说来，每个可感事物都是这样的。除非是在偶然的意义上，它们不能表述其他事物。因为有时候我们说，“那个白的东西是苏格拉底”或者“那个正在走来的是加里亚斯”。我们将在其他地方说明②，指谓的进程亦有一个上限。现在姑且设定这一点。不可能证明其他事物能表述这类事物（除非是通过意见），但它们却可能

① 见《前分析篇》，第一卷，【23】—【26】。
② 见《后分析篇》第一卷，【19】—【22】。

表述其他事物。个体不能表述其他事物，而其他事物却能表述它们。居于普遍与特殊之间的事物显然具有这两种情形，因为它们既表述其他事物，其他事物也表述它们。大略地说，论证和研究的对象主要是这类事物。

43b 我们现在必须以下面的方式选择适合于每个问题的前提。首先，我们必须设定主体自身，它的各种定义以及它的全部固有性质；继之，我们要设定所有伴随着主体的属性；再次，我们要设定为主体所伴随的各种属性以及不可能属于主体的各种属性。我们不要选择那些它不可能属于的属性，因为否定前提是可以换位的。对这些伴随而来的属性，我们也必须区分出包含在是什么中的东西、被断定为特性的东西以及被断定为偶性的东西。在这些属性中，我们还必须把看来是与主体相关的属性与真正是与主体相关的属性区分开。我们所提供的后者越多，我们作出结论就越快；它们越真实，我们的证明就越可信。

我们必须选择不是与主体的某些部分相伴随、而是与主项的全体相伴随的属性。例如，不是属于某个个人、而是属于所有人的属性，因为三段论是从全称前提中推出来的。因此，如果一个陈述是不定的，则前提是否全称亦不清楚，但当陈述是确定的时，事情就十分清楚了。同样，由于刚才所述的理由，我们必须只选择为主体作为整体而伴随的属性。但是所跟随的属性不能被认为是作为整体而跟随的。我的意思是说，例如，所有“动物”伴随着“人”，或者所有“知识”伴随着“音乐”。但它仅仅是一般性的伴随，正如我们在一个命题中对它的陈述那样。其他陈述形式（例如“所有人是所有动物”或“公正是所有的善”等等）都是无用的、不可能成立的。“所有”只能附加在主项上。

我们必须了解那些伴随着主体的属性。当它们为一个更广泛的词项所包含时，我们在证明特殊时一定不能选择伴随着普遍或者不伴随着普遍的属性（因为它们在讨论普遍时已经被把握了，伴随着“动物”的那些属性也是伴随着“人”的属性，不伴随着动物的属性也一定不会伴随着人）。我们必须了解为个体所特有的属性。为属所特有而不为种所具有的属性是存在的。因为其他属必定也具有某些为它们所特有的属性。

再者，在普遍词项的情况中，我们也不要选择伴随着从属词项的东西，例如，对于“动物”，我们就不应选择伴随“人”的东西，因为如果“动物”是伴随着“人”的属性，它也必定伴随着所有这一切。不过，它们更适合属于与“人”相关而选择的东西。

我们也必须了解通常是伴随着主体的各种属性以及为主体所经常伴随的属性。因为关于“通常”的命题，是三段论从通常是真实的前提中推出的，要么从它们全部，要么从它们中的一部分，因为每个三段论的结论都与它原来的出发点相似。

再者，我们不能选择伴随着所有这些词项的属性，因为它们不能产生一个三段论。至于为什么，我们马上就会清楚①。

【28】 当我们打算确立一个关于整个主体的命题时，必须研究我们正力图确立的谓项碰巧要断言的主项，以及我们需要确立其谓项的主项的伴随属性。因为如果存在着为这两类所共有的东西，则一个必定属于另一个。如果我们要确
44a 立的不是属于全体而只属于某个，我们必须考虑这两类词项所伴随的词项；因为如果存在着为这两类所共有的东西，则一个词项必定属于另一个词项的部分；如果要求一个词项不属于另一个词项的全体，我们必须考虑主项的伴随属性以及不可能属于谓项的属性。或者反过来说，我们必须考虑不能属于主项的属性以及谓项的伴随属性。因为如果在这两个系列中有任何词项是相同的，则谓项不可能属于主项；因为一个三段论有时通过第一格而产生，有时则通过中间格而产生。如果要求一个词项不属于另一个词项的部分，我们必须考虑为主体所伴随的属性以及不可能属于谓项的属性。因为如果这两类有共同的东西，那就必然可以推出，谓项不属于某一主项。

如果我们以下列方式表达它们，则上述内容会更加清楚些。让 B 表示 A 的伴随属性，C 表示为 A 所伴随的属性，

---

① 见 44b20。

D表示不可能属于A的属性。再者，让F表示E的属性，G表示为E所伴随的属性，H表示不可能属于E的属性。那么，如果C有某些部分与F的某些部分相同，则A必然属于所有E；因为F属于所有E，而C属于所有A，所以，A属于所有E。如果C和G是相同的，A必定属于某个E。因为A是所有C的一个伴随属性，E是所有G的一个伴随属性。如果F和D是相同的，则根据复合三段论的前进式，A就不属于任何E；因为否定命题可以换位，F与D相同，所以A不属于任何F；但F属于所有E。再者，如果B和H是相同的，则A不属于任何E；B属于所有A，但不属于任何E；因为根据设定，B与H相同，并且我们确定H不属于E。如果D和G是相同的，则A不属于某些E。因为它不属于D，因而也不属于G。但G归属于E，所以A不属于某些E。如果B与G相同，则通过转换可获得一个三段论。因为E属于所有A，而B属于A，所以E属于B（已知B与G是相同的）。可是，并不必然可以推出A属于所有E，而只能推出它属于某个E，因为全称论述可换位成特称论述。

因而，很显然，在每个命题的证明中，我们必须考虑主项与谓项的上述联系；因为三段论都是通过它们决定的。除此而外，我们还必然考虑每个词项的伴随属性，以及属性所伴随的主要和普遍的联系。例如，对于E，我们必须考虑KF，而不只是单单考虑F。因为如果A属于KF，它既属于

44b F也属于E。但如果它不是后者的一个伴随属性，它可能仍然是F的一个伴随属性。同样，我们必须思考为正在讨论中的词项所伴随的属性；因为如果它是那些主要的词项的一个伴随属性，那它也是归属于它们的词项的伴随属性；但如果它不是前者的一个伴随属性，它也可能仍然是后者的一个伴随属性。

很清楚，我们的研究是通过三个词项和两个前提而进行的。而所有三段论都是通过已经论述过的三个格而产生的。因为已经证明，当C类事物中的一个被认为与F类事物中的一个相等同时，A属于所有E。它们是中词。端词则是A和E。这样，第一格就产生了。如果设定C和G是等同的，则A属于某些E。这是最后格，因为G变成了中词。当D和F相等同时，A不属于E。这样，我们就既有第一格又有中间格；因为A不属于任何F（否定命题可以换位），F属于所有E。这就得到了第一格；因为D不属于任何A，但属于所有E，所以获得中间格。当D和G等同时，A不属于某个E。这是最后格，因为A不属于任何G，E属于所有G。

可见，所有三段论都是通过已经论述过的格而产生的。我们一定不要选择所有词项的伴随属性。因为没有三段论从它们之中产生。可以从伴随属性中确立一个命题的方法是不存在的。而另一方面，通过一个共同的伴随属性去反驳是不可能的，因为它属于一个词项而不属于另一个词项。

其他借助选择而进行的研究方法对产生三段论显然是无用的。例如，如果两个词项的伴随属性相等同；或者，如果为A所伴随的属性与不可能属于E的属性相等同；再者，如果既不能属于A也不能属于E的属性相等同；因为根据它们，三段论不能产生。如果伴随属性，即B和F是等同的，则中间格就产生了，并且两个前提都是肯定的；如果A的前项与不可能属于E的属性（分别是C和H）是等同的，则第一格就产生了，并且小前提是否定的；如果既不能属于A也不能属于E的属性（即D和H）是等同的，两个前提都是否定的，则要么在第一格中，要么在中间格中，在这些情况下，根本不可能有任何三段论。

可见，我们所必然了解的是在我们所探索的词项中相同的，而不是不同的或相反的。首先，因为我们研究的目的是要发现中词，中词在每个前提中必须是相同的，而不是不同的东西。其次，即使在有些例子中一个三段论碰巧能从所设定的相反属性以及不能属于同一主体的各种属性中推出，它们也可还原为我们已经论述过的类型。例如，如果B和F是相反的或不能属于同一主体。因为如果我们设定了这些词项，就会有一个三段论。结论是，A不属于任何E。但结论不是从原来的词项中推出的，而是从上面所论述的类型中推出的①。因为B属于所有A，但不属于任何E，所以B必定

① 见$44^{a}11$以下。

与某些 H 相同。再者，如果 B 和 G 不可能属于同一对象，那么就会有一个三段论。结论是，A 不属于某些 E。在这种情况中，中间格也能产生。因为 B 属于所有 A，却不属于某些 E，所以，B 必定与某些 H 相同。因为“B 和 G 不可能属于同一主项”这一陈述与“B 与某些 H 是相同的”这一陈述是等值的。我们已经说明①，H 代表一切不能属于 E 的属性。

可见，没有三段论能直接从上面的研究方法中产生。但如果 B 和 F 是相反的，B 必定与某些 H 相同，则三段论就能通过这获得。由此可以推出，以刚才所论述的方式考虑问题的人没有看到某些 B 与某些 H 是等同的，所以他们去寻找必需方法以外的其他方法。

【29】 采用归谬法的三段论与直接证明三段论的规则相同，因为它们也是通过两个端词的伴随属性和为它们所伴随的属性而产生的。在这两种类型中，研究方法也是相同的；直接证明的三段论亦可借助相同的词项根据归谬法而建立。反之亦然。例如，要证明 A 不属于任何 E。设定它属于某些 E，那么，由于 B 属于所有 A，A 属于某些 E，则 B 也属于某些 E。但根据假设，它不属于任何 E。再者，A 属于某些 E 是可以证明的；因为如果它不属于任何 E，E 属于

① 见 44^a16。

所有G，则A不属于任何G。但根据假设，它属于所有G。其他命题亦相同。在一切借助两个端项的伴随属性及为属性所伴随的情况中，用归谬法进行证明总是可能的。

就每个问题而言，无论采取直接三段论还是归谬法，研究总是相同的；因为两种证明都是从同样的词项中得到结果的。例如，设定已经证明A不属于任何E。因为如果A属于某个E，则可以推出，B也属于某个E，而这是不可能的。如果断定B不属于任何E，但属于所有A，那么很显然，A不属于任何E。再者，如果A不属于任何E是通过直接三段论得到的结论，如果断定A属于某些E，则我们能用归谬法证明它不属于任何E。其他例子亦同样。在每种情况中，我们必须采用某些共同词项（与已经设定的不同），证明结论虚假的三段论与这些词项相联系。这样，当这个前提转换而其他仍然不变时，三段论将通过同样的词项而变成直接的。直接证明与归谬法的不同之处在于：在直接证明中，两个前提都被确定为是真的。而在归谬法中，有一个前提被确定为是假的。

在我们后面讨论归谬法时①，这些论点会变得更加清楚。现在，让我们设定这些都已经很清楚。无论是要求直接证明一个结论还是用归谬法去证明一个结论，我们都必须注意相同的词项。但是，在其他假设性的三段论中，例如，涉

① 见《前分析篇》，第二卷，【14】。

及替换或性质联系时，研究所涉及的不是原来设定的词项而是被替换的词项，而研究的方法则与以前相同。但是，我们必须考虑和分析假设性三段论的不同类型。

每类命题都能按照上面所述的方式得到证明，但有些也用三段论的其他方式得到。例如，全称命题可以借助进一步的假设，通过适合于特称结论的方法而得到证明。因为设定 C 和 G 是等同的，E 只属于 G，则 A 属于所有 E；再者，确定 D 和 G 是相等同的。E 只为 G 所表述，则 A 不属于任何 E。我们也显然必须以这种方式考虑问题。

同样的方法也适用于必然三段论和或然三段论；因为研究的过程是相同的。无论它是或然的还是实然的，三段论都通过同样排列的词项得到。但是，在或然命题中，我们必须包括那些虽然不确实属于但也可能属于的词项，因为已经证明①，或然三段论也是通过它们而获得的。其他指谓形式亦同样。

从上述分析中看得很清楚，不仅一切三段论都能通过这种方法得到，而且它们不能通过其他方式产生。已经证明，每个三段论都是通过已经论述过的一个格而产生的。在每个
46a 特殊情况中，除了通过词项的伴随属性和为词项所伴随的而外，它们不能以其他方式组合。因为前提是从它们之中构成的，中词是从它们之中发现的。因此，一个三段论不能通过其他词项产生。

① 见 32b25 以下。

【30】 在所有情况下，无论是在哲学中还是在各类技术和研究中，方法都是相同的。我们必须寻求每个词项的属性和主体，尽可能地找得多一些，然后通过三个词项研究它们，以这种方式反驳，以那种方式证实。如果要寻求真理，则必须从以真实联系为根据而排列的词项出发；如果要寻找辩证的三段论，则必须从以意见为根据的前提出发。

三段论的本原或始点，它们有什么特点以及我们应当怎样寻求它们，现在都已经得到了一般性的说明。我们获得这样的结果，不是通过考虑所有可表述所讨论词项的东西，也不是通过考虑我们在证实或反驳一个命题，无论是证实或反驳这个命题的全部或部分，或者去设定其全体和某些，而是通过考虑有限数量的明确属性。我们必须选择跟每个特殊存在物有关的东西，例如，关于善或知识的。

每一门特殊科学所固有的本原为数众多。因此，把每门特殊科学的本原传达给我们，这是经验的任务。我的意思是说，例如，对天体的经验传达给我们有关天文学的知识（因为只有到现象被透彻地把握时，才能找到天文学的证明）；其他技术和科学的情况亦相同。所以，如果我们把握了所讨论对象的属性，我们立即就能轻而易举地揭示证明。如果没有遗漏研究对象的任何真正属性，我们就能发现和证实一切可证明事物的证明，并排除一切在本性上就没有证明的事物。

上面是关于前提选择方法的粗略论述。我们已经在关于辩证法的论文[1]中，详细地研究过这一问题。

【31】 不难看到，根据种而划分是上述方法的一小部分。划分好比是一种弱的三段论，因为它预定了所要证明的东西，并且总是推出比所讨论的属性更广泛的东西。首先，所有使用划分方法的人都忽略了这一点。他们力图使人们相信，对实体与是什么[2]也能作出证明。因而，他们不明白通过划分可以推出什么样的结论，也不清楚这一结论可以通过我们上面所论述过的方法而达到。在证明中，如果需要推论
46b
一个肯定的命题，那么三段论据以产生的中词总是从属于大词，而不是包括着它的全称。但划分则要求相反的程序，它把全称作为中词。设定 A 表示“动物”，B 表示“有死的”，C 表示“不朽的”，D 表示“人”。“人”的定义是现在所要求揭示的。划分者断定，所有动物都要么是有死的，要么是不朽的，即是说，所有作为 A 的事物都要么是 B，要么是 C。他随后继续划分，人是动物，即以 A 表述 D。所以，结论是，每个 D 都要么是 B，要么是 C。这样，人要么是有死的，要么是不朽的。但是，“人是一个有死的动物”，这并不是必然的推论，而是预期的，它正是应当用三段论加以证明

① 见《论题篇》，第八卷，【1】。

② to ti esti。

之点。再者，设定 A 表示“有死的动物”，B 表示“有足的”，C 表示“无足的”，D 表示“人”。他像以前一样断定，A 要么归属于 B，要么归属于 C（因为每个有死的动物都要么是有足的，要么是无足的），以 A 表述 D（因为已经断定，人是有死的动物），因而，人必定要么是有足动物，要么是无足动物。但是，他是一个有足动物，这也不是一个必然的推论，而是预期的。它又是应当通过三段论加以证明之点。这些人总是以这种方式划分。由此可以推出，他们总是把全称词项当作中词，把要被证明的主体及属差当作端词。最后，他们对人或者他们所考察的其他主题究竟是什么并没有搞清楚，更没有证明它是必然的。因为他们全都追求别的方法，完全没有顾及可以利用的大量证据的存在。

显然，运用这种方法不可能反驳一个命题，不可能得出关于偶性或特性的推论，不能得出关于种的推论。在事实不明确时，例如，正方形的对角线可否用边进行测量，如果某人设定每个长度要么可测量，要么不可测量，对角线是长度，则结论是，对角线要么可测量，要么不可测量；如果某人设定它不能测量，则他是在断定应当用三段论加以证明的事物。因而，证明是不可能的。因为按照这种方法，不可能有证明。设定 A 表示“可测量或不可测量”，B 表示“长度”，C 表示“对角线”。

因此，很显然，这种探索的方法不适合于研究，即使在它被认为是最适合的情况下，也是无用的。

证明由哪些因素、用什么方法才能产生，在每类问题中应考虑什么样的属性，这些，通过上面的论述就清楚了。

47a **【32】** 现在，我们必须说明，怎样把三段论还原为以前所论述过的格，这部分研究尚未进行。如果我们考察了三段论所由产生的途径，拥有发现它们的能力，而且还能把已建立的三段论还原为以前所论述过的格，那么我们开始时所提出的任务就完成了。通过下面的研究，我们以前的论述也将进一步得到证实，它们的精确性也更为明确。每个真理必须在各个方面都自相一致。

首先，我们必须努力选择三段论的两个前提（因为分析较大的部分比分析较小的部分容易些，组合物总是大于它的组成部分），然后考虑哪一个是全称的，哪一个是特称的；如果只确定了一个，那就要补上省略的那一个。有时候，无论在写作中还是在争论中，人们在论述全称前提时都未能提及包含在它之中的前提，或者，他们论述了直接前提，却略而不提它们所从出的前提，并且不必要地寻找其他一些规定。我们还必须考虑，是否多确定了什么，是否遗漏了什么必要的东西。对前者，我们必须剔除多余部分；对后者，我们必须补充遗漏部分，直到我们获得两个前提。没有它们，我们就不能把已经确立的论证按以前所说的方法①进行还

① 见《论题篇》，第八卷，【1】。

原。有些论证的不适当性是很容易认识到的，但另一些却往往被忽略，并显得颇似三段论。因为它们从已设定的前提中推出了一些必然的结论，例如，如果设定实体不能被非实体所毁灭，并且如果事物的构成部分被毁灭了，那么由它们组成的事物也就毁灭了。如果我们断定了这些，那就必然可以推出，实体的部分是实体；但它并不是通过设定而用三段论推出的，而是前提不完整。再者，如果人存在，则动物必定存在；如果动物存在，则实体必定存在。由此推出，如果人存在，则实体必定存在。但这并不是一个三段论，因为前提不具备我们以前所述的条件。

在这些例子中，由于从已经设定的前提中可以必然地得出结论，而三段论也是必然的，所以，我们常会发生误解。但是，“必然”的含义比“三段论”要广。因为所有的三段论都是必然的，但不能说所有必然的都是三段论。因此，如果某一事物能从某些断定中推出来，我们一定不能立即就想把论证还原为三段论。我们必须首先把握两个前提，并进一步分析它们的词项，把在两个前提中都出现的词项确定为中词，因为在所有格中，中词必定在前提中出现两次。这样，如果中词既作为谓项又具有谓项，或者它自身是一个谓项，而又有别的事物否定它，那么我们就得到第一格；如果它是一个谓项，并且又否定别的事物，那么我们就得到中间格；如果别的词项都断定它，或者如果一个词项否定它，一个词项肯定它，那么我们就具有最后格。因为中词在每个格中的位置就是这样的①。如果前提不是全称的，情况亦相同，因为中词的定义与以前相同。因此，如果在一个推论中没有多次提到同一词项，那么就没有三段论，因为没有中词。由于我们现在理解了在每个格中可证明什么类型的命题，即什么格可证明全称命题，什么格可证明特称命题，所以很显然，我们不应在某一特定时间中考虑所有格，而只需要考虑适合于所讨论命题的格。如果命题可以在多个格中得到证明，我们就通过中词的位置明确这是什么格。

【33】 我们在上面说过②在考虑三段论时我们常因结论的必然性而发生误解。但除此而外，我们也常因词项的相似排列而发生误解。例如，如果以 A 述说 B，以 B 述说 C。这是我们所不能忽视的。因为当词项这样排列时，似乎就有三段论，尽管没有必然的结论或三段论产生。让 A 表示“始终存在着的”，B 表示“作为思想对象的阿里斯托美内斯”，C 表示“阿里斯托美内斯”。这样，A 属于 B 是真的，因为作为思想对象的阿里斯托美内斯是始终存在的。但 B 也属于 C，因为阿里斯托美内斯是作为思想对象的阿里斯托美内斯。但 A 不属于 C，因为阿里斯托美内斯是可以毁灭的。当词项之间处于这样的联系时，三段论不能产生。要使

① 见 25b35，26b36，28a12。

② 见 47a31。

三段论成立，前提 AB 必须被设定为是全称的。但“一切作为思想对象的阿里斯托美内斯始终存在”这一规定是虚假的，因为阿里斯托美内斯是可以毁灭的。

再者，让 C 表示“米卡罗斯”，B 表示“有文化的米卡罗斯”，A 表示“在明天毁灭”。那么，以 B 表述 C 是真实的，因为“米卡罗斯是有文化的米卡罗斯”。以 A 表述 B 也是真实的，因为有文化的米卡罗斯可能在明天毁灭。但以 A 表述 C 却是虚假的，因而情况与以前一样，因为“有文化的米卡罗斯在明天毁灭”并不是普遍真实的。除非如同我们所表明的那样，确定三段论不存在。

这种错误的产生是由于忽视了一个细微的区分，即“这属于那个”与“这属于那个的全体”这两个论断是有差异的，而我们在推论时却忽略了这种差异。

【34】 人们常常由于未能在前提中适当地设置词项而犯错误。48a 例如，设定 A 表示“健康”，B 表示“疾病”，C 表示“人”。说 A 不可能属于任何 B（因为健康不属于任何疾病）及 B 属于所有 C（因为每个人都有可能生病），这都是真实的。由此似乎可以推出，健康不可能属于任何人。这种错误的原因，就在于没有在前提中设置适当的词项。如果我们分别用状况[1]来取代与它们相应的对象，那么三段论就不

① heksis。

能成立。例如，用“健康的”代替“健康”，用“有病的”代替“疾病”。这样，说“健康的”不能在任何时候属于有病的人，就是不真实的；如果不确定这一点，三段论就不能产生，除非是或然类型的。但这样一个结论是不可能的，因为健康可能不属于任何人。

这种错误在中间格中也会以同样形式产生，健康不可能属于任何疾病，但可能属于所有人；因而疾病可能属于任何人。在第三格中，这种错误也有可能产生，因为健康与疾病、知识与无知以及一般的相反者都可以属于同一主体，但它们互相属于则是不可能的。然而这与我们上面所说的不一致①。我们在那里指出，当多个东西可属于同一主体时，它们也能互相属于。

很显然，在所有这些情况中，错误产生的原因是词项设置得不适当，当我们用状况去取代与之相应的对象时，错误就消除了。所以，很清楚，在这样的前提中，我们必须用一个特定的状况去取代具有那状况的对象，把它确立为我们的词项。

【35】 我们不应当总是通过寻找名称来设置词项。我们经常碰到许多没有被认可之名的表述。因此，把它们还原为三段论是困难的。有时候我们正是因为这种寻求而出了错

① 见 39^a14—19。

误，例如，设定在没有中词的命题中可以存在三段论。让 A 表示“两直角”，让 B 表示“三角形”，让 C 表示“等腰三角形”，则 A 由于 B 而属于 C，而 A 属于 B 不是因为别的词项。三角形自身就具有两直角。所以命题 AB 没有中词，虽然它是可以证明的。很显然，中词并不总是被设定为是具体事物。有时它也被设定为是公式，譬如上述例子中的情形。

【36】 我们千万不要断定，大词属于中词，中词属于小词，因为它们总是互相表述，或者大词表述中词，就像中 48b
词可表述小词一样（否定命题的情况亦同样）。我们说一个事物“是”或者说它“存在”是真的，有很多意义，我们也必须设定“属于”[①] 这个词有多层含义。例如，有一门关于相反者的科学。设 A 表示“作为一门科学”，B 表示“互相反对的事物”，那么，A 属于 B 并不是在“相反者作为一门科学而存在着”这个意义上而言的，而是在“说存在着一门关于相反者的科学这一论断是真实的”这个意义上而言的。

有时，大词述说中词，但中词却不述说小词。例如，如果智慧是知识，智慧是关于善的，那就可以推出，知识是关于善的。善并不是知识，尽管智慧是知识。有时中词述说小词，但大词却不述说中词。例如，如果存在着一门关于各种

① to huparkhein。

质或相反者的科学，善既是一种相反者也是一种质，那么结论是，存在着一门关于善的科学。但善不是科学，质与相反也不是科学，尽管善是一种质或一种相反者。有时大词不述说中词，中词也不述说小词，而大词有时述说小词，有时则不。例如，如果存在着一个科学对象的种，并且存在着一门关于善的科学，则结论是：存在着一个善的种。但没有什么事物表述其他事物。如果科学的对象是一个种，而科学的对象是善，则结论是：善即是种。这样，大词表述小词，但在前提中它们不能互相述说。

否定谓项也必须作同样的理解。“X 不属于 Y”并不总是意味着“X 是非 Y”，它有时是指“Y 的 X”或“为了 Y 的 X”不存在。例如，没有运动的运动，或没有生成的生成。但却有快乐的产生，因而快乐不是产生。再者，有笑的标志，但没有标志的标志，因此笑不是标志。在所有其他通过陈述一个与命题中的词项处于某种联系的种而反驳命题的事例中，情况亦相同。再者，有这样一个论证：机会不是最好的时候。因为机会属于神，而最好的时候却不是。没有什么事物能给神以方便。我们必须把“机会”、“最好的时候”及“神”确定为词项。但前提必须根据名词的格来理解。我们认为它无条件地属于一切情形。但词项必须以原格的形式而确立（例
49a 如，“人”或“善”或“相反者”，而不是“人的”、“善的”或“相反者的”），前提必须根据每个词项的格来理解。要么是与格，例如“相等于它”；要么是生格，例如“双倍于它”；

要么是因格；例如“打或看到它的事物”；要么是原格，例如“人是动物”，或者是名词在前提中出现的其他方式。

【37】　有多少个范畴，我们就必须对“X 属于 Y”以及“X 真实地表述 Y”这类论述作多少种意义的理解。范畴要么是有条件的，要么是无条件的。进一步，它们要么是简单的，要么是复合的。否定属性亦同样。我们必须更仔细地考虑和分析它们。

【38】　在前提中重复出现的词项应当与大词相连，而不是与中词相连。我的意思是说，例如，如果我们要得到一个三段论，证明存在着关于公正的知识，它是好的，则“好的”（或作为好的）应当与大词相连。让 A 表示“好的知识”，B 表示“好”，C 表示“公正”，那么 A 表述 B 是真实的，因为对于“好”，存在着好的知识。B 表述 C 也是真实的，因为公正与好相等同。因而用这种方式就可对论证作出分析。但是，设定“它是好的”这一表述被加到 B 上，那就没有分析，因为 A 表述 B 是真实的，但 B 表述 C 则是不真实的。因为“好的好”表述公正是虚假的、不理智的。如果设定要证明健康是知识的好的对象，或者独角兽是知识的不存在的对象，或者人作为可毁灭物是可感知的，那么情况也同样。在一切给谓项增加规定的例子中，重复现象必须与大词相联。

有时，一个事物是无条件地用三段论证明的；有时，对它的证明与一个特殊的事物或方式或条件相关。在这两种情况下，词项的排列是不一样的。我是指这样的情况，例如，好被证明是知识的对象，或者它被证明是好的知识的条件。如果它无条件地被证明是知识的对象，则我们设定中词是“是”；如果它被证明是好的知识的对象，那么中词是“是某物”。让 A 表示“关于某物的知识”，让 B 表示“某物”，让 C 表示“好”，则 A 表述 B 是真实的。根据假设，关于某物的知识是某物。但 B 表述 C 也是真实的，因为 C 代表某物。这样，A 表述 C 也是真实的。所以，关于好的知识是好的。根据设定，“是某物”表示事物的特殊存在形式。但如若我们设定“是”作为中词，在一个命题中让无条件的“是”取代“某物”与端词相联系，那就没有三段论可证明。关于好的知识是好的，而它只是“它是”。例如，让 A 表示“是知识”，让 B 表示“是”，让 C 表示“好”。因此，很显然，在一切特殊三段论中，必须以这种方式设定词项。

【39】 我们也必须用相等物去取代相等物，用词取代词，用原理取代原理，并且也让词与原理互相替换。但我们总是愿意用词去取代原理，因为词项的设置要容易些。例如，如果我们说“可设想的并不是可想象的一个种”，或者说“可想象的不与可设想的一部分相等同”，都没有什么不同（因为意义是一样的），那么我们必定愿意用“可设想的”

与“可想象的”作中词，而不愿意用刚才引用过的表述。

【40】 因为命题“快乐是善”与“快乐是这种善”是不相等的，所以我们不能在两者中设定同样的词项。如果三段论是要证明后者，我们就必须设定“这种善”；如果三段论是要证明前者，我们就必须设定“善”。在其他情况下亦相同。

【41】 “A属于B所属于的事物的全体”与“A属于B属于其全体的事物的全体”，这两个命题无论在事实上还是在语言上都是不相同的。没有什么阻止B属于C，却不属于一切C。例如，让B表示“美”，让C表示“白色的”。如果美属于某些白的事物，那么说美属于白色的是真实的，但说属于一切白色的可能就不真实了。因而，如果A属于B，但不属于B所表述的每个事物，那么，无论B属于所有C，还是仅仅属于C，A不仅不必要属于所有C，而且也根本不必要属于C。但如果A属于B所真实述说的事物的全体，那就可以推出，A述说B述说于其全体的事物的全体。但是，如果A述说B述说于其全体的事物，那就没有什么阻止B属于C，但A不属于所有C，或者根本就不属于C。在这三个词项中，很清楚，“A述说B所述说的事物的全体”意即“A述说一切B所述说的事物”。如果B述说第三个词项，则A亦然；如果B不述说第三个词项的全体，则A也不必然述说它的全体。

我们一定不要以为从这些词项的设置中会得出荒唐的结论。我们并不把某个特殊例子当作论证的基础；几何学家往往说有这样一条一尺长的线，直线或无宽度的线，虽然它们并不存在。但他并不使用这些例子作为他的推论的基础。我们的做法与他一样。一般来说，除非两件事物之间的联系如同整体与部分和部分与整体的联系一样，否则想要证明某物的人不可能根据它们证明什么；因而也不会产生三段论。相反，我们（我是指学生）使用所设定的词项就像一个人使用感官知觉一样，我们不会这样对待它们，即是说仿佛没有它们，证明就不能产生，就像三段论没有前提便不可能产生一样。

【42】 我们不要忽视，在同一三段论中，并不是所有的结论都是通过一个格而产生的，而是有些通过这个格而产生，有些通过那个格而产生。很显然，我们必须据此作出分析。因为在每个格中并不证明每个命题，而只是证明某些固定类型的命题，因此，从结论中就可以清楚地看到，研究是在用什么格进行。

【43】 与定义相关的推论，只要它们直接证明定义的某一部分，那么论证所直接指向的部分（不是整个原理）应当被设定为一个词项（这样，由于词项过长引起混乱的可能性就会减少）。例如，如果要证明水是可喝的液体，那么，

所设定的词项应是“可喝的”和“水”。

【44】 我们不要试图去还原假设性的三段论。不可能从已设定的前提出发来还原它们。因为它们没有被一个三段论证明，而都是根据同意而被承认的。例如，如果设定除非有一种关于相反者的潜能，否则便不可能有关于它们的科学，那么，你就可以论证说，并不是每种潜能都是关于相反者的（例如健康的与疾病的）。否则同一事物可以在同一时间中既是健康的，又是有病的。这样，就证明了没有一种关于所有相反者的潜能，但还没有证明不存在一门科学。后者确实必然会得到承认。但仅仅是根据假设，而不是作为三段论证明的结果。后面的论证不能被还原，但“不存在一种潜能”的论证则可以，因为这可能确实是一个三段论，而前者则只是一个假设。

通过归谬法建立起来的论证的情况亦相同，它们也是不能转化的。归谬法可以转化（它是通过三段论证明的），但论证的其余部分则不行，因为结论是从假设中得出的。这些类型与上面所说的不一样。在那些例证中，如果结论被承认，则有些基本论证是必然的。例如，如果已证明存在着一种关于相反者的潜能，那么研究它们的科学也是同一的。但在这些例证中，结论即使没有一个基本的同意，亦被承认。因为错误是显然的，例如，如果认为正方形的对角线可被测量，那么奇数就会等于偶数。

其他许多结论也是通过假设达到的。它们需要进一步的研究和清楚的说明。它们的差异是什么，一个假设性的结论 50b 是通过多少方式产生的，我们将在后面论述①。现在让我们认定，不可能把这些三段论转化成格。我们已经解释过为什么会这样。

【45】 对于可以用许多个格证明的命题来说，如果结论是从这个格中得出的，那就能把三段论还原为另一个格；例如，第一格中的否定三段论可还原为第二格。中间格的三段论（当然不是全部，而是其中某些）可以还原为第一格。我们通过下列例子能清楚地看到这一原理。如果 A 不属于任何 B，B 属于所有 C，则 A 不属于任何 C。这是第一格。但只要将否定判断换位，我们就能得到中间格；因为 B 不属于任何 A，但属于所有 C。如果三段论不是全称的，而是特称的，情况亦相同。例如，如果 A 不属于任何 B，B 属于有些 C，将否定前提换位，我们就会得到中间格。

第二格中的三段论，全称的可还原为第一格，但在两个特称三段论中，只有一个可作如此还原。设定 A 不属于任何 B，但属于所有 C。那么，通过否定命题的转换，就变成了第一格；因为 B 不会属于任何 A，但 A 可属于所有 C。但如果 B 处于肯定论述中，C 处于否定论述中，则必须设定

① 尚未发现有关的论述。

C为大词；因为C不属于任何A，而A属于所有B。因此C不属于任何B，而B也不属于任何C。因为否定命题是能转换的。但是，如果三段论是特称的，当否定论述与大词相关时，三段论就可还原为第一格。例如，如果A不属于任何B，但属于有些C；通过否定命题的转换就可变成第一格。因为B不属于任何A，A属于某个C。但如果肯定论述与大词相关，则三段论不能转换。例如，如果A属于所有B，但不属于所有C。因为命题AB是不能转换的。即使通过转换，也得不到三段论。

再者，第三格的三段论不能全部转换成第一格，尽管第一格的三段论可全部转换成第三格。让A属于所有B，B属于某个C。那么，把特称肯定命题换位时，C也属于某个B。但已经设定A属于所有B，所以我们便得到了第三格。如果三段论是否定的，情况也相同；因为特称肯定判断可以转换，所以A不属于任何B，而C却属于某个B。

最后格中的三段论只有在一种情况下不能转换成第一 51a
格，即当否定前提不是全称的时。但所有其他形式都能作如此转换，让A和B都表述C，则C与它们每一个都换位成特称关系。因而它属于有些B。这样，我们就获得了第一格。如果A属于所有C，C属于有些B；如果A属于所有C，B属于有些C，则道理也一样。因为B和C可以转换，如果B属于所有C，A属于有些C，则必须设定B是大词；因为B属于所有C，C属于有些A，所以B属于有些A；因为特称论述是可以转换的，A 也属于有些 B。

如果三段论是否定的，要是两个前提都是全称的，则要按同样方式处理。让 B 属于所有 C，A 不属于任何 C。那么 C 会属于有些 B，A 不属于任何 C，所以 C 是中词。如果否定前提是全称的，肯定前提是特称的，则情况亦相同；因为 A 不属于任何 C，C 将属于有些 B。但是，如果设定否定前提是特称的，那三段论就不能转换。例如，如果 B 属于所有 C，A 不属于有些 C；因为通过前提 BC 的转换，这两个前提都会是特称的。

很显然，为了使格与格之间可以互相转换，小前提在两个格中必须转换；因为正是通过这个前提的替换，才使得这个格变成另一个格。

中间格的三段论，一个可以转换为第三格，另一个则不行。当全称前提为否定时，还原是可能的；如果 A 不属于任何 B，但属于有些 C，那么这两个前提都同样可将 A 转换；所以，B 不属于任何 A，C 属于有些 A，A 是中词。如果 A 属于所有 B，但不属于有些 C，则转换不可能。因为转换后，没有一个前提是全称的。

当否定前提为全称时，第三格的三段论也能转换成中间格。例如，如果 A 不属于任何 C，B 属于有些或所有 C；因为这样一来，C 不属于任何 A，但属于某个 B。但是，如果否定命题是特称的，则转换不可能，因为特称否定判断不能转换。

因此，很显然，这类三段论在这些格中不能转换，正如
它们不能转换成第一格一样；当三段论被还原为第一格时， 51b
只有它们才是通过归谬法被证实的。

三段论怎样才能还原，格与格之间怎样才能互相转换，这些，我们通过上面的论述就清楚了。

【46】 在证实或反驳一个命题时，我们认为，“X 不是 Y”与“X 是非 Y”所表示的意义是不一样的，还是一样的这会造成很大的差别。例如，“不是白”是否与“是非白”的意义相同。因为它们表示不同的意思；对“是白”的否定并不是“是非白”，而是“不是白”。理由如下：

“他能行走”与“他能不走”、“它是白的”与“它是非白的”、“他知道善”与“他知道非善”，这些表述之间的联系都是一样的。因为“他知道善”与“他在认识善”没有差别；“他能够行走”与“他有能力行走”也没有差别。因此，与此相反的命题，“他不能够行走”与“他没有能力行走”也是相等同的。然而如果“他没有能力行走”的意思与“他有能力不行走”相同，那么这些属性也同时属于同一主体（因为同一个人既能行走，又能不行走，既知道善又知道非善）。但一个断定及其相反的形式却不能同时属于同一主体。因此，正如“不懂得善”与“懂得非善”不同一样，“是不善”与“不是善”也是不相同的。在一个可类推的系列中，如果一个对应项不同，则另一个对应项也不同。“是不相等”与“不是相等”也

不相同。因为“是不相等”有一个特定的主体，即不相等的东西，但后者则没有。因此，并非每个事物都要么是相等，要么是不等，但每个事物都要么是相等，要么是非相等。

再者，“木头不是白的”与“它不是白木头”这两个命题不能属于同一主体；因为如果木头不是白的，它们是木头，但不是白木头的东西却不必然是木头。因此，很显然，“它是非善”并不是对“它是善”的否定。对每个事物，要么对它的肯定是真实的，要么对它的否定是真实的。如果否定不是真实的，那么肯定必定在某种意义上是真实的。但每个肯定都有一个否定；所以，对所讨论的肯定的否定是“它不是不善”。

这些词项相互间的联系是这样的。让 A 表示“是善的”，B 表示“不是善的”，C 表示“是不善的”（它归属于 B），D 表示“不是不善的”（这归属于 A），则要么 A 要么 B 会属于一切事物，但它们永远不可能都属于同一个主体；要么 C 要么 D 会属于一切事物，但它们永远不可能属于同一个主体。B 也必定属于 C 所属于的一切事物。因为如果说“它是非白的”是真实的，那么说，“它不是白的”也是真的；但一个事物不可能同时是白又是非白。木头不可能同时是非白又是白。所以如果肯定不属于，则否定就属于。C 并不总是属于 B，根本不是木头的东西也不可能是白木头。反过来说，D 也属于一切 A 所属于的事物；要么是 C 要么是 D 必定属于；但它不可能同时是非白和白，所以 D 属于；因为说白的事物不是不白的，这是真实的。但 A 不可能述说所有D。因为说不是木头的东西是A，即它是白木头，这是不真实的。因而D是真实的。但A，即它是白木头，是不真实的。很显然，A、C也不能属于同一主体，而B和D则可以同时属于同一对象。

在这个排列中，短缺与肯定的联系是相同的。A表示“相等”，B表示“非相等”，C表示“不等”，D表示“非不等”。

在同一属性寓于其中某些部分但不属于另一些部分的复多主体中，否定亦能以同样的真实性断言于它们。并不是所有事物都是白的，或者并不是每个事物都是白的；但说每个事物是非白的或者一切事物都是非白的，那就是虚假的。同样，对“每个动物是白的”的否定不是“每个动物是非白”（因为两个命题都是假的），而是“并不是每个动物都是白的”。“它是非白的”与“它不是白的”这两句话在意义上显然是有差别的。一个是肯定的，一个是否定的，所以很显然，证明的方法在两种情况中是不相同的。例如，要证明“每个动物不是白的”或“可能不是白的”，以及“说它是非白的”是真实的；这就是“是非白”的意义所在。但我们可以用同样方式证明“说它是白的或非白的”是真实的。这两种情况都是根据第一格而证实的，因为“它是真的”与“它是”是相同层次的；对“说它是白是真的”的否定不是“说它是非白是真的”，而是“说它是非白是不真的”，如果说任何人要么是有文化的，要么是没有文化的，这是真实的，那就要设定任何动物要么是有文化的，要么是没有文化的，证明就完成了。“任何人都没有文化”通过已经描绘过的三个格而得到否证。

一般而言，当A和B如此联系时，它们不可能同时属于同一主体，但其中有一个必定属于每个事物；当C和D
52b 具有同样的联系，A伴随C而出现，并且不能转换时，那么，D伴随B而出现并且这种联系也不是可转换的。A和D可能属于同一主体，但B和C不能。

首先，D伴随B出现，这从下面的证明中可以清楚地看到。因为在C和D中有一个必然属于每一个事物，C不可能属于B所属于的事物，因为C包含着A，A和B不能同时都属于同一主体。所以，很显然，D将伴随B出现。再者，C与A的联系不能转换，要么C要么D属于一切事物。所以A和D可以属于同一对象。但是B和C则不可能，因为A为C所包含，由此便产生了一个不可能的结果。B与D的联系显然也是不能转换的，因为D和A可能同时属于同一主体。

有时，在这样的词项排列中，我们也会发生错误，因为我们没有正确地选择某一个必定属于每个事物的相反者。例如，如果A和B不能同时属于同一主体；但一个不属于，另一个则必然属于。再者，C和D具有相同的联系；A属于C所属于的一切事物。因此可以推出，D属于B所必然属于的事物。但这是假的。设定F是A和B的否定，G是C和D的否定，则要么A要么F必定属于每一事物。因为肯定和否定也必定这样属于。再者，C或G必定如此属于，因为它们是肯定和否定。根据假设，A属于C所属于的一切，因而G属于F所属于的一切事物。再者，F和B中有一个属于一切事物，G和D也是如此，由于G伴随F而出现，所以B也伴随D而出现。我们已经知道这一点①。所以，如果A伴随C而出现，则B也是D的一个结果。但这是虚假的，因为在如此构成的词项中，可获得相反的结果联系。原因在于，A或F属于一切事物可能不是必然的。F或B也不必然如此，因为F不是A的否定。善的否定是非善；非善既不与善等同，也不与非善等同。同样的论断也适用于C和D。在这两种情况下，两种否定已被确定。

① 见52^b4—13。

第　二　卷

52b38 **【1】** 我们已经解释清楚，三段论有多少个格，它由以
产生的前提的性质和数量以及决定它的条件；再者，当一个
53a 人要反驳或确立一个命题时必须考虑什么样的属性，怎么样
用每种给定的探讨方法开始研究所给予的任务；还有，我们
可以通过什么途径获得适合于每种情况的本原。

有些三段论是全称的，有些三段论是特称的。全称三段论总可以得出多个推论；肯定的特称三段论可以得出多个推论，但否定的特称三段论则仅能得出一个结论。其他所有前提都可以换位，而特称否定判断则不行；结论就是陈述某个主项的属性。因此，所有其他三段论都可以推出多个结论，例如，如果A已被证明属于所有或某个B，B必定也属于某个A；如果A不属于任何B，那么，B也不属于任何A（这个结论是与前者不相同的）①。但是，如果A不属于有些B，却不能推出B也不属于有些A，因为它可能属

① 因为主项与谓项的关系颠倒了。

于所有 A。

这一原因对所有三段论都是共同的，无论它们是全称的还是特称的；关于全称三段论也可以作出另外的解释。同一三段论适用于一切从属于中词或结论的词项，如果这些词项被放在中词的位置上和在结论中的话，例如，如果 AB 是通过 C 而达到的结论，那么 A 必定述说一切从属于 B 或 C 的词项。因为如果 D 整个被包含在 B 之中，B 整个被包含在 A 之中，则 D 也被包含在 A 之中。再者，如果 E 整个被包含在 C 之中，C 整个被包含在 A 之中，那么 E 也被包含在 A 之中。如果三段论是否定的，情况也相同。可是，在第二格中，推论只适用于从属于结论的词项。例如，如果 A 不属于任何 B，但属于所有 C，则结论是 B 不属于任何 C。然后，如果 D 从属于 C，那么很显然 B 不属于 D。它不属于从属于 A 的词项，这不是通过三段论证明的，尽管如果 E 从属于 A，B 就不属于 E。但是，B 不属于任何 C，是通过三段论证明的，而 B 不属于 A 却是未经证明而断定的。所以，并不是通过三段论推出，B 不属于 E。

对特称三段论而言，有关从属于结论的词项没有必然的推论（因为当这个前提被设定为是特称时，三段论不能产生），但是存在着一个对于从属于中词的一切词项都适用的推论，只是它不是通过三段论获得的；例如，如果我们断定 A 属于所有 B，B 属于某个 C。因为没有关于从属于 C 的词项的推论，但关于从属于 B 却有一个推论，只是不是通过

53^{b} 已确立的三段论而达到的。其他格的情况也相同[①]。不存在关于从属于结论的词项的推论，但存在关于从属于中词的推论，只是不是通过三段论获得的；正如在全称三段论中，从属于中词的词项是从一个未经证明的前提中获得证明一样。这样，要么原则在那种情况下不适用，要么它在这里又适用。

【2】 三段论所由得出的前提，可能两者皆真，可能两者皆假，也可能一个真，另一个假。结论也必然是真的或假的。从真实的前提中不能得出虚假的结论，但从虚假的前提中却可能得出一个真实的结论，只有当结论不是关于原因而是关于事实时才是真实的。从虚假的前提中不能推出关于原因的结论，其中理由待以后再予以解释[②]。

首先，从真实的前提中不可能得出一个虚假的结论，这通过下面的论证可以看得很清楚。如果当 A 存在时，B 必定存在，那么如果 B 不存在时，则 A 就必定不存在。因而，如果 A 是真实的，B 也必定是真实的；否则就会推出同一件事物同时既是又不是，而这是不可能的（不要以为因为 A 已经被设定为一个单一的词项，就可以从任何一个论断中得出一个必然的推断。因为这是不可能的，必然的推断是结

---

① 除 Baroco，Bocardo，及 Disamis 而外。

② 见 $57^{a}40$—$57^{b}17$。

论，而得出结论的最基本的条件是三个词项和两个相联系的前提)。如果A属于B所属于的一切事物，B属于C所属于的一切事物，都是真的，则A必然属于C所属于的一切事物，这不可能是假的；否则，同一属性将同时既属于又不属于。所以，尽管A被确定为是一个单一的词项，它也代表两个前提间的联系，否定三段论的情况也相同；因为不可能从真实的前提中证明一个虚假的结论。

从虚假的前提中可以得出一个真实的结论，不仅当两个前提都虚假时可以，而且只有一个前提虚假时也可以。但不是哪一个虚假都无所谓，而只能是第二个为虚假，即如果它在其中被断定的形式中整个是假的；否则，虚假可能属于任何一个前提。

让A属于C的全部，但不属于任何B，让B不属于任何C，这是可能的。例如：动物不属于任何石头，石头不属于任何人。然后，如果设定A属于所有B，B属于所有C，则A也属于所有C，这样从两个虚假的前提中得出的结论就是真实的(因为每个人都是动物)。否定三段论的情况也相同，因为A和B都可能不属于任何C，但是A可能属于所有B，例如，设定与上述相同的词项，以“人”作为中词，动物、人都不属于任何石头，但动物属于每个人。如果设定属于一切的不属于任何一个，不属于任何一个的属于一切，虽然两个前提都是假的，但从它们中得出的结论都是真实的。如果设定两个前提部分是假的，则会获得同样的证明。

如果设定只有一个前提是虚假的，当第一个前提（如AB）整个是虚假的时，结论就不是真实的。但当BC整个是虚假的时，结论可能是真实的。我所说的“整个虚假”是指相反的论断，即设定不属于任何一个的属于一切，或属于一切的不属于任何一个。让A不属于任何B，让B属于所有C，如果我设定的前提BC是真实的，前提AB整个是虚假的，即A属于所有B，则结论不可能是真实的。因为根据假设，A不属于任何C，如果A不属于B所属的一切，B属于所有C。同样，如果A属于所有B，B属于所有C，已经设定前提BC是真实的，AB整个是虚假的，即A不属于B所属于的一切事物，则结论是虚假的；如果A属于B所属于的任何事物，B属于一切C，则A属于所有C。很显然，当第一个前提（无论它是肯定的还是否定的）被设定为是整个虚假的，另一个前提是真实的时，则从中得出的结论不是真实的。但如果所设定的前提不是整个虚假时，则结论是真实的。让A属于所有C，属于某个B，B属于所有C，例如，动物属于每只天鹅，属于某个白的东西，白的属于每只天鹅，如果假定A属于所有B，B属于所有C，则A将属于所有C，这是真实的。因为每只天鹅都是一个动物。假如AB是否定的，则情况也同样；因为A可能属于某个B，但不属于任何C，B属于所有C，例如，动物属于某种白的东西，但不属于任何雪，但白的东西属于所有雪。假定如果A

不属于任何 B，B 属于所有 C，则 A 不属于任何 C，但如果前提 AB 被假定为整个是真的，BC 整个是假的，则三段论是真实的。因为没有什么阻止 A 属于所有 B，属于所有 C，而 B 不属于任何 C，正如同一个种之所有的属不互相从属一样，因为动物既属于马，也属于人，而马不属于任何人。因此，如果假定 A 属于所有 B，B 属于所有 C，则结论就是真实的，尽管前提 BC 是整个虚假的。

当前提 AB 是否定的时，情况亦相同。因为 A 可能不属于任何 B，也不属于任何 C，B 也不属于任何 C，正如一个种不属于另一个种的属一样。动物既不属于音乐，也不属 54b 于医学，音乐也不属于医学。所以，如果假定 A 不属于任何 B，B 属于所有 C，则结论就是真实的。

如果前提 BC 并不是整个而只是部分地虚假，则结论也会是真实的。没有什么阻止 A 属于所有 B，属于所有 C，而 B 只属于某个 C。例如，种既属于属，也属于属差，动物属于每个人，属于所有在陆地上行走的东西，但人只属于某种而不是所有在陆地上行走的东西。所以，如果假定 A 属于所有 B，B 属于所有 C，则 A 属于所有 C，它是真实的。

如果前提 AB 是否定的，则情况亦同样。A 可能不属于任何 B，不属于任何 C，但 B 可能属于某个 C，譬如说，一个种不属于另一个种的属与属差，动物既不属于实践智慧[①]，也不属于理论智慧[②]，而实践智慧属于某种有理论智慧的东西。所以，假定 A 不属于任何 B，B 属于所有 C，则 A 不属于任何 C，这是真实的。

至于特称三段论，当大前提整个是虚假的，另一个前提是真实的时，结论是真实的。当大前提部分虚假，另一个是真实时，结论是真实的。当大前提真实，另一个部分虚假的时，结论是真实的，当两个前提都是虚假的时，结论也是真实的。因为，（1）没有什么阻止 A 不属于任何 B，但属于某个 C，而 B 属于某个 C。例如，动物不属于任何雪，但属于某种白的东西，雪属于某种白的东西。如果规定“雪”是中词，“动物”是大词，假定 A 属于整个 B，B 属于某个 C，AB 整个是虚假的，但 BC 是真实的，则结论是真实的。当前提 AB 是否定的时，情况也同样。因为 A 可能属于整个 B，不属于有些 C，但 B 属于有些 C。例如，“动物”属于每个人，但不是某些“白的东西”的一个后件，人属于某种白的东西，所以，如果规定“人”是中词，假定 A 不属于任何 B，B 属于某个 C，那么尽管前提 AB 整个是虚假的，结论也是真实的。

（2）当前提 AB 是部分虚假时，结论也是真实的。没有

① phronesis。

② theoretikes。

什么阻止 A 属于某个 B，属于某个 C，而 B 属于某个 C。例如动物属于某种美的东西，属于某种大的东西，美的东西属于某种大的东西，因而，如果假定 A 属于所有 B，B 属于某 55a 种 C，前提 AB 是部分虚假的，但 BC 是真实的，那么，结论是真实的。如果前提 AB 是否定的，情况也相同，可用同样的词项及它们同样的联系加以证明。

(3) 再者，如果 AB 是真实的，BC 是虚假的，则结论是真实的。没有什么阻止 A 属于整个 B，属于某个 C，而 B 不属于任何 C。例如，动物属于每一只天鹅，属于某种黑的东西，天鹅不属于任何黑的东西，所以，假如 A 属于所有 B，属于某种 C，那么结论就会是真实的，尽管 BC 是虚假的。

如果前提 AB 是否定的，则情况也相同。因为 AB 可能不属于任何 B，不属于某个 C，而 B 不属于任何 C。譬如说，一个种不属于另一个种的属，不属于它自己的属的某种偶性，因为动物不属于任何数，不属于某种白的东西，数不属于白的东西。因此，如果设定“数”是中词，A 不属于任何 B，B 属于某个 C，则 A 也不属于某个 C，而我们已经知道这是真实的。前提 AB 是真实的，BC 是虚假的。

(4) 如果 AB 是部分虚假的，BC 也是虚假的，则结论也可能是真实的。没有什么阻止 A 属于某个 B，属于某个 C，而 B 不属于任何 C。例如，如果 B 与 C 相对反，而它们都是同一个种的偶性，因为动物属于某种白的东西、某种黑的东西，白的东西不属于任何黑的东西。因而，如果设定，A 属于所有 B，B 属于某种 C，则结论是真实的。如果规定前提 AB 是否定的，则情况亦相同。可以用同样的词项以及相同的词项联系加以证明。

当两个前提都是虚假的时候，结论也可能是真实的。因为 A 可能不属于任何 B，但属于某种 C，而 B 不属于任何 C。例如，一个种不属于另一个种的属，但属于它自己的属的偶性，因为动物不属于任何数，但属于某种白的东西，数不属于任何白的东西。这样，如果设定 A 属于所有 B，B 属于有些 C，则结论也是真实的，尽管两个前提是虚假的。

当 AB 是否定的时，情况亦同样。没有什么阻止 A 属于整个 B，但不属于某个 C，而 B 不属于任何 C。例如动物属于所有天鹅，但不属于某种黑的东西，天鹅不属于所有黑的东西。所以，如果设定 A 不属于任何 B，B 属于某个 C，
55b 则 A 不属于某个 C，尽管两个前提是虚假的，结论却是真实的。

【3】 在中间格中，真实的结论能从虚假前提的各种结合中推出：(1) 设定两个前提整个是虚假的（每个都是部分虚假的）；(2) 设定一个前提是真实的，另一个前提整个是虚假的，哪一个虚假可以任意规定；(3) 如果两个前提都是部分虚假的；(4) 如果一个是绝对真实的，另一个是部分虚假的；如果一个是整个虚假的，另一个是部分真实的，无论

是在全称三段论还是在特称三段论中。

（1）如果A不属于任何B，但属于所有C，例如动物不属于任何石头，但属于所有马。如果规定前提的意义相反，A属于所有B，但不属于任何C，尽管前提整个是虚假的，从它们中得出的结论也可能是真实的。如果A属于所有B，但不属于任何C，情况亦相同，因为三段论是相同的。

（2）如若一个前提整个是虚假的，另一个前提整个是真实的，情况也是这样。因为没有什么阻止A能属于整个B和整个C，而B不属于任何C。例如，一个种属于不互相归属的属，因为动物属于每匹马，以及每个人，但人不是马。这样，如果设定动物属于一类事物的全体，而不属于另一类事物的全体，一个前提是整个真实的，另一个前提是整个虚假的，则结论就会是真实的，无论哪个前提是否定的。

（3）如果一个前提是部分虚假的，另一个前提是整个真实的，情况亦然。A可能属于某个B，属于所有C，而B不属于任何C。例如，动物属于某种白的东西，属于每只乌鸦，白的东西不属于任何乌鸦。因而如果设定A不属于任何B，但属于C的全体，前提AB是部分虚假的，AC是全部真实的，则结论是真实的。如果调换为否定前提，则情况也相同。因为证明是通过相同的词项产生的。如果肯定前提是部分虚假的，否定前提是全部真实的，情况也是如此。因为没有什么阻止A属于某个B，不属于所有C，而B不属于任何 C。例如，动物属于某种白的东西，但不属于任何黑漆，白的东西不属于任何黑漆。所以，如果设定 A 属于 B 的全体，但不属于任何 C，AB 是部分虚假的，AC 是整个真实的，则结论也是真实的。

56a （4）如果两个前提都是部分虚假的，则结论也可能是真实的。A 可能属于某个 B，属于某个 C，而 B 不属于任何 C，例如，动物属于某种白的东西、某种黑的东西，但白的东西不属于任何黑的东西。因而如果设定 A 属于所有 B，但不属于任何 C，则两个前提都是部分虚假的，但结论是真实的。如果调换为否定前提，情况也相同。证明可以通过相同的词项进行。

显然，同样的道理也适用于特称三段论，因为没有什么阻止 A 属于所有 B，属于某个 C,而 B 不属于任何 C。例如，动物属于每个人，属于某种白的东西，但人不属于某种白的东西。因而如果规定 A 不属于任何 B，但属于某个 C，则全称前提是整个虚假的，但特称前提是真实的，结论也是真实的。

如果前提 AB 被假定是肯定的，情况也相同。因为 A 可能不属于任何 B，不属于某个 C，B 不属于某个 C。例如，动物不属于任何无生命的东西，不属于某种白的东西，并且，无生命的东西不属于某种白的东西。因而如果规定 A 属于所有 B，不属于某个 C，则全称前提 AB 将整个是虚假的，但 AC 却是真实的，结论也是真实的。

如果全称前提是真实的，特称前提是虚假的，情况也一样。因为没有什么阻止 A 不是任何 B 或 C 的一个后件，而 B 不属于某个 C。例如，动物不属于任何数或无生命的事物，“数”不是某个“无生命的事物”的后件。因而如果假定 A 不属于任何 B，但属于某个 C，则结论是真实的，因为全称前提是真实的，尽管特称前提是虚假的。

如果全称前提被假定是肯定的，情况也相同。因为 A 可能既属于全部 B，也属于全部 C，但 B 不可能是某个 C 的后件。例如，一个种属于属及属差，因为动物属于每个人，属于一切在陆上行走的东西，但人不属于一切在陆上行走的东西。所以，如果设定 A 属于 B 的全体，却不属于某个 C，则全称前提是真实的，特称前提是虚假的，但结论却是真实的。

很显然，从两个虚假前提中可能得出真实的结论，因为 A 可能既属于 B 的全体，也属于 C 的全体，但是 B 不是有些 C 的一个后件。因为如果设定 A 不属于任何 B，但属于有些 C，则两个前提都是虚假的，而结论是真实的。

如果全称前提是肯定的，特称前提是否定的，情况也同样。因为 A 可能不是任何 B 的一个后件，但却是所有 C 的一个后件，B 可能不属于某个 C。例如，“动物”不是“知
识”的后件，但却是一切“人”的后件，“知识”不是一切 56b
“人”的后件。因而，如果设定 A 属于 B 的全体，但不是某个 C 的一个后件，则前提是虚假的，而结论是真实的。

【4】 在最后格中，也可能通过虚假前提达到一个真实的结论：(1) 当两个前提是整个虚假时；(2) 当每个前提都是部分虚假时；(3) 当一个前提整个真实，另一个前提整个虚假时；(4) 当一个前提部分虚假，另一个前提是整个真实时；反之亦然。其他一切可能的前提结合也可以。

(1) 没有什么阻止 A 属于有些 B，尽管 A 和 B 都不属于任何 C。例如“人”或“在陆上行走的东西”都不是“无生命的事物”的后件，但人属于某种在陆上行走的东西。因而，如果设定 A 和 B 属于所有 C，前提就整个是虚假的，但结论却是真实的。如果一个前提是否定的，另一个前提是肯定的，情况亦相同。因为 B 可能不属于任何 C，A 可能属于所有 C，A 可能不属于有些 B。例如，黑的东西不属于任何天鹅，动物属于每只天鹅，动物不属于所有黑的东西。所以，如果设定 B 属于所有 C，A 不属于任何 C，则 A 就不属于某个 B，尽管前提是虚假的，结论却是真实的。

(2) 如果每个前提都是部分虚假的，结论也可能是真实的。没有什么阻止 A 和 B 属于有些 C，而 A 属于有些 B。例如，“白的”和“黑的”属于某种动物，白的东西属于某种美的东西。因而，如果规定 A 和 B 都属于所有 C，前提就是部分虚假的，但结论却是真实的。如果规定 AC 是否定的，情况也相同。因为没有什么阻止 A 不属于某个 C，B 属于某个 C，A 不属于所有 B。例如，白的不属于某种动物，美的属于某种动物，白的不属于每个美的事物。所以，如果设定 A 不属于任何 C，B 属于所有 C，两个前提都是部分虚假的，但结论是真实的。

（3）如果一个前提是整个虚假的，另一个前提是整个真实的，情况亦然。A 和 B 两者都可能是所有 C 的后件，但是 A 可能不属于有些 B。例如，“动物”和“白的”是一切“天鹅”的后件，但动物不属于任何白的事物。规定了这些词项后，如果设定 B 属于所有 C，但 A 不属于所有 C，BC 是整个真实的，AC 是整个虚假的，但结论却是真实的。如果 BC 是虚假的，AC 是真实的，情况亦相同。同样的词项黑的——天鹅——无生命的事物，可用于证明。如果设定两 57a 个前提都是肯定的，结果也必定如此。因为没有什么阻止 B 是所有 C 的后件，A 不属于所有 C，A 不属于某个 B。例如，动物属于所有天鹅，黑的不属于任何天鹅，黑的属于某种动物。所以，如果设定 A 和 B 都属于所有 C，BC 是整个真实的，AC 是整个虚假的，结论是真实的。如果设定前提 AC 是真实的，情况也相同。可以通过相同的词项得到证明。

（4）再者，当一个前提整个是真实的，另一个前提是部分虚假的时，情况还是一样的。B 可能属于所有 C，A 属于某个 C，A 属于某个 B，例如，“双足的”属于所有人，但“美的”不属于所有人，“美的”属于某种“双足的”。因此，如果设定 A 和 B 都属于 C 的全部，BC 是整个真实的，AC

是部分虚假的，但结论是真实的。如果所设定的前提 AC 是真实的，BC 是部分虚假的，情况也相同；将同样的词项重新排列就可以得到证明。如果一个前提是否定的，另一个前提是肯定的，情况亦然。B 属于 C 的全体，A 属于某个 C，这都是可能的。当词项处于这样的联系中时，A 不属于所有 B，如果设定 B 属于 C 的全体，A 不属于任何 C，则否定前提部分是虚假的，另一个是整个真实的，结论也是真实的。再者，已经证明[①]，当 A 不属于任何 C，B 属于有些 C 时，A 不属于有些 B 是可能的。显然，当 AC 是整个真实的，BC 是部分虚假的时，结论仍然可能是真实的。因为如果设定 A 不属于任何 C，B 属于所有 C，则 AC 是整个真实的，BC 是部分虚假的。

在特称三段论中，显然在任何条件下都可能通过虚假前提获得一个真实的结论。因为所设定的词项必定与当前提是全称的时所设定的词项相同。在肯定三段论中是肯定词项，在否定三段论中是否定词项。无论我们设定不属于任何一个的属于所有，还是设定属于某个的属于全体，这对于词项的规定是无所谓的。在否定三段论中，情况也同样。

很显然，当结论是虚假的时，则论证的根据必定要么全部、要么部分是虚假的；但结论是真实的时，论证的根据并不必然全部或部分是真实的，即使三段论没有一部分是真实

① 见 54^a1。

57b

的，结论也可能是真实的，尽管它不是必然可以推出。理由在于，当两件事物相互联系，第一件存在，第二件也必然存在时，那么，当第二件不存在时，第一件也必然不存在；但当第二件存在时，第一件不必然存在。因为无论同样的决定因素属于还是不属于，同一事物都必然存在，这是不可能的。我的意思是说，例如，无论 A 是白的还是不白的，B 必定是大的，这是不可能的。因为当这个特殊的事物 A 是白的时，这个事物 B 必定是大的，并且如果 B 是大的，则 C 不可能是白的，那么如果 A 是白的，C 便不可能是白的。当两件事物中前者存在时，后者必定存在，如果后者不存在，则前者 A 不能存在。因而当 B 不是大的时，A 不可能是白的，但如果当 A 不是白的时，B 必定是大的，那就必然可以推出，当 B 不是大的时，B 自身是大的，但这是不可能的。因为 B 如果不是大的，A 就必然不是白的。因而，如果当 A 不是白的时，B 是大的，那就可以推出，如果 B 不是大的时，它是大的，正如证明是通过三个词项获得的一样①。

【5】 循环或交互证明就是通过结论，通过一个前提的简单换位，来证明另一个在原来的三段论中设定的前提。例如，假如要求证明 A 属于所有 C，这途径是通过 B 来证明，

---

① 见 34a16—24。

然后又转而要求证明 A 属于 B。设定 A 属于 C，C 属于 B，所以 A 属于 B（在原来的三段论中设定了相反形式的命题：B 属于 C）；或者假如要求证明 B 属于 C，人们会说 A 是 C 的谓项，这是以前的结论，并且 B 是 A 的谓项（而在原来的三段论中设定的命题形式与此相反：A 是 B 的谓项），交互证明在其他任何方式中都是不可能的。因为如果我们设定一个不同的中项，则证明不是循环的（因为没有相同的命题被设定）；如果我们要设定它们，则必定只有一个；如果两个都被设定，我们就得到了与以前相同的结论，而不是获得另一个。

因而，当转换不可能时，三段论由此产生的前提之一是不能被证明的；因为，从给定的词项中不可能证明小词属于中词或中词属于大词。但如果转换是可能的，即如果 A、B、C 可以互相转换，那么就能交互地证明一切事物。设 AC 通过中项 B 被证明，AB 通过结论以及前提 BC 的转换得到证明，BC 也用同样的方式，即通过结论和前提 AB 的转换被证明。可是，我们必须证明前提 CB 和 BA，因为这些是我们使用过的前提中仅剩的尚未被证明的前提。如果设定 B 属于所有 C，C 属于所有 A，我们就能得出一个关于 B 与 A 的联系的三段论。再者，如果设定 C 属于所有 A，A 属于所有 B，则 C 必定属于所有 B。在这两个三段论中，前提 CA 都是断定的，而没有经过证明（其他前提已经被证明了），因此，如果我们证明了它，那么它们就都能交互地得到证明。如果设定C属于所有B，B属于所有A，这两个所设定的前提都已被证明，则C必定属于所有A。

因此，很显然，只有当换位可能时，循环的交互的证明才可能产生；在其他三段论中，它们的使用情况一如上述。在它们之中也会出现用有待于证明的东西来进行证明的情况，我们通过设定C述说A证明C述说B、B述说A，我们又通过这些前提证明C述说A。所以，我们是使用了结论来进行证明。

在否定三段论中，交互证明是这样产生的。让B属于所有C，A不属于任何B，结论是，A不属于任何C。如果反过来要求确立以前所设定的A不属于任何B，则我们要有前提A不属于任何C，C属于所有B；这样，前提BC就颠倒了。另一方面，如果要求确立B属于C，则前提AB一定不能再像以前那样换位（因为前提“B不属于任何A”与“A不属于任何B”是相同的）；但我们必须设定B属于A所不属于其任何部分的事物的全体。让A不属于任何C（它是以前的结论），设定B属于A所不属于其任何部分的事物的全体，则B必定属于所有C。

这样，在三个命题中，每一个都变成了结论，这就是循环证明，即设定结论以及一个前提的换位，由此推论出余下的前提。

在特称三段论中，全称前提不能通过其他前提得到证明，但特称前提却可以。全称前提不可能被证明是很显然

的。因为全称前提是通过全称前提证明的，但结论不是全称的。而我们必须从结论及另一个前提中得出证明（此外，如
58^{b} 果前提可以互换，则根本不会有三段论产生，因为两个前提都变成了特称的）。但特称前提是可以证明的。设定通过 B 证明 A 述说于有些 C。如果设定 B 属于所有 A，结论不变，则 B 属于有些 C，因为这是第一格，中词是 A。

如果三段论是否定的，则全称前提不可能被证明，原因如同上述。但特称前提是可以证明的。如果 AB 可以像在全称三段论中那样转换，即 B 属于 A 不属于其有些部分的事物的有些部分①，否则，就不能产生三段论，因为特称前提是否定的。

【6】 在第二格中，肯定命题不能以这种方式证明，但否定命题却可以。肯定命题不能被证明，因为两个前提并不都是肯定的，结论是否定的，而肯定命题只能为两个都是肯定的前提所证明。否定命题可作如下证明。让 A 属于所有 B，但不属于任何 C，结论是 B 不属于任何 C。那么，如果设定 B 属于所有的 A，不属于任何 C，则 A 必定不属于任何 C，因为这是第二格（中词是 B）。如果设定 AB 是否定的，另一个前提是肯定的，那么这就是第一格。因为 C 属于所有 A，B 不属于任何 C，所以 B 不属于任何 A，因而 A 不属

① 见 $58^{a}29$。

于任何 B。这样，根据结论和一个前提，三段论不能成立。但如果再设定一个前提，则三段论就可以成立。

如果三段论不是全称的，则全称前提不能被证明（原因如同上述[①]），但当全称陈述是肯定的时，特称前提可被证明。让 A 属于所有 B，但不属于所有 C，结论是 BC。那么，如果设定 B 属于所有 A，但不属于所有 C，则 A 不属于某个 C（中词是 B)。但是，如果全称前提是否定的，前提 AC 不可能通过 AB 的换位得到证明，因为由此可推出，要么一个，要么两个前提变成了否定的，所以三段论不能成立。但可以用在全称三段论中所使用的相同方法来证明它，即设定 A 属于某种 B 不属于的东西[②]。

【7】 在第三格中，如果设定两个前提都是全称的，则交互证明不可能，因为全称命题只能通过全称前提得到证明。在这个格中，结论总是特称的；所以很显然，全称前提根本不可能在这个格中得到证明。但是，如果一个前提是全称的，另一个前提是特称的，则交互证明有时可能，有时不可能。当我们设定两个前提都是肯定的，小前提是全称的时，是可能的，当另一个前提是全称的时，则不可能。让 A 属于所有 C，B 属于某个 C，结论是 AB。那么，如果设定 C

---

① 见 58^a36 以下。

② 见 58^a29，58^b9。

属于所有A，就可以证明C属于某个B，但不能证明B属于某个C。同样必然的是，如果C属于某个B，B必定也属于某个C，但“x属于y”并不与“y属于x”相同；我们必须进一步设定，如果x属于某个y，则y也属于某个x。如果我们设定了这一点，则三段论就不再是从结论及另一个前提中产生的。如果B属于所有C，A属于某个C，则在设定C属于所有B，A属于某个B之后，前提AC就能得到证明。因为如果C属于所有B，A属于某个B，A就必定属于某个C，B是中词。

当一个前提是肯定的，另一个前提是否定的，肯定前提是全称的时，另一个前提就能得到证明。让B属于所有C，A不属于某个C，结论是，A不属于某个B。所以，如果进一步断定C属于所有B，则必然可以推出A不属于某个C，中词是B。但当否定前提是全称的时，另一个前提便不能得到证明。除非像在前一个例子中那样[①]，设定当一个词项不属于某个事物，另一个词项却属于另个事物。例如，如果设定A不属于任何C，B属于某个C，结论是A不属于某个B。所以，如果设定C属于某种A所不属于的事物，则C必然属于某个B。不可能用将全称前提换位的方法证明另一个前提，因为无论何种情况，三段论都不成立。

因此，很显然，在第一格中，交互证明既通过第三格也

---

① 见 58^a29；58^b9，37。

通过第一格而产生。当结论是肯定的时用第一格，当结论是否定的时用第三格；因为已经设定，如果一个词项不属于某事物的任何一个，则另一个词项属于那个事物的全体。在中间格中，当三段论是全称的时，交互证明无论是通过这个格自身还是通过第一格都是可能的；当它是特称的时，则既可以借助这个格，也可以借助最后格；在第三格中，一切证明都只能通过这个格自身。很显然，在第三格以及在中间格中，不通过这些格自身而产生的三段论，要么不能根据循环论证证明，要么是不完善的。

【8】 转换一个三段论即是将结论倒转，这样构成一个 59b
要么大项不属于中项，要么中项不属于小项的三段论。因为如果结论被转换，一个前提仍与以前一样，那么剩下的前提必定是无效的。如果它是有效的，则结论也必定是有效的。我们把结论转换成相矛盾的还是相反对的，这是有差异的；因为转换的方式不同，所产生的三段论也不相同。这从下面的解释中将会看得很清楚（“属于所有”的矛盾面是“不属于所有”，“属于某个”的矛盾面是“不属于任何一个”，而“属于所有”的反对面是“不属于任何一个”，“属于某个”的反对面是“不属于某个”）①。

让我们假定，A 述说所有 C，已经通过中词 B 证明。设

① 见《解释篇》，17b16 以下。

定A不属于任何C，但属于所有B，则B不属于任何C。如果A不属于任何C，但B属于所有C，则A不属于所有B，但根本不能推论出它不属于任何B，因为以前说过[①]，全称命题不可能为最后格所证明。一般说来，不可能通过换位使全称的大前提无效，原因在于，反驳总是通过第三格；因为我们必须设定两个前提与小词相联系。

如果三段论是否定的，同样的道理也适用。假如A不属于任何C已经通过中项B得到证明，因此，如果设定A属于所有C，但不属于任何B，则B也不会属于任何C；如果A和B属于所有C，则A属于某个B，但根据假设它不属于任何B。

但是，如果结论是在相互矛盾的意义上被换位，则三段论也是矛盾的，不是全称的；因为前提中有一个特称，则结论也是特称的。假定三段论是肯定的并且在刚才所说的意义上被换位，因此，如果A不属于所有C，但属于所有B，则B不属于所有C。如果A不属于所有C，但B属于，则A不属于所有B。如果三段论是否定的，情况也相同。因为如果A属于某个C，但不属于任何B，则B不属于某个C，但不是绝对不属于任何一个。如果A属于某个C，B属于所有C，正像原来所假定的那样，则A属于某个B。

在特称三段论中，（1）当结论在矛盾的意义上被换位

① 见29^a16。

时，两个前提都是可反驳的；（2）当它在相反的意义上被换位时，两个前提都是不可反驳的。因为结果不再像在全称三段论中那样是一种反驳，即经过转换后所达到的结论缺少普遍性；相反，根本就没有反驳。（1）假定已经证明 A 属于某个 C，因此，如果设定 A 不属于任何 C，但 B 属于某个 C，则 A 就不属于某个 B。并且如果 A 不属于任何 C，但属于所有 B，则 B 不属于任何 C。这样，两个前提都是可反驳的。（2）如果结论是在反对的意义上被转换，则没有一个前提是可反驳的。因为如果 A 不属于某个 C，但属于所有 B，则 B 不属于某个 C。但原来的假定尚未遭到反驳，因为可能属于某个，而不属于另一个。至于全称前提 AB，根本找不到可反驳它的三段论；因为如果 A 不属于某个 C，B 属于某个 C，则没有一个前提是全称的。如果三段论是否定的，情况也相同。因为如果设定 A 属于所有 C，两个前提都可反驳；但如果它属于某个 C，则没有一个前提可反驳，证明与以前相同。

【9】 在第二格中，不论换位在什么方式上进行，大前提也不能在相反对的意义上被反驳；因为结论总是通过第三格而获得的。而我们以前说过[①]，在这个格中没有全称的三段论。但是，另一个前提却可以在与换位相同的意义上被反

① 见 $29^{a}16$，$59^{b}15$。

驳（所谓“在相同的意义上”，我的意思是指，如果转换是相反对的，反驳也是在相反对的意义上；如果是矛盾的，则反驳也是在矛盾的意义上）。

让A属于所有B，但不属于任何C，结论是BC。如果设定B属于所有C，AB不变，则A将属于所有C，这样就产生了第一格。如果B属于所有C，A不属于任何C，则A不属于所有B，这是最后格。如果BC是在相反对的意义上被换位，则AB被证明的方式与以前相同，而AC则是在相矛盾的意义上被反驳的。因为如果B属于所有C，A不属于任何C，则A不属于有些B。再者，如果B属于有些C，A属于所有B，则A属于有些C，这样，相反意义的三段论便产生了。如果前提间处于相反对的关系，则证明也相同。

可是，如果三段论是特称的，当结论在相反对的意义上被转换时，则没有一个前提被反驳，正如在第一格中没有一个被反驳一样①，但当结论是在相矛盾的意义上被转换时，两个都被反驳。设定A不属于任何B，但属于某个C，结论是BC。那么，如果设定B属于某个C，AB不变，则结论是A不属于某个C。但原来的前提是不可反驳的，它可能既属于某个又不属于另一个。再者，如果B属于某个C，A
60^{b} 属于某个C，则三段论不能成立，因为没有一个断定是全称

① 见$59^{b}39$—$60^{a}1$，$60^{a}5$—14。

的。所以，AB 就不可反驳。但是，如果结论是在相矛盾的意义上被转换的，则两个前提都可反驳。因为如果 B 属于所有 C，A 不属于任何 B，则 A 不属于任何 C；而以前它却属于某个 C。再者，如果 B 属于某个 C，A 属于某个 C，则 A 属于某个 B。如果全称陈述是肯定的，则证明与以前相同。

【10】 在第三格中，当结论是在相反对的意义上被转换时，那么，在任何三段论中都没有一个前提可被反驳；但如果是在相矛盾的意义上被转换，则在一切三段论中两个前提都可被反驳。假如已经证明 A 属于某个 B，设定 C 是中词，所有前提都是全称的。因而如果设定 A 不属于某个 B，B 属于所有 C，则与 A 和 C 相联系的三段论便不会产生。如果 A 不属于某个 B，但属于所有 C，则没有与 B 和 C 相联系的三段论。如果前提不是全称的，也会有相同的证明。因为通过转换，要么两个前提都必然是特称的，要么小前提是全称的。我们以前说过①，在这些情况下，三段论在第一格以及在中间格中都不能成立。

但是，如果结论是在相矛盾的意义上被转换，则两个前提都可被反驳。因为如果 A 不属于任何 B，B 属于所有 C，则 A 不属于任何 C。再者，如果 A 不属于任何 B，但属于

① 见 $26^{a}17$—21，$27^{a}4$—12。

所有C，则B不属于任何C。如果另一个前提不是全称的，则同样的道理也适用。因为如果A不属于任何B，B属于某个C，则A不属于某个C。如果A不属于任何B，但属于所有C，则B不属于任何C。

如果三段论是否定的，情况亦相同。假如已经证明A不属于某个B，BC是肯定的，AC是否定的。我们以前说过①，三段论就是这样产生的。如果相反对的结论被设定，则三段论不能成立。因为如果A属于某个B，B属于所有C，那么就没有关于A和C的三段论，这是我们以前说过的②。如果A属于某个B，不属于任何C，则没有关于B和C的三段论，这也是我们以前说过的。这样，前提就都没有被反驳。但当相矛盾的结论被设定时，它们就被反驳了。因为如果A属于所有B，B属于C，则A也属于所有C；但根据设定，它不属于任何C。再者，如果A属于所有B，但不属于任何C，则B不属于任何C；但根据设定，它属于所有C。如果前提不是全称的，则也有相同的证明。因为AC变成既是全称的，又是否定的，另一个陈述变成特称的、肯定的。这样，如果A属于所有B，B属于某个C，那么就可以推论出，A属于某个C，但根据设定，它不属于
61^{a} 任何C。再者，如果A属于所有B，却不属于任何C，

① 见28^{b}1—4，28^{b}15—29^{a}10。

② 见26^{a}30—36。

则 B 不属于任何 C，可原来设定它属于某个 C。但是，如果 A 属于某个 B，B 属于某个 C，三段论就不能成立。如果 A 属于某个 B，但不属于任何 C，三段论也不能产生。因而在前一种情况下，前提都可被反驳，但在后一种情况下，它们都没有被反驳。

通过上述分析，我们明白了，当结论转换时，三段论在每个格中如何产生，在什么条件下结论与原前提相反对，在什么条件下与原前提相矛盾；在第一格中三段论是通过中间格和最后格产生的，小前提总是为中间格所反驳，大前提总是为最后格所反驳；在第二格中，三段论是通过第一格和最后格而产生的，小前提总是为第一格所反驳，大前提总是为最后格所反驳；在第三格中，三段论是通过第一格和中间格产生的，大前提总是为第一格所反驳，小前提总是为中间格所反驳。

【11】 什么是换位，它在每个格中如何进行，以及产生什么样的三段论，我们现在都清楚了。

当我们规定结论的矛盾命题并且设定一个附加的前提时，通过归谬法的三段论就被证明了。它在全部三个格中都可以产生，它与转换相似，但具有以下差别：我们是在三段论已经产生，两个前提皆已设定之后才转换的，相反，我们在使用归谬法时，相矛盾的命题并不是一开始被确认的，但它显然是真实的。但是，在两者之中，词项是相同的，两者的前提也是以相同方式被设定的。例如，如果 A 属于所有 B，C 是中词，如果我们规定 A 不属于所有 B 或者不属于任何 B，但属于所有 C（根据假设这是真实的），则 C 必定不属于任何 B，或者不属于所有 B。但这是不可能的。因而这一规定是虚假的，而其对立面是真实的。在其他格中情况也相同。因为一切能够转换的例证也能用归谬法加以推论。

在所有三个格中，一切其他命题都可以用归谬法证明，但全称肯定命题在中间格与第三格中可以证明，在第一格中却不能证明。假定 A 不属于所有 B，或者不属于任何 B，也设定另一个与任何一个词项相连的前提，要么 C 属于所有 A，要么 B 属于所有 D，这样，我们就得到了第一格。如果我们已经设定 A 不属于所有 B，则不管所设定的前提与哪
61b 一个词项相联系，三段论都不能成立。但如果我们已经设定 A 不属于任何 B，则（1）当 BD 被进一步设定时，尽管我们能推出一个虚假的结论，但所要证明之点却未能证明。因为如果 A 不属于任何 B，B 属于所有 D，则 A 不属于任何 D。假如这是不可能的，则 A 不属于任何 B 就是虚假的。但如果“A 不属于任何 B”是虚假的，则推不出“A 属于所有 B”是真实的。（2）如果进一步设定 CA，则三段论不能成立，正如当设定 A 不属于所有 B 时，三段论也不能成立一样。因此，很清楚，全称肯定命题在第一格中不能用归谬法证明。

全称否定命题以及特称命题（无论是肯定的，还是否定

的）都是可以证明的。假定A不属于任何B，B属于所有C或某个C，因此必然可以推出A不属于任何C或不属于所有C。但这是不可能的（因为A不属于所有C显然是真实的）。因而，如果它是虚假的，则A必定属于某个B。但如果设定另一个前提与A相联系，则三段论不能成立；当相反对的结论（即A不属于某个C）被规定时，三段论也不能成立。因此，很显然，我们必须规定相矛盾的结论。

再者，规定A属于某个B，设定C属于所有A，那么C必定属于某个B。设定这是不可能的，那么规定就是虚假的。但如果是这样，则A不属于任何B就是真实的。如果所设定的前提CA是否定的，情况也相同。如果与B相关的前提被设定，则三段论不能成立。但是，如果相反对的命题被设定，则三段论可以成立，并且是归谬法论证，但命题本身却没有得到证明。规定A属于所有B，设定C属于所有A，则C必定属于所有B。但这是不可能的。所以A属于所有B是虚假的。但是，如果它不属于所有B，从中并不必然可以推出它不属于任何B。如果设定另一个前提与B相关，情况也相同。因为三段论可以成立并且是归谬法论证，但假设则没有遭到反驳，因而我们必须设定相矛盾的结论。

为了证明A不属于所有B，我们必须规定它属于所有B。如果A属于所有B，C属于所有A，则C属于所有B；如果这是不可能的，则规定就是虚假的。如果设定另一个前提与B相联系，情况也相同。如果CA已被设定为是否定的，同样的论证也适用，因为三段论以这种方式也能产生。但如果否定命题与B相关，则没有证明。但是，如果规定A不属于所有B，而只属于某个B，那么它所证明的不是它不属于所有B，而是它不属于任何B。如果A属于
62a 某个B，C属于所有A，则C也属于某个B。如果这是不可能的，那么A属于某个B就是虚假的。因而它不属于任何B就是真实的。但由于这一证明，真理也被反驳了；因为根据以前的设定，A属于某个B，也不属于某个B。除此而外，从这个规定中不会产生不可能性。如果这样，则假说就会是假的，因为一个虚假的结论不能从真实的前提中产生。但实际上它是真实的，因为A属于某个B。因而我们必须假定，不是A属于某个B，而是它属于所有B。如果我们打算证明A不属于某个B，情况亦相同。因为如果"不属于某个"与"不属于全体"是相同的，则两者的证明也是相同的。

因此很显然，在所有三段论中，我们必须规定相矛盾的结论而不是相反对的结论，这样，我们就具有必然性。我们的观点可为一般所承认。如果一个既定谓项要么其肯定要么其否定对每个既定的主项是真实的，那么，如果证明了否定不是真实的，则肯定就必然是真实的。再者，如果"肯定是真实"站不住脚，则"否定是真实"的论点将为一般所承认。但相反对命题是真实的观点没有满足任何一个要求。因

为“如果它不属于任何”是假的，并不必然可以推出“它属于所有”是真的；一般也不承认一个是假的，则另一个就是真的。

【12】 因此，很显然，在第一格中，其他命题都可以用归谬法证明，但全称肯定命题却不能。即使在中间格和最后格中，这也可以证明。假定 A 不属于所有 B，设定 A 属于所有 C。因而，如果它不属于所有 B，但属于所有 C，则 C 不属于所有 B。但这是不可能的。假如 C 属于所有 B 是显然的，那么这一规定就是虚假的。因而 A 属于所有 B 是真实的。但如果我们规定相反对的命题，尽管三段论可以成立并且是归谬法证明的，命题也不能得到证明。因为如果 A 不属于任何 B，但属于所有 C，则 C 不属于任何 B。但这是不可能的；所以 A 不属于任何 B 是虚假的。但如果这是假的，则推不出 A 属于所有 B 是真实的。

当 A 属于有些 B 时，规定 A 不属于任何 B，但让它属于所有 C，则 C 必定不属于任何 B。这样，如果这是不可能的，A 必定属于有些 B。如果假设它不属于有些 B，那么我们会得到与在第一格中同样的结果。

再者，规定 A 属于某个 B，但让它不属于任何 C，则 C 必定不属于某个 B。但原来设定它属于所有 B，所以这一规定是虚假的，因而 A 不属于任何 B。

当 A 不属于所有 B 时，规定它属于所有 B，但不属于 62b

任何 C，则 C 必定不属于任何 B。但这是不可能的；所以 A 不属于所有 B 是真实的。因此，很显然，所有的三段论都能通过第二格而产生。

【13】 同样，它们也能通过最后格产生。假定 A 不属于某个 B，但属于所有 C，则 A 不属于某个 C。所以，如果这是不可能的，则 A 不属于某个 B 是假的，而它属于所有 B 是真的。但如果规定它不属于任何 B，尽管三段论可以成立，并且是归谬法证明，命题也没有得到证明。如果规定相反对的命题，我们可得到与以前相同的结论[①]。我们必须选择可用来证明 A 属于有些 B 的假设，因为如果 A 不属于任何 B，C 属于某个 B，则 A 不属于所有 C。如果这是虚假的，A 属于有些 B 就是真实的。

当 A 不属于任何 B 时，规定它属于某个 B，设定 C 也属于所有 B，则 A 必定属于某个 C。但根据原来的设定，它不属于任何 C，所以 A 不属于某个 B 是虚假的。如果规定 A 属于所有 B，则命题没有得到证明；这个假设必然被选来证明 A 不属于所有 B。因为如果 A 属于所有 B，C 属于某个 B，则 A 属于某个 C，但它原来不是这样的。所以 A 属于所有 B 是虚假的；如果是这样，则它不属于所有 B 是真实的。但如果规定它属于某个 B，则结果与我们已经讨论过的

① 见 $62^{a}28$ 以下。

一样①。

很显然，在一切归谬法三段论中，必须规定相矛盾的命题。同样明显的是，在一种意义上，肯定命题可在中间格中得到证明，全称命题可在最后格中得到证明。

【14】 归谬法证明与直接证明不同：归谬法先规定它所要反驳的命题，然后用它推出一个公认的谬误；相反，直接证明则一开始就提出公认的命题。两者都设定了两个公认的前提，但直接证明设定三段论所由推出的前提，归谬法设定一个三段论的前提，一个与结论相矛盾的命题。在直接证明中，结论不需要是已知的，也不需要预先设定它的真和假；但归谬法必须假定它预先不是真的。但是，结论是否定的还是肯定的则无关紧要，在这两种证明中，程序是相同的。

通过相同的词项，每个可用直接证明法建立的命题也可用归谬法加以证明，反之亦然。当三段论在第一格中产生时，中间格或最后格也能找到真理。在中间格中是否定的，在最后格中是肯定的。当三段论是在中间格产生时，则在第一格中也能出现真理，并且与一切命题相关。当三段论在最后格中产生时，在第一格和中间格中都能找到真理，在第一格中是肯定的，在中间格中是否定的。

---

① 见61b39。

假如通过第一格已经证明，A 不属于任何 B，或者不属于所有 B。则假设是 A 属于某个 B，C 被设定属于所有 A 但不属于任何 B，三段论和归谬法论证就是这样产生的。但是，如果 C 属于所有 A，不属于任何 B，那么它是中间格；从这些前提中显然可以推出，A 不属于任何 B。

如果已经证明 A 不属于所有 B，情况也相同。假设它属于所有 B，以前已设定 C 属于所有 A 但不属于所有 B，如果设定 CA 是否定的，则同样的道理也适用。因为在这种情况下，我们也会得到中间格。

再者，假如 A 属于某个 B 已被证明。那么假设它不属于任何 B，以前已设定 B 属于所有 C，A 属于所有或某个 C，归谬法证明以这种方式就能得出结果。如果 A 和 B 都属于某个 C，那么这就是最后格；从这些前提中显然可以推出 A 必定属于某个 B。如果设定 B 或 A 属于某个 C，则情况也相同。

再者，在第二格中，假定已经证明 A 属于所有 B。那么假设 A 不属于所有 B，并且断定 A 属于所有 C，C 属于所有 B，归谬法证明以这种方式就能得到结果。当 A 属于所有 C，C 属于所有 B 时，这是第一格。如果 A 已经被证明属于某个 B，则情况也相同。假设 A 不属于任何 B，断定 A 属于所有 C，C 属于有些 B。如果三段论是否定的，假定 A 属于某个 B，断定 A 不属于任何 C，C 属于所有 B，这样我们就获得了第一格。如果三段论不是全称的，但已经证明 A

不属于某个B，则同样的道理也适用；因为假设A属于所有B，断定A不属于任何C，C属于某个B，这样我们就得到了第一格。

再者，在第三格中，假如A属于所有B已经被证明。那么假设A不属于所有B，断定C属于所有B，A属于所有C，归谬法证明以这样方式就能获得结果。这是第一格。如果证明得出了一个特称结论，则同样的道理也适用。因为假设A不属于任何B，断定C属于某个B，A属于所有C。如果三段论是否定的，假设A属于某个B，断定C不属于任何A，但属于所有B，这是中间格。如果证明得出一个特称否定的结论，则情况也同样。那么假设A属于所有B，而以前的断定是C不属于任何A，但属于某个B，这是中间格。

很清楚，这些命题中的每一个都能通过同样的词项直接得到证明。如果三段论是直接证明的，则情况也相同。如果我们设定与结论相矛盾的前提，那么也可能通过已设定的词项来用归谬法证明。因为我们得到的三段论与通过换位得到的三段论相同；这样我们就得到了能产生出每个命题的格。所以，十分清楚，每个命题既能直接地加以证明，也可用归谬法加以证明，这两种方法相互之间不可能截然分开。

【15】　我们在下面要分析清楚，在什么格里我们能够从相对立的前提中得出结论，在什么格中不行。我说的相对

立的前提是指以下四对在字面上表示出对立的前提，即“属于全体”与“不属于任何一个”；“属于全体”与“不属于全体”；“属于某个”与“不属于任何一个”；“属于某个”与“不属于某个”。但其中只有三组是真正相对立的，因为“属于某个”与“不属于某个”的对立仅仅是字面上的。在相对立的三对中，全称前提“属于全体”与“不属于任何一个”是相反对的（例如，“一切知识都是好的”与“没有任何知识是好的”），另外两对前提是相矛盾的。

在第一格中，从相对立的前提中不可能推出三段论，无论它是肯定的还是否定的。肯定三段论不可能产生，因为要形成一个肯定三段论，两个前提都必须是肯定的，而一组相对立的前提是由一个肯定和它的否定所组成的。否定三段论也不可能产生，因为相对立的前提肯定和否定相同谓项述说相同的主项，在第一格中，中项不能都陈述另外两个词项，而是它自己述说一个词项，另一个词项又否定它；这样构成的前提不是相对立的。

在中间格中，一个三段论既可以从相矛盾的前提中产生，也可以从相反对的前提中产生。设 A 表示“好的”，B 和 C 表示“科学”。如果我们设定所有科学都是好的，则没有任何科学是好的，A 属于所有 B，但不属于任何 C，所以 B 不属于任何 C，因而没有任何科学是科学。如果在设定所有科学都是好的之后，我们进而设定医学不是好的，情况也相同。因为 A 属于所有 B，但不属于任何 C，所以特殊的医学科学也不是科学。如果 A 属于所有 C，但不属于任何 B，B 表示“科学”，C 表示“医学”，A 表示“信念”，在设定没有任何科学是信念之后，我们现在设定一个特殊科学是信念。这与前一个例子不同，因为其词项发生了换位；在前一个例子中，肯定命题与 B 相关，现在则与 C 相关。如果另一个前提不是全称的，情况也相同；因为中项总是否定性地述说一个词项，肯定性地述说另一个词项。

因而，从相对立的前提中有可能得出结论，但并不总是可以，也不是在任何条件下都可以，只有当被包含在中项之下的词项联系是等同的，或者是全体对部分的关系时才行。如果是其他联系则不可能；否则前提将绝对不会是相反对的或相矛盾的了。

在第三格中，从相对立的前提中得不出肯定的三段论，其原因我们在讨论第一格时已经说过了①。但否定三段论却是可能的，无论前提是全称还是特称。让 B 和 C 表示“知识”，A 表示“医学”。如果我们设定所有医学都是科学，没有医学是科学；那么我们已经设定了 B 属于所有 A，C 不属于任何 A，因而有些科学便不是科学。如果我们设定的前提 BA 不是全称的，情况也相同。因为如果有些医学是科学，再者没有医学是科学，那就可以推出有些科学不是科学。如果所设定的词项是全称的，则前提是相反对的，但如

① 见 63^b33。

果一个词项是特称的，则前提是相矛盾的。

应当注意到，一方面，我们可按上述方式设定相对立的命题，如一切科学都是好的，再如没有科学是好的，或有些科学不是好的（在这种情况下，矛盾通常不会被忽略）；另一方面，也可能通过另外的问题确立一个命题，或如同我们在《论题篇》中所论述的那样[1]设定它。

由于一个肯定命题有三种相对立的形式，那就可以推出设定相对立命题的方式——共有六种，即：谓项属于全体与不属于任何一个，或者属于全体与不属于全体，或者属于某
64b 个与不属于任何一个。其中每一组可以转换词项，例如，A属于所有B但不属于所有C，或者属于所有C但不属于任何B，或者属于前者的全体但不属于后者的全体；这仍然能转换词项。在第三格中情况也同样。这样，三段论用多少种方式、在哪些格中可通过相对立的前提而产生，我们就清楚了。

同样明显的是，我们以前说过[2]，可以从虚假的前提中得出真实的结论，但是我们从相对立的前提中却得不出这种结论，因为所产生的结论总是跟事实相反的。例如，如果一件事情是好的，推论是它不是好的；或者，如果它是一个动物，推论是它不是动物。这是因为三段论是从相矛盾的前提

① 见《论题篇》，第八卷，【1】。

② 见《前分析篇》，第二卷，【2】—【4】。

中推出的，所设定的词项要么是相同的关系，要么是整体与部分的关系。很显然，在虚假的推论中，没有什么阻止产生原来假设的矛盾面。例如，如果它是奇数，则它就不是奇数。因为我们已经看到，从相对立的前提中产生的结论是与事实相反的；所以如果我们设定了这类前提，那就会获得与原假设相矛盾的结果。

应当注意到，从一个单一的三段论中得出相反的结论是不可能的，即不是好的事物是好的，或其他任何相似的矛盾，除非相矛盾的形式回复到原来的前提，例如，“每个动物都是白的和不是白的”，所以“人是一种动物”。我们要么也设定相矛盾的命题（例如，设定所有科学都是信念，则医学是科学，但没有医学是信念，正如在反驳过程中那样），要么我们必须从两个三段论中得出结论，像我们以前所说的那样。除此而外，并不存在其他断定在其中可能是真正相反的方式。

【16】 求助于或设定所讨论之点就是（就这词的最广泛的意义说）未能证明所要求证明的问题。但它可以以多种方式发生，例如，如果论证根本没有采用三段论形式，或者如果前提并不比所要证明之点更清楚明白，或者如果前者被后者所证明。因为证明总是从可信的、先在的前提出发的，在这些程序中没有一个求助于所讨论之点。有些事物由于它们自身自然是可知的，有些要通过其他事物而得知（因为本

原是通过它们自身而得知的，而归属于本原的例证却是通过其他事物而得知的)，当有人试图通过它自身证明不能通过自身而得知的事物时，那么他就是在求助于所讨论之点。这可以通过直接提出所要证明的命题而完成，我们也可以诉诸另一类在本性上要通过其他事物来证明的命题，通过它们来 65a 证明所讨论之点。例如，如果A可为B所证明，B可为C所证明，则C自然可为A所证明；如果有人是以这种方式论证的，那就可以推出他是在通过A自身而证明A。认为他们正在画平行线的人正是这样的。他们没有认识到，他们正在提出除非平行线存在，否则便不可能得到证明的断定。因而可以推知，以这种方式论证的人是在说，如果既定的事物是这样的，那么它便是这样的。但根据这一原则，一切事物都是自明的，而这是不可能的。

这样，如果A是否属于C不清楚，它是否属于B也不清楚，假设没人认为A属于B，那么尚不清楚他是否在求助于所讨论之点，但很清楚他没有证明它。因为与所要证明之点同样不清楚的事物不是证明的出发点。但是，如果B与C的关系是等同的，或者显然是可换位的，或者一个属于另一个，那么他是在求助于所讨论之点。因为如果他可以把它们换位，那么他通过这些前提也能证明A属于B。现在尽管论证方式许可，条件却不允许。如果他这样做，那么他就是在做我们已讨论过的事情，通过三个命题交互地证明。如他设定B属于C，则情况也相同，尽管这与A是否属于 C 同样不清楚，他也没有求助于所讨论之点，但他没有证明它。但是，如果 A 和 B 是相等同的，因为它们是可换位的，那么，要么因为 A 是 B 的后件，要么他正在求助于所讨论之点，理由如同上述。因为我们在前面说过①，求助于所讨论之点，即是通过它自身证明不是自明的事物。

如果求助于所讨论之点，即是通过它自身证明不是自明的事物，即当所要证明的命题与证明的理由同样不清楚，要么因为相等同的谓项属于同一主项，要么因为同一主项属于相等同的谓项，所以同样不清楚而未能证明时，那么在中间格和第三格中，所讨论之点的求助可以用任何一种方式。但在肯定的三段论中，它只在第三格与第一格中出现。但当三段论是否定的，当相等同的谓项否定同一主项时，我们就犯了“预期理由”的错误，它在两个前提中发生并不是无关紧要的（在中间格中，情况也相同），因为词项在否定三段论中不可能换位。

在证明中，所讨论之点表现出词项间的真正关系，在辩证的论证中，它表现为大家所共同接受的关系。

【17】 “这不是那个错误的原因”这种异议，我们在论证中经常习惯性地使用，主要是在归谬法三段论中形成的。它在那里用来反驳归谬法所证明的命题。因为除非我们 65^b

① 见 64^b31—38。

的敌手否定它，否则他不会说“这不是那个错误的原因”，他会极力主张说，在论证的早期阶段，存在着虚假的断定；他也不会在直接证明中使用这一异议。因为在直接证明中，人们提不出与结论相矛盾的东西。

当某一东西通过词项 A、B、C 被直接反驳时，人们便不能坚持说，三段论不依靠该断定。因为当某物被反驳时，三段论仍能得出结论，那么我们只能说它不是原因。这在直接三段论中是不可能的，因为当假设被反驳时，与它相关的三段论便不再有效。因此，很显然，当原来的假设与归谬法（无论假设是否有效）所产生的不可能的结论具有这样的联系时，“这不是原因”的异议就可用在归谬法中。

假设不是错误的原因的最明显形式是，当三段论独立于假设，从中项推出不可能的结论时，正如我们在《辩谬篇》中所描述的那样①，这是把不是原因的东西提出来作为原因。有些人希望证明一个正方形的对角线是不可用边来测量的，他们也试图证明芝诺运动是不可能的论证，并且想用归谬法达到这一结论；因为在谬误与原来的断定之间根本没有任何方式的联系。当不可能的结论与假设相联系，并且不是因为它而推出时，我们就会有另一种形式。无论一个人认定向上的方向联系还是向下的方向联系，这都可以产生。例如，如果设定 A 属于 B，B 属于 C，C 属于 D，则 B 属于 D

① 见《辩谬篇》，167^b21 以下。

是假的。因为如果当 A 被取消时，B 仍然属于 C，C 属于 D，则该谬误的产生不是由于原来假设的缘故。或者，如果一个人认定向上方向的联系，例如，如果 A 属于 B，E 属于 A，F 属于 E，则 F 属于 A 是假的，因为在这种情况下，假如原来的假设被取消，不可能的结论仍然可以得出。

不可能的结论必定与原来的词项相联系，这样，它就是通过假设而产生的，例如，如果我们认定向上方向的联系，则不可能的结论必定与作为谓项的词项相联系。因为如果 A 属于 D 是不可能的，那么 A 被取消时，谬误便不再存在。在上升方向中，不可能的结论必定与其他词项作为其谓项的词项相联系。因为如果 F 不可能属于 B，当 B 被取消时，谬误便不再存在。如果三段论是否定的，则情况也同样。

因此，很显然，如果不可能的结论不与原来的词项相联 66a
系，则谬误不是由于假设而产生的。确实，即使当结论是这样联系时，谬误也并不总是由于假设而产生的；假如我们设定 A 不属于 B，但属于 K，K 属于 C，属于 D，即使如此，不可能的结论仍然存在。如果一个人设定向上方向的词项，则情况也相同。由于无论原来的断定持有或不持有，不可能的结论总能够推出，所以它不可能是从假设中推出。或许当断定被取消时，谬误仍然会产生这一事实应被认为具有这样的意思：并不是当另一个断定被作出时，不可能的结论就推出，而是当原来的断定被取消时，同样的不可能结论可以通过其余前提而产生；因为同一谬误从几个假设中推出这一看法也并不荒谬。这就等于说，“平行线相交”既可以从内角大于外角的假设中推出，也可以根据一个三角形的各种角之和大于两直角这一假设中推出。

【18】 错误的论证是从论证所包含的第一虚假命题中产生的。每个三段论都是从两个或更多的前提中得出的。如果错误论证是从两个前提中得出的，则必有一个前提或者两个前提是虚假的。因为以前说过①，虚假的结论不能从真实的前提中推出。但如果它是从两个以上的前提中得出的，例如，如果C是通过A和B证明的，A和B是通过D、E、F以及G证明的，则D、E、F、G之中必有一个是虚假的，必定是论证虚假的原因。因为A和B是通过这些命题推论出来的。所以，结论是，错误的结论是从它们之中的某个产生的。

【19】 当我们的敌手尚未发现结论，便要求我们承认他的论证的根据时，如果我们想避免产生一个反对我们自己的三段论，那么我们必须小心，不要告诉他在前提中两次使用相同的词项，因为我们知道，没有中项，三段论便不能产生，而中项即是出现一次以上的词项。我们如何警惕与每个

① 见 53^b11—25。

结论相关的中项，这从我们对在每个格中要采取什么形式的证明的知识来看是十分清楚的。我们不会忽视这一点，因为我们知道如何维护论证。

在论证上处于守势的学生，我们一直告诫其不要采用同样的程序，但当他们处于攻势时，则应当努力悄悄地采用同样的程序。这是可能的。第一，如果他们避开得出原来的三段论的结论，而是在作出必然的断定之后让它们处于不显现的状态；其次，如果所要求承认的各点不是通过中项而互相紧密联系的，而是尽可能地不相联系的。例如，假如要求确立 A 述说于 F，中项是 B、C、D、E，那么我们会问 A 是否属于 B，进而不是问 B 是否属于 C，而是 D 是否属于 E， 66b
然后是 B 是否属于 C，其余的词项亦如此。如果三段论是通过一个中项产生的，我们就从中项开始，因为这样，回答就会是不明显的。

【20】 由于我们知道了在什么时候和在什么样的词项结合中三段论可以产生，所以，反驳在什么时候可能，在什么时候不可能也就清楚了。无论一切命题都得到承认，还是回答是交互的（即一个是否定的，一个是肯定的），反驳都可以产生。以前已经说过，词项的前一种排列与后一种排列两者都可以产生三段论。因此，如果所承认的命题与结论相反，则反驳必然可以产生，因为反驳即是证明相矛盾结论的三段论。但是，如果什么也未被承认，则反驳不可能产生；

因为以前说过，当所有的词项都是否定的时，三段论不能成立。因而也就不可能有反驳。如果反驳存在，则三段论必然存在。但三段论存在，反驳却不一定就存在。如果回答没有规定全称的联系，则情况亦相同。因为反驳的定义与三段论的定义是相同的。

【21】 正如我们在规定词项时有时会犯错误一样，我们在思考它们时有时也会发生错误。例如，如果相同的谓项可直接属于多个主项，有些人知道一个主项，但忘记了另一个，并认为谓项不属于它的任何部分。假如 A 自身可以属于 B 和 C，B 和 C 以同样的方式属于所有 D，然后如果他认为 A 属于所有 B，B 属于 D，但 A 不属于任何 C，C 属于所有 D，那么他对同一件事情自身既有知识又无知。再者，假如一个人对相同系列的词项会发生错误，例如，如果 A 属于 B，B 属于 C，C 属于 D，并假如 A 属于所有 B，但却不属于任何 C，则他会同时既认为又不认为它属于。但是，结果是，他会实实在在地承认他不知道他所知道的事物吗？他在某种意义上知道 A 可以通过 B 而属于 C，正如特称属于全称一样，所以他承认了根本不知道他在某种意义上是知道的东西，而这是不可能的。

在前一种情况中，当中项不属于相同的系列时，则没有什么阻止一个人认为一个前提与每个中项相关，或两个前提与一个中项相关。例如，A 属于所有 B，但不属于任何 C，后两个都属于 D，由此可以推出第一个前提或全体或部分地与另一个相反。因为如果有人设定 A 属于 B 所属于的事物 67a 的全体，并知道 B 属于 D，则他就知道了 A 属于 D。因而，如果他又认为 A 不属于 C 所属于的任何一个，那么他不认为 A 属于 B 所属于的事物的有些部分。但是，既认为它属于全部 B 所属于的事物的全体，然后又认为它不属于 B 所属于的事物的有些部分，这要么是一个无条件的反对，要么是部分的反对。

因而，这样思考是不可能的，但是并没有什么阻止人们认为一个前提与每个中项相关，或者两个前提与一个中项相关。例如，认为 A 属于所有 B，B 属于 D，再者，A 不属于任何 C。这种错误与我们在论及特称事物时所犯的错误是一样的。例如，如果 A 属于所有 B，B 属于所有 C，则 A 也属于所有 C。然后如果有人知道 A 属于 B 所属于的事物的全体，那么他就知道了它属于 C，但没有什么阻止不知道 C 存在。例如，如果 A 表示“两直角”，B 表示“三角形”，C 表示“可感的三角形”。因为一个人可能设定 C 不存在，尽管他知道每个三角形的内角之和等于两直角，所以他就同时知道和不知道同一件事情。因为知道每个三角形的内角和等于两直角，有着多种含义，要么是普遍的知识，要么是特殊的知识。这样，借助普遍知识，他知道 C 等于两直角，但根据特殊知识他却不知道，因而他的无知与他的知识并不相反对。

《曼诺篇》中学习就是回忆的理论①，其情况也相同。我们根本没有发现我们以前具有的对个体的知识，但是在归纳过程中，我们发现确实获得了关于特殊事物的知识，就像我们回忆起它们一样。有些事情我们是直接知道的，例如，如果我们知道X是一个三角形，我们就知道它的内角之和等于两直角。在其他情况中也相同。

我们借助普遍知识思考特殊事物，但借助只为它们特有的知识则不能知道它们。因为关于它们，很可能发生错误，不是因为我们有关于它们的相反的知识，而是因为尽管我们拥有关于它们的普遍知识，但却在特殊知识中犯了错误。

在上面提到的情形中也一样②。与中项相关的错误并不与通过三段论获得的知识相反对，关于两个中项中任何一个的推测也不与之相反对。没有什么阻止一个人既知道A属于所有B也知道B属于C，但却认为A不属于C。例如，如果他知道骡子都是不孕的，而X是骡子，那么他就可能认为X是能孕的。因为他不知道A属于C，除非他把两个前提联系起来加以考虑。因此，很清楚，如果他知道一个但不知道另一个，则他也会发生错误，这就是普遍知识与特殊
67^{b} 知识的联系。如果可感对象出现在我们的感觉之外，我们就不知道它——甚至即使我们实际感知到它，也不知道它——

① 见柏拉图：《曼诺篇》，81。

② 见66^{b}20—30。

除非将普遍知识与适合于那个对象的特殊知识的拥有（而不是现实）相结合。知道一个对象可以说有三种方式，或借助普遍知识，或根据特殊知识以及在现实中，因而犯错误也可以具有三种方式。

因此，没有什么阻止一个人既知道又不知道同一件事情，只是不是在相反的意义上。如果一个人只是孤立地知道前提，并且以前没有考虑到这个问题，那么这确实是会发生的。在推测骡子是否能受孕时，他实际上并不拥有这方面的知识，但同时这种推测并不使他的错误与他的知识相反；因为与普遍知识相反的错误是三段论。

另一方面，把善的本质认作是恶的本质的人会认为善的本质与恶的本质是一样的。让 A 表示“善的本质”，B 表示“恶的本质”，让 C 再表示“善的本质”。这样，由于他认为 B 和 C 是相等同的，他也会认为 C 是 B，再者以同样的方式可得出 B 也是 A，因此，C 也是 A。以前说过，如果 B 述说 C 是真实的，A 述说 B 是真实的，则 A 述说 C 也是真实的。思想的情况就是这样。存在的情况也相同。如果 C 和 B 是等同的，B 和 A 也是等同的，则 C 与 A 亦相等同。因而，同样的道理也适用于观念的情况。那么，如果一个人承认了原来的断定，这就是一个必然的推论吗？但是根据推测，一个人认为善的本质即是恶的本质是假的，除非出于偶然情况。这可以从几种意义上来考虑，我们必须把这个问题考虑得更详尽些。

【22】 当端项可以换位时，中项必定也随着它们两个而换位。如果A通过B而属于C，如果这种联系可以换位，C属于A所属于的事物的全体，则B与A换位，并且通过以C作中词属于A所属于的事物的全体，C也通过以A作中词，与B换位。当三段论是否定的时，情况也这样。例如，如果B属于C，但A不属于B，则A也不属于C。因而如果B与A换位，C也与A换位。设定B不属于A，则C也不属于A，因为B被设定属于所有C。除此而外，如果C与B换位，则它也与A换位，因为当B述说全体时，C亦然。再者，如果C与A的联系可以换位，则B与A的联系也可以换位。因为，C属于B所属于的事物，C则不属于A所属于的事物。这是从结论开始的唯一的例证，其余的则在这方面不同于肯定三段论。

再者，如果A和B是可换位的，C和D也同样是可换位的，要么A、要么C必定属于一切事物；同样，C和D也必定如此联系以至于其中有一个必定属于全体。因为B属于A所属于的事物，D属于C所属于的事物，要么A、要么C必定属于全体，但不会两者都同时属于全体。所以很显然，要么B、要么D必定属于全体，但不会两者都同时属于一切。例如，如果没有生成的东西是不能消灭的，不能消灭的东西是没有生成的，则有生成的东西必定是可消灭的，可消灭的东西必定是有生成的，我们在这里得到了两个三段论。再者，如果要么 A、要么 B（但不是两者同时）属于全体，C 和 D 也一样。如果 A 和 C 是可换位的，则 B 和 D 也同样。因为如果 B 不属于 D 所属于的有些事物，那么很显然 A 属于它，如果 A 属于，则 C 也属于，因为它们是可以换位的。所以 C 和 D 两者也同时属于，但这是不可能的。

当 A 属于 B 的全体和 C 的全体，并且不述说其他事物时，B 也属于所有 C 时，A 和 B 必定是可换位的。因为 A 只述说于 B 和 C，B 既述说它自身又述说 C，那么很显然，B 也述说 A 所述说的一切主项，除了 A 自身而外。

再者，当 A 和 B 属于 C 的全体，C 可与 B 相换位时，A 也必然属于所有 B。由于 A 属于所有 C,C 通过换位属于 B,则 A 也属于所有 B。

如果在 A、B 这两个相对立的选择项中，A 优于 B，则 D 也优于 C，如果 AC 优于 BD，则 A 优于 D。追求 A 的程度与回避 B 的程度相同（因为它们是相对立的），C 和 D 的情况也同样（因为它们也是相对立的）。因而，如果 A 的可选择性与 D 的可选择性相等，则 B 的可回避性与 C 的可回避性相等。既然在可回避性与可追求性方面每一个与另一个是相等的，所以，AC 与 BD 是同样可追求的。但是由于 AC 优于 BD，所以它不可能是同样可追求的。否则，BD 也将是同样可追求的。如果 D 的可选择性大于 A，则 B 的可回避性也小于 C，因为小的一端与小的一端相对立。较大的善与较小的恶的可选择性比较小的善与较大的恶要强。所以BD的可选择性大于AC，但其实不然，所以A的可选择性大于D，C的可回避性小于B。

如果一个情人在爱情的影响下想要他的被爱者使他满意（A）而未能做到（C），而不愿他的被爱者使他满意（D），68b 但并不是有意想这样做（B），那么，很显然，A——被爱者的意向——比满意的行为更值得选择。所以在爱情中，相亲相爱比与情人性交更值得选择。故而爱的目的在于相亲相爱，而不是在于性交；如果相亲相爱是爱情的主要原则，那么它也是爱的目标，故而性交或者根本不是目标，或者只是从感受到亲昵这一角度说才是的。其他各种欲望和技术的情况与此相同。

【23】　词项在什么样的条件下才能转换，并且表示可选择或可回避的程度，我们就清楚了。实际上，不仅辩证的证明的三段论是通过已经描述过的格产生，并且修辞三段论及一般而言的每种理智信念都是，不管它们采用什么形式。因为我们的一切信念要么是通过三段论要么是从归纳中形成的。

归纳或归纳推理，就是通过另一个端项确立一个端项与中项的联系；例如B是A和C的中项，通过C证明A属于B，我们就是这样进行归纳证明的。例如，让A表示“长寿的”，让B表示“无胆汁的东西”，C表示“长寿的个体”，如人、马、骡子等。A 属于 C 的全体（因为每个无胆汁的动物都是长寿的），但 B“无胆汁的”也属于所有 C。如果 C 与 B 换位，即如果中项在广延上并不更宽，则 A 必定属于 B。上面已经证明①，如果任何两个谓项属于同一个主项，端项可与其中一个换位，则另一个谓项也属于可换位的词项。但是，我们把 C 理解作一切特殊事例的总和；归纳就是通过它们进行的。

这类三段论跟第一个或直接的前提相关。中词存在时，三段论是通过中词进行的；中词不存在时，它是通过归纳进行的。在一种意义上归纳与三段论相对立，因为后者通过中词证明大项属于第三个词项，而前者通过第三个词项证明大项属于中项。因此，从本性上说，通过中项而进行的三段论是在先的，更为可知的，通过归纳而进行的三段论对我们来说更为显明。

【24】 当大项通过一个相似于第三个词项的词项被证明属于中项时，我们就获得了一个例证。必须既知道中项属于第三个词项，又知道第一个词项属于与第三个词项相似的词项。例如，假设 A 表示“坏”，B 表示“对邻邦发动战 69a
争”，C 表示“雅典反对忒拜”，D 表示“忒拜反对福奥克斯”。那么，如果我们想要证明反对忒拜的战争是坏的，我

① 见 68a21—25。

们必须认定对邻邦发动战争是坏的，其证据可从相同的例证中得出，例如，忒拜反对福奥克斯的战争是坏的。因为反对邻邦的战争是坏的，反对忒拜的战争就是反对邻邦的战争，所以很显然，反对忒拜的战争是坏的。很显然B属于C和D（因为它们两者都是对邻邦发动战争的例子），A属于D（因为反对福奥克斯的战争对忒拜也没有好处）；但A属于B将通过D而被证明。假如我们的中项与端项相联这一信念是从许多个词项中得出的，则可获得同样的方法。

因此，很显然，当两者都属于同一个词项，其中一个被知道时，则一个例证所代表的不是部分与整体，或整体与部分的联系，而是一个部分与另一个部分的联系。它与归纳不相同。归纳是从对全部个别情况的考虑表明大项属于中项，并不把结论与小项相联系。相反，例证与它相联系，也并不使用所有个别情况来作证明。

【25】 我们在下面的情况下化简：在第一项显然属于中项，而中项属于最后一项则不明显，但尽管如此，却比结论更为可能或者可能性不少于结论时，或者如果在最后项与中词之间只有很少的间接词项时，因为在所有这些情况中，结论都使我们接近知识。例如，让A表示“可教的”，B表示“知识”，C表示“公正”，则知识可教，这是很明显的。但德性是否是知识则不明显。这样，如果BC与AC同样可信或者比AC更可信，我们就具有化简，因为我们引

入了另外一个词汇，与知识接近了。而以前我们则不知道AC是真的。

如果在B和C之间没有许多间接的词项，那我们也会有化简，因为在这种情况下，我们也接近了知识。例如，如果D表示“正方形”，E表示“直线形”，F表示“圆”，如果在E和F之间只有一个间接的词项——圆通过半月状变得与一直线形相等——我们就接近了知识。但是，如果BC并不比AC更可信，或者存在着几个间接的词项，则我不会说有化简，当BC是直接的时也不会。因为这样一个命题包含着知识。

【26】　异议①即是一个与另一个前提相反对的前提，
它与可能是特称的前提不同。前提要么根本不能是特称的，69b
要么至少在全称三段论中不行。

可以用两种方式，在两个格中提出异议：用两种方式是因为每个异议要么是全称的，要么是特称的；通过两个格是因为所提出的异议与前提相对立，而对立者只能在第一格与第三格中得到证明。因为当我们的敌手声称谓项属于主项的全体时，我们便提出异议说，它不属于任何主项或者不属于某个主项。不属于任何主项这一异议是通过第一格提出的，不属于某个主项这一异议是通过第三格提出的。例如，让A

① enstasis。

表示“是一门科学”，B表示“相反者”，当前提是“有一门关于相反者的科学”时，异议要么是同一门科学不研究相对立的事物，或相反者是相对立者，这样，我们就得到了第一格；要么是没有一门关于认识与不可认识的科学，这是第三格；因陈述C，即可知与不可知是相反的，这是真实的，但要述说有一门关于它们的科学，那就错了。

如果对象是一个否定的前提，情况也相同。当有人声称没有一门关于相反者的科学时，则我们回答，要么所有对立者，要么有些相反者（例如健康与疾病）为一门科学所研究。所有对立者为同一门科学所研究这一反对是根据第一格提出的，有些相反者为一门科学所研究这一异议是根据第二格提出的。

一般而言，在所有情况中，提出一个普遍异议的人必须说明他与所提出的词项的普遍者的矛盾。例如，如果有人声称同一门科学不涉及相反者，他必须坚持说有一门关于一切对立者的科学（这样第一格必然产生，因为相对于原主项是普遍的词项变成了中项）。但当异议是特称的时，提出异议者必须说明他与一个相对它命题的主项是普遍的词项相关的矛盾；例如，研究可知与不可知的科学不是同一的；因为这些作为一个普遍被包含在相反者中（第三格也产生了，因为被设定为是特称的词项，即可知与不可知，变成了中项）。我们努力从有可能据此论证相反者的前提中推论出异议。因而只有通过这些格，我们才能提出它们，原因在于，只有在这些格中，相对立的三段论才是可能的。因为以前已说明[①]，通过中间格可获得一个肯定的结论。

除此而外，通过中间格而得到的异议会要求更多的论证。例如，假如不能根据 C 不是 B 的后件认可 A 属于 B。这通过其他前提可以得到清楚的说明。但是一个异议不应当转到其他的认识上，而应当直接展示出另外的前提。因此，这是唯一不能推出借助于标志的三段论证明的格。

我们也必须考虑其他种类的异议。例如，来自相反情况或相似情况的异议，或者来自舆论的反对，特殊的异议是否能够从第一格中产生，或者否定的异议能否从中间格中产生。

【27】　可能与标示[②]并不是相同的。可能是一般可以接受的前提，因为人们通常以一种特殊方式知道要发生或不发生，存在或不存在的事物，就是一种可能。例如，嫉妒者是恶毒的，或者情人是温柔的。而标示则意味着是必然地或一般地被接受的证明前提。如果一个事物与其他事件共存，或者在它发生之前或以后，其他事情发生了，那么这事物就是那个事物已经生成或存在的标示。

省略三段论就是从可能或标示中得出的三段论。一个标

① 见 $28^{a}7$。

② eikos，semeion。

示可用三种方式设定——与在各个格中设定中项的方式一样多：要么用第一格，要么用第二格，要么用第三格。例如，女人能孕育，因为她有奶，这一证明是通过第一格得到的。中词是“有奶”，A 表示“孕育”，B 表示“有奶”，C 表示“女人”。聪明人是好的，因为毕大各是好的，这一证明是通过第三格得到的。A 表示“好”，B 表示“聪明人”，C 表示“毕大各”。因而 A 和 B 述说 C 都是真实的，我们只是没有述说后者，因为已经知道它了，而我们以前已确定了前者。“女人是能孕育的，因为她是灰黄色的”，这一证明是我们通过中间格得到的；因为灰黄色是女人孕育时的特点，并且与这个具体的女人相结合，所以他们认为已经证明她是可孕育的。A 表示“灰黄色”，B 表示“孕育”，C 表示“女人”。

如果只有一个前提被述说，则只能得到一个标示；但如果另一个前提也被断定，则我们得出一个三段论，例如，毕大各是慷慨的，因为爱名誉的人是慷慨的，而毕大各是爱名誉的；再者，聪明人是好的，因为毕大各是好的，也是聪明的。

用这种方式，三段论就能产生，但第一格中的三段论如果是真的就不能被反驳（因为它是全称的），但最后格中的三段论能被反驳，即使结论是真实的，因为它既不是全称的，也不与我们现在的目的相关。如果毕大各是好的，那并不必然由于这个原因能推出其他聪明人是好的。中间格中的三段论总是并且可用各种方式加以反驳，因为我们永远不会得到具有这种词项联系的三段论。如果一个孕妇是灰黄色的，这个女人是灰黄色的，从这两个前提并不必然可以推出，她怀孕了。因此，真理可以在各种标示中找到，但它们有着刚才所说的种种不同方式。

我们必须要么以这种方式分类标示，把它们的中项认作 70b
是指标（即是指使我们能够知道的东西，而中项是最具有这种性质的东西），要么把从端项中得出的论证称作“标示”，把从中项中得出的论证称作“指标”。因为通过第一格得到的结论是最被普遍接受的，也是最真实的。

如果一个人承认在一切自然特性中灵魂和身体一起发生变化，那就可能从人们的生理外表来判断他们的性格（无疑，当一个人学了音乐之后，他的灵魂便发生了一定程度的变化，但这种特性不是自然地来到我们身上的。我所谓的特性是指在自然触发中，愤怒、欲望一类的东西）。假如这一点被承认为是适合于每类生物的特性和标示，那么我们就能够从生理外表中判别性格。因为如果一种特殊的特性为一类特殊生物所特有，例如勇敢之于狮子，那么必定存在着与之相应的标示，因为已经设定身体与灵魂是一起受影响的。假定它“具有巨大的四肢”，这可能属于其他类但不能属于整体。如果特性是为整个一类动物所具有的，而不是像我们习惯于用这个词项那样，仅是指它一个，那么，在这个意义上说，一种标示是特有的。因而，同样的特性在另一类生物中也能找到，人或其他动物也是勇敢的。因而他就会有一个标示。因为根据假设，一种特性有一个标示。如果是这样的，那我们就能在动物中检验具有一种特性的这类标示。并且，如果每类特性都有一个标示，由于它必然只有一个标示，则我们就能通过它们的外表判别他们的性格。但如果作为整体的种有两种特性，例如，如果狮子十分勇敢并且十分大方，我们如何决定在与种相联系的标示中，哪一个属于哪种特性呢？或许如果两种特性都可在不是作为整体的其他类事物中找到，即是说，当有的成员具有，有些不具有时，因为如果一个人是勇敢的，但不是大方的，并且表现出其中一个标示，那么很显然，这在狮子中也是勇敢的标示。

因此，在第一格中有可能从外表中判别性格，只要中项可与第一个端项相换位，但在外延上宽于第三个词项，不能与它换位。例如，A 表示“勇敢”，B 表示“巨大的四肢”，C 表示“狮子”，则 B 属于 C 所属于的事物的全体，也属于其他更多的事物，A 属于 B 所属的全体，但不属于更多事物，可与 B 相换位，否则，一种特性就不会有一种标示。

后分析篇

余纪元　译

* Analutika hustera 据《洛布古典丛书》希腊本文。

第　一　卷

【1】　一切通过理智的教育和学习都依靠原先已有的知 71a 识而进行。只要考虑一下各种情况，这一点便显得十分清楚。数学知识以及其他各种技术都是通过这种方式获得的。各种推理，无论是三段论的还是归纳的，也是如此。它们都运用已获得的知识进行教育。三段论假定了前提，仿佛听众已经理解了似的。归纳推理则根据每个具体事物的明显性质证明普遍。修辞学家说服人的方法也与此相同：他们要么运用例证（这是一种归纳），要么运用推证（这是一种推理）。

在两种情况下，必定要求原先就具有知识。有时必须首先假定事实，有时必须理解所使用的术语是什么意思，有时两者都是必需的。例如，我们必须了解，某个陈述要么其肯定是真实的，要么其否定是真实的；必须知道，“三角形”这一术语的含义；至于“单位”，我们必须既搞清它的含义，也确定它是存在的。这些东西并不是同样明显地显示给我们的。对一个事物的认识既需要原先已具有的知识，同时也需要在认识中所获得的知识。譬如说，对归属于我们已知的某种普遍的特殊事物的认识。已知所有三角形的内角和等于两直角，但这个半圆中的图形，我们只有在把特殊与普遍联系起来时，才认识到它的内角和等于两直角（对某些事物，譬如对不能述说主体的具体存在物而言，学习就是通过这种方式进行的，即端词不能通过中词而得到认识）。在还没有完成归纳过程或推出结论时，我们或许可以说，在一种意义上，这一事实已被了解，而在另一种意义上则没有。因为如果我们还没有确定地知道它是否存在，那我们怎么能确定地了解到这个图形的内角之和等于两个直角呢？很显然，我们对这一事实的理解并不是纯粹的，而是在我们理解了一个普遍原则的意义上而言的。

如果我们不作出区分，那就会遇到《曼诺篇》中的难题[①]：要么一个人什么也没有学，要么他只是在学习他已经知道的东西。我们一定不要去作某些人在试图解决该难题时所作的那种解释。设想某人被问道："你知不知道所有的双数都是偶数？"如果他说"知道"，那么他的论敌就会找出一些他不知道其存在的双数。因此他也就不知道它们是偶数。这些人则解答说，他们并不是知道所有的双数都是偶数，而
71b 是他们所知道的双数是偶数。然而他们所知道的乃是他们已证明是如此的东西，即已经确定的东西。他们所把握的不是

① 见柏拉图：《曼诺篇》，80^{D-E}。

他们所知道的这一个三角形或这一个数，而是纯粹的数和三角形，在诸如“你知道什么是一个数”或“你知道什么是一个直线图形”这样的问题中，没有一个前提被断定。谓项属于主项的全体。但（我认为）没有什么阻止一个人学习他在一种意义上知道、在另一种意义上不知道他正在学习的东西。如果他在某种意义上知道他所学习的东西，这并不荒唐；但如若是指他知道学习它的方法和方式，那就荒唐了。

【2】 当我们认为我们在总体上知道：（1）事实由此产生的原因就是那事实[①]的原因，（2）事实不可能是其他样子时，我们就以为我们完全地知道了这个事物，而不是像智者们那样，只具有偶然的知识。显然，知识就是这样子的。在无知识的人和有知识的人中，无知者只是自以为他们达到了上述条件，而有知者则确实是达到了。因而，如果一个事实是纯粹知识的对象，那么，它就不能成为异于自身的他物。

是否还具有其他认识的方法，我们在下文再加讨论[②]。我们知道，我们无论如何都是通过证明获得知识的。我所谓的证明是指产生科学知识的三段论。所谓科学知识，是指只要我们把握了它，就能据此知道事物的东西。

① pragma。

② 见《后分析篇》，第一卷，【3】；第二卷，【19】。

如若知识就是我们所规定的那样，那么，作为证明知识[1]出发点的前提必须是真实的、首要的、直接的，是先于结果、比结果更容易了解的，并且是结果的原因。只有具备这样的条件，本原才能适当地应用于有待证明的事实。没有它们，可能会有三段论，但绝不可能有证明，因为其结果不是知识。

前提必须是真实的，因为不存在的事物——如正方形的对角线可用边来测量——是不可知的。它们必定是最初的、不可证明的，因为否则我们只有通过证明才能知道它们；而在非偶然的意义上知道能证明的事物意味着具有对它的证明。它们必定是原因，是更易了解的和在先的：它们是原因，因为只有当我们知道一个事物的原因时，我们才有了该事物的知识；它们是在先的，因为它们是原因；它们是先被了解的，不仅因为它们的含义被了解，而且因为它们被认识到是存在的。

事物在两种意义上可以说是在先的，更易了解的。本性上在先的事物与相对于我们而在先的事物是不相同的；本性上更被了解的事物与为我们所更加了解的事物也是不相同的。相对于我们而言的“在先”和“更了解”，我是指与我们的感觉比较接近的东西，而纯粹意义上的“在先”和“更易了解”则是指远于感觉的东西。最普遍的概念最远离我们

① episteme apodeiktike。

的感觉，而具体事物则最与它相近。它们是相互对立的。

从最初前提出发即是从适当的本原出发。“最初前提”和“本原”我所指的是同一个东西。证明的本原是一个直接的前提。所谓直接的前提即是指在它之先没有其他前提。前提是判断的这个或那个部分①，由一个词项作为另一个的谓词而构成。如果是辩证的，它就随便地断定任何一部分。如果是证明的，它就明确肯定某一部分是真实的。判断的各部分是矛盾的。矛盾是在本性上排斥任何中间物的对立。在矛盾的各部分中，肯定某物为其他某物的部分是肯定判断，否定某物为其他某物的部分是否定判断。我把三段论的直接的本原叫做“命题”，它是不能证明的，要获得某些种类的知识也不必然要把握它。任何知识的获得都必须把握的东西我叫做“公理”。确实存在着一些具有这种性质的东西，我们习惯于用“公理”这个名称来指称它们。判定某判断的这个或那个部分（例如说某物是存在的，或者说它是不存在的）这种命题，我叫做假设；与此相反的命题是定义②。定义是一种命题，因为算术家把它规定为在量上不可分的单位。但它不是一种假设，因为单位的是什么与单位的存在是不相同的。

由于要相信和认识某个事物的前提条件是必须具有我们

① morion，即肯定判断或否定判断。

② horismos。

称作证明的那种三段论，由于三段论依赖它的前提的真实性，所以不仅必须预先知道最初的前提（全部的或部分的），而且必须比结论更好地了解它们。因为使某种东西拥有某一属性的东西，其自身往往在更大的程度上拥有那个属性。例如，使我们喜欢某物的那个东西其自身对我们来说往往更加可爱。如果最初前提是我们的知识和信念的原因，那么我们必定也在更高的程度上相信和知道它们。因为正是从它们出发我们才获得后面的知识。如果我们既不确实地知道某物，而且即使确实地知道了它也不会处于更佳状态，那么，相信它要胜过相信我们所知道的事物是不可能的。但如果一个人通过证明得出的信念没有先在的知识，那么这种情况就可能出现。我们必然更加相信（全部或部分的）本原而不是结论。如果某人要获得出于证明的知识，那么他不仅必须更加
72b 明确地认识和相信本原而不是被证明的东西，而且对任何与本原对立的事物，以及由此导致一个相反的错误三段论的事物的相信和理解必须绝不比对这些本原的相信来得更深，认识得更好；因为有着无条件的知识的人是不应动摇他的信念的。

【3】 由于必须知道最初前提，所以，有些人认为，知识是不可能的，另一些人承认知识是可能的，但却认为所有的事物都是可以证明的，这两种观点都不正确，也不是必然

的。断定知识不可能的人认为这会产生无穷后退[1]。因为我们不能通过在先的真理知道在后的真理，除非在先的真理自身建立在最初的前提之上（在这一点上，他们是正确的，因为穿过一个无穷系列是不可能的）。如果系列到了尽头，存在着本原，那么它们是不可认识的，因为它们不能证明。而这些人认为证明乃是知识的唯一条件。如果最初前提是不可认识的，那么也就不可能无条件地、精确地认识由此推得的结论。相反，我们只能通过假定最初前提是真实的，从而假设性地知道它们。另一派同意证明是知识的唯一条件，知识只有通过证明才能获得，但他们主张一切都可以证明，没有什么阻止这一点，因为证明可能是循环的和交互的。

我们认为，并不是所有知识都是可以证明的。直接前提的知识就不是通过证明获得的，这很显然并且是必然的。因为如果必须知道证明由已出发的在先的前提，如果直接前提是系列后退的终点，那么直接前提必然是不可证明的。以上就是我们对这个问题的看法。我们不仅主张知识是可能的，而且认为还存在着一种知识的本原。我们借助它去认识终极真理[2]。

如果证明必须从在先的和更为了解的前提出发，那么无条件的证明显然不可能通过循环方法进行。因为同一事物不

① ta apeira dielthein。

② horos。

可能同时既先于又后于同一事物，除非是在不同的意义上。例如，有些是相对于我们而言的，有些是在总体上我们通过归纳会熟悉它们的。如果是这样的，那么我们关于无条件知识的定义就不完满了。因为它有着两种含义。另一种证明方式从更为我们了解的前提出发，并不是总体的、无条件的。

认为证明是循环的人所面临的困难，并不止上面这一些，他们的理论无非就是说，如果一个事物是如何，那它就如何如何。用这个方法可以很容易地证明一切。很显然，只要确定三个词项，就可以清楚地看到他们所面临的这一困难。因为只要所用的词项不少于两个，那么说一个循环证明有着较多的词项还是只有较少的词项，这并不会产生差异。如果A存在时，B必然存在，如果B存在，C必然存在，
73a 那么，如果A存在时，C必然存在。这样，如果A存在时，B必然存在，如果B存在时，A必然存在（这就是循环证明），让A表示前证明中的C，那么B存在时，A存在，就等于说B存在时，C存在；这也等于说，A存在时，C存在。但C与A是相同的，由此可见，那些断定证明是循环的人不过是说，如果A存在，那么A存在。用这种方法当然可以轻而易举地证明一切。

此外，除了那互为后件的事物（例如特性）而外，即使这种证明方式也是不可能的。我们已经证明①，设定一件事

① 见《前分析篇》，第一卷，【25】。

物（我所谓的一件事物要么是指一个词项，要么是指一个命题）并不必然能从中推出另一件事物。如果是三段论，那么命题的数量最起码也必须有二个。只有这样，才能得出一个必然的结论。因而，如果 A 是 B 和 C 的结论，而 B 和 C 既互为结论，又是 A 的结论，那么就能用第一格交替证明我们的一切断定。我们在关于三段论的讨论中已经证明过这一点①。但我们也证明了②，在其他格中要么三段论不能产生，要么产生了，却不能证实我们的论断。其词项不能互为谓语的命题是不能用循环论证证明的。由于这样的词项极少出现在证明中，所以很明显，所谓证明是交互的并且一切都可由此证明的这一观点是空洞的，也是不可能的。

【4】 因为纯粹意义上的知识对象不可能是异于自身的他物，所以，通过证明科学而获得的知识具有必然性。当我们借助于一个证明而拥有知识时，那它就是证明的。所以，证明就是从前提中必然推出的结论。因此，我们必须把握证明所从出之前提的性质和特性。首先，让我们说明：什么是“述说所有的”、什么是“就其自身”和“普遍”③的含义。

---

① 见《前分析篇》，第二卷，【5】。

② 同上，【6】、【7】。

③ ti to katholou。

所谓“述说所有的[1]”，即是说它并不是只可作为一个主项的谓项，却不能作为另一个主项的谓项，在某时可作为谓项，而在另一时又不行。例如，如果“动物”可以作一切“人”的谓项，如果说A是一个人是真实的，那么说A是一个动物也是真实的。如果前一个论断现在是真实的，那么后一个论断现在也是真实的。如果点在线中，则情况也是一样的。对于这一定义，有这样的事实作根据：我们对一个与“可述说所有的”相关的命题所提出的异议，要么不是它的真实事例，要么在那时谓项并不适用于它。

说一个事物“就其自身”[2] 是指，它是另一事物的本质因素。例如，一条线属于三角形以及点属于线。因为其实体乃是由它们构成的。它们是描述其本质定义的一个因素。它是一个其本质定义包括着它自身所从属之主体的属性。例如，直和曲属于线，奇和偶、单一和复合、正方形和长方形
73b 属于数。它们各自的本质定义都包含着线或数。我说过的其他那些是就其自身而言属于他物的东西也是如此；反之，不在上述任何一种意义上所属于的就是偶性[3]。如“有教养的”和“白的”就是动物的偶性。不述说其他某个主体的东西也是就其自身而言的。例如，“行走”并不是某个另外的行走者在行走。“白”亦然。但是，实体，或表示个体的东

① kata pantos。

② kath hauta。

③ sumbebekos。

西却不是与其自身相异的。因而，我把不述说某个主项的事物叫做“就其自身”而言的，把述说某个主项的东西称作偶性。在另一种意义上，由于自身的性质而属于他物的是“就其自身”而言的。不是由于自身的性质属于他物的是偶性。例如，一个人行走时，天空打了个电闪，这就是偶性。因为天不是因为他在走路而打电闪的，我们认为，它乃是偶然出现的。但如果一件事物的发生是由于其自身的性质，那它就是就其自身而言的。例如，某物被杀死，并且由于“杀”这一行为而死去。因为它死亡的原因是被杀，所以它被杀而死就不是一个偶性。就纯粹的知识而言，我们称作“就其自身”的东西，无论内在于它们的主项之中，还是为它们的主项所包含，都是由于它们自身的性质并且是出于必然的。它们不可能不属于主项，总是或者在总体上属于，或者按相反属性同属一主项的方式而属于。例如直和曲之于线，奇和偶之于数。因为一个属性的反面，要么是短缺，要么是同一个种之下的矛盾面。例如，在数上，非奇数即是偶数。因为偶数是随着非奇数而出现的。这样，由于一个属性必定要么肯定于要么否定于一个主体，所以，就其自身而言的属性必然属于它们的主体。

关于“述说所有的”及“就其自身”的定义就说这么多。至于“普遍”，我是指这样的事物，它作为“述说所有的”而属于其主体，并且是“就其自身”和“作为自身”而属于那个主体的。这样，十分明显，所有的“普遍”都必然属于它们的主体。“就其自身”而言与“作为自身”相等同，例如，“点”和“直”就其自身而言属于“线”，因为它们也是作为线而属于它的；“其内角之和等于两直角”是作为三角形而属于三角形的，因为三角形就其自身而言就是其内角之和等于两直角。只有当一个属性被证明是属于那个主体的例证，并且是在最初意义上属于那个主体时，它才是普遍属性。例如，“其内角之和等于两直角”并不是普遍地属于“形状”（诚然，我们可以使某一形状的内角之和等于两直角，但却不能证明任一形状的内角和等于两直角，一个人也不能运用任一形状来证明。例如，正方形是一个形状，但它的内角却并不是等于两直角）。再者，任一等腰三角形都有等于两直角之和的内角，但它不是满足这一要求的最初形状，而是三角形先于它。这样，能被证明在任何情况中都在最初意义上满足包含两直[74a]角之和的内角这一条件并且也满足任何其他条件的那个事物，就是普遍属性在最初意义上所属于的那个主体；对这个谓项普遍真实地属于其主体的证明在它们之间建立了一种就其自身而言的联系，反之，与其他谓项所建立的联系在某种意义上却不是就其自身而言的。再者，“其内角之和等于两直角”也不是等腰三角形的普遍属性；它具有更广泛的范围。

【5】 我们必须注意到，有一个错误是经常发生的。我们所努力证明的属性，在我们看来在某种意义上是首要的和普遍的，却被证明不属于首要的和普遍的。我们之所以犯这

一错误，要么是由于我们不能发现与个体相分离的更高的东西，要么这样的东西存在，但它应用于不同属的对象时却没有名字，要么证明的主体碰巧是作为另一事物一个部分的整体。尽管证明适用于包含在它之中的所有特殊事物可以作为它的全体的谓项，但证明仍然不能首要地和普遍地适用于它。当我说证明首要地和普遍地适用于一个主体时，我的意思是说它本身首先是属于那主体的。

如果要证明垂直于同一条线的两条线从不相交，就可以设定垂线的这种性质是证明的适当主体，因为它适用于所有垂线。但实际并非如此，因为这个结果的推得，并不是因为这些角以这种特殊方式相等，而是因为它们完全相等。

再者，如果等腰三角形是唯一的三角形，那么，关于它包含着等于两直角之和的内角的证明就会被认为是作为等腰三角形而属于它的。

此外，“比例交替”的定律可被认为属于作为数的数，也同样属于线、体和时间阶段，——就像它曾经被分别证明过的那样，虽然可以借助一个证明论证它们全体。但是由于缺少表示数、线、时间、体的共同性质的单一名词，它们在属上各不相同，所以它们被分别处理。但现在这条法则已被证明是普遍的，因为这种属性不是作为线或者作为数，而是作为拥有这种特殊性质而属于它们。它们被设定普遍拥有这种性质。如果一个人，无论他是否用一种证明，分别证明了每类三角形——等边的、不等边的、等腰的——的内角和等于两直角之和，那么他除了在诡辩的意义上说而外，自然不知道一个三角形的内角和等于两直角之和，或者说它是三角形的普遍属性，即使除了这些而外再无别的三角形。因为他不知道这种属性是作为三角形而属于一个三角形，也不知道它属于每一个三角形，即使除这些三角形以外别无其他种类，他不知道它是专门属于每个三角形的，即使不存在他不知道拥有它的三角形。

那么，什么时候我们并非普遍地知道，以及什么时候我们无条件地知道呢？显然，如果三角形在每一个特例上都与“等边三角形”相等同，那么我们就具有无条件的知识。但如果它不是相同而是不同的，这种属性是作为三角形属于等边三角形的，那么我们的知识就不是普遍的。我们必然会问，这属性是作为三角形还是作为等腰三角形属于它的主体？什么时候它首要地属于它的主体？它能普遍地证明属于的主体是什么？显然，它作为属差而属于的第一主体是可去掉的。例如，具有等于两直角之和的角这一属性属于“铜制
74b 的等腰三角形”，当“铜”与“等腰”被去掉时，它仍然属于。但如果你将“形状”或“界限”去掉则不然。确实不然，但这些并不是一旦去掉就会使属性不能属于的首要属差。那么，什么是首要的呢？如果它是三角形，便会因为它是三角形而使这种属性属于一切其他主体，这种属性能够普遍地被证明为是属于三角形的。

【6】 如果证明知识出自必然的本原（因为我们所知道的东西不能变成别种样子），依据自身的属性对它们的主体来说是必然的（因为它们有一些寓于它们主体的本质中，而另一些则让它们所表述的主体寓于它们自己的本质中，在后面这一类中，一对相反属性中的一个必定属于），那么很显然，证明三段论所从出的前提必定具有这种性质，因为每个属性要么这样属于，要么在偶然的意义上属于，偶然的不是必然的。

我们要么以这种方式论证，要么设定“证明是必然的”这样一个原则，即如果一个事物获得了证明，那它就不可能是别种样子，只能是它自身。因此，三段论的前提必定具有必然性。从真实的前提可以得出一个结论来而无须证明，然而从必然的前提不经证明却不可能得出任何结论，因为必然性就是证明。

证明由之进展的前提是必然的。这一论点的证据可在下面的事实中找到。即当我们反对那些认为他们在证明的人时，我们就说“它不是必然的”，如果我们认为那个事实或者是无条件的，或者是为了论证可以变成别种样子。

从这些论证中可以看出，认为只要前提是被普遍接受和真实的，一个人就获得了正确的本原这种想法是愚蠢的，正如智者们认为知识即是有知识一样①。本原并不是被普遍接受的或者不被普遍接受的，而是首先真实于证明所涉及的种，并不是每个真实的事实都为既定的种所特有的。

三段论必须奠基于必然的前提之上，这从下面的论证中也可以明显地看出，如果一个人尽管有着可以采用的证明，却不能解释事实的原因，那么，他就不具有知识。如果我们肯定这样一个三段论，当 A 作为谓项必然属于 C 的时候，结论由此得以证明的中词 B 却并不与其他项处在一种必然的联系中，那么，他就不知道原因。因为这个结论并不依靠中词，中词可以不是真实的，但结论却是必然的。

再者，如若一个人现在所不知道的东西，尽管他得到过解释，并且他自己和事实都没有变化，他也没有忘记，那么他从前对它也是不知道的。如果中词不是必然的，那它就可能消逝，在那种情况下，尽管他自己及事实依然是不变的，他能解释它，他也不知道事实，因而他以前也不知道它。即使中词实际上并没有消逝，而只是可能消逝，那么结论也会是或然的、偶然的，在这样的条件下，知识是不可能的。

当结论是必然的时，它由之得到证明的中词并非自身是必然的。因为从不必然的前提也有可能得到必然的结论，正如从不真实的前提也有可能达到真实的结论一样。但如果中词是必然的，那么结论也是必然的，正如从真实的前提中得

① 参见柏拉图：《优台谟篇》，277B。

出的结论总是真实的一样。让 A 作为 B 的必然谓项，B 作为 C 的必然谓项，那么 A 属于 C 的结论也是必然的。如果结论不是必然的，那么中词也不是必然的。假定 A 不必然属于 C 却必然属于 B，B 必然属于 C，那么 A 也必然属于 C，但这不是原来的设定。

因为如果我们对某一命题有证明知识，谓项必然属于主项，那么很明显，证明所依存的中词必定也是必然的。否则，我们既不能把结论也不能把它的原因认作是必然的。我们要么认为我们知道（尽管我们不知道，即把不必然的东西确定为必然），要么不认为我们知道，无论我们是通过间接的词项知道事实还是直接知道原因，情况都一样。

按照我们所下的定义[①]，不依据自身的属性是不拥有证明知识的，因为它不可能对结论作一个必然的证明。偶然的属性可能不属于主体，而我所谈论的属性正归属于这种类型。可能会有人问，要是结论不是必然的，我们为什么要提出某个确定的前提以便达到某个结论呢？一个人同样可以提出任何偶然的前提，然后陈述结论。对此的回答是，我们应当提出明确的问题，不是因为回答影响结论的必然性，而是因为在陈述它们时，我们的论敌必定陈述结论，并且真实地陈述它，如果属性是真实地属于主体的话。

因为在每个种里，只有依据自身所属的那个特殊种的属

① 见 $73^{a}37$ 以下，$74^{b}8$ 以下。

性才必然地属于它，所以，很显然，科学证明关于依据自身的属性并且以它们为始点。偶然属性不是必然的，所以我们并不必然知道为什么结论是真实的，即使属性总是属于主体，而不是依据自身而属于，那也不行，如在凭借标示的证明中那样[①]。因为我们不知道作为依据自身的事实是依据自身的，也不知道它的为什么。知道一件事物的为什么是通过它的原因而知道的，因而，中词必定由于自身属于小词，大词必定由于自身属于中词。

【7】 从一个种跨到另一个种不可能证明一个事实，例如通过算术证明几何命题。证明有三个因素：(1) 有待于证明的结论（它是就自身而归属于某个种的属性）；(2) 公理
75^{b} （公理是证明的基础）；(3) 载体性的种及其规定及依据自身的属性由证明揭示。如果种互不相同，如算术和几何，即使证明的基础是同一的，算术的证明也不可能适用于量值的属性，除非量值是数目。在某些情况下转变是可能的，其原因将在下文解释[②]。算术证明总是拥有作为证明对象的种，其他科学亦相同。这样，如果证明是可转换的，种必定是同一的，要么是纯粹的，要么是在某些方面同一。在其他方式上，这显然是不可能的。端词和中词必定属于同一个种：如

① 见《前分析篇》，$70^{a}7$ 以下。

② 见 $76^{a}9$ 以下，$78^{b}34$ 以下。

果联系不是出于自身的，那它必定是偶然的。这就是我们不能通过几何学证明相反者为同一学科所研究，甚至不能证明两个立方体之积是一个立方体的原因。一门科学的命题不能由另一门科学来证明，除非存在着这样一种联系，即一门科学的命题从属于另一门科学的命题。例如，光学的命题从属于几何学，和声的命题从属于算术。几何学也不能决定是否一个不是作为线的给定的属性属于线，并且从它们自己特殊的原则中引申出来，例如，直线是否是所有线中最美的，它是否是曲线的对立面，这些属性适用于线不是由于它们特殊的种，而是由于它们是为其他某个种所共有的性质。

【8】 显然，如果三段论的前提是普遍的，那么，这类证明——总体意义上的证明——的结论必定是永恒的。如果联系不是永恒的，那就没有总体意义上的证明或知识。而只是在偶然的意义上而言，即属性不是普遍地而是在特定的时间和条件下属于主体。要是如此，小前提必定是非永恒的、非普遍的。它是非永恒的，因为这样结论只能是非永恒的；它是非普遍的，因为结论只是在某些情况下真实，某些情况下不真实，所以不可能被证明是真正普遍真实的，而只是在特定的时间中才是真实的。定义的情况亦相同。因为定义要么是证明的本原，要么是一个不同形式的证明，要么是证明的结论。显然，关于间断性发生事物的证明和知识，例如月食，仅就它们涉及一特殊种类的事物而言，它们是永恒的，

但就它们不是永恒的而言，它们是特殊的。属性可以间断性地归于其他主体，正如食之于月一样。

【9】 除了从与其种相适合的本原出发外，显然不可能证明这种特殊属性对它主体的归属，所以，知识并不在于从真实的、不证自明的、直接的原则出发的证明，我这样说是因为一个人不可能以这种方式引导一个证明。例如，就像布吕松证明他的把圆形作成正方形的理论①一样，这样的论证通过使用一个共同的中词而证明结论。这个中词同样涉及一
76^a 个不同的主体，因而它们也归属于不同种的主体。这样，它们就使我们知道属性不是作为它自身，而只是偶然地属于它的主体，否则，证明不可能也适用于另一个种。

只有当我们在由于其属性才成为一个属性的主体上，从适合于那个主体本身的本原出发认识一个给定的属性时，我们对它的知识才不是偶然的。例如，只有当我们把“内角之和等于两直角”这一属性认作是属于它由自身而归属的那个主体，并且从适合于这主体的本原来认识时，我们对它的知识才不是偶然的。所以，如果这后一个词项由自身属于它自身的主体，那么中词必定属于与端词相同的种。为算术所证明的和声的命题是仅有的例外。这种命题是由同样的方式证明的，但却具有着差异。当被证明的事实属于一门不同的学

① 参见《辩谬篇》，171^b16，172^a3。

科（因为作为载体的种是不同的）时，事实的根据属于更高的科学，属于那个属性出于自身所归属的事物。从上述可以很明显地看到，对任何属性作无条件的证明是不可能的，除非从它自己的本原出发。不过，在刚才所给的例证中，本原有着共同的元素。

如果这一点清楚了，那么每个种的特有本原不能被证明也就清楚了，因为它们由此获得证明本原是一切存在着的事物的本原。关于这些本原的科学高于一切。如果一个人从更根本的原因中知道一个事实，那他就更真实地知道它，因为当他从它们自身无原因的原因中知道它时，他是从更先在的前提认识了它。这样，如果他在更真实或最真实的意义上知道，那么他的知识就是更真实或最真实的。不过，证明不能应用于不同的种，除了我们已经解释过的①几何学的证明应用于力学或光学的命题，算术的证明应用于和声的命题以外。

要确定一个人知道还是不知道是很困难的，因为很难确定我们知识是否奠基于适用于每个种的本原，这些本原构成了真正的知识。我们觉得，如果我们从真实的和首要的前提推出结论，那就获得了科学知识，其实不然，推断必须与科学的原初真理相同类。

【10】 我把在每个种中不能被证明的事实叫做“本

---

① 见 75^{b}14 以下，76^{a}9 以下。

原”，这样，原初真理及由此而证明的属性的意义便被断定了：本原方面的存在必须被断定，属性方面的存在必须被证明。例如，我们断定了“单位”、“直”、“三角形”的意义，但当我们断定单位及几何量值的存在时，其他东西的存在则必须被证明。

在证明科学所使用的本原中，有些是为特殊科学所特有的，有些则是共有的，但只是在类推的意义上共有。因为每一个只就它被包含在与科学相关的种中而言才能被使用。特有的原则，如线或直具有如此这般的性质。共有的原则，如当相等部分从相等物中取走时，剩余者仍相等，只有当它们
76b
在同一个种中被断定时才是合适的。如若几何学家不断定普遍的真理而只断定量值的真理，如若算术家只断定数的真理，那么结果相同。它断定其存在并且研究其出于自身属性的那些主体也殊于各门科学，正如算术研究单位，几何研究点和线一样。这些主体的存在和意义皆被断定，但它们的出于自身的属性只有在意义上才被断定。例如，算术断定奇、偶、平方、立方的意义，几何学肯定不可通约、倾斜或接近的意义，但它们的存在为共同的本原以及已经证明的结论所证明。天文学的情况亦相同。

一切证明科学都涉及三个因素：它提出的主体（即它研究其本质属性的种）；作为证明的根本基础的所谓的共同公理；第三是它肯定其各种含义的属性。不过，也没有什么阻止有些科学可以不管其中之一。例如，如果种的存在是明显

的，就可以略而不论它的存在（因为数的存在不像热和冷那样明显）。或者，如果属性的意义十分清楚，就可以略而不论。正如就共同本原而言，“相等的部分从相等物中减去，剩余部分仍相等”的意义不用断定一样，因为它众所周知。尽管如此，主体、对象、证明的基础这自然的三重划分是有效的。

自身必然真实并且必定被认为是如此的东西不是假设也不是预定①。因为证明像三段论一样，所涉及的不是外在的而是灵魂中的逻各斯。反对外在的逻各斯总是可能的，但要反对灵魂中的逻各斯却不总是可能的。一个教师断定一个命题可证明却没有证明它，如果学生接受了它，那它就是一个假设——不是一般的，而仅是相对于学生而言的假设。如果学生对它没有观念或只具有相反的观念，那么这所作的断定即是预定，这就是假设和预定之间的区别。后者与学生的观念相反，或者是被断定是可证明的，但未经证明而使用。

定义不是假设（因为它们对存在和不存在都不作断定），假设在命题中有地位，定义则只需要被理解。它不是假设，除非倾听被认为是一类假设。假设是由这样的断定所组成的：由于它们的存在，结论便从此而推得。因而，几何学家的假设并不像有些人所坚持认为的那样是虚假的。他们说人们不应使用虚假的东西，几何学家在他所画的线没有一尺长

① hupothesis，aitema。

时却断定它为一尺长，不直时断定为直，所以是犯了错误。
77a 几何学家并没有从他自己所提到的那条特殊线的存在中推断出什么，他只是从通过图示而阐明的事实中推出自己的结论。进一步，一切预定和假设要么是普遍的，要么是特殊的，而定义则既不是普遍的也不是特殊的。

【11】 为了使证明可能，并不必然需要形式或与“多”相分离的“一”的存在，但陈述一个众多主体的谓项应当正确却是必然的，否则就会没有普遍的词项。如果没有普遍词项，那就没有中词，也就没有证明。所以在众多特殊的事物之上，必定存在着一个自身等同的事物，但却不与它们分有同一名字。

没有一个证明使用肯定和否定同时都不可的原则，除非它所要证明的结论也是这种形式。大词肯定中词是真实的，否定中词是不真实的，证明为这样的断定所影响，把对矛盾面的否定加到中词上或者加到小词上并没有什么区别。如果我们断定，称谓“人”是真实的东西，称谓“动物”也是真实的——只要“人是动物”是真实的，“人不是动物”是不真实的。那么，即使用“非人”来称谓“动物”也同样是真实的——那么，把“加里亚斯”叫做动物是真实的，即使把“非加里亚斯”叫做动物也是真实的，但把它叫做“非动物”就不真实了。原因在于大词不仅述说中词而且也述说另一个词项或别的词项，因为它具有广泛的含义。所以，即使中词既是它自身也是它的矛盾面，结论仍不受影响。

“每个谓项的肯定或否定必有一真”这一法则通过归谬法被使用在证明中。它并不总是具有普遍性，而仅是充分的；即与种相关。所谓“与种相关”，我的意思是，与作为所讨论的证明主体的种相关，如我们在上面所论述的那样①。

所有的科学互相间都使用共同原则（我所谓“共同原则”是指他们用来进行证明的东西，不是他们在对它导出证明的主体，也不是他们证明的联系），辩证法分有一切其他科学的原则，试图普遍地证明共同原则的科学亦相同，例如，每个谓项的肯定或否定必有一真，把相等部分从相等物中取走，剩余部分仍相等，等等。但根据这定义，辩证法就没有领域，也不涉及任何一类对象。否则它就不会通过疑问而进展了。疑问是不可能证明的，因为对相反的事实不可能作出同样结果的证明。这已在关于三段论的著作中指出过了②。

【12】　如若一个三段论的问题与陈述对立面之一方的命题相同，而每门科学都有它自己三段论所依据的命题，那么必定存在着科学的问题，它与由此可以推得适合于科学的结论的前提相应。很显然，并不是每个问题都是几何学的（或医学的，其他科学亦相同），只有其根据与证明几何定理 77^b

① 见 76^a42。

② 可能指《前分析篇》，57^b4 以下。

或任何在其证明中所使用的公理与几何学相同的科学定理（如光学）相应的问题才是，其他科学亦相同。几何学家必须根据几何学的本原和结论对这些问题作出解释；但作为一个几何学家，他没有必要对本原作出解释。其他科学的情况亦与此相同。

因而，我们不能向每个专门家问任何问题，专门家也不会回答向他提出的与每个给定的主题相关的一切东西。他只回答属于他自己的学科范围内的问题。一个人作为几何学家跟一个几何学家相辩论，如果他通过从几何学本原中所证明的论点来辩论，那么他显然是适当的，否则就是不适当的。如果他的辩论不恰当，那他显然就不能驳倒一个几何学家，除非出于偶然。所以，不应该在一群不懂几何学的人中讨论几何学，因为他们觉察不出不可靠的论证。这种情况也适用于其他一切科学。

几何问题存在着，那么非几何问题也存在吗？在任何科学（例如几何学）中，是一种什么样的无知仍然提出几何学的问题呢？从虚假的前提中推出的结论，或者虽然虚假却仍是几何学的推论，是无知的结论吗？或者它是一个从一门不同的学科推得的论断吗？例如，音乐问题是与几何学相关的非几何学问题，而设想平行线相交在一种意义上是几何学的，但在另一种意义上却是非几何学的。“非几何学的”与“非节奏的”一样有两种含义。一件事物是非几何学的，在一种意义上是因为它完全缺乏那种性质，在另一种意义上是它拥有这种性质但极其微小。它是在后一种意义上的无知，即从与科学知识相反的前提中推论而得的无知。在数学中，形式的谬误没有这样普遍，因为产生歧义的总是中词，一个词项作一中词的全体的谓项，中词又依次作另一词项的全体谓项，但是谓项并没有说明所有。在数学中，中词可以被智慧之眼清楚地看到，而在辩证的论证中歧义往往容易被忽视。“每个圆都是一个形状吗？”如果人们画一个圆，那么答案是很明显的，“叙事诗是圆[1]吗？”显然不是。

如果某一证明具有归纳的小前提，我们就不应对它提出异议，正如一个只适用于一种情况的前提不是真实前提一样(因为它不适合所有情况，而三段论是从普遍判断进展的)，这种性质的异议不是真正的异议。前提与异议是相同的，任何被提出来的异议都可以变成一个前提，要么是证明的，要么是辩证的。

我们发现有些人通过把握两个词项的后件而错误地作论证。例如卡纽斯坚持认为火是以几何级数扩展的[2]，根据是火和这类级数都增长得极迅速。在这种条件下没有三段论。只有当最迅速的增长隐含着几何比例，火在其运动中隐含着最迅速的增长率时才行。有时不可能从断定中获得一个结论，有时它是可能的，但进展的方法却被忽略了。

① kuklos。

② 参见《论诗》，1457b21。

如果不可能从虚假的前提证明一个真实的结论，那么分析就会十分容易，因为结论与前提必然是交互的。让 A 成为一个真正的事实，它的真实性包含着其他一些我知道是真的事物（例如 B）的真实性，那么，从后者我就可以证明 A 确实是真实存在的。交互现象在数学中更加普遍，因为数学从不具有偶性（这是它不同于辩证推理的另一方面），它只具有定义。

科学的增长不是由于中词的插入而是由于大小词的附加，例如，A 是 B 的谓项，B 是 C 的谓项，C 是 D 的谓项，由此无穷后推。它也可以倾向扩展，例如，A 既是 C 又是 E 的谓项。举个例子说，A 是（确定的或不确定的）数，B 是确定的奇数，C 是特殊的奇数，那么 A 是 C 的谓项。再者，D 是确定的偶数，E 是一个特殊的偶数，那么 A 是 E 的谓项。

【13】 在同一门科学中，对事物的知识和对事物原因的知识在下列不同的条件下是不同的：(1) 如果结论不是从直接的前提推得 [因为这样一来，第一因（近因）不包含在它们之中，而对原因的知识是依赖第一因的]。(2) 虽然结论是从直接前提推得，但它却不是从原因而是从两个可转换的词项中知道得更清楚的那个词项中推得。因为在两个可以转换的谓项中，不是原因的那一个可能知道得更清楚，所以证明将从此而进展。例如，“行星是相近的，因为它们不闪

烁”这样一个证明。让C表示“行星”，B表示“不闪烁”，A表示“相近”，那么，B作为C的谓项是真实的，因为行星不闪烁，但A陈述B同样是真的，因为不闪烁的东西是接近的（这已经通过归纳或感觉而确定），这样，A必定属于C，从而证明了行星是相近的。因此这个三段论证明的不是原因而是事实。因为不是因为行星不闪烁，所以它们相近，而是因为它们相近，所以不闪烁。不过，借助大词证明中词是可能的，所以证明可以揭示根据。例如，让C表示 78b
“行星”，B表示“相近”，A表示“不闪烁”，那么B属于C，并且A属于B，所以A也属于C。这个三段论揭示了根据，因为第一因已被断定了①。再如，月亮由于它的盈亏被证明是球形的，如果展现出这类盈亏的事物是球形，月亮展现了这类盈亏，那么月亮很显然是球形的。三段论用这种形式证明事实，但当中词与大词互换时，我们就揭示了根据，因为月亮不是由于它的盈亏所以是球体，而是因为它是球体所以呈现出这种盈亏。C表示“月亮”，B表示“球形”，A表示“盈亏”。（3）如果中词不能转换，不是原因的东西比原因更被了解，那么事实能被证明而根据却不能被证明。（4）中词与大词和小词不相交的三段论亦同样情况。在这些三段论中，证明说明了事实却没有说明根据。因为原因没有得到陈述。例如，墙为什么不呼吸？因为它不是动物，如果这是不

① 即作为中词。

呼吸的原因，“是动物”就应当是呼吸的原因。如果一个否定陈述给出一个属性所不属于的原因，那么，相应的肯定陈述就会给出其属于的原因。如果我们身体的热和冷的元素失调是我们不健康的原因，那么，它们的适当比例就是我们健康的原因。同样，如果肯定陈述给出了一个属性所属于的原因，那么否定陈述就会给出它不属于的原因。但在给予的例证中，结论并不跟随，因为并非一切动物都呼吸[①]，证明这类原因的三段论出现在中间格中。例如，让 A 表示“动物”，B 表示“呼吸”，C 表示“墙”，那么，A 属于所有 B（因为凡是呼吸者皆为动物）但不适用于 C，这样，B 也不属于任何 C，因而墙不能呼吸。这样的原因就像是牵强附会的解释，我的意思是指用太遥远的一种形式去陈述中词，例如，阿那赫里西斯[②]的格言，即在斯库塞人中没有吹笛手，因为没有葡萄树。

在同一门科学中，根据中词的位置，证明事实的三段论与证明根据的三段论的差异就是这样。但事实和根据还在另一方面互不相同，即在每个为不同科学所研究的存在上。所有互相联系，一门从属于另一门的学科都是这样。正如光学问题从属于几何，力学问题从属于立体几何，和声问题从属于算术，自然现象研究从属于天文学这样的联系一样。在这

① 亚里士多德认为，只有热血动物才呼吸，见《论呼吸》478^a28 以下。

② 阿那赫里西斯（Anakharsis），公元前 6 世纪斯库塞人类学家。

些学科中有些实际上是同名的，例如，数学和航海天文学都 79a
被叫做天文学，数学和和声学都被叫做和谐。在这些学科中，收集资料者知道事实。数学家揭示根据，后者能证明原因，但他们却常常忽视事实。正如研究普遍的人由于缺少完全的考察常常忽略某些特殊事例一样。一切分离存在的、呈现出特殊形式的对象都属于这一类。数学是研究形式的，它们并不把它们的证明局限在特殊的主体上。即使几何学涉及特殊的主体，它们也仅仅是偶然的。正如光学与几何学相关一样，另一门科学即对虹的研究与光学联系。知道虹存在这一事实是自然哲学家的任务，认识其根据是光学家——或者是纯粹的光学家或者是数学上的光学家——的任务。许多并不严格从属于其他科学的科学也具有这种联系，如医学与几何学，医生知道周期性的伤治愈较慢这一事实，但几何学家知道该事实的根据。

【14】　在所有的格中，最科学的格是第一格。不仅数理科学，如算术、几何及光学通过它推进它们的证明，而且，广而言之，所有探讨根据的科学实际上都通过这一格推进自己的证明。一般来说，在绝大多数情况下，探索根据的三段论都受这个格的影响。由于这个缘故，第一格也可以被认为是最科学的，因为知识的最重要的部分就是对根据的研究。进一步，仅用这个格也能追求“是什么”的知识。因为

在中间格中我们得不到肯定的结论①。而对事物的“是什么”的知识必定是肯定的。在最后格中我们可以得到肯定的结论，但它不是全称的，而“是什么”却属于全称的范畴。“人是两足动物”并不是在任何特殊意义上而言的。最后，第一格独立于其他格，而其他格则为它所补充和增加，直到它们获得直接前提为止，十分显然，第一格对于知识来说是最关键的。

【15】 正如 A 可以不可分割地属于 B 一样，它也可以不可分割地不属于 B。我的意思是，在不可分割地属于与不属于之间没有中词。在这种情况下，属于或不属于就不再依赖其他词项。当 A 或 B 或两者被包含在某个整体中时，A 就不可能在首要的意义上不属于 B。让 A 被包含在 C 的整体中，如果 B 不被包含在 C 的整体中（A 被包含在某个整体中，而 B 却不被包含在其中，这是完全可能的），那么就
79b 会有三段论证明 A 不属于 B。如果 C 属于 A 的所有部分却不属于 B 的任何部分，那么 A 就不属于 B。如果 B 被包含在某个整体中，譬如说，D 中，则情况亦相同。因为 D 属于 B 的所有部分，所以 A 不属于 D 的任何部分，因而通过三段论表明，A 不属于 B 的任何部分。如果两者都被包含在同一个整体中，那么证明将会采取同样的形式。

① 见《前分析篇》，第一卷，【5】。

B可以不被包含在包含着A的整体中，反之亦同样成立，这一点通过一系列互相排斥的谓项可以明显地看出。因为如果ACD系列中没有词项能作为BEF系列中任何词项的谓项，A整个被包含在前一个系列的一个词项H中，那么很明显B就不能被包含在H中，不然，系列就不会相互排斥了。如果B整个地被包含在另一个词项中，情形也同样。另方面，如果没一个词项整个地被包含在另一个词项中，如果A不属于B，那它必然不可分割地不属于B。如果有中词，那么它们之中必有一个完全被包含在某个整体中。三段论要么在第一格中，要么在中间格中出现。如果它在第一格中出现，那么被包含在某个整体中的就是B（因为与B相联系的前提必定是肯定的）；如果它在中间格中出现，那么被包含在整体中的既可以是A也可以是B。因为当否定陈述只跟其中一个相关时，三段论存在，如果两个都是否定的，那就没有三段论。

因而很显然，一个词项可以不可分割地属于另一个。我们已经说明它在什么时候可能以及怎样才可能这些问题。

【16】 不是从否定的意义而是从一种肯定习性来考虑，无知是由于推论而产生的错误。在陈述一个直接的肯定或否定的联系的命题中，它以两种方式出现：（1）当我们单纯地设定一个词项属于或不属于另一个时；（2）当我们通过三段论产生这一设定时，从单纯设定产生的错误是简单的，但它

基于多种形式的推论之上。让 A 不可分割地不属于任何 B。那么如果我们以 C 为中词，推得 A 属于 B，我们的错误就是通过推论而产生的。要么两个前提都可能是假的，要么只有其中一个可能是假的。(1) 如果 A 不属于任何 C，C 不属于任何 B，而我们对它们都作了相反的判定，那么，两个前提都是假的。C 这样与 A 和 B 相联系是可能的，以至它既不从属于 A 也不普遍地属于 B。B 不可能整个地被包含在某个整体中（因为我们说过 A 不直接属于它），A 不必然普遍地属于一切事物，因此两个前提都是虚假的。(2) 也可能断定一个真实的前提，当然不可能任何一个都行，而只能是 AC，前提 CB 总是虚假的，因为 B 不被包含在某一整体中，但 AC 可以是真实的。例如，如果 A 不可分割地既属于 C 也属于 B。如果同一词项直接作为多个主项的谓项，那么这些主项都不属于另一个。如若（A 与 C 的）联系不是不可分割的，结果并不两样。

这样，关于肯定属性的错误只是从这些原因，在这些条件中产生的（我们已经知道①证明全称肯定联系三段论不可能在其他格中出现），但关于否定属性的错误却既可以出现在第一格中，也可以出现在第二格中。让我们首先说明在第一格中，它以多少形式出现，前提又是如何相联系的。

错误在下列两种情况下是可能的：(1) 当两个前提都虚

---

① 见《前分析篇》，第一卷，【5】—【6】。

假时。例如，如果 A 不可分割地既属于 C 也属于 B，因为 A 被断定不属于任何 C，C 不属于任何 B，那么两个前提都是虚假的。(2) 当两个前提中有一个虚假（这个前提可以是任意的）时。AC 可以是真的，而 CB 可以是假的，AC 可以是真，因为 A 不属于一切事物，CB 可以假，因为当 A 不属于任何 C 时，C 不能属于任何 B，否则，前提 AC 就不再真实了，此外，如果两个前提都是真实的，那么结论也是真实的。再者 CB 可以真而 AC 可以假。例如，如果 B 既被包含在 C 中也被包含在 A 中，因为它们之中有一个必定从属于另一个，因而如果我们设定 A 不属于任何 C，那么前提就是虚假的。十分明显，无论只有一个前提假还是两个前提都假，三段论都是假的。

在第二格中，(1) 两个前提都假是不可能的（因为当 A 属于所有 B 时，我们不能找到这样一个词项，它属于一个的全体却不属于另一个的任何部分，但是我们必须以这种方式断定三段论，即如果三段论存在，那么中词从属于一个端词而不从属于另一个。如果这样断定的前提是虚假的，那么断定相反的前提显然会获得相反的结果。但这是不可能的）。但是，(2) 没有什么阻止两个前提可以部分虚假。例如，如果 C 属于部分 A 和部分 B，因为如果它被设定从属于所有 A，不从属于所有 B，那么两个前提都是虚假的。但不是从属于全体而是从属于部分，则可以成立。如果另一个前提被设定是否定的，情况亦然。(3) 单个前提可以是虚假的，属于所有A的也属于所有B，如果C被设定为属于整个A但不属于整个B，CA就是真实的，而CB则是虚假的。再[80b]者，不属于所有B的也不属于A。因为如果它属于A，它就属于B，但根据假设它不属于B，因而如果C被设定属于所有A但不属于任何B，那么前提CB就是真的，而另一个是虚假的，如果调换否定前提，情况亦相同。因为不属于任何A的也不属于任何B。这样，如果C被设定不属于整个A，但属于整个B，那么前提AC是真实的，而另一个前提是虚假的。又，设定属于所有B的不属于任何A是虚假的，如果它属于所有B，它必定也属于某个A，这样，如果C被设定属于所有B却不属于任何A，CB就是真的，CA是假的。

因而，十分明白，当两个前提都假以及有一个前提假时，在不可分的命题中，错误的推论是可能的。

【17】 在不是不可分割的属性中，无论它们是肯定的还是否定的，当推论通过恰当的中词产生虚假的结论时，不可能两个前提都假，只有大前提才可能虚假（所谓“恰当的中词”即通过它可产生相矛盾结论的中词）。让A通过中词C属于B，为了产生三段论，前提CB必被设定为肯定的，很明显，它必定始终是真实的，因为它不能够转换。但AC却是假的，随着它的转换，三段论获得相反的结论。设定中词要从另一谓项系列中取得，情况亦同样。例如，如果D

既完全包含在 A 之中，又作为一切 B 的谓项，前提 DB 必定静止不变，而另一个却可以被转换，因而 DB 始终是真实的，而后者却总是虚假的，这类错误实际上与通过中词推得的错误相同。不过如果三段论不是通过恰当的中词而产生的，中词属于 A 却不属于任何 B，那么两个前提必定都是虚假的。如果三段论要成立，则前提必须在相反的意义上被设定。当它们这样被设定时，二者都变成虚假的。例如，如果 A 属于整个 D，D 不属于任何 B，当这些陈述发生转换时，就会有三段论存在，它的两个前提都是虚假的。但当中词，例如 D，不属于 A 时，前提 AD 就是真的，DB 是假的。AD 是真实的，因为 D 不包含在 A 之中。DB 是虚假的，因为如果它是真实的，那么结论也会是真实的，然而根据假设，结论是虚假的。

当错误在第二格产生时，两个前提完全虚假是不可能的（因为如我们以前说过的①，当 B 从属于 A 时，没有事物能属于一者的全体而不属于另一者的任何部分），但其中一个前提可以是虚假的，任意哪个都行。如果 C 既属于 A 也属于 B，如果它被设定属于 A 却不属于 B，那么前提 CA 就是真实的，而另一个是虚假的。再者，如果 C 被设定属于 B 却不属于 A，那么 CB 是真的，而另一个是虚假的。

这样，我们就说明了如果错误的推论是否定的，那么什

① 见 80a29。

么时候以及从什么样的前提中错误会产生。如果它是肯定的，那么，(1) 当它通过恰当的中词而推得时，两个前提都假是不可能的，因为如我们在上文已说过的[①]，如果有三段论，那么前提 CB 必定是静止不变的，因而 AC 始终是假的，因为它是（性质）要被转换的前提。(2) 如我们在涉及否定性的错误时所说的[②]，设定中词取自另一个谓项系列，那么情况亦相同。因为 DB 必定是静止不变的。AD 在性质上可以转换，这错误与以前的相同。但是，(3) 当结论不是通过恰当的中词推得，如果 D 从属于 A，那么这个前提是真实的，而另一个是虚假的。因为 A 可以属于多个互相间不从属的词项，但是如果 D 不从属于 A，那么很显然这个前提始终是虚假的（因为它被设定为是肯定的），反之，DB 可以是真的或假的。没有什么阻止 A 不属于任何 D 而 D 属于所有 B（例如，动物不属于任何科学，但科学却属于一切音乐），也没有什么阻止 A 不属于任何 D，D 不属于任何 B。(这就很明白，当中词不从属于 A 时，两个前提都可以是假的，并且其中任意一个都可以是假的。)[③]

这样，三段论的错误可以以多少种方式，以什么样的前提出现在直接属性以及证明属性中，就十分清楚了。

---

① 见 80^b23。

② 见 80^b26。

③ 这句话不可能是亚里士多德的。

【18】 同样明白的是，如果感觉功能丧失了，那么某些知识必定随同它而丧失，因为我们的学习要么通过归纳，要么通过证明来进行。证明从普遍出发，归纳从特殊开始，但除非通过归纳，否则要认识普遍是不可能的（甚至我们称作“抽象”的东西①，也只有通过归纳才能把握，因为尽管它们能分离存在，它们有一些也居于某类对象之中，仅就每类对象都有一种特殊性质而言）。如果我们缺少感觉，我们就不能适用归纳。因为感觉才认识特殊，由于它们既不能通过缺乏归纳的普遍，也不可能通过没有感觉的归纳得到认识，所以对它们不可能获得知识。

【19】 每个三段论都由三个词构成，有一种形式能证明 A 属于 C，因为 A 属于 B，B 属于 C，另一种形式是否定的，其中一个前提是肯定的，而另一个前提却是否定的。很显然，这些是（三段论的）本原和所谓的假设，通过以这种方式设定它们，一个人必须证明，例如，A 由于 B 而属于 C，又，A 由于另一个作为中词的词项而属于 B，B 亦以同样方式属于 C。现在如果我们只是以一种辩证的观点来争论，那么，很显然，我们只需要考虑结论是否推自最广泛被接受的前提。所以，尽管一个给定的词项并不真是 A 和 B

① ta eks aphaireseos。

的中词，但只要它被普遍接受，我们据此推论，那么推论在辩证法的意义上是完满的，但如果我们的对象是真实的，我们就必须从事实出发进行研究。观点就是这样，有些词项在不是偶然的意义作其他事物的谓项（我所谓“偶然地”是指，譬如，有时我们说“那个白的东西是个人”，它跟说“那个人是白的”是不一样的，人不是白的东西，因为他是其他某个东西，而白的东西是人，因为它是白的人的偶性），有些事物在本性上就是可以作谓项的。让C不再能属于其他任何词项，但B却直接属于C，没有其他词项居于它们之间。又，让E以同样的方式属于F，F属于B，那么这个系列有必定的界限吗？或者说，它可以进展到无穷吗？又，如果没有词项自身可作为A的谓项，而A直接属于H，不直接属于任何中间项，H属于G，G属于B,那么,这一系列也必然有个终端,还是它也可以进展到无穷呢？它与前一个问题不同。它问的是,“如果我们从这样一个词项——它不从属于其他事物而其他事物却从属于它——开始,是否可能按上升方向进展到无穷?”前一个问题问的是：如果我们从这样一个词项——它自身可作为其他事物的谓项，但没有什么能作为它的谓项——开始，我们能否按下降方面进展到无穷。进而，当终端确定时，居间的词项在数目上能无限吗？我的意思是说，例如，如果A属于C，B是它们的中词，其他词项可作为B和A的谓项，另外词项又可以作为这些词项的谓项，那么它们能进展到无穷吗？还是不可能？探索这个问题与探索证明是否构成一个无穷系列是一样的，也就是说，万物是否都可证明或终极在互相联系中是有限的。否定的三段论与前提也有同样情况，例如，如果 A 不属于任何 B，那么它要么是直接的，要么存在着某个它不直接属于的居间的词项（例如它不直接属于 G，但 G 却属于任何 B）。再者，某个词项先于 G，例如，H，A 不属于它，可它却属于一切 G。在这种情况下，要么 A 更直接所属的词项在数目上是无限的，要么系列有一个界限。

但是，如果前提是可以换位的，情况则不同。在词项可以互作谓项的情况下，没有一个词项是最初的或最终的谓项，因为在这一方面，一切都同样处在互相联系之中，无论可作为述说主项的词项在数目上无限，还是两类词项（我们对它们都不确定）都在数目上无限，唯一的例外是，如果词项不能按同样方式换位，而是一个是偶然的，另一个则是真正的谓项①。

【20】 如果谓项在向上和向下两个方向都有界限（我所谓"向上"是指朝更普遍的方向上升，我所谓"向下"是指朝更加特殊的方向下降），那么，十分明白，居间项在数目上不可能是无限的。因为如果当 A 述说 F 时，居间项 B 在数目上是无限的，那么，很清楚，就可从 A 开始，顺向下

① 见 81^b25—29。

的方向，找到被另一词项所述说的某一词项，直至无限（因为在进展到 F 之前，居间项在数目上是无限的）。同样，如果从 F 开始，顺上升方向进展到 A，其间亦有无限多的词项。这样，如若这些结果不可能，那么 A 与 F 之间存在着无限多的居间项同样也不可能。如果有人主张在 AB……F 系列中某些词项是连续的，所以在它们之间没有中项，其他的词项也不可能被把握，则情况也没有什么不同。不论采用 B 系列中哪个词项，朝 A 或 F 方向的居间项在数目上必定要么有限要么无限。在无限的系列中，不管先从哪个词项出发，直接的或者间接的都没有什么差别，因为在它们之后的词项是无限的。

【21】 如果在肯定证明中，这个系列在两个方向上都有界限，那么，很显然，在否定的证明中它也有界限，让我们设定，从最终词项（所谓“最终词项”，我是指不属于其
82b 他任何词项，但其他词项，例如 F，却可以属于它的词项）不能上升到无限，或者从最初词项（所谓“最初词项”，我是指它可以述说其他词项，但其他词项却不述说它）不能下降到终极。如果这些条件得到满足，那么在否定中也有界限。证明一个词项不属于另一个有三种方式：（1）B 属于一切 C 所属于的事物，但 A 不属于任何 B 所属于的事物。在前提 BC 中，一般是在小前提中，我们一定可以获得直接的命题，因为 BC 这一前提是肯定的。至于另一词项，很显

然，如果它不属于另一个先在的词项，例如 D，那么，这个词项便属于一切 B。如果它也不属于先于 D 的另一词项，那么，这个词项必定属于一切 D。这样，由于上升的进程是有限的，通向 A 的进程也是有限的，而且将有某个 A 不能属于的最初词项。（2）如果 B 属于一切 A，却不属于任何 C，那么 A 不属于任何 C。如果要求证明这一点，那么，很明显，证明要么用上面描述过的方法，要么用现在的方法，要么用第三种。第一种已经说明了，第二种现在就要进行说明。证明如下：D 属于所有 B，却不属于任何 C，因为有些谓项必然属于 B。再者，由于 D 不属于 C，那么其他某个不属于 C 的属于 D。由于肯定的属性系列在上升方面有限，否定系列也是有限的。（3）第三种方式是，如果 A 属于所有 B，C 不属于所有 B，那么 C 不属于所有 A 所属于的东西。它也能被以前所述的方法或为一种相似的方法所证明。在前面的情况下，系列显然是有限的，在后一种情况下，我们现在设定 B 属于 E，C 却并非都属于 E。而这又被同样地证明。因为我们已经设定向下方向的系列也有界限，那么很显然，不能作为 C 属性的系列也有界限。

很明显，即使证明不限于一种方法，而是采用全部方法——时而第一格，时而第二格，时而第三格——即使如此，系列亦有界限。因为方法在数目上是有限的，所以，有限数目的方法采用的有限数目的事物的结果必定是有限的。

因而，如果肯定属性的系列有界限，则否定属性的系列显然亦有界限，而肯定属性的系列有界限这种情况借助下列辩证论述将会明白。

【22】 构成事物的是什么或本质的一部分的谓项系列显然有界限，因为如果定义可能，也就是说，如果本质可以认
83a 识，而在数目上无穷的事物又不可能被穷尽，那么，构成事物的是什么或本质的一部分的谓项在数量上必然是有限的。但我们一般地可以按以下方式处理问题。我们可以真实地说“白的东西在行走”，“大的东西是木头”，或者说，“这根木头是大的”及“这个人在行走”。在这两种情况下作出的陈述是不相同的。当我说“白的东西是木头”时，我的意思是，碰巧是白的东西是木头，而不是说白是木头所依附的主体，因为并不是作为白或作为白的一个特殊种，白的事物才成为木头的，白的东西成为木头只是出于偶然。另一方面，当我说“这根木头是白的”时，我并不是指其他某个碰巧成为木头的东西是白的，就像当我说，“有文化的人是白的”的含义一样（我说这句话的意思是，“那个碰巧有文化的人是白的”），相反，在这里，木头是实在地变成白的东西的主体，而且不是作为其他事物，而是作为木头的一个种或某根特殊木头才这样。这样，如果我们要制定一条规则，那就让我们把后一类论断称作谓项，而前一类论断根本不是谓项，或者说是偶然意义而非一般意义上的谓项。上例中的“白”和“木头”分别是谓项和主项。因而，让我们设定，谓项始终是一般地而不是偶然

表述主项的。因为证明依赖于此才得以进行。因此，当一个词项述说另一个词项时，那么它所表明的要么是是什么①，要么是质、量、关系、动作、承受、何地、何时中的某一个。

进而，表明实体的谓项意味着主词与谓项或与谓项的一个种相同，不表明实体却表述另一个既不与谓项或谓项的一个种相等同的主项的谓项是偶然的，例如，“白”作为“人”的谓项。在这里，“人”既不等同于“白”，也不等同于“白”的某个种，但他可能是个动物，因为人等同于动物的一个种。不表明实体的谓项必定表述某个主项，除非一个事物因为首先是其他事物，否则它不可能是白。“形式”可以排除掉。因为它们只是无稽之谈，即使它们存在，也是不相关的，因为证明只涉及我们已讨论过的这些谓项。

如果 X 不可能是 Y 的性质，Y 不可能是 X 的性质，即如果不能有一个性质的性质，那么，X 和 Y 就不能按照我们所制定的方式互为谓项。用一个去陈述另一个可能是真实的，但交互陈述却不可能是真实的。因为谓项可被陈述作实体，即谓项的种或属差。我们已经证明这类谓项在向上或向下方向都不可能进展到无穷（例如人是两足动物，两足动物是动物，动物又是其他某个事物，或者说动物述说人，人述说加里亚斯，加里亚斯述说其他某个作为本质的部分的事物）。因为每个这样的实体都可定义，但要在思想中穷尽一

① to ti esti。

个无穷系列是不可能的。因而系列无论是向上还是向下都不可能是无穷的，因为我们无法定义为无穷数量的词项所表述的某个实体。因而，作为种，它们不能互相作谓项，否则，一个事物就会相等于它自身的一个部分。也不可能有任何事物交替表述性质或其他任何范畴，除非是在偶然的意义上。它们都是属性，只能表述实体。至于系列不能上升到无限的证明，在每一步骤上，谓项表明的要么是质，要么是量或其他某个范畴，要不然就是实体中的因素。后者在数目上是有限的。范畴的种类亦是有限的，即性质、数量、关系，动作、承受、何地及何时。

我们已经阐明一个谓项表述一个主项，除了表明是什么而外，谓项不能相互表述。它们都是属性，有的在其自身的意义上而言，有的在其他意义上而言。我们说它们都表述某一主体，而属性却不是一类主体。因为我们认为诸如此类不是其他某个事物的事物，并不与对它所作的陈述相区别，但只是陈述了其他某个词项，而其他属性却表述一个不相同的主体。一个谓项表述一个主项，无论在向上还是在向下都不能够构成一个无限的系列。因为属性所述说的主体并不多于在某个个体的实体中所隐含的因素，而它们在数目上并不是无限的。在上升方向我们有这些主词及它们的属性，两者在数目上都是有限的，因而必定存在着某个事物首先表述的主体，而其他事物又表述这一事物，这个系列必定是有限的，即是说，必定存在着某个词项，它不表述任何先于它的词项，也没有一个先于它的词表述它。

除以上说明的证明方式之外，还有另外一种方式，一个能为其他先在的谓项所断言的主体的证明，和不经证明而有的或将有的知识相比，与可证明的东西相关联不见得更幸运些。此外，如若通过其他某些事物而得知。除了知道之外，对它们不可能有更好的联系，所以，我们通过它们得知的东西都不是科学知识。如果通过证明一般地知道一件事物——不是作为一个有条件的或假设性的结论——是可能的，居间的谓项必定有限。如果没有界限，始终存在高于最后所使用 84a
词项的事物，那么，一切事物都是可以证明的。因此，如果越过数目上的无限是不可能的，我们就不能通过证明知道这些可证明的谓项。如果我们与它们的联系不优于与知识的联系，那就不可能通过证明获得对任何事物的整体的知识，而只有假设性的知识。

一个人可以有理智地从上述讨论中相信我们所说内容的真理性。但通过分析的方法可以更简明地从下面的论述中理解到，在作为我们研究对象的证明科学中，无论是向上，还是向下都不可能有无限的谓项系列。

证明与事物的就自身而言的属性相关。属性在两种意义上说是依据自身的：（1）因为它们内在于它们主体的“是什么”之中，或者（2）因为它们的主体内在于它们的“是什么”之中。例如，在“奇数”与“数”的关系中，“奇数”是“数”的一个属性，而“数”自身又内在于“奇数”的定义中，另一方面，“复多”或“可分”却内在于“数”的定义中。这些属性都不能进展到无穷，当联系是奇数与数目的联系时，系列不可能是无限的（因为这意味着奇数具有另一个奇数内在于其中的属性。如果这样，那么数必定首先内在于几个作为其属性的奇数中。这样，因为无限数目的这种属性不可能属于一个单一的主体，所以，上升的系列也不会是无限的。实际上所有这样的属性必定内在于终极的主体中，例如，数的属性都在数中，而数在属性之中，因此它们可以互相转换，但却不能超越这个范围）。内在于它们的主体的“是什么”中的属性，在数目上也不可能是无限的，否则，定义就不可能。这样，如果作为谓项的一切属性都是依据自身的，而且它们在数目上不可能是无限的，那么上升的系列必定有限，下降的系列亦相同。

如果情况确是如此，那么两个词项的居间项在数目上也必定是有限的，果然这样，那就很明显，证明的本原必定存在，而且某些人所持有的观点（我们在开始时已提到①，即认为事物都可证明的论点）是错误的。因为如果本原存在，那么（1）并非一切事物都可证明，并且（2）证明也不能构成一个无限的系列。因为反对这两个结果中任何一个都意味着没有前提是直接的和不可分的，一切都是可分的。因为通过内在地而非外在地附加一个词项，命题可得到证明。这

① 见 72^b6。

样，如果证明不能进展到无穷，那么，两个词项的居间项就
可能在数目上无限。不过如若谓项系列在上升和下降方向上 84b
都有限，这是不可能的。然而，谓项系列的有限在上面已用
辩证法，现在又为分析法所证明。

【23】 从所有这些结论中可以明显地看出，如果同一属性属于两个主体，例如，如果 A 既属于 C 也属于 D，C 和 D 不能或者至少不能在一切事例中互相表述，那么这种谓项并不因为一个共同的特性而始终属于它们。例如，“其内角之和等于两直角”由于一个共同的特性，既属于等腰三角形也属于不等边三角形（它之所以属于它们，乃是因为它们都是某种特殊图形，而不是因为它们彼此之间的差别）。但情况并不总是这样，让 B 表示 A 由此而属于 C 和 D 的特性，那么很清楚，B 也由于其他某个特性而属于 C 和 D，这个特性又会因第三种特性而属于 C 和 D，所以在两个词项间可插入无数的居间项，但这是不可能的。从而，如果有直接的前提存在，那么同一谓项并不必然借助一个共同的特性而属于多个主体。不过，如果被证明为两个主体的共同属性是它们的一个依据自身的属性，那么，居间项必定属于同一个种，并且（前提）来自同一组直接前提。因为我们已经知道[1]，在证明的命题中，我们不能从一个种跨越到另一

① 见《后分析篇》，第一卷，【7】。

个种。

十分明白，当A属于B时，如果有一个中词，那么A属于B是能被证明的。这个证明的“因素”等同于中词，或者说，它们在数目上是相同的，因为“因素”要么是全部的，要么是普遍的直接前提。没有中词，就没有证明。我们正在研究本原。同样，如果A不属于B，如果要么有一个中词，要么有一个A所不属于的先在词项，那么，证明就是可能的，否则便不可能。我们只是正在研究本原。因素与中词的数量相等，证明的本原正是包含着它们的前提。正如存在着某些不可证明的前提，如“X与Y”或“X属于Y”一样，也存在着其他不可证明的前提，如“X不是Y”或“X不属于Y”，所以有些是作肯定陈述的原则，有些是作否定陈述的原则。

当要证明一个结论时，我们必须设定表述B的直接词项，假定它是C，然后假定D同样可表述C。如果我们继续这一进程，我们在证明中从不设定任何超出A范围的前提和属性，而是不断压缩两个词项的间距，直到主项和谓项成为不可分的或者成为一体。当前提变成直接的时，我们便得到了一个单位，只有直接的前提才是纯粹意义上的前提。正如在其他领域中最基本的单位是简单的东西，而且在各处不
85a 尽相同，如重量最基本的单位是梅纳，在音乐中是四分音，如此等等。同样，在三段论中，最基本的单位是直接的前

提，而在证明和认知中它是一种理会或努斯[①]。

在肯定的三段论中，没有什么超过属性的范围。在否定的三段论中，(1) 在一种方式中没有什么超出其属性需要被证明的词项的范围之外。例如，设定要通过 C 证明 A 不属于 B（前提是 C 属于所有 B，A 不属于任何 C），随后，如果要证明 A 不属于任何 C，那么在 A 和 C 之间必须设定一个中项，过程就按照这种方式继续。(2) 如果因为 C 属于所有 D，但不属于任何 E（或不属于所有 E），要求证明 D 不属于 E，则中词绝不会超出 E 的范围，E 即是谓项被要求(不)[②]属于它的主项。(3) 在第三种方式上，中词绝不会超出结论中被否定的主项和否定的谓项的范围。

【24】 因为证明要么是普遍的，要么是特殊的，或者要么是肯定的，要么是否定的，所以可以争论哪一个更好些。对于直接证明以及归谬法亦是如此。首先让我们考虑普遍的和特殊的证明。搞清楚这一问题后，再讨论直接证明和归谬法。

有些人以下面这些方式考虑问题，所以认为特殊证明较好些。(1) 可以使我们获得更多知识的证明即是更好的证明（因为这是证明的特长[③]，并且我们借助事物自身认识某个

① nous。
② 省略 ou。
③ arete，或作“德性”。

特殊事物比借助他物认识它时可以获得更多的知识，例如，如果我们知道哥里斯库斯是个有教养的人，而不仅是知道某个人有教养,那么我们对“有教养的哥里斯库斯”就是有更多的知识。其他情况亦同样）。普遍证明表明不是某个特殊事物而是其他事物有一个既定的属性（例如，它不指明等腰三角形，因为它是等腰三角形，所以有一个既定的属性，而是因为它是一个三角形）。相反，特殊证明却指明正是事物自身具有这个属性。所以，如果借助事物自身指明事物中的证明是较好的证明，而特殊证明比普遍证明更具有这种性质，那么，特殊证明也就比普遍证明更优越。(2）进而，如果普遍离开特殊便不存在，而证明使人产生一种信念，即以为存在着一种证明赖以进展的具有这种性质的事物，它留居在事物之中作为特性，如与特殊的三角形不同的三角形，与特殊的图形不同的图形，与特殊的数目不同的数目。如果涉及存在的永不错误的证明比涉及不存在的错误证明更好；如果普遍证明属于后一类（以下述方式推理，例如，关于匀称，匀称是一个具有明确特征的东西，它既不是线，不是数，不是立体，也不是平面，而是不同于这一切的东西）——如果这类证明更接近于普遍证明，比特殊证明更少涉及存在，并且产生了某种错误的意见，那么可以推知普遍的证明不如特殊的证明。

但事实上，(1）第一种论证既可应用于普遍证明，同样可应用于特殊证明。如果“内角之和等于两直角”这一属性不是作为等腰三角形而是作为三角形的一种形状，那么，知道这个形状拥有这种属性是因为它是等腰三角形的人，对事物的根本原因的认识，不及知道这个形状拥有这种属性是因为它是一个三角形的人。总而言之，如果一个属性不属于作为三角形的主体，但属性却被证明属于主体，那么这便不是证明。但如果它确实属于作为三角形的主体，那么知道这种属性属于这种主体的人具有更丰富的知识。如果“三角形”是个广义词，具有一个不变的意义，那么，“三角形”一词便不是歧义的。并且如果“其内角总和等于两直角”这一属性属于一切三角形，那么是作为三角形的等腰三角形，而不是作为等腰三角形的三角形才拥有这样的角。因而，知道普遍的人比知道特殊的人具有更丰富的知识。由此推得，普遍证明高于特殊证明。(2) 如果意义是不变的，普遍的词项不是歧义的，那么普遍证明的真实存在性并不会少于某些特殊证明，甚或比后者更为真实存在。因为普遍包括不朽的事物，反之，特殊则倾向于消亡，进而，没有必要因为普遍有一个独特的意义便断定它是脱离特殊的某个实在。在范畴不表示实体而表示性质、关系或活动的情况时更加不必要。如果这种断定已作出，那么错误不在于证明而在于听者。(3) 证明就是证实原因和根据的三段论。普遍更具有原因的性质（拥有可依据自身的属性的主体本身即是其拥有那种属性的原因；普遍是首要的，所以普遍是原因），因而普遍证明更为优越，因为它证实原因或有根据的事物更为合适。(4) 再者，当我们达到一个事实，它的存在或将要存在不依赖于其他事实时，我们就完成了对原因的探究，并且认为已经知道了它，因为我们通过这种方法所进行的探索的终点是事实本身的终极和界限。例如，X 为什么来？为了挣钱，挣钱是为了还债，还债是为了不做不公正的事。当我们按这种方式进展，达到一个既不依赖于他物也不以他物作为其对象的原因时，我们就说他是这个人到来——或已到来或将要到来——的目的，这样我们就最完全地懂得了这个人来的原因。如果同样的道理可应用于所有的原因和有根据的事物。如若在刚才所说的条件下我们对终极因的知识是最完全的，那么在一切其他情况下，当我们达到一个不再依赖于其他事实的事实时，我们的知识也是最完全的。所以当我们认识到一个图形的外角总和等于四个直角时，因为这个三角形是等腰三角形，那就仍然具有“为什么这个图形是等腰三角形”这个问题。答案是，它是一个三角形，而三角形具有这种属性是因为它是直线的图形。如果这一原因不再依赖他物，那么我们的知识就完全了。而我们的知识现在是普遍的，因而普遍知识是较优越的。（5）原因越是特殊，它们就越陷于不确定性，而普遍的证明都倾向于简单和确定。不确定的原因是不可知的，而确定的原因则是可知的。因而普遍的事物比特殊的事物更易理解。因为普遍是更加可以论证的。而更加可以论证的事物的证明是更为真实的证明，因为相对性在程度上同时变化，因而普遍证明是更为优越的，因为它是更为真实的证明。(6) 再者，借助它既可以知道一个给定的事实，也能知道另一个事实的证明优于通过它只能知道那个给定的事实的证明。知道普遍的人也知道特殊，反之，知道特殊的人不知道普遍。据此也可以推出，普遍证明优于特殊证明。(7) 再看下面的论证，被认为更普遍的事物的证明在于通过一个接近于本原的中词来证明。而最终接近于本原的是直接的前提，即本原自身。如果从本原出发的证明比不从本原出发的证明更为精确，那么较多接近本原的证明就比较少接近它的证明更为精确。普遍证明更具有这种性质，所以它更为优越。例如，假定要求证明 A 属于 D，中词是 B 和 C，B 是较高的词项，那么借助 B 而作出的证明是更普遍的。

但是，在以上论证中，有一部分只是辩证的。可以最清楚地见到普遍证明更优越的是在一前一后两个前提中，当我们理解了前者时，在一定意义上对后者也会有某种知识，有某种潜在的了解。例如，如果某人知道每个三角形的内角和等于两直角，那么他在一定意义上也潜在地知道了等腰三角形的内角和等于两直角，即使他并不知道等腰三角形是一个三角形。但理解了后一个前提的人却不知道普遍，无论是潜在的还是现实的。除此而外，普遍的证明是理智的①，但特殊的证明却终止于感觉。

① noete。

【25】 上面的论证充分表明，普遍证明优于特殊证明。而从下面的论证则可以清楚地看到肯定证明优于否定证明。

（1）假如其余条件相同，那么可以断定从较少的假定、假设或前提取来的证明形式优于其他证明形式。设定它们是同样被了解的，当它们其中少数几个的知识可以很快获得时，这种结论是更合人意的。从较少前提得出的证明较为优越的论证可以用普遍形式陈述如下。设定在这两种情况下，中词都同样可知，而且在先的中词比在后的中词更为可知。
86b 让我们设定，A 属于 E 的两种证明，一是通过中词 B、C、D，二是通过中词 F、G。那么 A 属于 D 的命题与 A 属于 E（在第二种方式下）的命题同样清楚。但是，A 属于 D 的命题却比 A 属于 E（在第一种方式下）的命题在先，并比它知道得更多。因为后者要为前者所证明，而证明的途径要比证明的事物更为确定，所以假定其余条件相同，那么从较少前提导出的证明优于其他证明。肯定证明和否定证明都要用三个词项和两个前提进行，但肯定证明只断定某物是这样，而否定证明既断定某物是这样又断定某物不是这样，因而它要依赖于较多的前提，所以不如肯定证明。

（2）我们已经证明[①]，如果两个前提都是否定的，则三

① 见《前分析篇》，第一卷，【7】。

段论不能成立，如果一个前提是否定的，那么另一个前提必定应当是肯定的陈述。除此而外，我们必须掌握下列规则，当证明扩展时，肯定的前提在数目上必须增加，但在任何三段论中否定的前提却不能多于一个。让我们设定没有任何 B 是 A，一切 C 都是 B，那么，如果两个前提需要进一步扩展，那就必须在它们之间插入一个中词，让 D 作为 AB 的中词，E 作为 BC 的中词，那么很清楚，E 是肯定的，D 对 B 的关系是肯定的，对 A 的关系却是否定的，D 必定述说所有 B，但 A 却必定不述说任何 D，这样就产生了一个否定前提，即 AD。所有其他三段论都是同样情况。如果在肯定的三段论中，则中词必定同两个端项发生肯定的关系，但在否定的三段论中，中词必定同两个端词中的一个发生否定的关系，因而就产生了一个否定的前提，而其他的前提却是肯定的。如果证明的途径比被证明的事物更为可知、更为确实，否定命题要为肯定证明所证实，但肯定命题却不能为否定证明所证实，那么肯定证明由于是在先的，更为可知、更为确实，所以是更优越的。

(3) 再者，如果三段论的本原是普遍的直接前提，如果普遍的前提在肯定的证明中是肯定的，在否定的证明中是否定的，如果肯定前提先于否定前提，并且比它更被了解（因为通过肯定前提，否定前提才被知晓，肯定前提先于否定前提，正如存在先于非存在一样），那么，肯定证明的本原优于否定证明的本原。而运用较优越的本原的证明自身也是优越的。

（4）肯定证明更具有本原的性质，因为没有肯定证明，便没有否定证明。

87a **【26】** 因为肯定证明优于否定证明，很明显，它也优于归谬法。但我们必须了解它们之间的差别。让我们设定A不属于任何B，B属于所有C，那么A必然不属于任何C。如若前提按这种方式被设定，则A不属于任何C这个否定证明是直接的，但归谬法采取下列形式。设定要证明A不属于B，那么我们必须先设定A属于B，B属于C，从而推出A属于C。但已经认定这种情况不可能，所以A不可能属于B。因此如果承认B属于C，那么A属于B是不可能的。词项的顺序都是一样的。它们的区别在于，当作“A不属于B”或“A不属于C”的陈述时，在哪一种形式中对否定的前提知道得更多。这样，当结论中的否定判断被知道得更多时，我们得用归谬法进行论证，当它是三段论的前提之一时，我们就得到直接的证明。但命题“A不属于B”在本性上先于“A不属于C”。因为结论所从出的前提先于结论。命题“A不属于C”是结论，而“A不属于B”却是结论所从出的前提之一。从严格的意义上说，如果结论是摧毁性的，那么它就不是结论，其所从出的命题也不是前提。三段论所从出的命题是互相联系的前提，正如整体与部分或部分与整体的关系一样。而前提AC与BC却不是这样互相联系的，所以，如若从更为可知的和在先的前提出发而进行的证明是优越的，这两类证明都依赖于一先一后的两个否定命题，那么，否定证明就纯粹优越于归谬法，而肯定证明由于优于否定证明，所以很显然也优于归谬法。

【27】 同时既关涉事实也关涉有根据的事物的知识，相比于只关涉事实而不关涉有根据的事物的知识来说，是更为精确的、在先的。其对象不依附某一主体的知识相比于其对象依附于某一主体的知识（例如，算术相比于和声学）是更为精确的、在先的。使用较少因素的知识相比于使用附加因素的知识是更为精确的、在先的（例如，数学相比于几何学）。我所谓“附加因素”，意思是，例如一个单位是一个没有位置的实体，但一个点却是有位置的实体，我认为后者就包含着附加因素。

【28】 一门科学涉及一个种或一类对象，这些对象构成了那个种的最初因素，是它的部分或者是这些部分自身的属性。如果两门科学的本原不属于同一个种，并且一门科学的本原也不是来自另一门科学的本原，这两门科学便不相 87b
同。当一个人达到不可论证的前提时，这就被证实了。因为这些前提和结论与被证明的事实在同一个种之内。如果通过它们而证明的结论属于同一个种，是同类的，那么它就又一次得到了证实。

【29】 人们不仅可以从同一系列采用不直接相连的中词,例如，选择C或D或F作为AB的中词，也可以从另一系列中采用一个中词，从而使同一结论获得多种证明。例如，A表示“改变”，D表示“感受”，B表示“快乐”，G表示“轻松”。这样，D表述B，A表述D都是真实的。因为如果一个人快乐，那他就是感受的，而感受是改变的。再者，A表述G，G表述B也是真实的。因为快乐的人都是轻松的，而轻松就意味着感受。这样，结论就可以通过不属于同一系列的不同的中词推出，当然这两个中词不是一个不能表述另一个，两者必定属于某个相同的主体。我们必须用其他格来研究这一点[①]，看一看它究竟能用多少方法得出相同的结论。

【30】 关于偶然，没有证明知识。因为偶然发生的事情既不是必然的也不是经常的，而是一种以不同于上述两者的方式而发生的。而证明却是关涉这两者之中的某一个的。每个三段论借助要么是必然的，要么是经常的前提而进行。如果前提是必然的，那么结论也是必然的，如果前提是经常的，那么结论也是经常的。因而，如果偶然既不是经常的也不是必然的，那就没有关于它的证明。

① 尚未发现有关的研究。

【31】 科学知识不可能通过感官知觉而获得。即使感官是关于有性质的对象而不是关于某个东西的。我们所感觉到的必定是在某一地点、某一时间中的某个东西，但普遍的而且在一切情况下都是真实的东西是不可能被感觉到的，因为它既不是一个特殊的东西也不处在某个特定的时间中，否则，它就不再是普遍的了。因为只有永远而且在各处都可得到的东西才是普遍的。所以由于证明是普遍的，普遍不能为感官所感知，所以很明显，知识不能通过感官知觉而获得。但很显然，即使感觉到三角形的内角和等于两直角是可能的，我们仍然要寻求对它的证明，而不应像有些人所认为的那样，把它看成是如此。感官知觉必定是关涉特殊的，而知识则是对普遍的认识。因而，设定我们在月球上，看见地球遮住了阳光，我们也不会了解月食的原因。我们只感觉到月食在那时发生，却根本察觉不到它的原因。因感官知觉并未 88a 告诉我们任何关于普遍的东西。不过，如果通过不断重复地观察对象，我们成功地把握住了普遍，那么，我们便有了证明。因为从特殊经验的不断重复中，我们得到关于普遍的见解。普遍的价值在于它展示了原因。这样，在考虑这类具有与自身不同的原因的事实时，普遍的知识比通过感官或理会[1]得来的知识更为宝贵。最初真理另当别论[2]。

---

① noesis。

② 见 100^b12。

很显然，通过感觉不可能获得任何可证明事物的知识，除非感觉一词是指借助证明而获得的知识。不过，确有某些问题与感官的失败相关。例如，有某些现象，如果我们看见它们的发生，那么解释它们便没有什么困难。不是因为我们通过看一个事物知道了它，而是因为看它能使我们把握普遍。例如，如果我们能看见玻璃中有许多通道，光通过它们射进来，那就明白了它为何能照亮。因为在每一个具体事例中，我们都能分别看到这个结果，并且理会到在所有情况下它都必然如此。

【32】 一切三段论不可能有相同的本原。(1) 这可以用辩证的论证表明。(a) 有些三段论是真的，有些三段论是假的。从虚假的前提得出一个正确的结论当然也是可能的，但这只是偶尔发生的情况。例如，如果 A 表述 C 是真实的，但中词 B 是虚假的，因为 A 不属于 B，B 不属于 C。如果我们采用这些前提中的中词，那么，前提就是虚假的。因为虚假的结论来自虚假的前提，反之，真实的结论却来自真实的前提。虚假的东西与真实的东西是不相同的。(b) 即使虚假的结论也并不出自相同的本原。因为谬误要么是彼此相反的，例如，正义是非正义，相等与大于或小于；要么是不能并存的，例如，正义是怯懦，人是马或牛。

(2) 根据我们已经提出的理论，可以把问题作如下的论证：(a) 并非所有真实的三段论都具有相同的本原，它们之中有许多三段论的本原属于不同的类①，并且是不可变换的。例如，单位不能与点相变换，因为前者没有位置，而后者却具有。无论如何，那些词项必然要么作为中词，要么作为大词或小词而被引入，或者部分作为中词，部分作为大词或小词。(b) 也没有任何共同本原用作前提以证明一切结论（我所谓“共同的”，例如排中律)。因为主体属于不同的种。它们有些只表述质，有些只表述量。只有借助它们，证明才通过共同的本原而成立。(c) 本原在数量上并不比结论少很多。因为前提就是本原，而前提是通过另一个要么外在地，要么内在地加上的词项而形成的。(d) 结论在数量上是无限的，而词项的数目却是有限的。(e) 有些本原是必然的，有些是或然的。

如果我们以这种方式考虑问题，那么，当结论是无限的时，本原不可能对一切都是共同的或在数目上是有限的。(3) 如果把“相同”用于另一种意义，例如某人说，“这些都是几何学的本原，这些都是算术的本原，这些都是医学的本原”，那么除了说明科学具有本原外还有什么其他意义呢？由于它们自身相同而称之为相同是荒谬的，因为根据这一意义，任何事物都可被称为是相同。(4) 说“所有的三段论具有相同的本原”的意思是指任何结论都可以从本原的整体中得到证实。这同样是荒谬的。在其方法极其明显的数学科学

① 对不同的科学是不相同的。

中，情况并非如此。在分析中也是不可能的。因为在这里作为本原的是直接前提，并且每个新的结论都是通过附加一个新的直接前提而形成的。（5）如果一个人断定最初的直接前提就是本原，那么每个种类都有一个。（6）不过，如果不主张任何结论都必定可从本原的整体中得到证明，否认本原对于各门科学都不相同而且在种上也不相同，那么剩下的要考虑的问题是，是否所有命题的本原都是同类的，但却有些适合于某门特殊科学的证明，有些适合于另一门特殊科学的证明。但很显然，这是不可能的。因为我们已经证明①，不同种的事物的本原自身在种类上也是不同的。本原有两类，一是证明所由进展的前提，二是证明所涉及的种。前提是共同的，而后者（例如数目与量值）是特有的。

【33】 知识和知识的对象与意见和意见的对象并不相同。知识是关于普遍的，是通过必然的命题而进行的，必然的东西不可能变成其他。某些命题虽然是正确的、真实的，但也可变成其他。显然，知识不涉及它们。否则能变成其他的事物就不能变成其他了。知识也不是理会（所谓“理
89a 会”②，我是指知识的本原）或不可证明的知识（即对直接前提的把握）。但只有理会、知识、意见以及为它们所揭示

---

① 见《后分析篇》，第一卷，**【7】**。

② nous。

的东西才是真的。因而我们断定意见所涉及的就是可真实可虚假、能够变成其他的东西。换言之，意见就是对既非直接亦非必然的前提的断定。这种论述与所观察到的用法相符合，因为意见是不确定的，它的对象的性质也是如此。除此而外，当一个人认为一件东西不可能成为其他时，他并不认为自己只对它形成了意见，而总认为自己有了关于它的知识，只有当他认为某件事物是如此，却很可能变成其他样子时，他才认为他具有了意见，这表明意见是关于这类命题的，而知识是关于必定如此的命题的。

那么，同一事物怎么才能既是意见的对象又是知识的对象呢？如果有人坚持认为他对他所知道的一切事物都具有意见，那么意见为什么不是知识呢？拥有知识的人和怀有意见的人都借助中词进行，直到他们获得直接的前提。所以如果前者有知识，那么后者亦同样具有知识，因为对事实以及它的根据产生意见是同样可能的。而根据却是中词。事实真相也许是这样，如果某人以把握证明借以产生的定义方式把握了不可能变成其他的命题，那么他所具有的就不是意见而是知识，如果他只理解到属性是真实的，但不知道它们通过实体和形式而属于主体，那么他所具有的就不是真正的知识而只是意见。如果他的意见是通过直接前提获得的，那就既是事实的意见也是关于根据的意见，否则就只是关于事实的意见。意见和知识并不是在一切意义上都具有相同的对象，而只是在某种意义上相同，就像真实和错误的意见在某种意义上有相同的对象一样。某些人所持有的“真实和错误的意见属于同一对象”的观点使他们产生了许多荒谬的见解，其中之一即是：错误意见根本就不是意见。由于“相同”一词具有多种含义，所以在一种意义上真实的意见和错误的意见具有相同对象是可能的，在另一种意义上则不可能。对“正方形的对角线可以用边通约”有真正的意见是荒谬的，但由于两种意见所涉及的对角线是一样的，在这种意义上，真实和虚假的意见具有相同的对象。但根据定义，两种对象的本质是不相同的。在这种意义上,知识和意见可以有相同的对象。知识认为“动物”不可能变成其他，意见则认为它可以变成其他，例如，知识认为“动物”是“人”自身的属性，意见则认为“动物”是“人”的属性，但不是就自身而言的属性。在这两种情况下，主体“人”是共同的，但归属的方式却不是相同的。

从上述考虑可以清楚地看到，对同一事物在同一时刻不
89b 能既有意见又有知识，否则人们就会认为同一事物既能又不能变成其他样子，而这是不可能的。在我们已讨论过的意义上来说，关于同一对象的知识和意见可以分别存在于不同的心灵之中，但它们不可能同时存在于同一个心灵中。这意味着在同一时间得到这样的理解。例如，人本质上是动物（我们已经知道它的含义是说人不可能不是动物），本质上又不是动物。因为我们已经断定，它的意义是说人可能成为动物以外的东西。

关于其他思想方式如何出现在思索、理会、知识、技

术、明智及智慧之中的问题的进一步探讨，部分属于自然哲学，部分属于伦理学。

【34】 机敏是没有片刻迟疑迅速把握中词的能力。例如，某人看到月亮的一面总是朝向太阳，便立刻认识到它的原因，即月亮从太阳获得光线；再如，他看到一个人在同一个富人谈话，便认定他是在借钱；再如，他明白人们之所以有交情，乃是因为他们有共同的仇敌。在所有这些情况中，把握到端词能使他认识到原因或中词。让 A 表示“向着太阳的光明面”，B 表示“从太阳中获得光线”，C 表示“月亮”，那么 B（从太阳中获得光线）能表述 C（月亮），A（向着太阳的光明面）能表述 B，这样，A 就通过 B 而属于 C。

第　二　卷

89b23 **【1】** 我们所探讨的问题的种类与我们所知道的事物的种类一样多。它们有四类：事实、根据、存在、本质（是什么）。当我们引入一些词项，探讨这种或那种事物是否如此（例如，太阳是否被遮蔽）时，那么，我们就是在探究事实。证据是：当我们发现太阳确实被遮蔽时，我们的探讨也就告终了。如果我们一开始就知道它是如此，那就不用问它是否被遮蔽了。当我们知道事实后，我们就探讨根据。例如，如果我们知道了太阳被遮蔽和地球运动，我们就要问它们之所以如此的原因。这就是我们提问题的方式。但对于某些研究对象我们还要提出不同种类的问题，例如，半人半马的怪物或神是否存在［在存在的问题上只涉及纯粹的存在，而不涉及这个主体（比方说）是白的或不是白的］。当我们确定它们存在后，我们就进而问它的“是什么”，例如，神是什么？或者，人是什么？

【2】 我们要探讨的问题有四类。当我们发现了它们的

答案时，我们就具有了四种知识。当我们提出事实或纯粹存在的问题时，我们就在问事物是否有一个中词。而当我们确定了这种联系是事实或这种主体存在（换言之，确定了主体的在特殊意义上的存在或在一般意义上的存在），并且进一 90a 步探讨事实的根据或这主体是什么时，我们就是在问：中词是什么。所谓在特殊意义上的和在一般意义上的“事实”或“存在”，我的意思是这样的：如果我们问：“月球被遮蔽吗?”或“月球渐圆吗?”，那么这就是在特殊意义上的存在的例子，因为我们在这些问题中所探讨的是：属性是否属于主体；如果我们问“月球存在吗?”或“夜存在吗?”这些问题时，这就是在一般意义上的存在的例子。

由此可见，在所有这些问题中，我们所探讨的是：“中词存在吗?”或“中词是什么?”因为中词是原因，是我们一切研究的对象。“月球被遮蔽了吗”这个问题的含义是“是否有使月球受遮蔽的原因”；如果我们发现确实存在着原因时，我们就要问：“那么，原因是什么呢?”存在的原因（不是这个或那个事物的原因而是一般存在的原因）与不是一般存在的而是具有某种自身属性的事物的原因，这两者都是中词。所谓在一般意义上的存在，我指的是主项，例如月球、地球、太阳或三角形；所谓在特殊意义上的存在，我指的是谓项，如被食、相等、不相等、侵入和非侵入。在所有这些例子中，原因和“是什么”是相同的。“食是什么?”回答：“因地球遮蔽而使月球失去光亮。”“食的原因是什么?”或“为什么月球受遮蔽?”

回答："由于地球的阻挡而失去了阳光。"这两种回答是完全相同的。再者，"什么是和声?"回答："一种高音和低音的数的比率。""为什么高音与低音相和谐?"回答："因为它们有一种数的比率。"这两种回答也是同样的。问题"高音和低音和谐吗?"与问题"它们有数的比例吗"是相等的。当我们确认有数的比例时，就会进一步问：那么，它们的比例是什么?

我们的研究对象是中词，这从中词能为感官所感知的情况中可以清楚地看到。如果我们尚未感觉到中词是否存在，那么我们就要提问题。例如，关于食的发生，如果我们在月球上，那么我们既不会问它是否发生，也不会问它为什么发生，它们的答案一清二楚。因为从感觉中我们能够把握普遍。感觉告诉我们地球现在遮蔽着阳光（食正在发生这一事实是清楚的），所以从此获得普遍。

因此，正如我们所说过的那样，知道了某一事物的"是什么"，就等于知道了它的"为什么"。无论是对于一般的与其属性相分离的存在还是对于某一属性的存在来说，情况都是如此（例如，其内角之和等于两直角，或大于或小于）。

【3】 十分清楚，我们所有的研究都是对中词的研究。现在让我们阐明怎样揭示"是什么"，它用什么方式与证明相联结，定义是什么以及哪些事物可以下定义。首先考察在
90b 这些问题中所涉及的困难。让我们在下面开始讨论与随后的研究关系最密切的一点。

也许有人要问，能否既通过定义又通过证明知道同一事物的同一方面？一般认为，定义是关于“是什么”的，而“是什么”总是普遍的和肯定的，可是结论却有些是否定的，有些不是普遍的。例如，第二格中所有结论都是否定的，在第三格中所有结论都不是普遍的。再者，即使第一格中的肯定结论也并不都是可下定义的。例如，每一三角形的内角之和等于两直角。理由在于：拥有关于可论证事物的知识即等于具备了对它的证明，所以，如果上述结论的证明是可能的，那么，很显然，关于它们的定义并非也是可能的。否则，一个人借助定义而不拥有证明就可能知道结论。但没有理由说明为什么他缺少一个就不可能拥有另一个。归纳法也为定义和证明不相同的论点提供了充分的根据。因为我们从未通过下定义而知道任何属性，无论是依据自身的还是偶然的①。再者，如果下定义可以认识实体，那么很显然这些属性不是实体。

因而，十分清楚，并不是所有可证明的事物都能够下定义。但一切可下定义的东西是否都能被证明呢？在前面提出的论证中，有一个在这里同样适用。因为一个事物，作为一个事物，只存在一种知识。所以，如果知道证明即是拥有证明，那就会产生一个不可能的结论，即定义的拥有者不具备关于它的证明也会有知识。证明的本原是定义，上面②已经

① 参见 90ª11。

② 见 72ᵇ18—25，84ª29—84ᵇ2。

表明它们是不可证明的：要么本原是可证明的，具有本原的本原，这将导致无穷后退；要么最初真理是不可证明的定义。

如果对所有事物既能下定义又能证明不可能的话，那么部分事物是否可能呢？肯定不可能，因为没有可下定义的证明。定义是关于“是什么”或本质的。而一切证明很显然首先把“是什么”确定为一个既成事实。例如，数学先确定什么是单位以及什么是奇数。其他科学也是如此。每个证明都证实某个谓项表述某个主项，要么是肯定的，要么是否定的。但在定义中没有任何事物作其他事物的谓项，例如，“动物”并不表述“两足的”，“两足的”也不表述“动物”。再者，“图形”并不表述“平面”，因为平面不是图形，图形也不是平面。揭示一个事物的“是什么”与证明一个事实并不相同。定义揭示“是什么”，但证明却证实一个属性属于或不属于某一主体。不同的事物有不同的证明，除非它们之间具有部分和整体的关系。这个意思是说，如果证实了所有三角形的内角和都等于两直角，那么这就同时也证实了等腰三角形的内角和等于两直角。因为“等腰三角形”是部分，“三角形”是整体。但是，事实和“是什么”之间并不具有这样的关系，因为一个并不是另一个的部分。

十分清楚，并非每个可下定义的事物都是可以证明的；也不是每个可证明的事物都是可下定义的；对于同一事物既有定义又有证明是完全不可能的。因此定义和证明不是同一的，也不互相包含。否则，它们的对象就会相同或者相包含。

【4】 前面说过的困难至此已经作了充分的说明。但是，关于“是什么”的三段论或证明是可能的呢，还是像我们在刚才的讨论中所断定的那样是不可能的？三段论通过中词证明了一个主体的属性，但是定义既为其主体所独有又作为属于它的内在的东西所表述。在这种情况下，词项必定可以互相转换。如果A为C所特有，那它很明显也为B所特有，因B为C所特有，所以它们都互相特有。进而，如果A是所有B的内在属性，而B作为所有C的内在属性而普遍地表述C，则A必定作为C的内在属性而表述C。如果没有这双重假定，那就并非必然能推出A作为C的内在属性而断言于C。我的意思是说，如果A真正作为内在属性属于B，而B不是作为内在属性表述它所表述的主体。所以两个前提必定陈述“是什么”。B也作为“是什么”而表述C。因此，由于两个前提都陈述“是什么”或本质，本质在推得结论之前先在中词中出现。概括而言，如果要证明人的“是什么”，那么，让C表示“人”，让A表示“是什么”——两足动物或任何其他东西，如果我们要用三段论进行推论，则A必须表述所有C。但这个前提又以另一个定义为中介，所以，这也就是人的“是什么”。这样，我们就断定了我们要求证明的东西，因为B也是人的“是什么”。但我们应当

考虑这种情况与两个前提（两个原始的直接前提）的联系，因为它可以出色地说明我们正在讨论之点。那些试图通过词项的转换去证明灵魂或人或其他事物的“是什么”的人犯了预先假定所要证明的东西的错误。例如，假如某人断定灵魂是其自身生命的原因，又主张其自身生命的原因是自我运动
91b 的数。他必定预先假定灵魂在与自身同一的意义上内在地是一个自我运动的数。如果 A 是 B 的后项，B 是 C 的后项，则 A 不是 C 的本质，它只是被认为可真实地表述 C。即使 A 表述所有 B 正如属表述种一样，A 也不会是 C 的本质。动物可表述一切人，凡是能说明人的也能真实地说明动物，正如“每个人都是动物”是真实的一样，但并非在这个意义上它们是同一的。因而除非按照我们刚才讨论的方式①设定前提，否则便不可能推论出 A 是 C 的“所以是的是”或本质。如果它们是这样被设定的，那么在假定 B 时已经预先断定了 C 的本质是什么。所以，结论不是证明的，因为假定了预先要加以证明的东西。

【5】　正如我在对逻辑的格的分析中所说过的②，划分的方法同样不能产生结论。没有任何阶段使我们发现，如果给定某些条件，那么对象就必定具有所要求的定义。划分就

① to ti en einai kai he ousia。

② 见《前分析篇》，第一卷，【31】。

像归纳一样证明不了什么。因为结论必须不是一个问题，也不是给定的，它必须从其前提中必然地推论出来，即使回答的人否定它。划分的人问："人是有生物还是无生物?"答道："有生物。"这不是一个推论的结果。再者，所有动物要么是陆生的要么是水栖的。他又断定："人是陆生的。"但这不是从前提中（动物是陆生的）必然推得的，他也只是断定了它。无论划分步骤是多还是少，情况并无不同，都同样是断定。确实，如果这样使用划分的方法，那么，它就连对那些可以推论 的事物也不可能作出推论。为什么所有的表述不是"人"的谓项，然而却仍表明人的"是什么"或"所以是的是"? 再者，怎么保证划分对本质的定义不增加某种非本质的东西或省略某种非本质的东西，不遗漏某一步骤?

这些缺陷是常常被忽略的。但如果在每一步骤上都把握住内在因素，如果连续划分，始终确定第一属差，如果不遗漏什么，那么它们也可以被解决。如果被定义的词项全部纳入划分之中，什么也不省略，那么这个结果必然会产生。因为这个过程必定直接导向一个不能再作进一步划分的词项。

即使如此，划分也不包括推论。如果它向我们提供知识，那它也是以另一种方式提供的。这并没有什么不妥之处，因为归纳可能也同样没有证明什么，但它却使我们认识到某些真理。但通过划分选择一个定义并不等于说明了一个推论。例如在并非通过中词而推得的结论中，如果说结论是从前提中必然推得的，那么有人就可以问"为什么"。根据

划分而得到的定义也存在着同样的问题。“人是什么？”答
92a 道：“有死的、有足的、双足的、无翼的动物。”对每个附加属性都可以问个为什么，因为划分者可以像他所设想的那样，通过划分证明每个事物都要么是有死的，要么是不朽的。但这一陈述从总体上看并不是定义。这样，即使命题能为划分所证明，定义仍然不会变成推论。

【6】　如果设定本质是由内在的、为主体所特有的因素所构成的，假定它们有些是内在的因素，而它们的集合为整个主体所特有（因为这种集合代表了它的根本性质），那么能否由此假设性地证明一个主体的内在属性呢？但在小前提中，本质必定再次被断定，因为证明必定是通过中词而进行的①。正如在三段论中我们并不把三段论的定义确定为前提一样（三段论据以推论的前提总是具有整体或部分的关系），所以，本质一定不是呈现在三段论中的本质②，而是与已经确定的前提不同的东西。如果某位论敌问是否有三段论的证明，我们就可以回答：“有，这就是三段论。”如果有人反对三段论不是对本质的证明，我们就回答：“是的，因为这就是我们所断定的本质。”这样，没有关于三段论是什么或

① 只是预先假定了所要证明的东西的小前提，此处略而未提。在这里所反对的假设性证明在《论题篇》153a 以下被使用，但只是辩证地被使用。

② 通过它我们希望证明一个特殊的定义。

“是其所是”什么的明确陈述，我们必定已经作出了某个推论。

以下列方式从假设中得出的证明同样是无效的。如果恶可定义为是“可分的”，相反者可用相反者的定义的反面来下定义，如果善与恶相反，不可分与可分相反，那么善就可定义为是不可分的。在这里，证明首先假定了“所以是的是”,设定它来证明“所以是的是”。有人可能会反对说：“但那是一个不同的‘何以是’啊!”我承认这一点。因为在证明中，我们也没定这个词项能表述那个词项。它必定既不是那个词项，也不是具有相同定义或可与之相调换的词项。

通过划分去证明的人与以这种形式提出三段论的人都不会碰到这同一个难题，即为什么“人”是（两足的）“陆生动物”，而不是“陆生的”与“动物”？在设定中并没有什么能保证谓项必定是一个统一体，而不像一个人同时是音乐家又是语法学家一样。

【7】 下定义的人如何证明本质或“是什么”呢？作为证明，他很显然不可能从所公认的事实中推论出：如果这些事实存在，那么必定存在一个与它们所不同的结论（这就是证明）；他也不能归纳式地从许许多多与之相同的明显的特殊事例中去推论。因为归纳法并不证明主体是什么，而只是 92b
证明它是否具有某种属性。那么还有什么其他方式呢？他总不可能通过感官知觉或用他的指头去证明吧！

怎样证明“是什么”？知道“人”或其他任何事物“是什么”的人必定也知道它是存在的，因为没有人知道不存在是什么。他可能知道一个短语或一个名词，例如“独角兽”的意义，但不可能知道“独角兽”是什么。但是，如果可以证明一个事物的“什么”及它的存在，那么它们如何能被同一个论证所证明呢？定义说明一个东西，而证明说明另一个东西。但人的“什么”与人的存在是两个不同的东西。

再者，我们主张必须通过证明证实所有事物都是存在的，本质除外。任何存在都不是本质，因为它不是一个种。因此，证明事物存在的证明是存在的。这就是科学的进展方式。几何学家设定“三角形”一词的含义，并证明三角形存在。那么，给“是什么”下定义的人将要证明的是什么？三角形吗？这样，某人就可以通过定义知道一个事物是什么，而不知道它存在，但这是不可能的。

从现在所使用的定义方式中可以清楚地看到，下定义的人并没有证明被定义事物的存在。即使设定存在着与圆心等距离的某事物，但为什么如此定义的事物存在呢？为什么它是一个圆呢？因为人们也可以同样把它说成是铜的定义。定义并没有确保被下定义的事物能够存在，也不与它们要为之下定义的事物相等同。人们总是可以问为什么。

由于下定义者要么说明事物是什么，要么说明它的名称的意义，如果定义根本没有证明“是什么”，那么，这样一来，定义就必定是一个其意义与名称相同的表述。但这是荒谬的。它会产生下列结果：首先，就会有非本质东西的定义以及非存在的定义，因为非存在也有一个有意义的名称。其次，所有的表述就可以变成定义了。因为任何表述都可加上一个名称，这样，我们就全部用定义谈话，连《伊利亚特》也会变成定义。再次，没有任何证明能证实特定的名称有特定的意义，定义也不能说明该名称具有这种意义。

上述考虑表明，定义与三段论是不相同的。它们没有共同的对象。此外，同样明显的是，定义既没有证明也没有揭示任何事物，我们既不能通过定义也不能通过证明认识到事物的“是什么”。

【8】　现在我们必须重新思考上述论证，看看哪些是有效的，哪些是无效的；定义是什么以及本质是否在任何意义上都是可证明的和可定义的。

正如我们在前面所说的[1]，知道一个事物是什么与知道它存在的原因是一回事（理由是，事物总有一个原因。原因要么与它相同要么与它不相同。如果不相同，那么它要么是可证明的，要么是不可证明的）。如果原因与之不相同并且可以被证明，那它必定是一个中词，能在第一格中证实，因为所证明的结论是全称的和肯定的。

① 见《后分析篇》，第二卷，【2】。

运用这样一个证明的方法是我们刚才所批评的[①]，通过另一者来证明“是什么”的方法。因为借助它“是什么”被推论出来的中词自身即是“是什么”，借助它特殊属性被推论出来的中词必定是一个特殊属性。这样，对自身等同的事物的两种形式而言，一种是可以证明的，另一种则不能。

前面已经说过[②]，这种方法不可能成为证明。它只是对“是什么”的一种辩证推论。让我们重新开始说明用什么方式证明才是可能的。当我们确定某种事实时，我们就要寻求它的根据。有时，我们会同时意识到事实与根据。但不可能在知道事实之前就认识到根据。“所以是的是”显然以同样方式隐含着事实。如果不知道某一事物是否存在，那就不可能知道某事物是什么。我们知道一个事物的存在，例如，雷是发自云中的某种声音，食是阳光的缺失，人是一种动物，灵魂是自我运动的东西。我们知道它们有时是偶然的，有时则是因为对事物本身有某种了解。当我们只是偶然地知道事物是存在的时，那么我们必定不能把握事物是什么。因为我们并没有真正知道它是存在的。如果不知道某物存在便去研究它的“什么”，那就根本不是研究。当我们对事物自身有某种了解时，事情就容易得多。由此可推知，我们关于某一事物“是什么”的知识依赖于我们对其存在的了解。

---

① 见 $91^{a}14$—$91^{b}11$。

② 见 $91^{b}10$。

让我们首先采用下面的例子，它的“是什么”我们已有所了解。设定 A 表示“月食”，C 表示“月球”，B 表示“地球的遮蔽”。这样，问月食是否发生即是问 B 是否存在，这与问是否有事物说明它并没有什么差别。如果有，那么我们断定 B 也存在着。同样，我们可以问矛盾双方哪一方是真实的。例如，内角之和等于还是不等于两直角。一旦我们找到了答案：如果前提是直接的，那我们就同时知道了事实及其根据，否则就知道事实但不知道根据。设定 C 表示“月球”，A 表示“月食”，B 表示“月球虽然是圆盈的，但却没有投下影子，而且在我们和它之间没有可见物体横阻着”。如果 B，即“月球没有投下影子，虽然在我们与它之间没有可见事物阻挡”属于 C，A“月食”属于 B，那么很明显， 93b
月食存在，但它的原因却并不明白。我们知道月食是一个事实，但我们不知道它是什么。如果 A 属于 C 十分明显，那么问它为什么属于即等于问 B 是什么：是地球的遮蔽还是月球的转动或消失？但 B 是对另一端词（如这个例子中的 A）的解释，因为食是因为地球的遮蔽而形成的。雷是什么？云中的火的猝灭。为什么而打雷？因为云中的火猝灭了。让 C 表示“云”，A 表示“雷”，B 表示“火的猝灭”。则 B 属于 C（云），因为火在其中猝灭。A（雷）属于 B，而 B 无疑是对大词 A 的解释。如果 B 有另一个中词作为其原因，那个中词就是 A 的其余的解释之一。

我们已经说明了“是什么”是怎样被了解和认识的。它虽然既没有三段论也没有证明，但却通过三段论和证明而为我们所把握。由此可以推出，任何具有与其自身不同的原因的“是什么”没有证明就不能被认识，但同时它又不能证明，正如我们在考察主体的困难时所说的那样①。

【9】 有些事物具有与自身不同的原因，另一些则不然。所以，很显然，有些“是什么”是直接，是本原。它们的存在及“是什么”必须要用另一种方式来假定或揭示（算术家就是这样做的：他既设定单位是什么，也设定它存在）。至于有中词的事物，即与存在自身不同的作为某种实质性存在之原因的事物（正如我们已说过的那样），或许可以通过证明揭示它是什么，尽管我们实际上并未证明它。

【10】 由于定义被认为是对事物是什么的解释，很显然，有一类定义是关于名称的含义的解释，或者是关于同等意义的名词性惯用语的解释。例如，它可以说明“三角形性质”这一短语的意义。如果我们知道它存在，那就要探讨它为什么存在。但通过这种方式去把握我们还不知道其存在的事物的定义是相当困难的。我们在前面已经说过②，这种困难的原因在于：除了在偶然的意义上外，我们并不真正知道

① 见《后分析篇》，第二卷，【2】—【3】。

② 见 93^a24 以下。

这个事物是否存在（使某一陈述能够成为统一体的方式有两种：要么通过连结，像《伊利亚特》那样，要么因为它揭示某一词项在非偶然的意义上断言于另一个词项）。

上面是关于定义的定义，但另一种定义是关于事物为什么存在的解释。前一类只是表明意义却没有证明，后一类则显然是一种类似“是什么”的证明的东西。说明为什么打雷 94a
与解释雷是什么并不相同。为什么打雷？答：“因为云中的火的猝灭”；雷是什么？答：“由于云中的火的猝灭而发出的响声”。因而，同一陈述采用了不同的表达方式：在一种形式中，它是连续的证明；在另一种形式中则是定义。进而，可以把“雷”定义为是云中的响声，这是证明“是什么”的三段论的结论。另一方面，关于直接事物的定义是说明“是什么”的不可证明的假定。

因而，定义在一种意义上是“是什么”的不可证明的解释；就另一种意义而言，它是在语法形式上与证明不同的关于“是什么”的推论；在第三种意义上是说明“是什么”的证明的结论。从上述讨论中已经明白：在什么意义上“是什么”是可证明的，在什么意义上是不可证明的；什么事物的“是什么”是不可证明的；定义一词的各种不同含义；在什么意义上它说明了“是什么”，在什么意义上则不；什么事物是可定义的，什么事物是不可定义的；定义与证明的关系以及在什么意义上同一事物既是可下定义的又是可证明的，在什么意义上则不行。

【11】 只有当我们知道事物的原因时，我们才认为具有了关于它的知识。原因有四类：“所以是的是”、必然条件、最初的动力因以及“何所为”[1] 或目的因。所有这些都是通过中词揭示的。因为如果只设定一个前提，那就没有必然的根据，至少必须有两个。但当两个前提有一个中词时，条件就满足了。所以设定了这一词项，结论就是必然的。从下面的例子中可以看得很清楚。为什么半圆的内切角是直角？什么是它成为直角的根据？让 A 表示“直角”，B 表示“两个直角的一半”，C 表示“半圆的内切角”，那么，A（直角）属于 C（半圆的内切角）的原因就是 B。B 等同于 A，C 等同于 B，因为 B 是两个直角的一半。因此，B 是两直角的一半这一事实就是 A 属于 C，即半圆的内切角等于直角的必然根据。再者，它与“所以是的是”相同，因为它是定义所表示的。“所以是的是”意义上的原因也可被证明是中词。“波斯人为什么向雅典人发动战争？”换言之：“雅典人为什么卷入波斯战争？”答曰：“因为雅典人伙同埃莱特里人袭击色底斯。”这就是战争的最初动因。设 A 表示“战争”，B 表示“无缘由的袭击”，C 表示“雅典人”，则 B（无缘由的袭击）属于 C（雅典人），而且 A 属于 B，因为战争是由雅典人的不正义的袭击而发生的。所以，A（卷入战争）属于 B（发动战争一方），而 B 属于 C（雅典人），因为

---

[1] to tinos heneka。

是他们发动战争的。这样，作为最初动力的原因也是一个中词。“何所为”即目的意义上的原因亦同样。例如，人们为什么散步？为了健康。为什么要有房子？为了保存财物。“何所为”意义上的原因在前一种情况下是健康，在后一种情况下是保存财物。问人们为什么要在饭后散步或者问人们饭后散步的目的并没有什么不同。让 C 表示“饭后散步”，B 表示“食物不反胃”，A 表示“健康”，设饭后散步具有防止食物溢出胃口的作用，又假定这种状态就是健康。因为看来 B（食物不反胃）属于 C（散步），A（健康）可归属于 B。那么 A（何所为）属于 C 的原因是什么呢？答曰：B（食物不反胃）。它是 A 的一种定义，因为 A 要通过这种方法加以解释。那么，B 为什么属于 C？因为具有 B 这种状况就是健康。这些定义必须替换，使各种情形更加清楚。在这些例子中，顺序与借动因而具有顺序是相反的。在那里，中词必定首先出现，在这里，则是小词 C 首先出现，而“何所为”却排在最后。

同一事物的存在既可能是为了某一目的，也可能是出于必然。例如光线通过灯笼而照射。光是由小于灯笼孔道的分子所组成的东西，所以它必然通过它们；但它确实也是为了某种目的，即为了我们免于绊跌。那么，如果一种事物能因两种原因存在，它能否通过两种原因出现呢？例如，打雷既是因为火在猝灭时必然有嘶嘶声和响声，而且也是毕达戈拉斯派所主张的那样旨在恐吓在地狱中的灵魂，令它们恐惧。

这样的例子非常之多，尤其是在自然的历程和产物中。自然的行为一方面是为了某种目的，在另一方面是出于必然。必然性有两种：一种出于事物的自然或自然的倾向；一种是与事物自然倾向相反的强制力量。因而，一块石头向上和向下运动都是出于必然，但不是出于同一种必然。在智慧的产物中，有些事物（例如房屋和雕像）的存在绝不是由于偶然性，也不是出于必然性，而总是具有某种目的；另一些事物，例如健康和安全的存在则可以是偶然的结果。尤其是在结果不确定的情况下，当进程不是出于偶然性时，那么结果就是好的，是有目的的。它要么是自然的，要么是技艺的。没有任何有目的的事物是由于偶然而产生的。

【12】 现在、过去、将来的事物的原因与实际事物的原因是一样的（原因始终是中词）。但是，实际事物的原因是一个事实，而现在事物的原因是一个现在事物，过去的事物及将来的事物亦同样。例如，月球为什么已经被遮蔽？因为地球已经在中间阻挡；月球正在被遮蔽，因为地球正侵入中间；月球将要被遮蔽，因为地球将要阻挡在中间；月球现在被遮蔽，因为地球现在阻挡在中间。冰是什么？设定它是冻结的水，让 C 表示“水”，A 表示“冻结”，原因是中词 B，即“热的完全消失”。则 B 属于 C，而 A（冻结）属于 B。那么当 B 正在发生时，冰正在形成；B 已经发生或将要发生时，冰就已经形成或将要形成。

以这种方式联系着的原因和结果，当它们出现时是同时出现的，无论是过去、现在还是将来。当它们共存时是共存的。但是在连续的时间中不同时出现的事物是否也像一般所认为的那样具有原因和结果的关系呢？一个过去的结果具有另一个更为过去的原因，一个将来的结果有另一个先于它的将来的原因，一个现在的结果也有一个先于它的原因？根据上述观点，以后来的事件为根据的推论是可能的（虽然这些后来的事件起源于某些先前的事物）。同样情况适用于现在发生的事件。但以在先的事情为根据进行推论则不然。例如，我们不能论证，因为 X 发生了，Y 就随后发生。对于将来的事件亦同样。无论时间的间隔是确定的还是不确定的，都不可能因为说 X 已经发生是真实的，则说后面的事件 Y 已经发生也是真实的。因为在这段时间中，虽然 X 已经发生了，但说 Y 已经发生却是虚假的，同样的论证也适用于将来的事件。因为从 X 已经发生推论不出 Y 将要发生。（1）中词与端词必定是同步的。端词是过去时，中词也是过去；端词是将来时，它也是将来；端词是进行时，它也是进行时；当端词是存在的事实时，它也是存在的事实。没有任何中词能与过去的端词和将来的端词相同步。（2）原因与结果之间的时间间隔既不是不确定的也不是确定的。因为在这 95b
个间隔中，所推得的结论将是错误的。我们必须研究是什么连续的纽带使现在发生的事物紧随于一个过去事物的完成之后。十分显然，一个正在进行的进程不可能与一个过去完成事件相接续；两个过去完成的事情也不可能是接续的。因为这种完成有界限，是不可分的，正如一条线上的点不互相接续一样，过去的事物也不互相接续。两者同样都是不可分割的。根据同样道理，一个现在发生的事物不可能与一个过去完成的事物相接续。因为前者是可分的，而后者是不可分的。因而现在发生的事物与过去完成的事物的关系是和线与点的关系相似的，因为在一个现在发生的事物中有无穷的过去事物。这些问题我们必须在关于运动变化的一般学说中作更明确的论述①。

我们已经表明，在一连串正在发生的事物中，中词怎样可以包含原因。因为在这一系列中，中词与大词必然是直接相联系的。例如，因为C已经发生，所以A也已经发生了(C是后面的事物，A是前面的事物。但C是出发点，因为它与现在相近，而现在是时间中的起点)，如果D已经发生，C也已经发生，那么，如果D发生，A必定也已经发生。但C是原因，因为如果D发生，C就必定已经发生。如果C已经发生，那么A必定已经首先发生了。但如果我们以这种方式取得中词，那么这个系列将终止在某个直接的前提中呢，还是无穷无尽，总是可以插入居间的中词？因为我们在上面说过②，一个过去的事物不与另一个相接续。

① 见《物理学》，第四卷，【10】—【14】；及第六卷。

② 见 95^b3—6。

在任何情况下，我们都必须从直接的事物及现在的时间开始。同样的道理也适合于将来的事件。因为如果说 D 将存在是真实的，那么说 A 将存在必然首先真实。A 的原因是 C，因为如果 D 将存在，那么 C 必将先于它而存在；如果 C 将存在，那么 A 必将先于 C 而存在。在这里，系列也与以前一样是无限可分的，因为将来的事物并不是互相接续的。在这里，我们也必须设定一个直接的事物作出发点。在实际领域中情况就是如此。如果一所房子已经筑成，则石料必定已经切割备好。为什么？因为如果房子已经造成。那么房基必定已经打好；如果房基已打好，则石料必已首先备好。再者，如果要造一间房子，那么石料也同样将首先备好。这个证明也同样凭借中词，因为在有房屋之前必定先有房基。

因而，我们看到某些正在发生的事物呈循环形式发生。这种循环在中词和端词交相替换时是可能的。因为在某些条件下，后项是可以转换的。我们已经在前面几章中证明结果是可以转换的①。这种转换就是循环后项的一种形式。下面是一个实际的例子：当地面潮湿时必定有雾，当雾升起时必有云，云的生成必然降雨，降雨的结果地面必定潮湿。这是我们所从出发之点，所以完成了整个循环。因为肯定其中一项必定导致第二项，它又导致第三项的产生，从此又回到第一项。

---

① 见《前分析篇》，第二卷，【5】；以及 73^{a}6 以下。

有些事物是普遍发生的（因为一个既定的状态和进程适用于一切事例并始终适用），另一些则不是普遍发生的，而只是经常发生的。例如，并非每个男人都在下巴上长胡子，而只是男人经常长胡子。在这种情况下，中词也必定是经常发生的事物。如果 A 可普遍地表述 B，B 可普遍地表述 C，那么 A 也必然可以表述 C，并表述所有 C。这就是普遍，它意味着在每一个事例中，在任何时间中都是这样。要不然，A 只是经常地表述 C，那样，中词 B 必定也是经常发生的。因而，经常发生事物之直接前提必定也描绘经常发生的状态和进程。

【13】 我们在上面①已经说明“所以是的是”如何被证明；它在什么意义上可以或不可以证明或下定义。现在让我们讨论如何追寻作为内在因素而断言的属性。

在总是依附于一个给定主体的属性中，有些的应用范围较广，当然不会大过种。所谓范围较大的属性，我的意思是指普遍属于一个特殊主体，但其应用方面却不限于该主体的属性。例如，某些属性属于每一个 3，也属于不是 3 的主体，正如存在属于 3 也属于不是数目的主体一样。另一方面，奇数属于每一个 3，有较大的应用范围（因为它也属于 5）；但它并没有超过属的范围，因为 5 仍是一个数目。在数

① 见《后分析篇》，第二卷，【8】—【10】。

的种之外没有什么东西是奇数。这类属性是我们所必须选择的。从单个角度看，它们的应用范围比主体大；从集合看则不然，因为它必定是事物的本质。例如，3 具有下列普遍属性：它是数，是奇数，是两种意义上的质数，即既不能被数除尽也不是数目之和。这就是 3 的本质：数目、奇数、质数并且是在这种特殊意义上的质数。这些属性的前两个属于一切奇数，最后一个也可适用于 2。但没有其他数目拥有它们 96b 全部。由于我们在上面①已经说明，作为内在因素而断言的属性是普遍的，普遍的属性是必然的；由于所选择的属性是构成 3 的“是什么”的因素（或属于按照这种选择方式所选择的任何其他主体的属性），那么“3”就必定正是在于这些属性。从下面的论述中可以明确地看到，它们构成了它的本质。如果这种属性的结合不是 3，那它必定是一个种，要么有名称，要么无名称，那么，它的应用范围必定会超过 3。让我们设定类有一个特点，即具有可能广泛的应用范围。如果它除适用不可分割的单个 3 以外，不能用于任何其他事物，那它必定是 3；因为我们必定进一步设定每一个别事物的本质即是适用于个体事物中这一类的最后属差。由此可以推知，任何如此展现的其他属性的集合也是所研究的主体的“是什么”。

如果一个人研究整个类的对象，那他首先应当把类划分

① 见《后分析篇》，第一卷，【6】。

为最初的最低种（例如，把数划分为 3 和 2），然后努力通过上面所说过的方法去把握它们的定义（例如直线、圆及直角的定义），再有，通过确定种所属的范畴是什么（例如，它是质还是量），借助最初的共同属性去考察它的特殊性质。由最低种所合成的主体的属性将在种的定义中得到充分的表明，因为它们的出发点就是定义、单纯主体、依据自身只属于单纯主体也间接属于其他主体的属性。按照属差进行分类的方法对这种研究是有用的。它们怎样说明事物在前面的章节中已经论述过了[①]。但对于推论一个主体的“是什么”来说，它的作用是有限的。我在下面将要阐述这一点。确实，它看起来似乎毫无用处，只是在开始时直接假定一切，正如某人开始不采用分类而断定事物一样。但是，谓项的先后次序是否被陈述正好会造成差别。例如，你是说动物——养驯的——两脚的，还是说两脚的——动物——养驯的（这些差别是相当重要的）。因为如果每个可下定义的事物都由两个因素组成，“动物”与“养驯的”构成一个统一体，如果“人”（或其他我们所要定义的单一的种）从这个种及其属差中被构成一个统一体，那么我们在假定种种因素时必须使用划分。此外，划分是保证不忽略任何事物的内在因素的唯一途径。如果我们设定了最高的种，并从较低级的划分中取某一分支，那么我们正在划分的种不会全部归属于这个划分的

① 见《后分析篇》，第二卷，【5】；《前分析篇》，第一卷，【31】。

分支。例如，并非所有动物都要么是全翼的，要么是裂翼的，只有一切有翼的动物才会如此，因为它是这个属差所属的类。动物的原初属差为一切动物所具有。同样道理适用于 97a
其他的种，无论是在动物这个类之外的还是在它之下的一个种类。例如，鸟的原初种差为一切鸟所具有，鱼的原初种差为一切鱼所具有。如果按这种方式前进，那么我们就能确定没有遗漏什么。而使用任何其他方法都必定会遗漏什么而不被察觉。

在下定义和划分时，不一定需要知道事物的全部情况。然而有些人认为，如果不知道每个单一事物，那就不可能知道一个事物与另一个事物之间的属差。而不知道属差就不可能知道每个单一事物。如果 A 不同于 B，那么它们就是等同的。如果它们是不同的，那就有不同的属。但是，首先，这是错误的。并非每个属差都是不相同的，许多属差是极其相同的属性（当然既不是本质上的，也不是出于自身的）。其次，如果一个人采用了一对对立的属性及区分它们的属差，设定所有个体要么属于这一方，要么属于那一方，并把要下定义的事物被包含在这两方某一方之中，他也知道其所属的一方时，那么，他是否知道属差作其谓项的任何其他事物就无关紧要了。因为很显然，如果他按这种方式前进一直到不能进一步划分的属差之点，他就能得到本质定义。如果对立者排除了中项，那么断定种的每一个成员都属于这个或那个划分就不再是“假定”了。因为如果这是该种的属差，那么种的一切成员都必定属于两方之一。

为了通过划分去建立定义，我们必须记住三点：(1) 选择说明“是什么”的各种属性；(2) 把它们按先后顺序排列；(3) 确定选择是完全的，没有遗漏。第一点可以借助关于种的论题①去建立种和属差的可能性而达到，正如人们借助偶然的论题可以推出一个属性的结论一样。如果我们把原初词项，即它能表述其他词项而不为其他词项所表述的那个词项放在顺序的首位，那我们就能正确地安排属性。这样一个词项必定是存在的。如果我们已经选定了它，那我们可以用同样方式立即进展到较低的词项。因为第二个词项是其余词项的首项，第三个词项又是紧随着它的系列中的首项。因为当系列的首项被排除时，次一项就是其余词项的首项。如此类推。我们选择的完整性从下列事实中可以明显看出：我们首先采用划分中首先出现的属差，假定（比方说）所有动物都是 A 或 B，这些属差中的某一个属于它，然后采用这样获得的整体的属差，直到我们最后达到的整体不可能再分
97b 出属差，即只要我们设定标示具体事物的最后属差，那么后者便不可能再进一步分为属了。很清楚，没有包括什么多余的附加物（因为所有的属性都已被肯定是内在的因素），也没有遗漏什么，否则，所遗漏的必定是某个种和属差。原初的词项是一个种，这个词项与它的属差的结合也是一个种。

① 论题（topos）是一种普遍论证或一套认识推理的规则，见《论题篇》。

属差是全部被包括在内的，因为我们已经达到不可再划分出属差之点。否则，最后的具体事物就可划分为属，但我们已经说过，情况并不是这样。

我们必须从寻找在极其不同的意义上相同的一组事物出发进行研究。首先追问它们所共有的因素，然后把同一进程应用于不同种中的另一组事物。它们属于同一属，但与前一组的属不相同。当我们在第二组事物中发现它们的共同因素之后，我们在其他组事物中还必须同样再次考虑我们已经指出的共同因素是否与它们相同，直到我们获得一个单一的原理为止。这就是所要求的事物的定义。

如果我们最后获得的不是一个而是两个或更多的原理，那么很显然，所划分的事物就不是一个种而是有许多种。我的意思是说，例如，如果我们要探讨什么是骄傲，我们就必须考察我们所知道的许多骄傲的人，看看他们作为骄傲的人是否有一个共同的特征。例如，如果阿尔西庇德、阿喀琉斯、埃阿斯是骄傲的人，那他们的共同特征是什么呢？不能容忍耻辱，正是这一特征使阿尔西庇德投身战争，使阿喀琉斯勃然大怒，使埃阿斯自杀。我们再把同一进程应用于另一组人，例如吕山德或苏格拉底。他们所具有的特征是对好运和厄运漠然处之。我看到这两种结果，并考虑对境遇漠不关心及对耻辱不能容忍之间有什么共同因素，如果没有，那么就必定有两类骄傲，但任何定义都始终是普遍的。医生并不为某一眼睛的健康而作诊断，他为所有的眼睛，为所有处于特定状况中的眼睛作诊断。

给特殊下定义要比对普遍下定义容易得多，所以我们应当从特殊进展到普遍。普遍中的模糊比最低种中的模糊也是更难察觉的，正如证明需要一个完整的推论一样，定义需要清楚明白。如果我们能借助确定的个别事物分别定义每类物体的概念（例如，不是在一切事物中而是在颜色、形状中定义相似，在声音中定义尖锐），进而由此上升到普遍的定义，并小心避免卷入歧义，那就能获得清楚明白的定义。如果我们一定不要用比喻论证，那么我们必须也避免用比喻或者给比喻式用语下定义。否则我们就不得不用比喻[①]进行论证。

98a 【14】 为了使问题有条理，我们必须选择适当的部分和划分。选择的方法如下：首先确定为一切特殊事物所共有的种，例如，如果我们研究的主体是动物，我们就要确定动物具有什么样的属性。确定了它们以后，我们就进而考虑属于剩余种类中的第一个的属性，例如，如果这一种类是“鸟”，我们就必须考虑每个鸟具有什么样的属性，如此类推，总是采用最接近的亚属。很明显，用这种方法我们能直接表明属性属于每个亚属（例如人、马）的原因。让 A 表示“动物”，B 表示“属于每个动物的属性”，C、D、E 表

① anagke estai metaphorais。

示“动物的种”，因而很明白，B为什么属于D。因为A、C和E亦相同。同样道理适用于一切其他亚属。

我们现在所使用的是传统的分类名称，但在研究中我们不能把自己仅限于这些事物。我们必须收集任何其他被观察到的共同特征，然后考虑它属于什么主体，具有哪些属性，例如，有角动物具有第三个胃和一排牙齿，然后问：“什么动物具有‘有角’这样的属性?”因为我们已经清楚地知道它们由于什么而具有这些属性，即它们有角。

另一种选择的方法是类比。我们必定不可能为乌贼的利鳍、鱼的脊骨以及动物的骨头找到一个单一的名称，虽然这些事物也有某种共同特性，这一事实意味着这类事物有一个单一的自然本质。

【15】 有些问题由于有相同的中词而相同，例如，它们都可以通过交相替换的原则得到解释。在中词中，有些是类上相等，它们之间的区别是由于有不同的主体或不同的作用方式，如回声、反映、虹的各自的原因。在所有这些事物中，问题在类上是相同的（因为它们都是折射的形式），但在属上就不同了。

其他问题的区别只在于一个的中词从属于另一个的中词。例如，尼罗河水为什么在月底上涨？因为那时天气多雨。为什么月底气候多雨？因月球在渐渐亏缺。两个中词的联系是一个从属于另一个。

【16】 至于原因和结果的问题可以这样提出：是否当结果存在时，原因必定也存在（例如，如果一株树落叶或月食发生，落叶或月食的原因是否也存在呢？落叶的原因是因 98b 为有阔叶，月食的原因是因为有地球在中间阻挡。因为如果这个原因不存在，这些结果就会有另外的原因）。如果这种原因存在，那么这结果就立即为它所蕴涵。如果地球挡在中间，月食就发生；如果树是阔叶的，它就要落叶。果然如此，原因和结果就是共存的。每一方都可以借另一方予以证明。让 A 表示“落叶”，B 表示“阔叶”，C 表示“葡萄树”。则如果 A 属于 B（每一种阔叶植物都是落叶的），B 属于 C（所有葡萄树都是阔叶的），那么 A 属于 C，即所有葡萄树都是落叶的，中词 B 是原因。但我们也能证明葡萄树因为落叶所以是阔叶的。让 D 表示“阔叶的”，让 E 表示“落叶”，让 F 表示“葡萄树”，则 E 属于 F（因为所有葡萄树都是可落叶的），D 属于 E（因为所有落叶的植物都是阔叶的），所以，所有葡萄树都是阔叶的。在这里，“落叶”是原因，但因为两件事物互为原因是不可能的（因为原因先于结果，由于地球的侵入才引起月食的产生，而不是相反），所以，依靠原因的证明证实了根据，不依靠原因的证明证实了单纯的事实。按后一种方式推理的人知道地球侵入这一事实却不知道根据。地球的侵入是月食的原因而不是相反，这从下述事实中显得十分明显，即前者是后者定义的一个因素。

它清楚地表明我们是通过前者认识后者的，而不是相反。

一个结果能有多种原因吗？如果同一属性能直接表述多个主体，让 A 直接属于 B，也直接属于 C，让 B、C 分别直接属于 D 和 E，那么 A 将属于 D 和 E，原因分别是 B 和 C。这样，原因的存在必然蕴涵着结果的存在，但结果的存在并不必然蕴涵着一切可以作为它的原因的东西，它只蕴涵着某个原因，而不是每个原因。

但是，如果问题总是普遍的，那么原因就是一个整体，结果也是普遍的。例如，“落叶”的这个特点适合于作为整体的一个主体。如果它构成了种，那么属性也普遍地属于它们，要么属于植物，要么属于植物的一个特殊的属。因而，在这些事例中，中词必定等于结果，而且是可以互相替换的。例如，树为什么会落叶？如果它是因为树液的凝结，那么，如果一株树是落叶的，则必有这种凝结；又如果凝结存在——不是在任何主体中而是在一棵树中——那么树必定落叶。

【17】 在一切事例中，同一结果是否能够不由同一原 99a
因产生而由不同原因产生？如果结果证明是依据自身的，而不是出于某种“标示”① 或偶然的，那么这肯定是不可能的，因为这时中词是大词的定义。如果结果未被证明是依据

① semeion。

自身的，那么这就是可能的。可以把结果和它的主体作为偶然的联系来考虑。但这种联系并不被认为是“问题”。除了偶然的联系外，中词还与两个端词相应。如果它们是歧义的，中词也会是歧义的，如果它们在类方面同一，那么中词亦然。例如，比例为什么会变更?[①] 对于线及对于数来说，原因是不同的，但它又是同一的。如果线被认作是线时，它是不同的，就它们被认为表现一已知的增量而言，它们又是相同的。所有的比例都是这样。颜色与颜色之间的相似与形状与形状之间的相似是不同的。因为在这两个例子中，“相似”一词是有歧义的。在后一个例子中它可能是指边的比例相等或角的相等，而在颜色的相似中，它是指我们对它们的知觉是一样的，或诸如此类的东西。通过类推而同一的事物也具有类推的中词。

关于原因的交互作用、结果以及主体的正确观点如下：如果把各个属分别对待，那么结果比主体有更广的应用范围。例如，“外角之和等于四只直角”就比三角形或正方形具有更广的应用范围。但把它们集合起来时，结果与主体的应用范围是相等的（即与其外角之和等于四直角的图形相等），中词也同样如此。中词是大词的定义，这就是一切科学都要通过定义建立的原因所在。例如，落叶是葡萄或无花果树的一种普遍属性，它比其中任何一个的应用范围都广，

① 指在 74ª17 中提到的比例理论。

但并不比种的全体范围广，而只是与它们相等。这样，如果你把握住第一个中词，你就可以获得“落叶”的一个定义。我说“第一个”，是因为在主体的方向上有另外一个第一的中词，它断定主体是一个具有确定特性的整体，然后是中词——“因为树液是凝结的”及诸如此类的东西。为什么落叶？树液在树叶与树干连接处的凝结。

如果对原因与结果的相应要形式化地表明，则可作如下表述：设定A属于所有B，B属于D的每个属，但具有更广的应用范围。那么B就是D的每一个属的普遍属性。即使前提不是可以转换的，我也称之为普遍属性。虽然只有当每个种分别来看不能与它转换，而种的全体却可与之转换并与之同范围时，我才称之为原初意义上的普遍。这样，B是A属于D的每个属的原因。所以A必定比B有一个更广的应用范围，否则A也可以同样是B的原因。现在如果A属于E的一切属，它们就会构成一个与B不同的统一体，否则怎么能说A属于E所属的一切，却不能说E属于A所属的一切呢？A属于E的所有属必定有其原因，正如A属于D的所有属有其原因一样。所以看起来E的所有属也能构成一个统一体。我们必须考虑它是什么，让C作它的代表。这样，同一结果有多个原因是可能的，但当主体与属等同时则不可能。例如四足兽长寿的原因是没有胆汁①，但鸟的长寿

① 参见《论动物部分》，677^{a}30。

原因则是体质的干燥，或其他某种特定的特征。

如果不能立即获得直接的前提，即是说，不仅只有一个而是有许多个中词的话，那么，原因也会有许多个。

【18】 几个属拥有一个既定属性，其原因是最接近于普遍的那个中词呢，还是最接近于属的那个中词？很显然，它是最接近于作为其主体的特殊属的那个中词。因为这是最接近主体的归属普遍的原因。例如，C是B属于D的原因，所以C是A属于D的原因，B既是A属于C的原因，又是它自身的原因。

【19】 我们已经阐明了三段论和证明的性质及条件。与此同时，与证明相同的证明科学的定义及条件也得到了阐明。至于我们如何认识基本前提及如何保证这种知识的问题，如果我们首先考察一些基本的困难就会获得清楚的答案。

我们在上面说过[①]，如果不把握直接的基本前提，那么通过证明获得知识是不可能的。对直接的基本前提的知识，人们可以提出许多问题：它是否与对间接前提的认识相一致？是否有包括两者的科学知识，还是只有关于后者的科学

---

① 见《后分析篇》，第一卷，**【1】**。

知识，而前者为一不同种类的知识所认识？持久保持知识的功能我们以前是不拥有的，还是一直拥有这些功能却不知道它？

说我们一直拥有它们似乎不能成立。因为它会得出结论说，我们拥有比证明更为精确的认识力量却不知道它。另一方面，如果我们是获得它们的，而不是预先拥有它们的，那我们怎么能在没有某种先在的认识能力的情况下认识和学习呢？这是不可能的，正如我们在讨论证明时所说过的那样[1]。因而，十分明显，我们一方面不可能始终拥有它们，另方面如果我们一无所知，没有确定的能力，那也就不可能获得它们。因此，我们必定具有某种能力，但并不是在精确性上高于上面提到过的那些东西的能力。显然，这是一切动物所具有的一种属性。它们具有一种我们叫做感官知觉的天生的辨别能力。所有的动物都具有它，但有些动物的感官知觉后来被固定下来了，而另一些则不。没有被固定下来的动物，要么在感觉活动以外完全没有认识，要么对于其知觉不能固定的对象没有认识，而感官知觉能被固定下来的动物在感觉活动过去后，仍能在灵魂中保存感觉印象。当这种进程不断重复时，可从感官知觉的这种固定中获得一种道理[2]的动物与没有这种能力的动物之间，便会出现

① 见 71a1 以下。
② logos。

进一步的差别。

这样，正如我们所确定的，从感官知觉中产生出了记忆，从对同一事物的不断重复的记忆中产生了经验。因为数量众多的记忆构成一个单一的经验。经验在灵魂中作为整体固定下来即是普遍的。它是与多相对立的一，是同等地呈现在它们之中的统一体。经验为创制和科学（在变动世界中是创制，在事实世界中是科学）提供了出发点。这样，这些能力既不是以确定的形式天生的，也不是从其他更高层知识的能力中产生的，它们从感官知觉中产生。比如在战斗中溃退时，只要有一个人站住了，就会有第二个人站住，直到恢复原来的阵形。灵魂就是这样构成的，因而它能够进行同样的历程。让我们把刚才说得不十分精确的话重复一遍。只要有一个特殊的知觉对象“站住了”，那么灵魂中便出现了最初
100b 的普遍（因为虽然我们所知觉到的是特殊事物，但知觉活动却涉及普遍，例如是“人”，而不是一个人，如加里亚斯）。然后另一个特殊的知觉对象又在这些最初的普遍中“站住了”。这个过程不会停止，直到不可分割的类，或终极的普遍的产生。例如，从动物的一个特殊种导向动物的类，如此等等。很显然，我们必须通过归纳获得最初前提的知识。因为这也是我们通过感官知觉获得普遍概念的方法。

我们在追求真理时理智[①]运用的能力中，有些始终是真

① dianoia。

实的，另一些则可能是错误的，例如意见和计算，而科学知识和理会①是始终真实的。除了理会而外，没有其他类知识比科学知识更为精确。基本前提比证明更为无知，而且一切科学知识都涉及根据。由此可以推出，没有关于基本前提的科学知识。由于除了理会外，没有比科学知识更为正确的知识，所以把握基本前提的必定是理会。这个结论不仅从上述考虑中可以清楚地看到，而且也因为证明的本原自身并不是证明，所以科学知识的出发点自身也不是科学知识。由于除科学知识外，我们不拥有其他真实的官能，因而这种知识的出发点必定是理会。这样，科学知识的最初源泉把握本原，而科学知识作为一个整体与全部事实整体发生了同样的关系。

① nous。

论题篇

徐开来　译

* Topika 据《洛布古典丛书》希腊本文。

第　一　卷

【1】　本文的目的在于寻求一种探索的方法，通过它，我们就能从普遍接受所提出的任何问题来进行推理；并且，当我们自己提出论证时，不至于说出自相矛盾的话。为此，我们必须首先说明什么是推理以及它有些什么不同的种类，以便掌握辩证的推理，因为这就是我们在本文里所研究的主题。

推理是一种论证，其中有些被设定为前提，另外的判断则必然地由它们发生。当推理由以出发的前提是真实的和原初的时，或者当我们对于它们的最初知识是来自于某些原初的和真实的前提时，这种推理就是证明的。从普遍接受的意见出发进行的推理是辩证的推理。所谓真实的和原初的，是指那些不因其他而自身就具有可靠性的东西。不应该穷究知识第一原理的缘由，因为每个第一原理都由于自身而具有可靠性。所谓普遍接受的意见，是指那些被一切人或多数人或贤哲们，即被全体或多数或其中最负盛名的贤哲们所公认的意见。从似乎是被普遍接受但实际上并非如此的意见出发，以及似乎从是普遍接受的意见或者好像是被普遍接受的意见出发所进行的推理就是争议的，因为并非一切似乎被普遍接受的意见就真的是被普遍接受了。在所谓的被普遍接受的意
101a 见中，没有一种会像争议的论证的第一原理那样非常明显地出现在表面。因为其中谬误的性质十分明显，多数人，甚至理解力很差的人也能发现。可见，在上述的那些争议型的推理中，前者称得上是推理，其余的则是争议的推论，而不是推理，因为它似乎是推理，其实并不是。

除了所有上述的推理外，还有一些从只适于某些特殊学科的前提出发而进行的虚假推论，如像在几何学及其相关学科中出现的。这类推理与上述的种种推理似乎不同。因为画错图形的人既不是从真实的和原初的东西，也不是从普遍接受的意见出发来推理的。因为他没有依照定义；他也不根据一切人或多数人或贤哲们，亦即全体或多数或其中最负盛名的贤哲所公认的意见，而是从那些虽适于特定学科但并不真实的假定出发来进行推理。由于他不恰当地绘制半圆形，或是由于他使用不可能的方法画了若干直线，从而导致了错误的结论。

上面所说，可以视为是对推理种类的概述。一般说来，有前面讲过的一切和后面要讲的一切，关于它们的区别我们就充分地说明了。因为我们的目的不是要对每一种推理下一精确定义，而只是想对它们作粗略说明。因此，只要能够用某种方式去认识它们之中的任何一个，对我们来说就已经完

全够了。

【2】 继上述之后，接下来应该说明的就是关于本文有什么作用以及有多少作用的问题。它的作用有三：关于智力训练，关于交往会谈，关于哲学知识。它对于智力训练的作用是显见的，因为有了方法，我们就能更容易地论证提出的有关问题。它对于交往会谈也有作用。因为一旦涉及多数人的意见时，我们不是以其他人，而是以他们自己的看法为依据来作出适当反应的；同时也能改变他们的说法中对我们来说似乎是不正确的某种东西。它对于哲学的知识也有用，因为假如有了从两方面探讨问题的能力，我们就容易在每个方面洞察出真理与谬误。此外，对于与每门学科相关的初始原理，它也有用。因为从适于个别学科的本原出发是不可能对它们言说什么的，既然这些本原是其他一切事物的最初根 101b
据，而且，必然要通过关于每个东西的普遍意见来讨论它们。辩证法恰好特别适于这类任务，因为它的本性就是考察，内含有通向一切探索方法的本原之路。

【3】 当我们具有了相似于修辞、医学以及诸如此类的能力时，我们就会具备完全的方法。这就意味着我们从那些可以利用的材料出发以达到其目的。因为修辞学家并不用一切方式去说服人，医生也不用一切方式去治病。只要他没有忽略任何可以利用的手段，我们就应该断言他已充分地具备

了该门学问的知识。

【4】 因此，首先应该考察我们的方法所依据的那些东西。因为如果我们把握了论证相关的那些东西、它们是什么以及依据什么，并且知道如何有效地利用它们，那么，我们就会如愿以偿地达到目的。论证所依的根据和推理涉及的主题要数目相等、性质相同，因为论证的始点是命题，推理涉及的是问题。所有命题和所有问题所表示的或是某个种，或是一特性，或是一偶性；因为属差具有类的属性，应与种处于相同序列。但是，既然在事物的特性中，有的表现本质，有的并不表现本质，那么，就可以把特性区分为上述的两个部分，把表现本质的那个部分称为定义，把剩下的部分按通常所用的术语叫做特性。根据上述，因此很明显，按现在的区分，一共出现有四个要素，即特性、定义、种和偶性。但是，千万不要误以为上述四要素中每一个自身独立的就是一个命题或问题，我们只是说任何命题或问题都要由它们构成。命题或问题在表述方式上是有区别的。因为如果把问题说成这样："两脚行走的动物是人的定义，难道不是？"或者"动物是人的种，对吧？"那么，它们就成了命题。但是，如果反过来说："两脚行走的动物是不是人的定义？"（或者"动物是不是人的种？"）这样，就又成了问题。其他场合也同样如此。可见，问题和命题在数量上是相等的。因为只要变换表达的方式，就能从所有的命题中构造出问题来。

【5】 现在讨论什么是定义、特性、种[①]和偶性。定义乃是揭示事物本质的短语。之所以用短语替代语词，用某一短语替代另一短语来表述定义，是因为也可能要为某一短语所表述的东西下定义。既然所有定义都是某种短语，那么，102a 试图仅以单个语词构成表述的人显然并没有表示出事物的定义。但是，诸如“适宜的东西是好的”这类的话也可以看作具有定义的性质，“感觉与知识相同还是不同”等也一样。因为关于定义，大多要涉及相同或相异的问题。总之，我们把一切与定义相同的具有探寻性质的表述都叫做定义。由此显见，这里表述的所有例子都具有这种性质。因为当我们能论证事物相同还是相异时，我们也就能以相同的方式对事物的定义作出表述；而当我们证明了不相同时，我们也就会推翻定义。但是，上述的逆命题却不能成立；因为仅仅表明相同还不足以构成定义。当然，只要表明它们不同，就完全能够推翻定义。

特性不表示事物的本质，只是属于事物，而且它的逆命题也能成立。例如，人的一个特性是能学习文化，如果甲是一个人，那他是能学习文化的；反过来也可以说，如果甲是能学习文化的，那他就是一个人。没有人会把可能属于其他事物的东西称为特性，例如睡眠就不是人的特性，它只是在

① genos，或作“属”，现按原意译为“种”。

某个时候碰巧属于人。因此，假如有人要把这些称为特性，那也不是绝对地，而是暂时地和相对地被叫做特性。“在右手上”就是暂时的特性，“两脚”则是相对的特性，例如相对于马和狗而言，它是属于人的。显然，任何可能属于他物的东西，其逆向性表述都是不成立的；因为不能必然的这样推论：如果什么东西睡着，那就是人。

种是表示在属[1]上相区别的若干东西之是什么或本质的范畴。诸如适于回答“你面前的东西是什么”这类问题的语词，就应被称为是什么范畴。例如，有一个人在那里，当被问及你面前是什么时，就适于回答说是动物。事物的种相同还是彼此不同也是种方面的问题，因为这样的问题与种有着 [102b] 相同的探讨范围。如果已经讨论过动物是人的种，也同样是牛的种，那我们也就证明了它们是同种的。相反，如若我们表明某东西属于某个种，而另外的东西则不属于某个种，我们也就证明了它们不同种。

偶性是指：它不是上述那些的任何一种，即既不是定义和特性，又不是种，但是也属于事物；并且，它可能属于，也可能不属于同一的某个体，例如坐的姿势就可能属于也可能不属于同一的某物。白色也是如此；因为没有什么东西能妨碍同一个事物在此时为白，在彼时为非白。在偶性的这两个定义中，第二个更好一些。因为假如某人要想理解第一个

[1] eidos，或作“种”，今与 genos 相对译作“属”。

定义，就必须首先说明什么是定义、种和特性；而第二个定义自身就能完全充分地使我们知道该词的意义是什么。也可以把事物放在一起用偶性对它们进行相互比较，因为表述它们的语词是以某种方式从偶性中得到的。例如，“美好的东西和有用的东西哪个更好”，“德性的生活与自我放纵的生活哪个更愉快”，以及其他刚好也是以这种表达方式提出比较的问题。因为在一切这样的场合中，探索的问题都是：两个陈述的语词哪一个更属偶性。从这些显而易见，没有什么能够妨碍偶性成为暂时的和相对的特性。例如，坐姿虽然是一种偶性，但是，当某人是唯一坐着的人时，它就成了特性；即使他不是唯一坐着的，相对于没坐着的人而言，坐姿仍然是一种特性。因此，没有什么能够妨碍偶性成为一种相对的和暂时的特性。但是，它绝不是绝对的特性。

【6】 不要忽视这一点：我们所说的有关特性、种和偶性的一切也都适于定义。因为已经表明，有些东西并不仅仅属于被定义的事物，就像特性一样；或者在定义中揭示的东西并不是种；或者在短语中陈述的东西并不属于某物，被偶性所表明的东西就可能是这样。当出现上述这些情况时，我们就可能推翻定义。因此，按照前面所说，我们列举过的所有要素在某种意义上都可以被说成是定义的。但是，并不是因此就有一种适于一切的普遍的探索方法。因为它是不易被发现的，即使能发现，也极不明显，而且不会对当下的工作

有所帮助。如果给已经区分出来的每一类以各自特有的方
103a 法，并从适于每一情况的规则出发，那么，我们面前的探索之路就易于走通。因此，正如前面所说，我们必须作一大致的区分，把其余的问题归于各自最特有的范围，使之能被称为定义的和类属的问题。实际上，我所说的问题差不多已如此归类了。

【7】 首先必须区分相同一词的多种含义。一般地说，“相同”大致有三种不同的含义。因为我们常从数目方面、种方面或属方面去述说“相同”的含义。当众多语词指称一个事物时，就是数目方面的相同，例如披风与斗篷。虽然有许多事物，但它们在属上并无区别，这就叫属方面的相同，譬如一个人与另一个人，一匹马与另一匹马，像这样一些属于同一个属的东西就被称为属方面的相同。同样，那些同种的东西就叫做种方面的相同，例如马和人，从同一泉源流出的水之被称为相同的水似乎与我们上述的“相同”含义有某种区别；但实际上这种情况应与因有同一个种而以某种方式称为相同的那些东西列为同一的类型，因为这一切是同出一族并且彼此类似的。一切水之所以被说成与任何其他的水在种上相同，乃是由于它们有某些相似之处，而同出一源的水与其他水的区别不在其他方面，只在于更为相似而已。因此，我们不把它与因有同一个种而以某种方式称为相同的那些东西相区别。当相同一词用于指数目上为一的事物时，可

能是每个人最能接受的说法。但即便如此，它还是常常被解释为多层含义。“相同”的根本的和首先的含义被解释为词语或定义，如披风与斗篷，两脚行走的动物与人；“相同”的第二层含义被解释为特性，如能获知的动物与人，能自然地向上运动的元素与火；“相同”的第三层含义来自于偶性，如正坐着的或文雅的人与苏格拉底。所有这些含义都力图表示数目上的一。上面所言的真实性从各种称呼的变更中最可能使人理解。因为当我们要用称呼名称的方式来命令正坐着的那群人中的某位，而他恰巧又不理解我们所言的含义时，我们就得变更方式，使他从偶性方面较好地理解我们的意思，所以，我们就指称他为我们所称呼的正坐着或正谈话的那个人。显然，不论是称呼名称还是指出偶性，它们所表示的都是同一个东西。

【8】 如上所述，“相同”可以被区分为三种含义。论证须 103b
从上述种种因素出发，并通过它们和趋于它们，这是通过归纳而进行的证明。因为假如有人愿意逐一考察每个命题和问题，就会明白它们都形成于定义或特性或种或偶性。另一种证明是通过推理进行的。因为陈述主项的任何谓项与主项都必然是可换位的或不可换位的。如若可以换位，谓项就应该是定义或特性；因为如果谓项揭示了主词的本质，它就是定义；如果没有揭示本质，则是特性。因为特性之为特性，乃是由于它能与主项换位但又不揭示本质。如果谓项与主项不可

以换位,它就或者是或者不是陈述主项定义的一个语词。如果它是陈述主项定义的语词,它就应是种或属差,既然定义是由种加属差构成的;如果它不是陈述主项的语词,它显然就只能是偶性,因为我们曾经说过,偶性不是定义,不是种,也不是特性,但它又是属于主项的。

【9】 接下来,我们必须区分范畴的种类,以便从中发现上述的四种述语。它们的数目是十个,即本质、数量、性质、关系、何地、何时、所处、所有、动作、承受。事物的偶性、种、特性和定义总是这些范畴之一,因为通过这些谓项所形成的任何命题都或者表示事物的本质,或者表示它的性质、数量或其他某一个范畴。从这些显而易见:揭示事物本质的人有时表示实体,有时表示性质,有时则表示其他的某一范畴。因为当有人在他面前,而他又断言在他面前的东西是一个人或一个动物时,那么,他就是说出了本质并且指明了那是实体;当在他面前的是一种白的颜色,而他又声称在他面前的是白或某种颜色时,那么,他也就说出了本质并且指明了那是性质。同样,如果在他面前的是肘的量度,而他又断言在他面前的是肘的量度,那么,他也是说出了本质并且指明了那是数量。其他情形也是如此。因为如若既断言了这些谓项的每一个自身,又指出了它所归于的属,那就是表明了本质。但是,当断言的东西归属于另一谓项时,那就没有表明本质,而是指的数量、性质或其他某一范畴。

所以，论证所归依以及所出发的东西就是这些，也就是这么多。至于我们将如何发现它们以及通过什么办法充分地 104a
拥有它们，则是后面讨论的问题。

【10】 现在，我们首先要规定什么是辩证的命题以及什么是辩证的问题。因为不能把一切命题，也不能把一切问题都当作是辩证的。没有一个有意识的人会提出一个无人主张的命题，或者提出一个所有人或多数人都明白的问题。因为后者无人置疑，而前者则无人接受。辩证的命题存在于一切人或多数人或贤哲们，即所有或多数或其中最负盛名的贤哲所提问题的意见中，而不是与这种意见相悖。因为如若贤哲们的意见与多数人的意见并不相悖，就会为人所接受。与普遍意见相似的看法、与那些同普遍意见相反的看法对立的命题，以及与得到认可的技艺性学科相一致的看法，都属于辩证的命题。因为如果相反的知识相同乃是公认的，那么，相反的感觉相同也似乎会是公认的；如果语法知识在数目上只有一门的看法是公认的，那么，吹奏长笛的技术只有一种的看法也会是公认的。相反，假如普遍意见认为语法知识有多门，那么，吹笛技术有多门的看法也会是公认的。因为所有这些看法都是相似的，而且是近乎同一的。同样，与那些同普遍意见相反的看法对立的命题也似乎是公认的。因为如果应为朋友做好事是公认的，那么，不应对朋友使坏也会是公认的。在这里，与普遍意见相反的看法是应对朋友使坏，

而与此对立的命题就是不应对朋友使坏。同样，如果应为朋友做好事，就不应为敌人做好事。这也是与那个同普遍意见相反的看法的对立命题，因为与此相反的看法是应为敌人做好事。其他例证也是一样的。就比较而言，用相反的语词去述说相反的东西也属于一种普遍意见，例如应对朋友做好事与应对敌人使坏。因为对朋友做好事与对敌人使坏这两种说法看来是相反的，但这种观点是否具有真实性有待于我们在后面讨论相反时再说[①]。凡技术性学科方面的意见也显然属于辩证的命题；因为人们似应接受那些对这类学科作过研究的人所持的见解。例如，有关医学中的问题应接受医生的见解，有关几何学中的问题应同意几何学家的看法，其他学科的问题也一样。

104b **【11】** 一个辩证的问题就是一个探讨的题目，它或者引人选择和避免，或者引人得到真理和知识，或者它自身就能解决问题，或者有助于解决其他某个问题。并且，它涉及的问题或者是无人有意见，或者是多数人与贤哲的意见相反，或者是贤哲与多数人的意见相反，或者是这一切人中的每个人都意见各异。我们认为其中的有些问题对选择或避免有用，例如，应不应该选择快乐；有些问题仅仅是对认识本身有用，例如宇宙是否是永恒的；还有一些问题的认识对自

① 见《论题篇》，第二卷，**【7】**，112b27 以下。

身的目的是无用的，但却有助于解决相关的其他某问题。因为有许多东西我们并不认识它们自身，而是另有所为，即通过它们来认识其他东西。在推理方面有冲突的种种疑问也属辩证的问题（因为涉及某物是否确实如此时，双方都有强有力的论证）；还有的疑问我们是无法论证的，因为它们牵涉面广，我们很难说出为什么的理由，例如宇宙是否永恒。因为某人也可能探究这一类问题。

因此，正如上述，应对问题和命题作规定。论题乃是在哲学方面著名的人所提出的、与一般意见相反的假定。例如像安提斯塞尼所说“矛盾是不可能的”，或者如赫拉克利特提出的“一切皆运动”，或者如麦里梭宣称的“存在是一”。因为去考究一个普通人随意提出的与一般意见相反的看法是愚昧的。或者，论题乃是我们所持的与一般意见相反的关于那些观点的论证，例如像智者们断言，“并非一切存在物是生成的或永恒的”。因为一个是语法学家的有教养的人就既不是生来如此也不是永远如此的。对于这种观点，即使有人不这样认为，但还是可以由于它具有合理性而加以认可。

一个论题就是一个问题，然而，并非所有的问题都是论题，因为对于有些问题，我们完全没有什么见解。但是，一个论题显然是一个问题。因为从上述能必然推出：既然论题是由某人作出的与一般意见相反的假定，那么对于它，就或者是多数人与贤哲的看法有分歧，或者是在这两个层次的每一层次内部的人的看法彼此不同。在目前，几乎所有辩证的

问题都被称为论题。至于使用什么名称，是没有区别的；因为我们这样讨论它们的目的并非想标新立异地创造术语，而
105a 是为了使我们不致忽略它们之间实际存在着的某些区别。

并不需要对所有命题和每个论题都加以探究，而只是考察那种可能会使人生疑的，但生疑的人并非该受责罚或是知觉不清，而是需要论证。因为那些怀疑是否应崇敬神祇和爱戴父母的人该受责罚，而那些怀疑雪是否为白色的人则属知觉不清。证明不要与题目靠得太近，也不要离得太远，因为太近就没有什么困难了，而太远则困难太多或超出了智力训练的范围。

【12】 在分别说明了这些问题之后，我们必须区分辩证的论证有多少种。它有归纳和推理两类。推理是什么前面已经说过，归纳则是从个别到一般的过程。例如，假如技术娴熟的舵工是最有能力的舵工，技术娴熟的战车驭手是最有能力的驭手，那么一般地说，技术娴熟的人就是在某一特定方面最有能力的人。比较起来，归纳更有说服力也更清楚，更容易为感觉知晓，因而能够被多数人运用。但推理在反驳自相矛盾的论证时更加有力，也更为有效。

【13】 论证所关涉以及由之出发的种类，我们已作了上述区分。我们赖以进行推理的手段有四种：第一是获得命题，第二是区分每一表达的多层含义的能力，第三是发现区

别，第四是研究相似性。后三者在某种意义上说也是命题，因为它们之中的每一个都可以做成一个命题。例如，“意欲选择的东西或是美好的，或是愉悦的，或是有利的”；“感觉与知识的区别在于后者消失后能够再现，而前者则不能”；“健康的东西和健康之间的关系，与强壮的东西和强壮之间的关系是相似的”。上述例子中，第一个命题由于使用多层含义的表述，第二个命题源于发现区别，第三个命题则出自研究相似性。

【14】　命题的选择要以多种方式进行，与用多种方式对命题作出的区分一样。人们可以选择所有人的，或多数人的，或贤哲们的，亦即一切或多数或其中最负盛名的贤哲的意见，或选择那些与似乎为普遍意见相反的看法，也可以选择技术学科方面的意见。必须从与似乎为普遍意见相反的看法的对立命题中形成命题，正如前面所述。形成命题的另一有用方式是，不仅要从已被接受的意见中，而且也要从与之相似的看法中选择它们。例如，“相反者的感觉是相同的”(因为关于它们的知识相同)，“我们是通过摄入而不是通过放出来看某种东西的”。因为在其他感觉方面也是这样。因为我们是通过纳入而不是通过放出听见某种声音；味觉也是这样，其他方面亦如此。再有，在一切场合或多数场合，似乎真实的见解也应该当作本原和已被接受的假定；因为它们已被那些没有看到它们有什么例外的人所认可。还应从写成

的论证篇章中挑选，并为它们制定一览表，将其分开，置于各自不同的属之下，例如“论善”或“论生命”，并且，要从本质开始论及善的一切方面。也应注意个别人的意见，如恩培多克勒曾经说过物体的元素是四种；因为或许有人会把某个人阐述的看法当作普遍意见来接受。

大致说来，命题和问题分为三种。有些命题是伦理的，有些是自然哲学的，有些则是逻辑的。下述这种是伦理命题，例如，“如果看法不一致，一个人是否更应服从父母或法律”。逻辑的命题如，“相反者的知识相同还是相异”。自然哲学的命题如，“宇宙是否永恒”。问题也如此。通过定义来对上述的每一种命题作出阐释是不容易的，但我们必须通过归纳，去努力地认识其中的每一种命题，并借助于上述例子予以考察。

对于哲学而言，必须按照真实性的原则来处理这些命题，但是，如果仅仅为了辩证术，则只需着眼于意见。应把所有命题都放在最普遍的形式中来考察，这样，一就会成为多。例如，如果对立者的知识是相同的，那么就会有相反项的知识相同以及相关项的知识相同等命题。并且，只要划分仍是可能的，就应以同样方式再度划分它们。例如善与恶的知识，白与黑的知识，冷与热的知识。其他情况亦如此。

106a 【15】 关于命题，上面说得很充分了。关于语词的多层含义问题，不仅要处理那些不同的含义，而且要努力揭示出它们的定理。例如，我们不仅在一种意义上把公正和勇敢叫做善，在另一种意义上把强壮和健康叫做善，而且认为称前者为善是由于它们自身具有某种善的性质，称后者为善则是由于它们能产生某种善的结果，而不是由于它们自身有某种善的性质。其他情况也如此。

一个语词到底具有多层含义还是只有一层含义，可以用下述方法来考察确定。首先，考察相反者是否具有多层含义，如若有多层含义，其差别是种方面的还是用语方面的。因为在某些场合，仅从用语方面也能发现区别。例如，在形容声音时，尖锐的反义词是低沉的，但在修饰刀刃时，尖锐的反义词则是滞钝的。显然，尖锐的反义词有多层含义，尖锐的也就有多层含义。因为对应于尖锐的不同含义，它的反义词也就不同。因为尖锐的作为低沉的和滞钝的反义词时，其含义是不相同的，虽然它都是二者的反义词。再有，在形容声音时，低沉的反义词是尖锐的，但在修饰物体时，其反义词则是轻飘的。可见，既然低沉的反义词有多个，它就具有多层含义。同样，用于说明动物时，漂亮的反义词是丑陋的，但在描述房屋时，漂亮的反义词就是粗劣的。因此，漂亮的是个多义词。

有时，语词在用法上并无区别，但在种方面的含义却会立即显现出差别来。例如清和浊；因为它们既可表述声音也同样能说明颜色。在用语上它们并无区别，但在种上的含义，其差别就非常明显。因为用清去指称颜色和声音时含义是不同的。通过感觉也能明显地看到这一点，因为对于同种的东西有相同的感觉，但对于声音和颜色，我们并不是用同样的感觉去判定其明晰性，而是以目视色，用耳听音。用尖锐的和滞钝的去说明味道和物体的情形也一样；因为我们用触觉判定物之利钝，用味觉尝知味之浓淡。这里没有用语的差别，不论是语词自身还是它的反义词都如此，因为尖锐的反义词是滞钝的。

此外，如若有的语词在一种意义上有反义词，那么，在另一种意义上却绝对没有。例如快乐之于饮水方面在口渴的痛苦中有反义词，但在注视对角线与边不成比例时却没有，可见，快乐具有多种含义。再如，爱在用于心境方面时，有
106b 憎这个反义词，但在用于物体的活动方面时却没有，显然，爱也是个多义词。再有，关于中间状态，有些语词及其反义词存在着中间状态，而有些则没有；有些虽然双方都有中间状态，但却不相同。例如，清（明晰）与浊（晦暗）用指颜色时就有中间状态灰色，但用指声音就没有；即使有，那就是闷音，就像有些人所说，闷音是一种中间状态。可见，清是个多义词，浊也一样。再有，有些词具有多个中间状态的词，有些则只有一个，就像清与浊的情况，因为当它们用于颜色时，就有多个中间词，而用于声音时，就只有闷音一个。

再有，要考察矛盾的对立方面是否具有多种意义。因为如果它具有多种含义，它的对立面也将具有多种含义。例如

没看见就有多种含义，一是指根本就没视力，二则指视力没起作用。如果没看见有多种含义，那么必然，看见了也就具有多种含义；因为没看见的每种含义都有某个对立面。例如，没视力的对立面是有视力，视力没起作用的对立面是视力起了作用。

再有，要考察缺乏和具有方面的情况。因为如果某一语词具有多种含义，另一语词也会如此。例如，如果有感觉具有多种含义，既指灵魂方面又指肉体方面，那么，没有感觉也将有多种含义，既指灵魂方面也指肉体方面。现在所论的语词在缺乏与具有方面的对立情况是明显的，因为不论是在灵魂方面还是在肉体方面，各种动物都自然地具有每种感觉。

再有，应考察语词自身的词尾变化情况。因为，如果“公正地”有多种含义，“公正的”也将有多种含义。因为“公正的”每种含义就是“公正地”每种含义。例如，如果“公正地”既用于判断按个人自己的看法的行为，也用于判断作为应该如此的行为，那么，“公正的”也同样有这些含义。同样，如果“健康的”具有多层含义，那么“健康地”也将具有多种含义。例如，如果“健康的”既说明能产生健康的东西，也称谓能维持健康的东西，还意指能表示健康的东西，那么，“健康地”也将有能产生地、能维持地、能表示地这样三种含义。其他情况也一样。总之，当语词本身具 107a
有多层含义时，从它衍生出来的词尾变化形式也将有多种含义；反之，如果它的词尾变化形式有多种含义，它自身也就有多种含义。

还要考察用语词表示的谓项的属，看它们是否在一切方面都相同。因为如果不相同，这个语词就显然是多义的。例如，善在食物中指产生快乐，在医药中指产生健康，用于灵魂方面指具有诸如节制的、勇敢的或公正的品质，用于表示人也一样。有时它也形容在某个时间内发生的事，譬如说发生于适当时候的善，因为发生在适当时候的事情叫做善。它也经常被用于数量，如指谓适量的东西，因为适量也称为善。可见，善是个多义词。清（明晰）也是如此，它用于物体时，指颜色；而用于声音时，指易于听见。尖锐的也类似于此。因为它在一切方面的含义并非相同。因为用于声音时，尖锐的指一种快速的音调，正如那些研究和谐的音乐理论家们所说；尖锐的角指一种小于直角的角，而尖锐的刀则指有着一个尖角的刀。

也要考察用相同语词称谓的事物的种，看它们是否不同以及在作二级划分时是否相互区别。例如，onos（驴子）一词既指动物又指机器。但它们的名称所表示的定理是不同的，因为一个被说成是某种性质的动物，另一个则是某种性质的机器。但是，如若种是二级划分的，它们的定理就不必然有区别了。例如，动物是渡鸟的种，鸟也是渡鸟的种。因此，当我们说渡鸟是鸟时，我们也说渡鸟是某种动物，因为鸟与动物两者都表述渡鸟的种。当我们把渡鸟称为飞翔的两足动物时，与我们叫它是一种鸟是一样的。所以，两个种都能表示渡鸟，并且这也是它们的定理。但是，不对种作二级划分时，就不会出现这种情况。因为当我们称某物为机器时，就不能叫动物；反过来，当叫动物时，也就不能称机器。

不仅要考察语词的种在没作二级划分时是否相异，也要考察它的反义词方面的情况。因为如果它的反义词具有多种含义，那么显然，这个语词本身也有多种含义。

了解来自语词的复合使用而出现的定义方面的情况也是有用的，例如明亮的物体和清晰的（白色的）声音的定义。因为当特有的东西被抽掉时，剩下的也就应该是相同的定理了。但这并不发生在多义词方面，譬如刚才所说的种种情 107b
况。因为前者是具有如此这般颜色的物体，后者则是容易听到的声音。因此，即使把物体和声音抽掉，在每句话中所余的东西也并不相同。但是，假如“白色的”一词在每种情况下含义是相同的，所余的东西就应该一样。

在实际的论证中，常有由于不经心而使多义词进入的情况，因此，也应考虑论证。例如，若有人把表示健康的东西与产生健康的东西笼统地说成是与健康密切相关的，那么，我们就不要停留于此，而要考察他所说的密切相关在每种场合指的是什么；例如，后者是否指具有适量的因素产生健康，而前者是否指具有一定的性质表示某种健康的状态。

此外，也要了解这些语词是否不能与“更……”或“同样”作比较。例如，明晰的（白色的）声音和白色的外衣，辛辣的（尖锐的）气味与尖锐的声音。因为它们不能被说成是同样的白色或尖锐，也不能说一个比另一个更白或更尖锐。因此，白色的和尖锐的是多义词。因为所有同义词都可作比较；因为它们或者同时被使用，或者使用于一个比另一个更大些的场合。

即使不作二级划分在种上也不相同的种差，在属上也是各异的。例如动物与知识就是如此（因为它们的种差也不同），所以，有必要考察即使不作二级划分用相同语词表述的含义是否在种上各异。例如，尖锐的既说明声音也说明物体。因为用“尖锐的”而把一种声音与另一种声音区别开来，同样，也因为用“尖锐的”而把一种物体与另一种物体区别开来。可见，尖锐的是个多义词；因为它是不作二级划分也不相同的种的差别。

再有，要了解用相同语词表述的东西本身是否有不同的种差，例如，在物体方面与在曲调之中的颜色的含义。因为物体方面的颜色的种差是视觉的渗透性和压迫感，而曲调中的颜色并无这样的种差，可见，颜色是一个多义词，因为相同的东西会有相同的种差。

再有，既然属不是属差，就应考察同一语词的多个含义中是否有一个为属，另一个为属差的情况。例如，白色的（明晰的）用以修饰物体是颜色的属，而用以说明声音则是属差。因为一种声音是凭着“明晰的”而与另一种声音相区别。

【16】 可见，有关语词的多种含义问题，要通过上述这些以及类似的其他方法来考察；相关东西之间的相互差别 108[a]
则在同一个种中进行考察。例如公正与勇敢、智慧和节制的区别是什么（因为它们全都源出于同一个种）；也可以用这种方法考察一类同另一类的区别，只要它们相差不是太远，例如感觉与知识的差别是什么。因为如若相差太远，它们之间的区别就相当明显了。

【17】 也要考察不同种的事物之间的类似情况。假设甲与乙相关，那么丙与丁相关。例如，假定知识与知识的对象相关，那么感觉就与感觉的对象相关。并且，假设甲在乙中，则丙在丁中，例如，假定视觉在眼睛中，那么理智在灵魂中；假定浪静在海中，则风平在空中。尤其应该注意的是那些相距很远的东西；因为在剩下的其他场合中，我们能更容易地看到那些相似之处。也应考察处于同一种中的东西，看它们全体是否具有某种相同的属性，例如是否有为人、马和狗所共具的属性；因为正是由于拥有某种相同的属性，它们才是类似的。

【18】 就语词的多种含义作出考察，对于弄清词义（因为某人如若弄清了所用语词的多种含义，就会更能知晓他所主张的到底是什么），对于保证推理依据事实自身，而

不只是相关于所用的那些语词，都是有用的。因为如果没弄清楚语词的多种含义，就可能出现回答者与提问者在思想中所指并非同一含义的情况。相反，如若明确了所用语词的多种含义，而回答者也明白了是什么意思，那么，假如提问者所做的论证不是针对于此，就会显得荒唐。它也有助于我们不致迷茫和误入歧途。因为知道了语词的多种含义，就不仅能使我们自己摆脱了谬误，而且假如提问者所做的论证不是针对于此，我们也能看出来；再有，当我们在提问时，如若回答者碰巧不知道所用语词的多种含义，我们也能把他引入谬误。当然，这种方法并非在一切场合都能奏效，而只限于在语词的多种含义中一些为真另一些为假时。但是，这种方式并不属于辩证法。因此，任何辩证法者都应提防这种玩弄语词游戏的论辩方式，除非实在是没有其他方式来讨论这种问题。

发现事物的差别不仅对于我们有关相同和相异的推理有用，而且对于认识每一事物的本质也有用。它在有关相同和
108b 相异的推理方面的作用是显而易见的；因为当我们发现了所议论题的某种差别时，我们也就表明了它们不是相同的。它之所以对于认识事物的本质有用，是因为我们常常通过每一事物所特有的属差去分离出每个事物的本质所特有的定理。

考察相似性对于归纳论证，对于假设性推理以及对于定义的作出都有用处。它之所以对归纳论证有用，是因为我们认为，只有通过对若干相似的个别情况的归纳，才能得到一

般性的结论；因为如果不知道相似之处，就不容易做到这一点。它之所以对假设性推理有用，是因为一般的意见都认为，当相似物中的某一个东西具有真实性时，其余的也如此。所以，假若我们有着讨论某一个相似物的题材，那么，按前面所说，我们就会同意；假若其他的那些相似物有什么真实性，当下正在讨论的这一个也同样具有真实性。当证明了前者时，我们也就会依据假设表明了当下正在讨论的这一个。因为按照假定，只要其余的相似物有什么性质，当下正在讨论的这个也同样如此。因为我们已经作出了证明。它之所以对定义的作出有用，乃是因为当我们能看出每一个别事物中是什么东西相同时，我们就会毫不迟疑地把要下定义的当下正在讨论的那个东西放进它所应该的种里去。因为在那些共同的谓项中，最明显地处于本质之中的那个谓项就应该是种。即使在有很大差别的东西中，考察相似性对于定义也同样有用处。例如，海中的浪静与空中的风平是相同的（因为每种状态都是静止）；线段上的点和数目中的一也是相同的，因为每种情况都是本原。因此，如果把一切事物都共有的东西归于种，我们认为，定义就不会不合适。那些下定义的人经常都是这样做的。因为他们断言一是数目的本原，点是线段的本原。因此很显然，他们是把两者共同的东西设定为种。

可见，推理所赖以进行的方式就是这些。上述的种种方式对于下面要讲到的方法是有用的。

第 二 卷

108b35 【1】 有些问题是全称的，有些则是特称的。例如，“一切快乐都是善”与“没有什么快乐是善”就属全称，而像“有的快乐是善的”与“有的快乐不是善”则是特称。一 109a 般说来，立论与驳论的方法对这两类问题都是共同的。因为当我们证明了什么属于一切时，也就证明了它属于其中的某个。同样，如若我们证明了什么不属于某个，也就证明了它不属于一切。我们首先来一般地说说驳论的方法，因为这样的方法无论对于全称还是特称的问题都是共同的，也因为主张这种观点的人更愿维护这种属性而不是否认它，而另一些论辩者则想推翻它。要对一个源于偶性的特定名称换位是最为困难的事，因为偶性方面的东西只可能是特定的而不是普遍的。也因为换位必然以定义、特性和种为依据。例如，如果“两足行走的动物是甲的某种属性”，那么，换位为“甲是两足行走的动物”就是真实的说法。以属为依据的称谓也同样。因为如果“动物是甲的某种属性”，那么，“甲就是一种动物”。特性方面的情形亦如此。因为如果“有教养是甲的一个属性”，那么，“甲就是有教养的”。因为上述这些情形不可能是部分地属于或不属于，而是完全地属于或不属于。但是，在偶性方面，就没有什么东西妨碍部分属于的情况了，例如白色或公正。所以，证明了“白色或公正是甲的一种属性”对于证明“甲是白色的或公正的”并不充分；因为能用“甲只是部分的白或部分的公正”去反驳；因此，在偶性方面，换位不是必然的。

也应弄清出现在问题中的错误，它们有两种：或误用或违背约定俗成的语言所致。因为当那些误用语言的人把本不具有某属性的东西说成具有该属性时，就会出现错误。另一些人则用并不属于有些东西的名称来称呼它们，如把东方的阔叶树称为人；这些人就是违背了名称的约定俗成的含义。

【2】 一种方法是考察你的论辩对手是否把某种以其他方式属于的东西说成是偶性的东西。这种错误在种方面最容易出现，例如，如若某人说白色只偶然地是颜色。因为事实上，白色并不是颜色的偶性，相反，颜色乃是白色的种。作出这种陈述的人可能是把特性当成偶性来定义了，例如把公正视为偶然的一种德性。但更多的却不是这样定义，而是明显地把种说成偶性，例如，如果某人说“白色是染上了颜色的”或“散步是在运动”。因为一个源于种的谓项不能以派生的形式被用于说明它的属，而是一切同名的种都陈述它们的属；因为属得到它们的种的名称和定理。所以，说“白色

是染上了颜色的”人没把颜色视为种，而且，既然用颜色的派生语词来陈述，他也就没有把颜色视为特性或定义。因为一物的定义和特性绝不会属于任何其他事物，而“染上了颜色的”却为许多其他东西所具有，如木、石、人或马都有颜色。因此很明显，他们是把“染上了颜色”当作了偶性。

另一种方法是考察被某人所断言的东西属于一切或者不属于任何一个，这种考察要依据属而不是在无限数目中进行。因为这种考察更多地是方法性的，只需较少的步骤。考察应该从原初的东西开始，一步步进展，直到不可分割的东西。例如，如果有人说过对立的知识是相同的，那就应该考察这种知识是关系中对立的相同、相反者的相同、以缺乏与具有为依据的谓项的相同还是以矛盾为依据的谓项的相同。假如从这些方面考察还不清楚，这种划分就还要再进行下去，直到不可分时为止。例如，直到你弄清公正与不公正、倍与半、盲与明、存在与不存在等对立的知识是否相同时为止。因为如若有某个例证表明这种知识不相同，我们就能驳倒那个问题。如若谓项不属于相同也一样。这种方法对于驳论和立论均可转换使用，因为如若在进行划分之后，谓项似乎仍然适于一切方面或多数方面，就应要求对方承认它的普遍性，或者举出反例，说明它不适于什么场合；如若他根本没做这些事情而又不予承认，就显得荒唐可笑了。

再一个方法是做出偶性以及偶差所属东西的定义（或者两个定义分别做或者只做某一个），然后再考察是否有某种不真实的东西在定义中被当成真实的了。例如，如若要考察神是否受到了伤害，就要弄清伤害是什么意思。因为如果伤害就是故意毁损，那么显然，神就不会被伤害；因为神不可能被损毁。再有，如果要考察一个善良人是否爱妒忌，就要弄清什么人爱妒忌，妒忌又是什么。因为如果妒忌意味着对正派人的明显幸运感到痛苦，那么显然，善良人就不会有妒忌。因为不然的话，他就会是可悲而可怜的小人了。如若要考察 110a
一个愤怒者是否爱妒忌，就要弄清每个词的含义是什么，因为这样做了才能表明这个陈述真实或者虚假；例如，如果妒忌之人对吉星高照者感到痛苦，而愤怒之人则对厄运笼罩感到痛苦的话，那么显然，愤怒者也不会有妒忌。也可采用以论断去置换论断中的语词的办法来加强理解，并且不要停止这种置换，直到获得熟悉的语词为止。因为在许多场合，虽然早已提出了整个论断，但探求的东西仍不明显，而如果用论断再去置换论断中的语词，所求项就会变得明显起来。

再者，可将问题自身变成命题，然后再提出反对。因为反对就是力图对于论题的反驳。这种方法与考察被某人陈述的语词属于一切或不属于任何东西的方法大体上相同，只是在方式上有区别。

再者，要分清什么东西应像多数人那样称谓，什么又不应像多数人那样称谓。这对于立论和驳论都有用，例如，应像多数人所用的语词那样来称谓众多事物，但要回答它们是或不是什么种类时，就不必顾及多数人的看法。例如，要说健康的就是能产生健康的东西，就如多数人所说的那样，但在回答当下所论的这东西是否产生健康时，就不要按多数人而要照医生所言。

【3】 再有，如若一个语词有多种含义，而且已被断言它属于或不属于某东西，就应证明它在多种含义中有某一种，假如不能指出两种的话。在多种含义被忽略的场合，这种方法也有用。因为如若多种含义没被忽略，对手就会反驳说，他自已所选择的根本不是这种含义，而是另一种含义。这种方法不论对于立论还是驳论都可转换使用。因为假如我们意欲立论，就应证明它属于某种含义，如若不可能指出两种的话；相反，如果想驳论，我们就应证明它不属于某种含义，如若不能指出两种的话。在驳论时，不应从赞同出发进行论辩。不论某人陈述的东西不属于一切或是不属于任何情况。因为如果我们证明了它不属于任何情况，我们就会驳倒他所谓属于一切的陈述；同样，如果我们证明了它属于某一东西，也就会驳倒他所谓不属于任何东西的陈述。但在立论时，就应以一致为原则；即：如果陈述属于不论什么情况，它就属于一切，这样，我们所立论点就会成立。因为从表明它属于某一东西来证明它属于一切是不充分的，假如，如果某人的灵魂不死，就不能因此而证明所有人的灵魂不死。所
110b 以，必须同意：如果任何灵魂都不死，则一切灵魂都不死。这种方法不能总是使用，只是在我们不能充分说明适于一切

的某个单一论断时才能使用，就像几何学家证明三角形内角之和等于两个直角时的情形一样。

如果词的多种含义没被忽略，就应区分这些含义，然后进行驳论和立论。例如，如果正当的就是有益的或美好的，我们就必须纳入当下的讨论中，试图证明或驳斥这两种含义，说明它是美好的和有益的，或既不是美好的也不是有益的。如果不可能同时说明二者，也应说明一种含义，还要指出一种含义真实另一种不真。如果词的含义被区分为多种，也能用同样的定式。

再者，有些词的多种意义并不是由于它们自身如此，而是因为使用的角度不同。例如，许多东西的知识是一门，而这些东西或者作为目的以及达到目的的手段。如医学就是产生健康和饮食规律的知识，或者作为二者的目的，就像相反的知识被称为相同一样（因为一方并不比另一方更是目的），或者作为由于自身和由于偶性，例如三角形内角之和等于两直角就是由于本质，而等边三角形则是由于偶性；因为等边三角形偶然地是三角形，只是由于我们知道它的内角之和也等于两直角。因为，如若没有一种意味着多个东西的知识会相同，那么显然，它就完全不可能相同；相反，如若有某种含义会相同，它就显然可能相同。要区分出与所用等量的含义。例如，如果我们意欲立论，就要列举出可能的那些含义，并只把它们分成对立论有用的含义；但是，如果意欲驳论，就举出不可能的那些含义，而将其余的略去。在多种含义被忽略的场合，也可实行这种方法。通过这些同样的惯常方法，也能证明一物是或不是他物。例如，一门知识是某种东西的知识，它就或者作为目的，或者作为达到目的的手段，或者作为由于偶性；如果它不是某东西的知识，就不是 111a 上述方式的任何一种。对于渴望以及其他多种含义的语词，也可使用同样的论证方式。因为某物的渴望或作为目的，如健康；或作为达到目的的手段，如服药；或作为偶性，就像喜好甜食的人渴望果酒并不因为它是酒而由于它是甜的。因为渴望甜味才是他的本性，而渴望果酒对他来说只是由于偶性；因为假如这果酒是辛辣燥热的，他也就不会渴望了。可见，他之渴望酒纯系偶然。这种方法在关系词中也有用；因为这些情况常与关系词相关。

【4】 再一个办法是把有的语词换成更为熟悉的语词，例如在对某个概念的理解中，把精确的换成清楚的，把爱打抱不平换成好管闲事的。因为所用语词更熟悉，把握论题就更容易。这种方法对于立论和驳论都共同适用。

为了表明属于相同事物的相反属性，应考察它的种。例如，如果我们想说明感觉中有真实的也有虚假的成分，就应考察判断，因为感觉是判断，而判断就有正确与不正确之分，所以，感觉方面也就会有正确的和错误的部分，可见，对于属的证明要从种开始。因为判断是感觉的种，感觉者就是以某种方式在进行判断。反过来，对于种的证明也可以开始于属。因为属于属的那些特性也属于种。例如，如果知识有优劣，谋略也有优劣，因为谋略是知识的种。对于立论，前一种方法是荒谬的，后一种却是真实的。因为属于种的所有性质并不必然全都属于属，例如动物有双翅和四足，但人却没有，而属于属的一切特性却必然属于种，因为如果人是精明的，动物也是精明的。对于驳论，前一种方法是真实的，后一种则是虚假的。因为不属于种的特性也不会属于属；但不属于属的特性却不必然不属于种。

既然陈述种的那些东西也必然陈述某个属，既然具有种或者被种派生的语词所描述的那些东西也必然具有某个属或者被从某个属派生的语词所描述（例如，如果知识被某人陈述，文法知识、音乐知识或其他某门知识也会被他陈述；如 111b 果某人具有知识或者被派生于某门知识的语词所描述，他也会具有文法知识、音乐知识或其他某门知识，或者被从这门知识派生出的语词所描述，例如文法家或音乐家），那么，如若设定的某个陈述是以某种方式派生于种的，例如灵魂是运动的，就必须根据运动的某个属来考察灵魂是否可能在运动，例如，考察它是否在增长、衰减、生成或以其他某种形式在运动。因为如果它没按任何一种形式运动，它就显然没有运动。这种方法对于两者，即对于驳论和立论都共同适用。因为如果它按某种形式运动，它显然就在运动；如果它没按任何一种形式运动，显然它就没有运动。

在没有足够根据来实现反对论题的意图时，就应考虑从当下所议论题的真实的或已被共同接受的定义中找论据，并且，如果从一个方面不行，就应从多方面着手。因为定义做成后，反驳就更容易。

还应考察当下所议的论题，看它由于什么的存在才存在，或者，如果它要存在，必然有什么存在。如果意欲立论，就要考察当下所立论题由于什么的存在才存在（因为如果那个东西已被证明是存在的，当下所立论题也会被证明为是存在的）；如若意欲驳论，则要考察如若当下所驳论题要存在，就要有什么存在。因为如若我们证明了对方论题所依随的东西不存在，我们也就会驳倒他的论题。

再者，要考虑时间方面的因素，看是否有什么不一致。例如，如果对方说过被喂养的东西必然会长大；因为动物总是被喂养，但并非总在长大。如果他说过知识就是记忆，情形也一样。因为记忆在时间上是过去，而知识则是现在和将来，因为我们说，知识就是认识现在和将来的事情，例如将出现日食；但除了对于过去的事情外，是不可能有所谓记忆的。

【5】 再有就是诡辩的方式，即把对手引入我们有充分理由加以反驳的论断中去。这种方法有时必要，有时显得必要，有时则既非显得也非实际必要。它在这种时候是必要的：回答者已经否定了对于做成反对该论题的论断有用的某一点，而这一点又刚好是提问者所提供用以反对该命题的那

些充分论证之一。在这种时候它也同样必要：通过考察对手所提观点的方式，由归纳而得到了打算反驳的那一点；因为 112a
驳倒了这一点，也就驳倒了当下所提的论题。它在下述时候显得必要：论断产生所相关的那一点似乎有用且适于命题，但实际上并非如此；或者是想支持这论断的人否定了那点；或者是提问者通过对命题的似乎有理的归纳而得到了那一点并企图驳倒它。其余的则是在这样的时候：论断产生所相关的那一点既不是必要也不是显得必要，而是回答者似乎站到了不相干的论述一边。应该留心提防的是上述若干方式中的后一种；因为它与辩证法完全分离且不相宜。因此，回答者不应该恼怒，而要容忍那些无助于反驳命题的东西。同时表明，它们虽被容忍，但却没被接受。因为如若容忍所有的这些东西，就更会反令提问者常常陷入不知所措的困境，除非他们能得出结论。

再者，对某类事物的任何一个作出断言的人也就以某种方式作出了一系列断定，因为每一断言都必然引出许多结论，例如，断言甲是人的人也就断定了甲是动物、甲是有生命的、甲有两足以及甲能获得理智和知识。假如这些伴随的断定有一个被驳倒，原初的那个断定也就会被驳倒。必须留意提防使它变得更为困难；因为有时驳伴随命题更容易，有时驳原初命题自身更容易。

【6】 在两个属性必然只有一个为真的场合（例如一个

人或者有病或者健康)，如若我们有充分理由论证其中的某者不属于某物，对于剩下的属性，我们也就有充分理由说明了。这种方法对于立论和驳论都可逆向变换，因为证明了一个属于，我们也就会证明另一个不属于；相反，如若我们证明了一个不属于，也就证明了另一个属于。因此很显然，这种方法对两者都有用。

再一个反驳的方法是改变论证语词的含义，使它和现在所述的含义相比最适于把握。例如，坚忍不拔并不是像现今所用的含义一样指有勇气，而是指具有高尚的灵魂，就像美好愿望是指对于善行的希冀一样。幸运一词也一样，它应该指某人的命运美好，正如克色诺克拉底所说：“幸运就是某人有个美好的灵魂。”因为灵魂才是每个人的命运。

既然有些事情必然发生，有些经常发生，有些则是巧遇发生，如果有人把必然的当作经常的，或把经常的当作必然的（或是它自身或是经常发生东西的反面)，那么，就总为我们的反驳提供了机会。因为如若把必然的当作经常的，说这话的人就显然是把属于一切的当成不是一切的了，因此，他就是错误的；如若他把经常的当成必然的，也同样不对，因为说这话的人把不属于一切的当成属于一切了。如若他把经常的反面称为必然的，也一样会犯错误；因为经常的反面总是被称为更少的。例如，许多人恶是经常的，善为更少，如若有人把这些人称为必然的善，错误就更大了。如果有人把巧合的称为必然的或经常的，也会犯同样的错误；因为既不必然也不经常发生的事情才叫巧遇。如若有人没有区分必然或经常就作出了论断，那么，尽管事实上他是当作经常的，我们也可以论辩说他的意思是指必然。例如，如果他不加区分地说被剥夺了权利的那些人是坏人，就可以辩论说，他的论断是指他们必然坏。

再有，考察对方是否由于名称不同而把某东西当成了自身的偶性，就像普洛底柯把愉悦分为快乐、高兴和欢畅一样，因为所有这些表现都有愉悦这一相同的名称。因此，如若有人说快乐是欢畅的偶性，他就是把它当成了自身的偶性。

【7】 既然相反者能以六种方式相互结合，而其中的四种能构成反对，那么，我们就应把握这些相反者，以便以某种方式有助于我们的驳论和立论。结合的六种方式是明显的，因为或者是一个相反的语词与一个相反的对象结合，这种结合又有两种形式。例如，行好于友与使坏于敌，或者反过来，使坏于友与行好于敌。或者是两个相反的语词用于一个对象，这种结合也有两种形式。例如行好并使坏于友，或者行好并使坏于敌。或者是一个语词用于两个相反的对象，这种结合亦有两种形式。例如行好于友也行好于敌，或者使坏于友也使坏于敌。

可见，上述第一组的两种结合形式并不构成反对，因为 113a
行好于友与使坏于敌并不是相反的；因为两者都是应选择

的，并有着相同的特性。使坏于友与行好于敌也不相反，因为两者都是应避免的，并且具有相同特性。避免的一方并不被认为与避免的另一方相反，除非一方被说得过度，另一方被说得不足；因为过度被认为是要避免的东西，不足也如此。所剩的四种结合形式全部都构成反对。因为行好于友与使坏于友是相反的；因为它们都来自于相反的特性，并且，一方是应选择的，另一方是要避免的。其他的结合形式也如此。因为在每一对中，一方是应选择的，另一方是要避免的，而且，一方具有适宜的特性，另一方具有不当的特性。根据上述，显而易见，同一个东西能产生出多种相反的结合形式。因为行好于友的相反命题既是行好于敌，又是使坏于友。如果按同样的方式去考察，就会发现其他的每一种命题似乎也一样有两种相反的形式。所以，把握任何一种相反的东西对于所涉论题都会有用。

此外，如果偶性有某种相反者，就要考察它所属的东西是否正是偶性曾被断言所属的东西。因为如果某物为前者所属，就不应为后者所属；因为两个相反的东西不可能同时属于一个相同的事物。

也要考察某类东西是否被说成关乎某个事物，如若是，相反的属性就必然属于它。例如，如果有人说过理念存在于我们之中，就会由此得出这样的结论：理念是运动的，也是静止的，是感觉的对象，也是理智的对象。因为断言理念存在的人们认为理念是静止的，并且是理智的对象，但是，如若它们存在于我们之中，就不可能不运动。因为当我们运动时，存在于我们之中的一切也必然要随之运动。它们显然也是感觉的对象，假如它们的确存在于我们之中的话。因为正是由于视觉方面的感觉，我们才会认识每一事物中的形式。

再有，如果假定了偶性有某种相反者，就应考察能接纳偶性的东西是否也能接纳它的相反者，因为同一个东西能接纳相反的双方。例如，如果有人说过憎恨跟随着冲动，憎恨就会处于精神振奋状态；因为冲动就是处于这种状态。因此，要考察憎恨的相反者，即友爱是否处于精神振奋的状态。因 113b
为如果友爱不是这样，而是处于欲望状态，憎恨也就不可能跟随冲动。如果有人说过欲望乃是无知，情况也如此。因为如若能够无知，也就可能有知识；然而，欲望能容纳知识不是一种普遍的看法。正如前面所说，这种方法对于驳论有用。但是对于立论来说，这种方法无助于证明偶性一定属于某物，只是有助于证明偶性可能属于某物。因为当证明了某物不能有相反者时，我们也就会证明偶性不属于也不可能属于某物；但是，即使我们证明了相反者属于某物或某物能容纳相反者，也不能说因此就会证明偶性一定属于某物，而仅仅会证明它可能属于某物。

【8】 既然有四种对立形式，就应考察，从这些对立形式出发能推出什么跟随的命题，并且，对于驳论和立论，还应再倒过来考察，即从归纳中发现和把握它们。例

如，如果人是一种动物，非动物就是非人。其他例证的情形也同样。因为在这里，顺序是倒过来了的。因为动物跟随着人，但非动物却不跟随着非人，而是倒过来，非人跟随着非动物。通过所有的这些例证，能够归纳出一个公理性的结论。例如，如果美好的东西是愉快的，不愉快的东西就是不美好的；如果后一句话不成立，前一句也不成立。同样，如果不愉快的东西是不美好的，美好的东西就是愉快的。因此显然，颠倒主项词的叙述顺序对于立论和驳论两者都可以换位。

关于相反者的情况，应考察在驳论和立论中，相反的一方是否以顺次或倒转的方式跟随着相反的另一方；并且要从对很多有用例证的归纳中把握这些论证。先看顺次方面的情况，例如勇敢与怯懦。因为德性跟随勇敢，邪恶则跟随怯懦。而且，应选择的东西跟随勇敢，应避免的东西跟随怯懦。这里的顺序都是顺次的，因为应选择之物的相反者乃是应避免之物。其他方面的情形同此。再看顺序倒转的情况，例如，健康跟随良好的体质，但疾病并不跟随虚弱的体质，而是虚弱的体质跟随着疾病。因此很明显，这里的顺序是倒转的。但是，在相反者方面，顺序倒转的情形却少见，适宜的顺序大多是顺次的。如若相反事物的一方既不以顺次也不以倒转的顺序跟随相反的另一方，那么显然，它们的谓项也就不会跟随另一方。但是，如若相反事物的一方跟随另一方，它们的谓项的一方也必然跟随另一方。

与考察相反者一样，也要考察缺乏与具有方面的情况。缺乏方面不能有倒转，顺序必然总是顺次的，就像感觉必然跟随视觉，没有感觉必然跟随就没有视觉一样。因为作为具有与短缺状态，感觉与没有感觉是对立的；这对对立的前者是具有，后者是短缺。

也必须用与考察具有和短缺同样的方式来考察关系方面的情况，因为关系方面的顺序也是顺次的。例如，如果三倍是倍数，三分之一则是分数。因为三倍被说成与三分之一相关，倍数也与分数相关。再有，如果知识是理解，能认知的东西就是能理解的东西。如果视觉是感觉，能见的东西就是能感觉的东西。可能会有人反驳：关系方面的顺序并不是必然地像上述那样出现的；因为能感觉的东西是能认知的东西，而感觉并不是知识。但是，这种反驳似乎并不真实，因为许多人并没有断言有感觉的知识。再有，上述方法对于相反者的证明是没有多少用处的，例如能感觉的东西不是能认知的；因为感觉根本就不是知识。

【9】 再者，请考察在驳论和立论中对等词和派生词方面的情况。所谓对等词，是指如公正的行为与公正的人中的公正、勇猛的行为与勇猛的人中的勇猛这样的词。同样，产生或保持某物的东西与产生或保持的某物也是对等的，例如，产生健康的东西与健康对等，产生良好状态的东西与良好状态对等。与此同样的其他方面的情况也是对等的。这样

的东西习惯上都被说成是对等的，如像公正的、勇敢的、健康的以及以这种方式形成的其他派生词。通过派生形成的词也被认为是对等词，例如公正的与公正对等，勇敢的与勇敢对等。并且，在同一对等系列中的所有词都被称为对等词，如公正、公正的人、公正的行为、公正的。因此很明显，当同一对等系列中的任何一个词已被证明是好的或值得称道的时，其余的一切词也将被证明如此。例如，如果公正是值得称道的，公正的人、公正的行为、公正的也会是值得称道的。公正的还表明，值得称道的也同样是从称道的中形成的派生词，就像公正的派生于公正一样。

不仅要考察被述主项自身的相反情况，而且还要考察它的相反项的相反情况。例如，善不必然快乐，因为并非恶就痛苦；或者，如果恶必然痛苦，善就必定快乐。并且，如果公正是知识，不公正就是无知；如果公正的是有知的和熟练的，不公正的就是无知的和生疏的。但是，如果不公正的并非是无知的和生疏的，公正的也就并非是有知的和熟练的，就像刚才所说的情况一样。因为和生疏的相比，不公正的更是熟练的。这种方法在前面考察相反项的顺序时已经说过了，因为我们现在不能假设有任何其他东西比相反的一方跟随另一方更合适。

再者，在驳论和立论中，要考察生成与毁灭方面的情况以及使之生成和毁灭的东西的情况。因为生成为善的东西自身也是善的，并且，如果它们自身是善的，它们的生成也是善；生成为恶的东西，自身也是恶的。毁灭方面的情况则刚好颠倒过来，因为如若毁灭为善的东西，自身则是恶的，如果毁灭为恶的东西，自身则是善的。同样的论证也适于使之生成与毁灭的东西，因为使之生成为善的东西自身是善的，使之毁灭为善的东西自身则是恶的。

【10】 再有，要考察相似物方面的情况，看它们是否真的相似。例如，如果一门知识涉及多样东西，一种意见也会如此；如果视觉是能看见，听觉就是能听见。实际上相似的以及被公认为相似的其他方面的情形也如此。这种方法对驳论和立论皆有用。因为如果相似物中的某个方面是真正相似的，其他方面也会是真正相似的；相反，如果相似物中的某方面不相似，其他方面也就不相似。也要考察在单一的以及众多的事物情况下是否相似，因为有时会出现不一致。例如，如果知道某物就是思虑某物，那么，知道众多的东西就会是思虑众多的东西。但这并不真实，因为有可能知道众多东西，但却无法思虑众多东西。因此，如果后一种情况不真实，前一种单一事物的情况，即知道某物就是思虑某物的情况也不会真实。

再有就是从更大与更小出发考察。考察更大与更小的方法有四种。首先，更大的是否跟随着更大的，例如，如果欢悦是善，更大的欢悦就是更大的善；如果做不公正之事是恶，做更大的不公正之事就是更大的恶。这种方法对于驳论与立论都有用。因为如果偶性随着它所属的主体而增加，就像上面所说那样，那么很明显，它就是偶性，但如果不随之增加，它就不是偶性，必须通过归纳才能得到这个结论。其次，当一个谓项指称两个主项时，如果它不属于更应属于的那个主项，它也就不会属于更不应属于的那个主项；反之，如果它属于更不应属于的那个主项，它也就一定属于更应属于的那个主项。再有，当两个谓项指称一个主项时，如果公认为更应属于主项的那个谓项不属于，那么，更不应属于主项的另一个谓项就一定不会属于；反之，如果公认为更不应属于主项的那个谓项属于了，另一个更应属于主项的谓项也就一定会属于。再有，当两个谓项指称两个主语时，如果谓项甲公认为更应属于主项甲但却没属于，谓项乙就一定不会属于主项乙；相反，如果谓项乙虽被公认为更不应属于主项乙但却属于了，谓项甲就一定会属于主项甲。

再者，从同等程度出发考察谓项属于或被认为属于的情况。这有三种方式，也就是上面考察更大程度时所述的后三种方式。因为假如某一谓项同等地属于或被认为属于两个主项，那么，如果它不属于其中的一个，它也就不会属于另一个，相反，如果它属于其中的一个，也就属于其余的另一个。此外，假如两个谓项同等地属于同一个主项，那么，如果一个谓项不属于，剩下的另一个谓项也不会属于，反之，如果一个属于，其余的另一个也会属于。再有，假如两个谓项同等地属于两个主项，情形也一样；因为如果谓项甲不属于主项甲，谓项乙也不会属于主项乙，相反，如果谓项甲属于主项甲，谓项乙也会属于主项乙。

【11】 可见，从更大与更小以及同等出发进行考察可能得到的论证方式就是这样一些。此外，还可以从添加方面出发予以考察。如若将甲加到乙，使乙成为善的或白的，那么，乙在以前就不是白的或善的，作为添加物的甲就是白的或善的，因为它使添加后的整体具有了这种性质。再有，如果某物已有某性质，添加物又给了它更多的这种相同性质，那么，添加物自身就具有这种性质。其他情形也如此。但这种方法并不是在一切场合中都有用，只适用于这种场合：添加后要产生出更强的结果。对于驳论，这种方法也不能逆推。因为如果添加物没有使一物成为善，它自身是否就一定不善尚不明显；因为善加之于恶并不必然地使整体变成善，白加之于黑也并不必然地使整体变成白。

再者，如果某物能在更多或更少的程度上被述说，它就完全地属于；因为不善或不白的东西绝不可能被说成有更多或更少的善或白；恶的东西也绝不可能被说成有更多或更少的善，只能被说成有更多或更少的恶。这种方法对于驳论亦不能逆推，因为有许多不能在更多（或更少）的程度上被述说的谓项是完全属于的，例如人就不能在更多或更少的程度上被述说，但并不因此而不是人。

也应以同样的方式考察只在某一方面、某一时间和某一地点存在的情况。因为如果它在某方面可能，它也就完全地可能。某一时间和某一地点存在的情况也如此。因为完全不可能的东西在任何方面、任何时间和任何地点都是不可能的。可能有人会反驳说：在某方面，人的本性是善良的，例如他们会宽容大度或自我节制，但他们的本性却不会是完全善良的。因为没有一个人的本性是不受限制的。同样，要毁灭的某物在某时间可能没被毁灭；但它却不可能绝对地不被毁灭。同样，在某个地方（例如在有疾病的那些地方）采用某种生活方式可能有益，但它不可能绝对地有益。此外，在某地方能够离群独居，但却不能绝对地离群独居。同样，在有的地方（例如在特里巴利人中间）把父亲作为献祭的牺牲品乃是善举，但在绝对意义上它就不善了。或许，这个例子说明的不是地方而是人，因为他们居于何处没什么区别，不论在什么地方，只要他们是特里巴利人，就会出现视牺牲父亲为善举的事。再有，在某时吃药是有益的，例如当生病时，但在绝对意义上却无益。或许，这个例子说明的不是时间而是状况，因为人在何时服药并无区别，关键在于他只能处于需要服药的状况。可见，不附加任何限制的善或它的相反者就是完全的善或它的相反者。例如，不能说牺牲父亲是善，只能说某些人认为是善；因此，这不是完全的善。但是，崇奉诸神却是不附加任何限制的善，所以是完全的善。因此，凡是不附加任何限制的善举或丑行或其他某种这类行为，都会被称为是完全的。

第　三　卷

【1】　在下面的讨论中，要考察两个或更多个东西中哪 116a
一个更值得选择或更好。但是首先应明确，我们所作的考察并不涉及那些有着许多差别，而且彼此之间差别悬殊极大的东西（因为无人不知道幸福或财富哪个更值得选择），而只涉及相距很近的东西，并且，关于它们，由于我们不能发现一个优于另一个，要论证的是更应该倾向于哪一个。所以很明显，如能在这类东西中表明一点或多点优越之处，两者中哪个更优越就会被发现，哪个更值得选择的见解也会一致。

那么，首先，更持久或更稳定的东西比那些更不持久或更不稳定的东西更值得选择。并且，稳重的或善良的人更愿选择的，或者正确的法律，或者那些在特定方面善良的人在作这样的选择时所选择的，或者那些在专门领域具有知识的人，或者他们中的多数人或一切人，例如在医学中或在木工行业中的多数医生或一切医生更愿选择的，都是些更持久或更稳定的东西。或者一般地说，多数人或一切人或一切事物愿意选择的东西，例如善。因为一切事物所向往的都是善。

必须把讨论引到有用于将要探讨的问题上去。在绝对的意义上，更好的和更值得选择的东西是更好的知识，而对于每个人来说，就是他所特有的知识。

其次，作为种的东西比不在种中的东西更值得选择，例如公正就比公正的人值得选择；因为前者是在种中的善，后者则不是，而且，前者本身就是善，但后者不是。因为任何本来不在种中的东西都不能用种本身来称谓，例如白色的人不能称为颜色本身；其他情况也是如此。

为了自身而选择的东西要比为了其他而选择的东西更值得选择，例如健康就比锻炼更值得选择；因为前者是为了自身而选择，后者则是为了其他而选择。并且，由于本性的东西比由于偶性的东西更值得选择，例如正直的朋友就比正直的敌人更值得选择；因为前者的选择是由于本性，后者的选择是由于偶性。我们选择正直的敌人之所以是由于偶性，乃在于他们可能不会伤害我们。这与前面的选择是相同的，只是表达方式的区别；因为我们选择正直的朋友是为了本性，如若这根本不会影响我们，即或他们远在印度；但是，选择正直的敌人则是为了其他，即他们可能不会伤害我们。

并且，由于本性是善的原因的东西比由于偶性是善的原因的东西更值得选择，就像德性比机遇更值得选择一样（因为前者是由于本性，后者是由于偶性才成为善的原因的），其他类似情况也如此。相反者方面也同样。因为由于本性是恶的原因的东西比由于偶性是恶的原因的东西更应当避免，例如秉性卑劣和偶染恶习；因为秉性卑劣乃是由于本性的恶，而偶染恶习则是由于偶性的恶。

总体的善比特殊的善更值得选择，例如健康比切割手术更值得选择；因为前者是总体的善，后者是对于被手术病人的特殊的善。再有，秉性的善比非秉性的善更值得选择，例如公正比公正的人更值得选择；因为前者是由于秉性所有，后者是学习获得的。再有，属于更好的和更珍贵的东西就更值得选择，例如属于神的就比属于人的，属于灵魂的就比属于肉体的更值得选择。再有，更好的东西的特性比更坏的东西的特性更好，例如，神的特性比人的特性更好。因为虽然两者中共有的东西不能把它们相互区别出来，但它们各自具有的特性就一个比另一个更好了。存在于更好的或在先的或更珍贵的事物中的东西也是更好的，例如，健康比胖壮和漂亮更好。因为健康存在于湿和干、热和冷中，一般地说，存在于动物由以构成的那些根本要素中，而胖壮和漂亮则存在于次一等的要素中；因为胖壮被认为只存在于肌腱和骨骼中，漂亮被认为是各肢体的某种匀称。目的比达到目的的诸手段被认为更值得选择，而且，在两个手段中，靠近目的的那一个更值得选择。一般说来，达到生命目的的手段又比达到其他某种目的的手段更值得选择，例如，趋于幸福的手段比趋于谨慎的手段更值得选择。有能力的东西比无能力的东西更值得选择。在两个创制物中，目的更好的那个更值得选择。当甲目的好于乙目的比乙目的更好于它自己的创制物时，通过类似的比例关系，就能制定出创制物与目的之间的优劣；例如，如果幸福好于健康比健康更好于使之健康的东西，那么，使之幸福的东西就比健康更好。因为幸福好于健康的程度与使之幸福的东西好于使之健康的东西的程度是一样的。但是，健康又比使之健康较少的东西好些，所以，使之幸福的东西好于使之健康的东西的程度比健康好于使之健康的东西的程度更大。因此很明显，使之幸福的东西比健康更值得选择；因为它超过同一的标准更多。

再次，由于自身而更高尚、更珍贵以及更值得做的东西就更值得选择，例如，友爱比财富、公正比健康更值得选择。因为前者由于自身而属于珍贵的和值得做的东西，后者则不是由于自身而是其他；因为无人由于自身而珍视财富，
117[a] 总是由于其他，相反，我们是为了自身而珍惜友谊，即使它不可能给我们带来什么。

【2】 此外，当两个东西彼此非常相似，而我们看不出其中的一个比另一个有任何更好之处时，就应从它们的结果出发来考察它们。因为带来更善的东西，更值得选择；或者，如果结果是恶，带来更少恶的东西就更值得选择。因为即使二者都可以选择，但仍会有某种不合适的结果。从结果出发的考察又有两种方式，因为有在先的结果和在后的结果，例如，如果一个人在学习，就会得出他以前无知后来有知的结论。对多数场合而言，后一种结果更好。因此，也应

考虑哪一个结果更适于你的目的。

还有，数目上更多的善比更少的善更值得选择，这又或者是绝对的，或者是一个包含在另一个之中，即更少的包含在更多的之中。可能会有人反驳：在某个场合，一个是否为了另一个；因为那样，把两个放在一起并不比一个更值得选择；例如，恢复健康与健康，并不比健康更值得选择，既然我们选择恢复健康乃是为了健康。而且，也没有什么妨碍不善的东西比善的东西更值得选择，例如，幸福与不善的其他什么比正义和勇敢更值得选择。同一个东西伴随着愉悦比没有愉悦，伴随着无痛苦比伴随着痛苦更值得选择。

每件事情发生得适时就是更值得选择的，例如，无痛苦在老年就比在青年时更值得选择；因为它在老年时更重要。根据同样道理，明智在老年也更值得选择；因为无人愿选择一个年轻人作为头领，由于他不能像他们期望的那样谨慎行事。反过来则要选择勇敢，因为在年轻人中，勇敢行为是必要的。自制也同样，因为年轻人比起年长的人来，更会受到激情的搅扰。

在一切时候或多数时候，更有用的东西就更值得选择，例如公正和节制比勇敢更值得选择；因为前两者总是有用的，后者只是有时有用。再者，如若两种事物都为全体所具有，我们有了一种就不再需要其他，那么这种事物就比虽为全体所具有但我们还需其他的事物更值得选择，就像公正与勇敢。因为当一切人都公正时，勇敢就没什么用处，但即使 117b

一切人都勇敢，公正还是有用的。

我们还要从事物的毁灭、丧失、生成、获得以及相反者出发进行判别。因为更能避免毁灭的东西自身就更值得选择。丧失及其相反者方面的情形也相同。因为更能避免丧失或相反者的东西就更值得选择。但生成和获得方面的情形却要反过来，因为更值得选择的获得和生成的东西自身也就更值得选择。

另一个方法是，离善更近的东西就更好，更值得选择，而且也更相似于善，例如公正比公正的人更好。再次，更相似于一个更好者的东西比自身更值得选择，就像有人所说，阿伽克斯比奥德赛更好，因为他更像阿喀琉斯。有人可能会反驳说这不是真的；因为没有什么妨碍阿伽克斯更像阿喀琉斯，但并不是在阿喀琉斯是最好的人这个意义上像他，而奥德赛虽然不像阿喀琉斯，但却可能是个好人。这就要考察相似是否导致荒诞，就像驴相似于人，而马却不相似；因为驴并不更漂亮，除非它更像人。再次，在甲乙两者中，如若甲更像更好的东西，乙更像更坏的东西，那么，更像更好东西的甲本身就更好。这里也可能有人提出反驳，因为没有什么妨碍甲只有点像更好的东西，而乙则极像更坏的东西，例如，阿伽克斯只有点像阿喀琉斯，但奥德赛却极像奈斯托。再有，甲像更好的东西是像它较坏的方面，而乙像更坏的东西则是像它较好的方面，就如马像驴而驴像人一样。

另一个方法是，更显著的东西比更不显著的东西更值得选择，更困难的东西也更值得选择；因为如若我们具有了这些不易得到的东西，就会评价更好。再有，更特有的东西比更普遍的东西更值得选择。而且，要选择更不与坏人共同分有的东西；因为没有什么忧烦伴随的东西比有这种事情伴随的东西更值得选择。

再次，如果甲绝对地比乙更好，甲中最好的东西也就会比乙中最好的东西更好，例如，如果人比马更好，最好的人就比最好的马更好。反过来，如果甲中最好的东西比乙中最好的东西更好，甲就绝对地比乙更好，例如，如果最好的人比最好的马更好，人就绝对地比马更好。

再次，朋友分有的东西比不分有的东西更值得选择。我 118a
们更愿意为朋友做的事情比为偶遇之人做的事情更值得选择，例如，公正的行为和行善的行为比认为如此行为更值得选择；因为我们更愿意真心实意地为朋友做善事而不是做认为是善的事，但对偶遇之人则相反。

再次，富余的东西比必需的东西更好，而且有时也更值得选择；因为好的生命比生命更好，好的生命就是富余，生命自身却只是必需，有时候，更好的东西却不是更值得选择的；因为不能从如果它更好必然地推出它更值得选择。例如，通晓哲学比挣钱更好，但对于一个缺少生活必需品的人来说，它就不是更值得选择的。当一个人拥有了必需品，而又力图获得某些其他美好的东西时，富余就存在了。大致说来，必需的东西更值得选择，而富余的东西则更好。

不靠他物提供的东西比靠他物提供的东西更值得选择，例如，公正比之于勇敢。再有，如果甲无乙是值得选择的，而乙无甲则不值得选择，那么，甲就比乙更值得选择；例如，能力如无明智就不值得选择，但明智如无能力则值得选择。再次，在两种事物中，如果我们否认其一，以便我们被认为拥有另一个，那么，那个我们希望被认为拥有的东西就更值得选择，例如，我们否认自己的勤勉劳作，以便被人们认为是天资聪颖。

再次，在缺乏状态中，较少应受非难的东西比遭搅扰的东西更值得选择。而且，在缺乏状态中，较多应受非难的东西比不遭搅扰的东西更值得选择。

【3】 再次，在同属的东西中，具有属的特有德性的东西比不具有这种德性的东西更值得选择。当两者都具有属的特性时，具有得更多的那东西就更值得选择。

再次，如果某物使可能受它作用的任何东西为善，而另一物却不能做到这一点，那么，使任何东西为善的某物就更值得选择，正如使物变热的东西比不能使物变热的东西更热一样。如若两者都能使事物为善，能使事物更善的东西也就更值得选择；或者，能使更好的和更有价值的事物为善的东西就更值得选择，例如，如果某物使灵魂为善，另一物使肉体为善。

再有，通过词尾变化、词的用法以及动作和行为作出比较，反过来它们是彼此跟随的。例如，如果公正的比勇敢的更值得选择，公正就比勇敢更值得选择；反过来，如果公正比勇敢更值得选择，公正的就比勇敢的更值得选择。其他情况也相同。 118b

再次，如果和某一相同东西相比，甲具有更大的善，乙具有更小的善，那么，甲就更值得选择。或者，某物的善比那个更大的还要大，如若两者比某物更值得选择，那么，值得选择的程度更大的东西比值得选择的程度更小的东西更值得选择。再有，如果甲的优越性比乙的优越性更值得选择，甲自身也就更值得选择，例如友爱之于金钱。因为友爱的优越性比金钱的优越性更值得选择。情愿选择自身作为自己行为原因的人比选择他物作为原因的人更值得选择，例如朋友之于金钱。

再次，从添加出发来考察，看某个成分被添加到相同物中时是否使整体变得更值得选择。但应注意，在共同语词使用于，或以某种其他的方式结合于被添加的某物的场合，不要使用于或结合于另一物；例如，不要把锯齿和镰形锯铁与木工技术结合。因为锯齿只有在成双成对地被结合在一起时才更值得选择，而不是绝对地更值得选择。再有，如果某物被添加了更小的善能使整体变成更大的善，它就更值得选择。从减去出发的考察也如此。因为，如果某东西从同一物中减去，剩下的部分是更小的善，那么，减去的那东西就会是更大的善，因为正是它的减去才使剩下的部分变成了更小的善。

再次，如若甲是为了自身而选择，乙是为了某种看法而选择，甲就是更值得选择的，如健康之于漂亮。为了某种看法的东西可以定义为：如若无人理喻，就不会热衷于表现。再有，如果甲既为了自身又为了某种看法而值得选择，乙则仅仅为了其中的一种而值得选择，甲就更值得选择。无论什么东西，只要它是为了自身而更有价值的，就是更好的和更值得选择的。所谓自身更有价值，指我们完全是为了自身更愿意选择它，而没有任何其他东西由之出现。

也要区分值得选择的多种含义以及为了什么目的，例如有益、美好或快乐等。因为对于这一切或多数有用的东西就会比没有同样用处的东西更值得选择，当这些同时属于两者时，就要考察它们更属于哪一个，即更快乐，更美好或更有益的那一个。再次，所为了的目的更好的就更值得选择，例如，所为目的为德性的东西就比所为目的为快乐的东西更值得选择。应予避免方面的情形也同样。因为更应避免的东西对应予选择的东西妨碍更大，例如疾病就比丑陋更应避免，因为疾病更妨碍快乐和热情。

再次，通过同样方式来证明有关事物既可避免又可选择。因为既可选择也可避免的东西比仅仅值得选择的东西更少选择的价值。

119a **【4】** 两者之间的相互比较已像上述那样做出了。同样的方法对于只表明值得选择或者应予避免的东西也有用。因为只需要减去一物优越于另一物的部分就行了。因为如果更有价值的东西更值得选择，有价值的东西也就值得选择；如果更有用的东西更值得选择，有用的东西也就值得选择。类似这种比较的其他情形也如此。因为有时在对二者进行直接对比时，我们就能断言它们中的每一个或某一个值得选择，例如当我们说一物本性为善另一物不是本性为善时；因为本性为善的东西显然是值得选择的。

【5】 必须把用于考察更多和更大的那些方法当作最一般的方法，因为这样，它们就会具有更大的适用范围。上述的那些例子中，只要对有一些的称谓作少许改变，就会具有更一般的适应性，例如，本性具有某种性质的东西，就比不是本性具有这种性质的东西更具有这种性质。并且，如果甲得到了，而乙却没有得到它们具有的或可能所属的某种性质，那么，甲就比乙更具有这种性质。如果两者都得到了，得到更多的那个就会更具有这种性质。

再次，如果和同一东西相比，甲具有更多的性质，乙则有着更少的性质，并且，如果甲的性质比某种性质更多，乙则没有这种更多的性质，那么很明显，甲就有着更多的性质。再有，要从添加的角度来考察某东西添加到相同物中是否会使整体有更多的性质，或者，某东西添加到更少性质者中是否会使整体有更多的性质。从减去的角度考察也同样。因为如果某物被减去时，所余东西的性质更少，那么，减去者自身就具有更多的这种性质。并且，一物具有的某种性质越多，与之相反的性质就会混合得越少，例如，更白的东西混合的黑就更少。除了上面所述的那些之外，如果某物能更多地容纳所说东西的特有定理，它也就更多地具有了该物的性质，例如，如果白色的定理是视力能分辨的一种颜色，更白就是视力更能分辨的一种颜色。

【6】 如若问题是以特殊的而不是一般的方式来设定，那么首先，前述的那些立论或驳论的一般方法全都有用。因为当一般地驳斥和立论时，我们也就相应地证明了特殊的方面；因为如果某东西属于一切，它也就属于某个；如果它不属于任何一个，它也就不属于某个。这些方法最适宜那些以
119^b 对立、对应和词尾变化为依据的情况。因为“如果一切快乐都是善，那么一切痛苦都是恶”的看法与“如果有的快乐是善，那么有的痛苦是恶”的这个一般性意见是相同的。再有，如果某种感觉不是有力的，无某种感觉也就不是无力的。如果能理解的东西是某种能认知的东西，理解力也就是某种知识。再有，如若某种不公正是善，某种公正就会是恶；如若某公正的行为是恶，某不公正的行为就会是善。如果快乐的某件事情应予避免，某种快乐也就应予避免。按照同样道理，如果快乐的某事有利，某种快乐也就有利。能毁灭的以及生成的和消灭的方面也如此。因为如若快乐或知识的某种毁灭是善，快乐或知识就会是某种恶。同样，假如知

识的消灭是某种善，而知识的生成是某种恶，那么，知识也就会是某种恶。例如，如果某人遗忘做过的不光彩行为是某种善，而记住它是某种恶，那么，他对做过的不光彩行为的认知就应该是某种恶。其他方面的情形亦如此。因为在一切场合，一般看法的形成方式都是相同的。

再次，从更多、更少和同等的角度来考察。如若另外的种中有某物比所说东西具有更多的某种性质，而那个种下的其余事物又都无一具有这种性质，那么，所说的这东西也就不会具有这种性质。例如，如若某种知识比快乐具有更多的善，而其余的知识又都无一具有这种善，那么，快乐也就不会是善。从同等和更少的角度考察也一样。如果既要驳论又要立论，就必须从同等的角度出发，如果只从更少的角度出发，就只能立论而不能驳论。因为如果某种能力和知识都是同等的善，而且某种能力是善，知识也就是善；如果没有一种能力是善，知识也就不是善。如果某种能力比知识具有更少的善，而这种能力是善，知识也当然就是善；但是，如果没有一种能力是善，就不能必然地推出没有一种知识是善。因此很明显，从更少角度出发的推理只能用于立论。

不仅能通过另外的种，而且也能通过把握同一种中的极端情形来驳论。例如，假如设定某种知识是善并且又证明了明智不是善，那么，就没有哪一种其他的知识是善，既然连最被认为是知识的这种东西也不是善。再次，通过假定来论证。假设某一东西属于或不属于某物，它也就属于或不属于与该物同样的一切。例如，如果人的灵魂是不死的，其他东西的灵魂也就是不死的；如果人的灵魂不是不死的，其他的灵魂也就不是不死的。因此，如果设定什么属于某物，也就要表明什么不属于某物；因为由这个假定就会推出什么不属 120a 于任何一个。相反，如果假定什么不属于某物，也就表明什么属于一切。因此显见，作出这种假定的人就以特殊的设定方式提出了一般性的问题。因为既然他假设某者属于某物，它就属于与该物同样的一切，那么，他就是假定了在特殊方面行得通的在一般场合也有效。

因此，在问题还不明确时，只可能有一种反驳方式，例如，如若某人说过快乐是善或不是善而又没有附加任何其他。因为如果他说的是某种快乐是善，那么，如果要想反驳这个命题，就应一般地表明没有一种快乐是善。同样，如果他说的是某种快乐不是善，就要一般地表明所有快乐都是善。除此以外的其他方式就不可能驳倒对方。因为如若我们只是表明某种快乐不是善或者是善，就没有驳倒对方的命题。因此显然，反驳的方式只可能有一种，但立论的方式却有两种。因为只要我们一般地表明了一切快乐都是善，或者表明了某种快乐是善,这个命题就会被证明。同样,假设应予证明的是某种快乐不是善，那么，如若我们表明了没有一种快乐是善或者表明了某种快乐不是善，我们也就以两种方式，即一般的和特殊的方式证明了某种快乐不是善这个命题。但是，当命题明确时，就可以用两种方式来反驳。例如，如果设定的命题是有的快乐属于善，有的快乐不属于善，那么，不论证明所有快乐是善，还是证明没有一种快乐是善，都会驳倒这个命题。如果有人说只有一种快乐是善，那就会有三种反驳方式。因为当其证明了所有快乐都是善，或没有快乐是善，或比一种更多的快乐是善时，我们也就驳倒了这一命题。假若命题规定得更为明确，例如只有明智这一种德性是知识，那就有四种反驳的方式。因为当其证明了所有德性都是知识，或没有德性是知识，或某种其他德性（例如公正）是知识，或明智本身不是知识时，就驳倒了那个命题。

考察一些诸如有人说过的什么属于或不属于之类的特殊事例也是有用的，就像考察一般性问题一样。再有，也要考察种方面的情况，根据属来划分它们，直到不能再分为止，就像前面所述那样。因为不论表明什么属于一切还是不属于任何，在提出了许多的事例后，都应说明自己的看法是普遍适宜的，或者对它在某特殊方面不如此的反驳提出解释。再次，无论对方用属还是用数目来规定偶性，都应考察这些东西是否不属于它；例如，通过列举一切种类的运动来说明时间不运动也不是运动；因为如果这些运动没有哪一种属于时间，那么显然，时间就既不运动也不是运动。同样，通过区分所有的数目（或是偶数或是奇数）说明灵魂不是数；因为如果灵魂不是偶数，也不是奇数，它就显然不是数。

因此，必须力图通过这些方法对于偶性作出这样的考察。

第 四 卷

【1】 后面应该考察的是与种和特性有关的一些问题。它们都是和定义相关的因素；但是，它们自身却不常成为论辩者们探索的问题。如若种被设定为某种存在，那么，首先就应考察与所论主题关连的一切，从而发现是否有什么没被它所陈述。例如，如若有人断言善是快乐的种，就应考察是否有某种快乐不是善；因为如果是这样，善就显然不是快乐的种；因为种正是由同属的一切事物来表述的。也要考察种是否没有在本质范畴中得到表述，而是仅仅作为了偶性。正像白色被雪，或者自我运动被灵魂所表述一样。因为雪不是那白的东西，所以，白色不是雪的种，灵魂也不是那被运动的东西；因为灵魂只是被运动者的一个偶性，正如它经常也是能走动并正在走动的动物的偶性一样。而且，被运动似乎也不表示本质，而是表示事物做什么或已经做了什么。白色也一样，因为它不表示雪的本质，只表示雪有什么性质。可见，在这里，它们都没有在本质范畴中得到表述。

尤其要考察偶性的定义，看它是否适于已被陈述的种，例如像刚才所说的那些例子。因为某物可能是也可能不是自我运动的。同样，某物可能是也可能不是白色的。因此，它们中没有一个是种，而只是偶性，既然我们已经指出过，偶性就是可能属于也可能不属于某物的东西。

再次，要考察种与属是否不在同一个范畴分类中，而是一个为实体，另一个为性质，或者一个为关系，另一个为性质。例如，雪和天鹅是实体，但白色却不是实体而是性质。因此，白色不是雪的种，也不是天鹅的种。再次，知识是某 121[a]
种关系，而善和好却是性质，因此，善或好也不是知识的种；因为关系的种自身也应该是关系，就像两倍一样；因为作为两倍之种的倍自身也是关系。一般说来，种应该与属处在同一个范畴分类中；因为如果属是实体，种也应该是实体；如果属是性质，种也应该是某种性质。例如，如果白色是性质，颜色也是性质。其他情形也如此。

再次，还要考察种是必然的还是可能分有那处于种中的东西。由于分有者的定义要容纳被分有物的定理，因此显然，属能分有种，但种不能分有属；因为属要容纳种的定理，但种却不容纳属的定理。所以，要考察被指定的那个种是否分有或是否能够分有属；例如，如果有人把某物指定为存在或单一的种，就会得出种分有属的结论；因为存在和元一要被一切存在的东西所表述，因此，它们的定理也一定如此。

再次，要考察是否有这种情况，被指定的那个属是真实的，但种却不真实，例如，如果有人把存在或可知的东西当成意见的种。因为意见表述不存在的东西；许多不存在的东西正是意见的对象。所以，存在或可知的东西显然不能表述不存在的东西。因此，不论存在还是可知的东西都不是意见的种；因为表述属的东西也应该表述种。

再次，必须考察处于种中的东西是否不可能分有它的任何一个属；因为如果它不能分有种，也就不可能分有任何一个属，除非它是在最初划分时仅仅分有种的那些属之中的某一个。因此，例如，如果有人把运动当成快乐的种，就应该考察快乐是否既不属于位移，也不属于性质变化，也不属于任何一种被规定的其他运动形式；因为显然，如果它不去分有任何属，也就不能分有种，既然分有种的东西必然地要分有种的某个属。可见，快乐不是运动的属，也不是被运动这个种所规定的任何不可分的东西。因为不可分的东西要分有种和属，例如某个具体的人就要分有人和动物。

还有，要考察处在种中的东西是否比种所表述的范围更
121b 大，例如意见的对象比存在的范围更大。因为存在与不存在的东西都能够成为意见的对象，所以，意见的对象不可能是存在的属；因为种总是要比属所表述的范围更大。还要考察属和种表述的东西是否一样多，例如，在伴随着事物的一切属性中，是否有的被当成种，就像存在和元一那样；因为存在和元一乃一切事物所具有，所以，不可能一个是另一个的种，既然它们所表述的东西是一样多的。如果初始和本原被

相互设定为种和属，情形也一样；因为本原就是初始，初始也就是本原，因此，这两个语词是同一的，或者说，一个不是另一个的种。在所有这种场合中，第一要义都是：种比属和属差所表述的范围更大；因为属差所表述的范围要比种更小。

要考察被断言的种是否不是或不会被认为是属上无区别的某物，如要立论，就要考察它是否是属上无区别的某物。因为属上无区别的一切东西的种都是相同的。因此，如若甲被证明是一个东西的种，它显然也是一切的种，相反，如若甲被证明不是一个东西的种，它也就显然不是任何一个的种，例如，如果假定多条不可分的线的某人断言不可分是它们的种。因为被断言的种不是与不可分的线在属上无区别的可分线的种；因为所有直线在属上都是彼此无区别的。

【2】 要考察是否有人把本不被设定的种所包含，也不归于它的那个设定的属归给了其他的某个种，例如，如若某人把知识当成公正的种。因为德性是公正的种，而它又不包含任何其他的种，所以，知识不可能是公正的种；因为一般的看法是，当一个属归于两个种时，其中的一个种要被另一个种所包含。当然，这种看法有时也有困难。因为有的人认为明智就既是德性也是知识，而这里的一个种就不能被另一个种所包含。但是，谨慎是知识的看法并不为一切人所同意。因此，假如某人同意这种说法真实，就与接受一般的看

法，即同一事物的种必然会或者一个被另一个包含，或者二者都被一个共同的东西所包含，就像德性和知识所出现的情形一样；因为德性和知识二者都被归于一个相同的种；也因为它们每一个都既是状态又是习性。所以，要考察是否有什
122a 么不属于被给定的种。因为如若那些种既不是一个包含另一个，也不是二者都被一个相同的种所包含，被给定的东西就不会是种。

也应考察被给定种的种，并且总是这样考察那个高一层次的种，看它们是否全都表述属以及是否表述它的本质。因为一切高一层次的种都应该在本质中表述属。所以，如果有什么不合，那么被给定的就显然不是种。再次，也应考察种自身或某个高一层次的种是否分有属；因为高一层次的种不分有任何低一层次的东西。因为，上述的方法对于驳论是有用的；对于立论来说，如果已一致认为被断言的种属于属，但它是否作为种而属于属还有分歧，那么，也能足以表明某个高一层次的种是在本质中表述属。因为当一个种已在本质中表述时，比它高一层次和低一层次的所有种，只要它们是表述属的，就也全都能在本质中来表述；可见，被给定的那个种也是在本质中来表述的。这个道理（即一个种在本质中来表述，所有其余的种也是在本质中来表述）能够通过归纳得到。但是，如果被断定的种是否完全属于属尚有分歧，就不能充分表明某个高一层次的种会在本质中表述属。例如，如若有人把位移设定为行走的种，并不能因证明行走是位

移，而充分表明行走是运动，因为运动还有其他的形式；而是要进一步说明除非分有位移，否则行走就不会分有与位移同一层次的运动的任何其他形式。因为属于种的东西必须要分有从种中第一次划分出来的某个属。可见，如果行走既不分有增加和减少，也不分有运动的其他形式，显然它就会分有位移，因此，位移应该是行走的种。

再次，在设定的属被表述为种的场合，要考察这个被假定的种是否也表述了属所表述的那些东西的本质，而且还要考察比这个种高一层次的所有种是否也这样。因为如果有什么不合，那么显然，这个被假定的种就不是种；因为假如它是种，所有比它高一层次的种以及它自身就会在本质中表述事物。如果这个种不在属所表述其本质的那些事物的本质中来表述，就有助于驳论；如果这个种是在本质中来表述，就有助于立论。因为结果将会是：如若种和属在同一事物的本质中来表述，那么，同一事物就被两个种所包含，而这两个种又必然是一个被另一个所包含。因此，假如证明了我们意欲确立为种的那个东西没有被属包含，而是反过来，属显然被它所包含，那么，也就会证明这个东西应该是种。

也要考察种的定理，看它们是否既适合于被给定的属也适合于分有属的那些事物。因为种的定理必然既表述属也表述分有属的东西。所以，如果有什么不一致，被给定的东西就显然不会是种。

再次，看是否有人把属差设定为种，例如把不死的作为神的种。因为不死的只是动物的属差，有些动物是有死的，有些动物是不死的。因此，显然是犯了一个错误，因为属差绝不可能是任何事物的种。这一点的真实性是显见的。因为没有一个属差表现本质，而是更多地表现性质，就像步行的和两足的一样。

并且，也要看是否有人把属差置入了种中，如把奇数的当作数。因为奇数的只是数的属差，而不是属。一般的看法也不认为属差分有种；因为一切分有种的都或者是属或者是不可分的事物，而属差却既不是属也不是不可分的事物。因此显然，属差并不分有种，奇数的也不会是属，而是属差，既然它不分有种。

再次，要看是否有人把种置入了属中，如把接触当成结合，或者把混合当成融合，或者像柏拉图所定义的，把空间的运动当成位移。① 因为接触并不必然地是结合，但反过来，结合一定是接触；因为并非一切被接触的东西都是被结合着的，相反，凡是被结合的东西一定是被接触着的。其他情况也如此。因为混合物并不全是融合物（因为例如干燥的东西的混合物就不是融合物），空间位置的改变也并不全是位移。因为行走一般地就不被认为是位移，因为位移经常被说成是无意识地从一个地方变为另一个地方，就像非生物中出现的情形一样。显然，在上面所给出的例子中，属比种具

① 参见柏拉图：《泰阿泰德》，181D。

有更多的含义，反过来也适宜。

再次，要看是否有人把属差置于属中，如把不死的当成神。因为这样就会导致属在更多场合作述说；而实际上，属差述说的场合总是或者与属相同，或者比属更多。再有，要看是否有人把种置入了属差中，如把颜色当作能混合的，或把数当作奇数的。也要看他是否把种当作属差来断言了；因为提出这类命题是可能的，如把混合当成融合的属差，或者把位移当作地点变化的属差。所有这些情形的考察都通过相同的方法进行，因为这些方法是相通的；因为种断言的东西必定比属差更多，而且它也不分有属差。但是，如若种被设定为属差，上述的任何一种情况就不能够出现；因为那样，种断言的东西就会更少，而且它也会分有属差了。

再次，如果没有一个种的属差表述被设定的那个属，种也就不会表述这个属，例如，如果奇数和偶数都不表述灵魂，数也就不会表述灵魂。再有，要看属是否本性上在先以及是否毁坏了与之一起的种；因为一般都主张相反的看法。再有，如果被断言的种或属差有可能与属分离，例如运动与灵魂分离，或者真理和谬误与意见分离，那么，被断言的那些东西就既不会是种也不会是属差。因为一般都认为，只要属存在，种和属差就与它相随。

【3】 要考察置于种中的东西是否分有或者是否可能分有与种相反的某物；因为如果那样，同一事物就会同时分有

若干相反的东西，既然种绝不可能离开它，而且分有或可能分有其相反者。再有，要考察属是否能分有完全不属于种的任何部分的性质。例如，如果灵魂分有生命，那么任何数都不可能有生命，所以，灵魂就不应该是数的属。

要考察属是否与种一样具有多种含义（关于多义词的使用原则已经说过了①），因为种和属是同义的。

既然一切种都有多个属，就要考察被断言的那个种是否不可能有另外的属；因为如果没有，那么显然，这个被断言的东西就根本不会是种。

也要考察有人是否把某个比喻之语词设定为种，例如把节制当作和谐。因为所有的种都是在严格意义上来表述它的属的，但和谐却不是在严格的而是在隐喻的意义上去表述节制；因为一切和谐存在于音响之中。

123b 再次，考察是否会有与属相反的什么东西存在，这种考察有多种方式，首先要看在自身没有相反者存在的同一个种中是否有相反者；因为如若没有什么与种本身相反，那么，相反的各方面必定是存在于同一个种中。如果有什么与种本身相反，就应考察相反的属是否存在于相反的种中；因为如若什么与种相反，相反的属必然就存在于相反的种中。这每一种情形都可以通过归纳搞清楚。再有，要考察与属相反的东西是否根本就不存在于任何种中，而是它自身就是种，例

① 见《论题篇》，第一卷，【15】，106a9 以下。

如善；因为如果善不存在于任何种中，它的相反者也不存在于任何种中，那么，它自身就是种，就像善与恶的情形一样。因为它们没有一个存在于种中，而是每一个自身就是种。再有，要看种和属是否都有某个相反者，并且要看一对相反者而不是另一对相反者是否有某个中介。因为如果种之间有某个中介，属之间也会有某个中介；如果属之间有某个中介，种之间也会有某个中介，就像德性与罪恶、公正与不公正的情形一样；因为每一对都有某个中介。可能有人会反驳这种观点：健康与疾病之间就没有中介，虽然恶与善之间有。或者，虽然两对相反者之间，即属之间和种之间都各有一个中介，但是否不一样，而是一个为否定，另一个则作为定语。因为一般认为两种中介应是同样的，就像德性和罪恶、公正与不公正的情形；因为这两对相反者的中介都是否定的。再有，在种无相反者时，不仅应考察相反者是否存在于同一种中，而且还应考察它的中介是否也如此；因为两个极点存在于同一种中时，中介也会存在于同一种中，例如黑与白的情形；因为颜色不仅是白与黑的种，也是它们的一切中间色彩的种。这里也会遇到反驳：不及与过度是存在于同一种中的（因为它们两者都属于恶）。但是，作为它们中间状态的适度却不属于恶，而属于善。也要考察种是否有某个相反者，而它的属却没有，因为，如果种有某个相反者，属也本应如此，就像德性与罪恶相反，公正就会与不公正相反一样。考察其他方面的情形也如此。这种观点应该是明显的。当然，健康与疾病方面的情形也能构成反驳的理由。因为一般地说，一切健康都与疾病相反，但是，作为疾病之属的某种具体病症却没有相反者，例如感冒发烧、眼睛发炎以及其他的这类病患。

124a 所有这些，就是驳论的考察方法；因为如果上述的那些条件不具备，那么显然，被设定的那个东西就不是种。如果要立论，也有三种方式。首先，应该考察当种本身没有相反者时，属的相反者是否存在于被断言的种中；因为如果相反者存在于这个种中，那么显然，当下论及的这个属也会存在于种中。此外，要考察中介是否存在于被断言的种中；因为只要中介是在种中，两个端点也会如此。再有，如若种有某个相反者，就要考察相反者的属是否存在于相反的种中；如若存在，那么显然，当下论及的属也存在于当下论及的种中。

再次，要考察词尾变化和对等词方面的情况，看它们在驳论和立论中是否同样相随。因为属于或不属于任何一种情况，也就同时是属于或不属于一切情况；例如，如果公正是某种知识，那么，公正的也就是有知识的，公正的人也就是有知识的人；反过来，如果这些情况中的某一种不成立，其余的也就会无一成立。

【4】 再有，考察彼此具有相似关系的情况，例如快乐与愉悦、有益与善就具有相似关系；因为其中的一方能由另

一方产生。可见，如果快乐是善的，愉悦就是有益的；因为既然愉悦是善，它显然就可以产生出善。生成与毁灭方面的情形也如此。例如，如果建筑是活动，建成了就是已经活动了，如果学习是记忆，学会了就是记住了；如果被分解是被毁坏，已被分解就是已被毁坏，因为分解就是某种毁坏。并且，要以同样的方式考察生成与毁灭者、能力与功用方面的情况，总之，在驳论和立论中，要按照任何可能的相同方式来进行考察，就像我们论述的生成与毁灭方面一样。因为如果毁坏的东西会分解，被毁坏的东西就会被分解；如果生成的东西会产生，被生成的东西也会被产生，因为生成也就是产生。能力与功用方面的情况亦如此；因为如果能力是一种习性，有能力就是有此习性，如果某物的使用是一种活动，使用就是活动，使用过了就是活动完了。

如若与属对立的东西是缺乏，就有两种驳斥的方式。首先，考察对立物是否存在于被设定的种中；因为缺乏就是或者根本不存在于同一个种中，或者不存在于最后的种中。例如，如果看存在于最后的种即感觉，盲就不会是感觉。其次，如果缺乏既与种也与属对立，而属的对立又不存在于种的对立之中，那么，被设定的属就不可能存在于被设定的种中。可见，上述的两种方法都能用于驳论，但对于立论来说，就只能用一种方法。因为如果属的对立存在于种的对立中，所论的属也就应该存在于所论的种中；例如，如果盲是一种无感觉状态，看就是一种感觉。

再次，要反过来考察否定的情形，就像前面关于偶性的所说的一样。例如，如果快乐是善，不善就是不快乐。因为假如不是这样，不善的东西也就会是快乐的了。但是，如果善是快乐的种，就不可能出现不善的东西是快乐的情况；因为只要种没有被表述，任何属也不会被表述。对于立论，也要进行同样的考察。因为如果不善就是不快乐，快乐就是善，那么可见，善就是快乐的种。

如若属是一个关系词，就要考察种是否也是关系词。因为如果属是关系词，种也会是关系词，就像两倍与倍一样；因为它们各自都是关系词。但是，如果种是关系词，属却不必然如此；因为知识是个关系词，但文法就不是。或者可以认为在先的那种断言就不是真实的；因为例如德性是某种美和善，但是，德性虽表示关系，美和善却不是关系而是性质。

再有，要考察在其自身和种的方面，属是否不在同一关系中被述说。例如，如果两倍被述说为是一半的两部，倍也应被述说为是一半的倍；如若不是这样，倍就不可能是两倍的种。

再有，应考察属在种的方面以及与这个种相关的一切种方面是否没有在同一关系中被述说。因为如果两倍是半的倍，那么，超过它的东西，并且一般地说，凡是高一层次的种也都将被说成与半有倍的关系。可能会遇到这样的反驳：一个语词在表述自身和表述种时，不必然具有相同的关系；

因为知识被说成是对能知的东西的知识，但却不是能知的东西的，而是灵魂的状态和习性。

再次，还要考察在词尾变化方面种和属是否以相同的方式表述，例如与格“对于什么”、属格“什么的……”以及其他可能的方式。因为属那样表述时，种也应如此，就像两倍和它高一层次的种的情形一样；因为不论是两倍还是倍都被说成是“什么的……”。知识的情形也如此；因为不论是知识自身还是它的种（例如习性和状况）都被说成是“什么的……”。当然。可以反驳说有时并非如此；因为我们虽然用“对于什么”来 125a 讲某物与之不合或某物与之相反，但当我们说不同（它应该是不合与相反的种）时，我们就不说“对于什么”，而是说与“什么的……”；因为我们总是说“什么的不同”。

再次，要考察在词尾变化方面具有相同关系的语词在转换时是否不具有同样关系，就像两倍与倍的情形一样。因为这每一种情形不论在自身中还是在转换中都被说成是“什么的……”；因为某物是什么的一半，也就是什么的部分。知识与理解的情形也如此；因为它们都是“什么的……”，而词尾转换时，可知的与可理解的也都同样是“对于什么”。可见，如果在词尾转换中的任何情况都不具有同样关系，那么显然，一个语词就不是另一个语词的种。

再次，要考察属的种是否没有表达相关之类的东西。因为一般都认为，对于关系的每一种表述都是同样的，就像馈赠与给予的情形一样。因为馈赠或表示馈赠什么，或表示对谁馈赠；给予的情况也如此，或表示给予什么，或表示给予谁。给予是馈赠的种；因为馈赠是不需要回赠的一种给予。但是，对于相关的表述有时也不是同样的；因为两倍只是什么的两倍，但超过和更大却既是“什么的……”,也是“对于什么”；因为一切超过和更大都既是对于什么超过，也是什么的超过。可见，上述语词不是两倍的种，既然它们对于相关的表述与属不同。或者，属与种对于相关作同样东西的表述一般说不是真实的。

也要考察种的对立是否是属的对立的种。例如，如若倍是两倍的种，就要看部分是否也是半的种，因为种的对立必定是属的对立的种。所以，如若有人假定知识是一种感觉，那么，知识的象也应该是一种感觉的对象。但这是不成立的；因为所有知识的对象都不是感觉的对象；因为知识的对象是某些理智的东西。因此，感觉的对象不是知识对象的种。既然如此，感觉也就不会是知识的种。

在关系词中，有些必然存在于（或表述）它们在任何时候都恰好要表述的那些相关事物中，如结构、状况和对称（因为这些词除了存在于它们所表示的那些相关事物中，不可能存在于任何别的地方）；有些并非必然而只是可能存在
125b 于它们在任何时候所要表述的那些相关事物中（例如，如若把灵魂说成是知识的对象；因为没有什么妨碍灵魂具有自身的知识，虽然它不是必然地具有；因为这种相同的知识有可能存在于别处）；有些则根本不可能存在于它们在任何时候

都恰好要表述的那些相关事物中（例如，相反者不可能存在于相反者中，知识不可能存在于知识的对象中，除非知识的对象碰巧是灵魂或人）。因此，假如有人把这种词归于种，就必须考察这种词是否不该归于这个种，例如，如果有人说过记忆是稳固的知识。因为一切稳固都存在于稳固的事物之中，并且总是表述稳固事物的，所以，知识的稳固性也要存在于知识之中。因此，虽然记忆是一种稳固的知识，它也必定要存在于知识之中。但这是不可能的；因为记忆都存在于灵魂之中，上述方法对于偶性也同样适用；因为说稳固性是记忆的种与说稳固性是记忆的偶性并无区别；因为如果记忆在某种意义上真是知识的稳固性，那么，关于它的同样的论点也是合适的。

【5】 再有，要考察是否有人把状况置于活动中或把活动置于状况中。例如把感觉说成是通过身体的运动；因为感觉是一种状况，而运动则是一种活动。如果把记忆说成是保留在理解中的一种状况也如此；因为记忆绝不是一种状况，更多地是一种活动。

把状况归于伴随它的能力，是根本错误的，例如，把温和归于暴躁的自控能力，把勇敢、公正归于怯懦、利欲的控制能力。因为勇敢和温和所表述的是那种没有怯懦与暴躁之人，而自控则表述那种具有暴躁性格只是没有放任的人。当然，也可能这每一种状况都有这类能力相随，即有激情，只是没有放任而是控制了它；但是，这却不是勇敢的和温和的，而是什么都完全没有了的那类激情。

有时，人们也把以某种方式伴随着的东西当成了种，如把痛苦当成暴躁的种，把理解当成信念的种。因为在某种意义上，虽然上述的这两者都伴随着设定的属，但都不是它们的种。因为当一个暴躁的人痛苦时，他的痛苦在暴躁发作之前就早已产生了；因为暴躁不是痛苦的原因，而是相反，痛苦是暴躁的原因。可见，暴躁完全不是痛苦。同理，信念也不是理解；因为即使没有任何信念，也可能有同样的理解。假如信念是理解的属，那么，这就是不可能的；因为如若某物从它的属中完全地变化了出来但又仍要保持同一是不可能的，正如同一个动物不可能在此时是人而在彼时又不是人一样。如若有人宣称有理解力的人必然也有信念，那么，理解与信念所断定的东西就将是等量的，因而就不会一个是另一个的种；因为种所断定的范围应该更大。

也要考察属与种二者是否自然地出现于同一物中；因为在属存在的事物中，种也会出现，例如在白色存在的地方就有颜色，在文法学存在之处就有知识。因此，如若有人把羞耻说成怯懦或把暴躁说成痛苦，就会推导出属与种不在同一事物之中的结论；因为羞耻存在于推断中，而怯懦则存在于情感中；痛苦存在于欲望中（因为快乐也存在于欲望中），而暴躁则存在于情感中。可见，被设定的怯懦、痛苦等词不是羞耻、暴躁的种，既然它们与属不是自然地出现于同一事物之中。同样，如果友爱存在于欲望中，它就不会是一种期求；因为一切期求都存在于推断之中。这种方法也适用于对偶性的考察；因为偶性与偶性的东西存在于同一事物之中，所以，如若它们不出现在同一事物中，那么显然，就不会是偶性。

再有，要考察属是否部分地分有被断定的种；因为一般的看法是，种不会被部分地分有，因为一个人不会部分地是动物，文法学也不能部分地是知识；其他情形也一样。因此，要考察在某些场合种是否被部分地分有了，例如，如果把动物说成是感觉的对象或视觉的对象。因为动物只部分地是感觉或视觉的对象；只是在躯体方面，动物才是感觉或视觉的对象，在灵魂方面却不是，所以，视觉的对象和感觉的对象都不应该是动物的种。

有时由于不注意，人们也会把整体归于部分，如把动物描述为动物的躯体。但是，部分不能表述整体；因此，既然躯体只是部分，它就不可能是动物的种。

要考察是否有人把某种耻辱的或应予避免的东西归入了能力或能够之列，例如把诡辩家、诽谤者或盗贼说成是具有秘密窃取他人善行声誉能力的人。因为按其本性讲，上述的每一种人都不能被说成具有某方面的这类能力。虽然神和好人也有能力干坏事，但这不是他们的本性；因为一切恶行都被说成由于有意的选择。再有，凡能力都是值得选择的东西；甚至作恶的能力也是值得选择的，因此我们才说神和好 126b

人也具有它们；因为他们有能力作恶。可见，能力不应该是耻辱的种。不然，就会推出某种耻辱也值得选择的结论；假如有某种耻辱的能力的话。

还要考察是否有人把由于自身而有价值的或值得选择的东西归入了能力、能够或可以创制之列。因为一切能力、一切能够或可以创制的东西都是由于他物而值得选择的。

或者，要考察是否有人把存在于两个或更多的种中的东西仅仅归于其中的某一个种。因为有些东西不能只归于一个种，例如骗子与诽谤者。因为不具有某种嗜好的人也不具有那种能力，不具有某种能力的人也不具有那种嗜好，而骗子或诽谤者是两者都具有的人。因此，不能只把他归于一个种，而要归于上述的两个种。

再次，人们有时颠倒地把种当成了属差，或者把属差当成了种；例如把惊奇当成好奇的过分，把信念视为看法的强化。因为过分和强化都不是种，而是属差；因为一般说来，惊奇是一种过分了的好奇，而信念是一种强化了的看法，所以，好奇和看法才是种，过分与强化只是属差。再有，如若有人要把过分与强化当成种，那些无生命的东西也就会有信念和惊奇了。因为每一事物的强化和过分都存在于它们已经强化和过分了的东西中。所以，如果惊奇是好奇的过分，惊奇就会存在于好奇之中，这样，好奇就会是惊奇。同样，信念也将存在于看法中，既然它是看法的强化，因此，看法也就会有信念。再有，这种假定将会导致把强化称为强化了的，把过分称为过分了的结论。因为信念是强化了的，所以，如果信念是强化，强化就是强化了的。惊奇是过分了的也如此；因为如果惊奇是过分，过分就会是过分了的。但是，按照一般的见解，这些说法没有一个能够成立，就像知识就是可知的对象，运动就是能运动着的东西一样。

有时，人们也完全错误地把承受归于已承受的东西中作为它的种，例如说不朽是永恒的生命；因为不朽只是生命的承受或者是生命偶遇的一个特性。要使这种说法真实，显然应该取决于人们是否同意人能逃脱死亡变成不朽这种观点；因为没有一个人会说他将获得另一个生命，只是一个偶然的特性或承受出现在同一个生命中。因此，生命不是不朽性的种。

再次，要考察人们是否断言承受的那个种是承受的那个东西，例如断言风是运动着的气。然而风更是气的运动；因为不论是在运动还是在静止时，气都保持着同一；所以，风根本不是气。如若不然，气不运动却会有风了，既然曾经是风的气仍然保持着同一。这种类型的其他情形也如此。即使在这种场合非要同意风是运动着的气不可，也不应接受这种看法：并非一切这类事物的种都得到了真实的规定，只是设定的种得到了真实的表述。因为在有些场合，似乎并没有得到真实的说明，例如烂泥和雪。因为人们说雪就是凝固的水，污泥就是与水混合了的泥，但是，雪不是水，污泥也不是泥，所以，被设定的这些不可能是种；因为种应该能够永远真实地说明每一个属。同样，酒也绝不是发了酵的水，正如恩培多克勒所说，“水是在木头中发酵的”[①]；因为它根本不是水。

【6】 再次，要考察被设定的那个语词是否根本就不是任何东西的种；如果这样，它也显然不能作为所述东西的种。考察应从那些分有了被设定的种，并且在属上没有区别的事物出发，例如白的物体；因为它们在属上是彼此没有区别的。但是，一切种的若干个属却相互区别，因此，白色不应该是种。

再有，要考察是否有人说过伴随每一事物的属性是种或者属差。因为每一事物都总有若干属性相随，例如存在和元一就是跟随着一切事物的。所以，如果有人指称存在为种，显然它就应该是一切事物的种，既然它要表述一切事物；因为种除了表述属外并不表述其他什么。元一也会是存在的一个属。因此，就会推出这样的结论：种所表述的一切事物也正是属所表述的，既然存在和元一都绝对要表述一切事物；不然，属所表述的范围就会窄一些。如果他说过跟随每一事物的属性是属差，那么显然，属差所表述的范围就将与种相同或者更大。因为，如果种是跟随着每一事物的属性，属差所述范围就会与它相同；如果种不是跟随每一事物的属性，

① 残篇 81。

属差所述范围就会比它大。

再有，如果设定的种被说成存在于作为主项的属中，就 127b 像白色在雪方面的情况一样，那么，它就显然不会是种。因为种仅仅被说成是作为主项的属的种。

也要考察种与属是否不同义，因为种总是同义地陈述一切属。

再有，当属和种都各有一个相反者时，当心有人把相反中更好的属归于更坏的种；因为这就会导致把剩下的另一个属归于另一个种，既然相反的东西出现在相反的种中，所以，更好的属就将出现在更坏的种中，而更坏的属则会出现在更好的种中。但是，一般都认为，更好的属的种也是更好的。并且，如果同一个属同样地与两者相关，就要考察有人是否把属归于更坏的种而没有归于更好的种，例如说灵魂是一种运动或者被运动的东西。因为一般都认为，同一个灵魂是静止同样也是运动，所以，如果静止更好，它就应被归于这个种中。

再次，通过更大和更小来论证。如果要驳论，就应考察是否种能容纳更大程度的东西，但属自身或按属称谓的事物却不能。例如，如果德性能容纳更大程度，公正和公正的人也应如此；因为一个人能被说成比另一个人更公正。可见，如若被设定的种能容纳更大的程度，但属自身或按属称谓的事物却不能，那么，被设定的词就不会是种。

再次，如果比一般的看法更普遍或与之相同的看法所认为的东西不是种，那么，被设定的这个语词也就显然不是种。这个方法尤其适用于这样的场合：若干个东西都似乎在本质中表述了属，但却分辨不出差异，我们也说不出它们之中到底哪一个是种。例如，痛苦和遭蔑视的信念都被认为在本质中表述了暴怒；因为暴怒之人既有痛苦的煎熬又相信自己被人蔑视了。同样的考察方法也适于与其他属相关联的属；因为，如果比一般的看法更普遍或与之相同的看法所认定存在于被设定的种中的东西，在实际上并不存在于种中，那么显然，被设定的属也就不可能存在于种中。

上述方法对于驳论是有用的。但对于立论来说，这种方法——考察设定的种和属是否能容纳更大的程度——就是没有用的。因为即使它们两者都能容纳更大的程度，也没有什
128a 么妨碍一个不是另一个的种。例如，漂亮与白都能容纳更大的程度，但一个却不是另一个的种。但是，彼此相关的种与属的比较却有用，例如，如果甲与乙都同样是种，那么，假如一个是种，另一个也会是。同样，如果更小程度的东西是种，更大程度的东西也会是；例如，如果能力比德性更是自我控制的种，那么，德性是种时，能力也会是。相同的论证也适合于属的情形。因为如果甲与乙都同样是所论语词的属，那么，假如一个是属，另一个也是；并且，如果更小刻度的东西被认为是属，更大程度的东西也会是。

再次，对于立论，要考察种是否已表述了设定的语词的本质，而且，如果被设定的属不只是一个，而是不同的多

个，如果是这样，它显然就会是种。但是，如果被设定的属只是一个，就要考察种是否同样表述了其他属；如果是这样，也会推出它表述多个不同的属。

既然有人认为属差也在本质中表述属，那么，就必须使用已经说过的那些因素把种从属差中区分出来。这些因素是：首先，种比属差表述的范围更大。其次，所设定的本质更适于说明种而不是属差；例如，称人为动物的人就比称人为步行的人更清楚地说明了人的本质。而且，属差总是表明种的性质，而种却不表明属差的性质；例如，说步行的人用它来述说某类动物的性质，但说动物的人却不用它来述说某种步行的性质。

这样，就能把属差从种中区别出来。既然一般都认为，如果有教养者（是作为有教养的）是某种有知识者，教养也就是某种知识；如果散步是通过散步而在运动，散步就会是某种运动；那么，就必须按上述方式考察你意欲建立的、可能存在于某物中的种。例如，如果想说明知识是一种信念，就必须考察在求知的求知者是在信仰；因为如果这样，那么显然，知识就会是一种信念。在这类情形的其他场合，也应使用这种同样的方法。

再次，既然要把那个总是跟随着某物但不能与它换位的东西从不是它的种中区分出来是困难的——如若甲总跟随着乙，而乙却不总跟随甲，例如静止常随着宁静，可分性常随 128b
着数，但却不能换位（因为可分的东西并不全都是数，静止也不全是宁静）——那么，只要另外的东西不能与它换位，就可以把这个总是跟随着某物的东西当作种来看待；但是，当另外有人提出这种看法时，就不应在一切场合承认。对这种处理当然也可以这样反驳：非存在总是跟随着将生成之物（因为将生成就是现在还不存在），并且也不能换位（因为并非一切非存在都将会生成），但是，非存在却不是将生成之物的种；因为任何东西都不是非存在的属。

那么，对于种的考察就要像上述这些方法那样进行。

第 五 卷

【1】 被陈述的东西是否是特性，要通过下述方式来考察。一种特性的被设定或者是由于本质的，或者是永恒的，或者是相关于他物的，或者是暂时的。例如，“人在本性上是一种文明的动物”就是本质特性；灵魂对肉体的关系就是关系特性，即一个指挥，另一个服从；永恒的特性如“神是不朽的生命”；暂时的特性如“某人在运动场周围漫步”。

关系特性的被设定会出现两个或四个问题。如若某人想设定和否定的东西是同一个特性，就只会出现两个问题，例如，人相对于马的关系特性是“两足的”。因为某人兴许力图既论证人不是两足的，又论证马才是两足的；通过这两种说明，特性就会被他消除，但是，如若某人想设定的是一个特性，否定的又是另一个特性，就会出现四个问题。例如，人相对于马的关系特性是一个为两足，另一个为四足。因为他既会极力论证人不是两足，四足才是人的特性，又会尽力说明是两足，而不是四足。只要他证明了上述的任何一种，设定的那特性就会被驳倒。

本质特性被设定为与其他所有事物相关且又使一事物区别于其他所有事物的东西；例如，能够获得知识的那种有死的动物就是人的本质特性。关系特性不与每一事物，只与某种特定事物相区别；例如，德性相对于知识的特性是：德性的本性体现在多种能力中，而知识的本性只体现在理智能力中，而且是在具有这种理智能力的人中。永恒的特性在一切时间中都真实有效并且永不消失；例如，动物的永恒特性是由灵魂与躯体构成。暂时的特性只在某些时间内真实有效且并不必然地永远跟随；例如，正在市场徘徊是某人的暂时特性。

断定某物相对于他物有什么特性，也就是以普遍的或永恒的或通常的或经常的方式说明它们之间的区别。例如，人相对于马的特性是有两足，这就是人与马之间普遍的和永恒的区别，因为每个人都总是具有两足，但没有一匹马是两足。通常的或经常的区别，如理智相对于欲望和激情的特性，即前者指挥，后者服从；因为当一个人的灵魂堕落时，理智并不是在一切场合都指挥，有时它也被指挥；欲望和激情也并不总是被指挥，有时它们也指挥。

最适于论证的是本质的特性、永恒的特性和关系的特性。因为正如我们在前面就说过的，一个关系特性可以出现多个问题；而出现的问题必然或是两个或是四个，所以，产生的与它们相关的论证也就是多个。本质的特性和永恒的特性可以在和若干事物或若干时间过程的对比关系中得到说明和观察。本质的特性可以在和若干事物的对比关系中得到说明；

因为这个特性必定属于与每一存在的事物相关的那个东西，所以，如果这个特性没有与相关的一切事物区分开，它就不可能很好地被设定。永恒的特性应在若干时间过程的关系中被观察；因为如若它现在不存在，过去未曾存在过，将来也不会存在，它就不可能是永恒的特性。但是，我们考察暂时的特性并不涉及其他时间，只与所谓的现在时间有关；所以，关于它的论证就不会是多个。但是，这是一个适于论证的问题，许多好的论证的产生都会与它相关。

所谓的关系特性能够按照有关偶性的方式来考察，看它是否碰巧是甲而不是乙；但是，有关永恒的和本质的特性就应通过下面的方式来考虑。

【2】 首先要看这特性是否得到了正确的或不正确的设 129b
定。设定得正确与否的一个制定标准是看这个特性是否通过更容易认识和理解的语词来说明；对于驳论，要看是否通过更不容易认识的语词来说明，对于立论，则要看是否通过更容易认识的语词来说明。制定不是通过更容易认识的语词的一个方法，是看某人所设定的特性比他表述特性的语词从总体上看是否更不容易认识了；因为如果这样，特性就不会正确地被说明。因为正是为了认识，我们才抽引出特性来，所以，它应通过更容易认识的语词来被设定；这样，理解它就会更容易。例如，既然把火的特性说成相似于灵魂的人，所使用的灵魂一词比火更不容易认识（因为我们更清楚火是什么而不是灵魂

是什么),那么,把火说成相似于灵魂就不该是对于火的特性的正确说明。另一个方法是看一个比另一个是否没有更容易认识的属性,因为特性不仅应比主体更容易认识,而且它的属性也应比主体更容易认识。因为不知道特性是否为主体具有的人也就不会知道它是否仅仅为主语所具有,可见,这两种情况无论哪一种出现,都会使特性模糊不清。例如,把火的特性说成“灵魂在本性上首先存在于其中的东西”的人,就通过引出灵魂是否存在于火中以及是否首先存在于其中的问题而把特性弄得比火更不容易认识了;所以,“灵魂在本质上首先存在于其中的东西”不应该是火的特性的正确说明。但对于立论,就要考察特性是否通过更容易理解的语词而被说明,以及是否在每一种方式中用更容易理解的语词说明。如果是这样,特性就会在这方面得到正确说明;因为在正确立论的方式中,一些仅仅是在这方面被正确说明,另一些则是完全地被正确说明。例如,如果有人把具有感觉说成是动物的特性,他就是既通过更易理解的语词说明了特性,又使特性在每一种方式中更易于理解了;所以,具有感觉就应该是在这方面对动物特性的正确揭示。

其次,对于驳论,要考察用以说明特性的语词中是否有多种含义的情况,或者整个论断是否有着多种意义;倘若如此,特性就不能被正确地说明。例如,既然感觉有多种含
130a 义,一指具有感觉,一指使用感觉,那么,感觉在本性上就不能正确地说明动物的特性。因此,不能使用具有多种含义

的语词和论断来说明特性，因为多种含义的指称会使说明含混，意欲论证的人就会弄不清楚对方所用的到底是多种含义中的哪一种；因为揭示特性本是为了便于把握。此外，采用另一种方法也必定能反驳以这种方式指明特性的那些人，如若他们把多义词中没有关联的含义拿来做成推理的话。对于立论，要考察任何语词或整个论断是否都不具有多种含义；因为这样，特性就会在这方面得到正确说明。例如，既然“物体”、“最容易朝上移动的东西”以及由这两个语词合并而成的整个论断都没有多种含义，那么，就从这方面正确地揭示了火的特性应该是最容易向上运动的物体。

再次，对于驳论，要考察对方是否既用多种含义的语词来说明特性，又没有区分出其中的哪一种含义是规定特性的；倘若如此，特性就不能得到正确说明。从前面所述，原因很明显，因为所导致的结果必然是相同的。例如，既然甲的知识可以指称多种东西（因为它可以指甲有知识、甲运用知识，也可以指甲的什么有知识、甲的什么运用知识），那么，甲的知识的特性就不可能被很好地表明，除非区分出它之中的某一含义是规定特性的。对于立论，则要考察规定特性的语词是否没有多种含义，而是只有唯一的和单纯的含义。倘若如此，特性就会在这方面得到正确地说明。例如，既然人只能在单一的意义上被述说，那么，本性上文明的动物就应该是关于人的特性的正确说明。

再次，对于驳论，要考察在说明特性时是否出现了同语反复。因为人们由于粗心大意，在说明特性时经常这样做，就像在说明定义时一样。这样，就不会正确地说明特性；因为颠三倒四地重复同一语词会淆乱听众，必然导致模糊，此外，还会带出不少空洞无聊的废话。同语反复可能会以两种方式出现，其一，多次使用同一语词，例如，如果某人把火的特性规定为物体中最轻的那种物体（因为他多次使用物体一词）；其二，用定义替换语词，例如，如果某人把土的特性规定为物体中在本性上最趋于向下运动的实体，那么，他就是用“某种实体”替换了物体；而物体和“某种实体”是同一的和相同的。可见，由于他多次使用了实体一词，然而并没有能正确说明特性。对于立论，则要考察其是否避免同语反复；倘若如此，特性就会在这方面得到正确说明。例如，如若有人把能获得知识的动物说成人的特性，他就不是同语反复，而且，人的特性也就在这个方面得到了正确的揭示。

再次，对于驳论，要考察对方是否采用了周延的语词来说明特性。因为不能与其他事物相区别的东西是没有用处的，说明不同特性所使用的语词必须相互区别，就像在定义中的语词一样。如果不是这样，特性就不能被正确说明。例如，如果有人把知识的特性设定为“不能由论断更改的把握了的观念，因为它是一”，那么，他就在这个特性的设定中使用了“一”这种属于一切事物的语词，因而就不能正确地说明知识的特性。对于立论，则要考察他是否没有使用通用的语词，而是使用的与其他相区别的语词；倘若如此，特性就会在这个方面得到正确说明。例如，如若某人把具有灵魂说成是动物的特性，他就没有使用通用的语词，因此，具有灵魂就在这个方面正确地说明了动物的特性。

再次，对于驳论，要考察对方是否对同一事物提出了多种特性，但又没有说明所设定的这多种特性；倘如此，特性也就不能得到正确说明。因为就像在定义中除了阐明本质的表述之外不应该再有什么更多的东西一样，在特性的说明中，除了能形成特性的那些表述之外也不应该有其他说法掺和进来；否则，这样的特性就会是没有用的。例如，如若某人把最精巧最轻微的物体说成是火的特性，他就是提出了多种特性（因为最精巧的物体和最轻微的物体每一个各自都是火的特性的真实表述），因此，最精巧最轻微的物体就不可能是火的特性的正确说明。对于立论，则要看是否没有提出同一事物的多种特性，而是只提出了一种；倘若如此，就在这方面正确地说明了特性。例如，如果有人把液体的特性说成是能被聚放到任何形状的容器中的物体，他就是只提出了一种而不是多种特性，因此，就在这方面正确地说明了液体的特性。

【3】 再次，对于驳论，要看对方是否引入了所要提出的特性的主体，或者属于它的其他东西；倘若如此，他就不能正确说明特性。因为提出特性本是为了有助于把 131a

握；而当属于主体的什么成分在它之后时，主体自身就会同样不易把握；而且还会更加不易把握。因此，通过这种方法是不能更好地把握主体的。例如，如果有人把动物的特性说成人为其中一个种的实体，他就引入了属于动物的某种东西，所以，就不可能正确地说明特性。对于立论，则要看是否有引入主体自身或者没有使用属于它的其他东西。倘若这样，特性就会在这方面得到正确说明。例如，如若有人把动物的特性说成灵魂与肉体的结合物，他就没有引入主体自身或属于它的其他东西，因此，就在这方面正确地提出了动物的特性。

也要以同样的方式考察使或不使主项更容易理解的其他语词。对于驳论，要看对方是否引入或者与主项对立，或者一般地说与主项在本性上同时，或者后于主项的某种东西；倘若如此，就不能正确地说明特性。因为一物的对立面本性上是与它同时的，而本性上与之同时的东西和在后的东西并不能使该物更容易理解。例如，如果有人把善的特性说成是最与恶对立的东西，就是引入了善的对立面，因而也就不可能正确地说明善的特性。对于立论，则要看是否没有引入或者与主项对立，或者一般地说与主项在本性上同时，或者后于主项的东西；倘若如此，就在这方面正确地提出了特性。例如，如果有人把知识的特性规定为最真实可信的观念，就没有引入与知识对立或者在本性上与知识同时或者后于知识的任何东西，因而也就会在这方面正确地说明知识的特性。

再次，对于驳论，要考察对方是否把某种并不总是伴随着主项，而在有时不是特性的东西当成了特性；倘如此，就不可能正确地说明特性。因为我们发现主体的名称并非就必然真实地是特性所属的东西；也发现主体的名称并非就必然地不适宜于特性不属于的东西。除此之外，即使在他指出特性时，由于它是一种可以忽略的属性，它是否属于主体仍是不清楚的，因此，特性仍是模糊的。例如，如果有人把动物的特性设定为有时运动有时站立不动，他就是把有时不是特性的东西指定为这类特性，因而就不可能正确说明特性。对于立论，则要考察他是否指出了那必然的、永远的特性；倘如是，就在这方面正确地说明了特性。例如，如果有人把德性的特性设定为使其具有者为善的东西，他就是把永远跟随着主体的东西规定为特性，因而也就会在这方面正确地提出德性的特性。

再次，对于驳论，要考察对方提出的事实上是现在的特性时，是否没有明确地说出他所提出的乃是现在的特性；倘若如此，特性也就不能得到正确说明。因为首先，任何背离习惯的行为都应予以明确陈述；而且，人们通常也把总是跟随着主体的东西指定为特性。其次，凡不明确指出他意欲设定的是否为现在特性的人，他的设定就是不清楚的；因此没有什么免遭批评的托辞。例如，当有人说与另一个人坐在一起是某人的特性时，他所指出的实际上是某人现在的特性；但是，既然他没有明确声明这一点，就不可能说他正确地指出了特性。对于立论，则要考察他在指出现在的特性时，是否明确地断言过他指的是现在的特性；倘如是，就在这方面正确地说明了特性。例如，如果有人把现在正在散步说成是某人的特性，他的这个说明就是作出了明确规定的，因而也就应该是正确地说明了特性。

再次，对于驳论，要考察对方提出的是否是这样一种特性——除了对于感觉以外，它的存在是不清楚的；倘若如此，就没有正确说明特性。因为任何感觉对象在感觉范围之外都不显明；因为它是否存在是不清楚的，只有通过感觉才能把握。真实的情形是：这些东西并不必然地永远跟随着主体。例如，如果有人把太阳的特性设定为在地球上空运转的一颗最明亮的星体，他就是在特性中运用了这类情况。因为在地球上空运转是感觉才能把握的，所以，就不可能正确提出太阳的特性；因为当太阳下落时，它是否仍在地球上空运转就不清楚了，原因在于我们那时感觉不到。对于立论，则要考察他所提出的那类特性是否对于感觉不明显，或者它能感觉但明显地必然属于主体；倘若如此，就在这方面正确地说明了特性。例如，把表面的特性规定为"赋予了颜色的第一事物"的人虽然使用了有颜色这样一种感觉因素，但由于这种感觉因素明显地永远属于主体，所以，也应该承认他在这方面正确地提出了表面的特性。

再次，对于驳论，要考察对方是否把定义当作特性提了出来；假如这样，就没有正确地说明特性；因为特性并不必定表明本质。例如，如果有人把人的特性说成是两足行走的 132a 动物，就是把本质的表述当成人的特性提了出来，因而不可能正确地说明人的特性。对于立论，则要考察他是否把可与主项换位但却不表明本质的述语作为特性提了出来；倘如此，就在这方面正确地提出了特性。例如，把人的特性说成是本性上文明的动物的人就是把可与主项换位但却不表明本质的述语指定为特性，因而也就在这方面正确地指出了人的特性。

再次，对于驳论，要考察对方是否没有把提出的特性的主体置于它的本质中去。因为就像在定义中一样，在特性中的第一个语词应当是种，所剩的其他语词则是被添加的成分和区别于主项的成分。因此，不以这种方式提出的特性就不可能得到正确说明。例如，把动物的特性设定为具有灵魂的人就没能把动物置于它的本质中去，因而也就不可能正确地说明动物的特性。对于立论，要看他是否把所提特性的主体置于本质之中以及是否添加了其他语词；倘如是，就在这方面正确地提出了特性。例如，把人的特性规定为能获得知识的动物的人就是把特性的主体置于了它的本质中，因而也就在这方面正确地说明了人的特性。

【4】 正是通过上述这些方面，才能考察特性的被提出是否正确。而被指称为特性的东西到底是不是特性，则要通过下述的方式来检验。因为完全地确证特性得以正确说明的

那些方法与使特性之完全为特性的方法是相同的；所以，它们就存在于特性的说明中。

那么首先，对于驳论，就要考察对方所提特性的每一个主体，看特性是否不属于任何主体，或者看特性在某方面是否不真实，或者看他所提出的那种特性是否不是每一个主体的特性；倘如是这些情况，他所说明的特性就不会是特性。例如，断言几何学家为不易被论断蒙骗的人就是不真实的(因为在画了一个错误的图形时，几何学家就会被蒙骗)，因此，不被论断蒙骗不可能是这种知识者的特性。对于立论，则要看特性在所有场合以及在每一特定方面是否都真实；如若是这样，被说明不是特性的东西就会是特性。例如，如果能获得知识的动物，对于所有的人以及作为人而存在的人都真实，那么，能获得知识的动物就应该是人的特性。对于驳论，这种方法就是考察论断是否不适于名称为真的场合，以及名称是否不适于论断为真的场合；对于立论，则是要考察论断陈述的是否是名称所表示的东西，以及名称表示的是否是论断所陈述的东西。

其次，对于驳论，要考察论断是否没有陈述名称表示的东西，以及考察名称是否没有表示论断陈述的东西；如若是这样，设定为特性的东西就不会是特性。例如，虽然能分有知识的动物适于神，但人并不陈述神，所以，能分有知识的动物不应该是人的特性。对于立论，则要看名称表示的是否是论断陈述的东西，以及论断陈述的是否是名称表示的东西；如若是，被说明为不是特性的东西就会是特性。例如，如果具有灵魂的东西真实地陈述了动物，而动物所表示的就是具有灵魂的东西，那么，具有灵魂的东西就应是动物的特性。

再次，对于驳论，要考察对方是否把主项作为被说成是处于主项中的东西的特性来设定了；如若是，被设定的特性就不是特性。例如，把火设定为由最精细的微粒构成之物的特性的人，就把主项当成了谓项的特性，所以，火不应该是由最精细的微粒构成之物的特性。由此可见，主项不是处于主项之中的东西的特性，也就是说，同一事物不是许多不同属的东西的特性。因为许多不同属的东西要属于同一事物，而且被说成仅仅属于它，所以，如若某人按这种方式来提出特性的话，主项就会是所有东西的特性了。对于立论，则要看他是否把处于主项之中的东西说成主项的特性；因为，如若被陈述的仅仅是那些被断言为特性的东西，那么，被说明不是特性的就是特性。例如，把土的特性说成是属上最重的物体的人，就是把被断言为仅仅表述它的那种东西设定为主项的特性，并当作特性来陈述，所以，土的特性就应是得到了正确说明。

再次，对于驳论，要考察对方是否把特性规定为主体分有的东西；如若是，被说明为特性的东西就不是特性。因为主体分有的属性归之为构成本质的东西；所以，它就应被说成是适于某一个属的属差。例如，把人的特性说成两足行走 133a

的人，就是把特性当作了主体分有的东西，因此，两足行走不可能是人的特性。对于立论，则要看他是否没有把特性规定为主项分有的东西，以及不是可与主项换位的表明本质的范畴；如果这样，被说明为不是特性的就是特性。例如，把动物的特性设定为本性上有感觉能力的人，就既没有把主项分有的东西，也没有把可与主项换位的表明本质的范畴当成特性，所以，本性上具有感觉能力就应该是动物的特性。

再次，对于驳论，要考察对方是否把不可能与名称所属的主体同时存在，而是把后于或先于它的某个东西当成了特性；倘如是，被说明为是特性的就不是特性，即它绝不会是或者不会总是特性。例如，既然穿过市场可能是比人先于和后于的属于某物的行为，那么，穿过市场就不应该是人的特性，也就是说，它绝不是或不会总是人的特性。对于立论，则要考察特性是否必然地总是同时属于主项，但既不是定义又不是属差；倘若这样，被说明为不是特性的就是特性。例如，既然能获得知识的动物总是必然地与人同时存在，而且又不是人的属差和定义，那么，能获得知识的动物就应当是人的特性。

再次，对于驳论，要考察同一物是否不是若干相同东西（作为相同的东西）的特性；假若如此，被说明为是特性的就不是特性。例如，尽管对某人显得是善而不是追求物的特性，那么这种特性对某人显得是善也就不会是选择物；因为追求物与选择物是相同的。对于立论，则要考察同一物是否是相同东西（作为相同的东西）的特性；倘若是，被说明为不是特性的就是特性。例如，既然人（作为人）的特性被说成是具有三个部分的灵魂[①]，那么，有死之物（作为有死之物）的特性也应该是具有三个部分的灵魂。在讨论偶性方面的问题时，这种方法也有用；因为同一物必定属于或者不属于相同的东西（作为相同的东西）。

再次，对于驳论，要考察同类事物的特性是否并不总是同类；倘若如此，被说明为特性的就不是所述主项的特性。例如，既然人和马在种上是相同的，而且，自行停止并不总是马的特性，那么，自我运动也就并不总是人的特性；因为自我运动与自行停止在属上是相同的，并且，它们每一个都是作为动物而出现的。对于立论，则要考察同种事物的特性是否在属上总是相同；如若这样，被说明为不是特性的东西就是特性。例如，如若人的特性为两足行走，鸟的特性就应为双翅腾飞；因为它们每一个在属上都是相同的，即：人和鸟的属都归于同一个种——动物，两足行走和双翅腾飞也归于同一个种——动物和属差。但是，这种方法在下述情形中会出错误：被述说的一种特性仅仅属于某一个属，而另一种特性则属于多个属，就像四足行走之物一样。

既然相同与相异都各有多种含义，那么，对于反对诡辩来说，仅仅通过某一事物自身来规定它的特性就是一件困难

① 参见柏拉图：《国家篇》，第四卷，435^B 以下。

的事情。因为属于具有偶性的某物的东西也会属于与某物在一起的那个偶性；例如，属于人的东西也会属于白人（如果有白人的话），反过来，属于白人的东西也会属于人。因此，当一方面仅从主项自身来考虑，另一方面则连同它的偶性来考虑时，人们就可能把多种特性弄错，例如把人说成是一种东西，把白人说成另一种东西；此外，也会使状况和按照状况来述说的情形之间出现区别。因为属于状况的东西也会属于按照状况述说的东西，反过来，属于按照状况述说的东西也会属于状况。例如，既然知识者的被陈述是按照他所具有的知识来确定的，那么，不能被论断说服就不应该是知识的特性；因为不然，知识者也就会是不能被论断说服的人了。对于立论，就应该断言偶性所属的主体与偶性相随的东西的那个偶性并不是绝对不同的，只是由于它们的本质各异而被述说得不同。因为人是人与白人不同的。此外，也要观察词尾的情况。因为，当述说知识者时，就不能用中性说它不能被论断所说服，而要用阳性说他不能被论断所说服，当述说知识时，也不能用中性说它不能被论断所确证，而要用阴性说她不能被论断所确证，因为既然对方使用一切招数来反驳，你也就要使用每种对立的东西去驳辩。

【5】 再有，对于驳论，要考察这样的情况：当对方想提出一个本性上的属性时，由于自己的语言表达方式所致，他是否把它当作了一个总是如此的属性来说明；倘若是，被

说明为特性的东西就会被推翻。例如，如果某人把人的特性说成两足的本是想提出一个本性上的属性，但按他所使用的语言，表明的却是一个总是如此的属性，那么，两足的就不应该是人的特性。因为并非一切人都有两只脚。对于立论，则要考察：当他想把本性上的属性设定为特性时，自己所用的语言是否也表明了这一点，如果是，设定的特性在这方面就不会被推翻。例如，既然某人把人的特性设定为能获得知识的动物，并且想通过他的语言表明它是本性上所属的特性，那么，就不可能有人以能获得知识的动物不是人的特性为由在这个方面推翻他的说明。

再次，对于那些通过他物或由于自身而得到最初表述的东西，要指出它们的特性是不容易的；因为如若指出的是通过他物而被表述的东西的特性，它就会适于那最初的东西；如若要设定那最初的东西的特性，它也就会是通过他物而被表述的东西。例如，如果某人要把着了色的说成是表面的特性，着了色的也就会适于物体；而如果把它作为物体的特性，它也就会表述表面。所以，这个名称不适于论证为真的东西。

在对有些特性的讨论中，由于没有明确规定所提出的特性是如何设定的以及是什么的特性，也常常会出现某种错误。因为任何人都试图从多种角度来指出事物的特性：或者是本性上属于事物的，就像两足的是人的特性一样；或者是实际上属于事物的，就像有四个手指是某个人的特性；或者是属上的，如由最精细的微粒构成之物是火的特性；或者是绝对意义上的，如生命是动物的特性；或是按照他物的，如明智是灵魂的特性；或者是作为原初的，如明智是理智的特性；或者是作为具有某种状况的，如不能被论断说服是知识者的特性（因为并不是其他方式，而是由于他具有不能被论
134b 断说服这种状况）；或者是由于被加以某种状况的，如不能被论断确证是知识的特性；或者是由于被分有，如感觉是动物的特性（因为其他东西也有感觉，譬如人，但人之所以具有感觉是由于分有了动物）；或者是由于分有，如生命是某一动物的特性。因此，如若不增加本性上一类的字眼，就会出差错。因为这样的情况是可能出现的：某种本性上的属性实际上并不属于那个本性上应属于的东西，例如，具有两只脚在本性上应属于人。如若不明确说明他所指的是实际上具有的属性，也会出差错，因为某种属性并不是像现在一样地总是存在着，如某人具有四个手指。如若不指明他所设定的东西是作为原初的或者作为通过他物的，也会出差错，因为不然，那个名称就不适于论证为真的东西，如着了色的就或者是作为表面，或者是作为物体的特性来设定的。如若不事先说明他所指出的特性是由于具有某种状况或者是被加以某种状况，它就不会是特性；因为如果他指出的特性是属于被加以的状况，它就会属于具有状况，如果那特性属于具有状况，也就会属于被加以状况，就像不能被论断说服既被设定为知识的特性又被设定为知识者的特性一样。如若不附加表

明所指特性是由于分有还是由于被分有，特性就会属于另外的某物；因为如若他指出的特性是由于被分有，它就会属于分有的某物，如若他指出的特性是由于分有，它也就会属于被分有的事物，例如，如果生命被设定为某个动物的特性或动物的特性。如果不说明它是由于属的特性，他所设定的特性就会仅仅归属于某一种事物；因为最高级的东西只能属于一种事物，例如最轻的是火的特性。有时，即使增加了“由于属”这个词，也仍会出错。因为当“由于属”的语词被增加时，被表述的那些东西也应该是一个属；当然，这种情况在有些场合不会发生，例如在火的特性方面就不会发生。因为火没有一个属；尽管燃烧的煤块、火焰和光在属上有别，但它们每个都是火。当“由于属”的语词被增加时，必然会有被说明的另一个属，因此，被说明的特性就会在更大程度上属于一些事物，在更小程度上属于另一些事物。例如，构成部分最精细之物就适于说明火；因为比起煤块和火焰来，光的构成部分更为精细。但是，这是不应该发生的，除非名称被更真的定义在更大程度上被表述；如果不是这样，就会在定义更真时名称并不更真。除此之外，同一东西也会碰巧既是绝对地具有它的某物的特性，又是在绝对具有者中最大程度的某物的特性，就像在火的方面具有构成部分最精细之物一样；因为这相同的性质也是光的特性；因为光也是由最精细的部分构成的。所以，如若另外的人要按这种方式提出特性，人们就应力图反驳，但是，自己不要为这种反驳留下了漏洞，而应该像说明特性时那样采取直接说明特性的方式予以规定。

再次，对于驳论，要考察对方是否把事物自身当成了它的特性来设定；倘如此，被设定为特性的东西就不会是特性。因为一切事物自身都是表现本质的，而表明本质的不应是特性而是定义。例如，把秀丽说成是优美的特性的人，就是把事物自身设定成了它的特性（因为优美与秀丽是相同的），因此，秀丽不可能是优美的特性。对于立论，则要考察他是否没有把事物自身当成它的特性，而是用了另一个可以换位的谓项来规定；倘如此，被设定为不是特性的就是特性。例如，把动物的特性规定为生命实体的人就不是把事物自身当成特性来规定，而是用的可以换位的谓项来说明，所以，生命实体就应该是动物的特性。

再次，当涉及相似于部分的事物时，对于驳论，要考察整体的特性是否不适于部分，或者，部分的特性是否没有表述出全体；倘若是，被说明为是特性的就不是特性。这种情形可能发生于一些场合；因为当涉及相似于部分的事物时，某人规定特性可能有时是关注于全体，有时则把自己的注意力放在陈述部分的东西上；但这两种倾向都不能正确地设定特性。例如，在整体方面，把海的特性规定为最大的咸水域的人说的就是相似于部分的事物的特性，但他规定的这个特性却是不适于部分的（因为某个具体的海并不是最大的咸水域），因此，最大的咸水域不应该是海的特性。在部分方面亦如此。例如，把空气的特性规定为可呼吸物的人说明的就是相似于部分的事物的特性；虽然这个规定对于某些空气是真实的，但却不能陈述作为整体的空气（因为空气的全体并不是可呼吸物），因此，可呼吸物不应是空气的特性。对于立论，则要考察适于每一个相似于部分之物的东西是否是作为整体之物的特性；如果是，被说成不是特性的就是特性。例如，如果出于本性地向下移动之物适于所有的土，并且它也是构成土的某具体土的特性，那么，出于本性地向下移动之物就应该是土的特性。

【6】 再次，在考察源于对立的种种情形时，首先要看从相反出发的那些对立情况。对于驳论，要考察相反的东西是否不是相反者的特性；如若这样，相反的东西就不是相反者的特性。例如，虽然不公正与公正相反，最恶与最善相反，但是，既然最善不是公正的特性，最恶也就不可能是不公正的特性。对于立论，则要看相反的东西是否是相反者的特性；倘若是，相反的东西就是相反者的特性。例如，既然恶与善相反，避免之物与选择之物相反，那么，如若选择之物是善的特性，避免之物也就应该是恶的特性。

其次，要看从关系出发的那些对立情况。对于驳论，要考察关系语词是否不是关系物的特性；倘若如此，关系词就不是关系物的特性。例如，虽然倍被说成与半相关，超过与被超过相关，但是，既然超过不是倍的特性，被超过也就不可能是半的特性。对于立论，则要看关系词是否是关系物的特性；倘如是，关系词就是关系物的特性。例如，既然倍被说成与半相关，2∶1与1∶2相关，那么，如若2∶1是倍的特性，1∶2就应是半的特性。

再次，对于驳论，要考察按具有语词描述的东西是否不是具有的特性；假若如此，按短缺语词描述的东西就不是短缺的特性。如果按短缺语词描述的东西不是短缺的特性，按具有语词描述的东西也就不是具有的特性。例如，既然没有感觉不是描述聋子的特性，感觉也就不应该是有听觉者的特性。对于立论，则要考察按具有语词描述的东西是否是具有的特性；倘若如此，按短缺语词描述的东西也就是短缺的特性。如果按短缺语词描述的东西是短缺的特性，按具有语词描述的东西也就是具有的特性，例如，既然就我们具有视觉而言，看是视觉的特性，那么，就我们本应具有但实际上却没有视觉而言，不能看就应是盲的特性。

再有，也要从各种肯定和否定出发来考察。首先，要看表述肯定和否定的那些语词自身的情况。这种方法仅仅对于驳论有用。例如，考察肯定或按肯定语气表述的东西是否是主项的特性；倘若是，否定以及按否定语气表述的东西就不会是主项的特性。如果否定语气表述的东西是主项的特性，那么，肯定以及按肯定语气表述的东西就不会是主项的特性。例如，既然有生命是动物的特性，没有生命就不应是动物的特性。

其次，要从被表述或不被表述的那些事物情况以及表述或不表述事物的那些情况出发来考察。对于驳论，要看肯定语词是否不是肯定事物的特性；假若如此，否定语词也就不是否定事物的特性。如果否定语词不是否定事物的特性，肯定语词也就不是肯定事物的特性。例如，如果生命不是人的特性，非生命也就不应是非人的特性。而且，如果非生命不应是非人的特性，生命也就不会是人的特性。对于立论，则要考察肯定语词是否是肯定事物的特性；倘若是，否定语词也就是否定事物的特性。如若否定语词是否定事物的特性，肯定语词也就是肯定事物的特性。例如，如果无生命是非生物的特性，有生命就是生物的特性；如果有生命似乎是生命的特性，无生命就似乎是非生物的特性。

第三，从主项自身出发来考察。对于驳论，要看被设定的特性是否是肯定事物的特性；假若如此，同一个东西就不会是否定事物的特性。如若被设定的是否定事物的特性，它就不会是肯定事物的特性，例如，如果有生命是生物的特性，有生命就不可能是非生物的特性。对于立论，则要看被设定的是否不是肯定事物的特性［因为如果它不是肯定事物的特性］[1]，它就应该是否定事物的特性。但是，这种方式是错误的；因为肯定的语词不是否定物的特性，否定的语词也不是肯定物的特性。因为肯定的语词完全不可能属于否定

① 方括号内的文字是瓦勒斯本所加。

136b 的事物，虽然否定的语词会属于肯定的事物，但也不是作为特性而属于。

再次，从区别的对等成分出发来考察。对于驳论，要看区别的对等成分的一方是否没有一个是另一方的特性；假若如此，被断定为某物特性的东西实际上就不是特性。例如，如果有感觉能力的动物不是其他生物的特性，那么，有理智能力的动物也就不是神的特性。对于立论，则要看其他东西是否有对等成分是这个东西的每一对等成分的特性；假若如此，剩下的成分也就是这个被断定为不是特性的成分的特性。例如，如果自身本性具有推断的德性是明智的特性，并且也如此看待其他每一种德性，那么，自身本性具有欲求的能力就应该是节制的特性。

【7】 再次，从词尾变化的角度出发来考察。对于驳论，要看一个词尾是否不是另一个词尾的特性；假若如此，一个变形词尾就不是另一个变形词尾的特性。例如，既然“美好地”不是“公正地”的特性，“美好的”也就不应是“公正的”的特性。对于立论，则要看一个词尾是否是另一个词尾的特性；倘如是，一个变形词尾就是另一个变形词尾的特性。例如，既然两足行走是人的特性，那么，作为两足行走的这一表述就应该是作为人的特性的表述。并且，不仅要考察所说的这个词尾变形自身，而且也要考察它的对立词，就像前面所说的那种方式一样；对于驳论，要看一个对

立的词尾是否是另一个对立词尾的特性；倘若这样，一个对立的词尾变形就不是另一个对立的词尾变形的特性。例如，既然“美好地”不是“公正地”的特性，那么，“丑陋地”也就不应该是“不公正地”的特性。对于立论，则要看一个对立的词尾是否是另一个对立词尾的特性；假如是，一个对立的变形词尾就应是另一个对立的变形词尾的特性。例如，如果最好是善的特性，那么，最坏也就应该是恶的特性。

再次，从具有相似关系的那些情况出发来考察。对于驳论，要看具有相似关系的东西是否不是具有相似关系的事物的特性；倘若如此，具有相似关系的东西就不是具有相似关系的事物的特性。例如，既然建筑者对于建筑房屋的行为与医生对于造成健康的行为二者之间具有相似的关系，而造成健康的行为不是医生的特性，那么，建筑房屋的行为也就不 137a
应是建筑者的特性。对于立论，则要看具有相似关系的东西是否是具有相似关系的事物的特性；假如是，具有相似关系的东西就是具有相似关系的事物的特性。例如，既然医生对于能造成健康与教练对于能造就良好体质具有相似关系，而能造就良好体质是教练的特性，那么，能造成健康也就应是医生的特性。

再次，从具有同一关系的那些情况出发来考察。对于驳论，要看具有同一关系的东西是否不是具有同一关系的事物的特性；倘若如此，有着同一关系的东西就不是有着同一关系的事物的特性。如果有着同一关系的东西是有着同一关系的事物的特性，被断言为特性的东西就不应是特性。例如，如果明智对于善行和丑行具有同一关系，而明智又是作为它们每一个的知识，那么，只要善行的知识不是明智的特性，丑行的知识也就不应是明智的特性。即使善行的知识是明智的特性，丑行的知识也不可能是明智的特性；因为同一个东西不可能成为多个事物的特性。对于立论，这个方式没有什么用处；因为同一关系的具有就是把一个东西与多个东西放在一起加以比较。

再次，对于驳论，要考察被断言为存在的谓项是否并非被断言为存在的事物的特性；倘若如此，被毁灭就不是被毁灭的事物的特性，生成也不会是被说成生成的事物的特性。例如，如果有生命不是人的特性，那么，成为生命也就不是成为人的特性，被毁灭了生命也就不会是被毁灭的人的特性。依照同样的方式，也能考察从生成到存在和被毁灭以及从被毁灭到存在和生成的情形，就像刚才论述的从存在到生成和被毁灭的情形一样。对于立论，则要看被设定为存在的谓项是否是被设定为存在的事物的特性。假如是，被断定为生成的谓项就是被断定为生成的事物的特性，被断定为被毁灭的谓项也就是被设定为被毁灭的事物的特性。例如，既然有死是人的特性，那么，变成有死就应是变成为人的特性，被毁灭为死也就应该是被毁灭的人的特性。依照同样的方
137b 式，也能考察从生成和被毁灭到存在以及导源于这些的其他种种情况，就像讨论驳论时所说的那样。

再次，要注意考察被称之为理念方面的情形。对于驳论，要考察被设定的特性是否不属于理念，或者是否不属于它要述说的理念；假如这样，被断定为特性的就不是特性。例如，既然静止不属于作为人，而是作为理念的人自身，静止就不应是人的特性。对于立论，则要考察特性是否属于理念，以及在这样的场合是否属于理念；它表述的是那个被断言为不是特性的东西；倘若如此，被断言为不是特性的就是特性。例如，既然由灵魂和肉体构成属于动物自身，并且是属于作为动物的动物自身，那么，由灵魂和肉体构成就应该是动物的特性。

【8】 再次，从更大和更小角度出发来考察。对于驳论，首先要看更大程度的东西是否不是更大程度事物的特性；假如这样，更小程度的东西就不是更小程度事物的特性，最小程度的东西不是最小程度事物的特性，最大程度的东西也就不是最大程度事物的特性，绝对的东西也就不是一般事物的特性[①]。例如，既然更大范围的着色不是更大物体的特性，更小范围的着色也就不会是更小物体的特性，一般地说，着色就不会是物体的特性。对于立论，则要考察更大程度的东西是否是更大程度事物的特性：倘如是，更小程度就是更小程度事物的特性，最小程度就是最小程度事物的特

① haplos。

性，最大程度就是最大程度事物的特性，一般的东西就是一般事物的特性。例如，既然愈高级的感觉是愈高级的动物的特性，愈低级的感觉就应是愈低级的动物的特性，最高级的感觉就会是最高级动物的特性，最低级的感觉就会是最低级动物的特性，一句话，感觉就应是动物的特性。

再次，从原级对于上述这些比较级、最高级的关系的角度出发来考察。对于驳论，要看原级的谓项是否不是原级事物的特性；假若如此，更大程度的就不是更大程度事物的特性，更小程度的就不是更小程度事物的特性，最大程度的也不是最大程度事物的特性，最小程度的也不是最小程度事物的特性。例如，既然施善不是人的特性，那么，更施善也就不会更是人的特性。对于立论，则要考察原级的谓项是否是原级事物的特性；假如是，更大程度的就是更大程度事物的特性，更小程度的就是更小程度事物的特性，最小程度的也就是最小程度事物的特性，最大程度的也就是最大程度事物
138a 的特性。例如，既然符合本性地向上升腾是火的特性，那么，愈符合本性地向上升腾就愈是火的特性。依照同样方式，也能从其他比较的角度考察这所有的情况。

其次，对于驳论，要考察更大程度的谓项是否不是更大程度事物的特性；假若如此，更小程度的就不是更小程度事物的特性。例如，既然比起知识是人的特性来，感觉更是动物的特性，但感觉却不是动物的特性，所以，知识也就不应是人的特性。对于立论，则要考察更小程度的是否是更小程

度事物的特性；假如是，更大程度的也就是更大程度事物的特性。例如，既然本性上文明比起生命是动物的特性来更少是人的特性，如果本性上文明是人的特性，那么，生命也就应是动物的特性。

第三，对于驳论，要考察一个语词是否不是在更大程度上是特性的东西的特性；假若如此，它也就不会是在更小程度上是特性的东西的特性。并且，如果它是前者的特性，它就不是后者的特性。例如，如果被着色更是表面的而不是物体的特性，但它却更是表面的特性，那么，被着色就不应是物体的特性。并且，即使它是表面的特性，它也不应是物体的特性。对于立论，这种考察方式没有用处，因为同一个东西不可能是多种事物的特性。

第四，对于驳论，要考察在更大程度上是特性的东西是否不是某物的特性；因为假如这样，在更小程度上是特性的东西也就不是某物的特性。例如，既然能感觉比能分割更是动物的特性，而能感觉却不是动物的特性，那么，能分割也就不应是动物的特性。对于立论，则要考察在更小程度上是特性的东西是否是某物的特性；倘若是，在更大程度上是特性的东西也就是某物的特性。例如，既然感觉与生命相比更不会是动物的特性，但感觉却是动物的特性，那么，生命就应是动物的特性。

此外，从同等地属于某物的那些属性出发来考察。首先，对于驳论，要看一个同等为特性的东西是否不是另一个同等为特性的东西的特性；假如这样，这个同等为特性的东西就不是另一个同等为特性的东西的特性。例如，既然欲求之为欲求能力的特性与推断之为推断能力的特性是同等程度的，但是，欲求不是欲求能力的特性，因而推断也不应是推断能力的特性。对于立论，则要考察一个同等为特性的东西是否为另一个同等为特性的东西的特性；假如是，这个同等为特性的东西就是另一个同等为特性的东西的特性。例如，既然最初的思考作为推断能力的特性与最初的节制作为欲求能力的特性是同等的，而最初的思考是推断能力的特性，那么，最初的节制也就应是欲求能力的特性。

第五，对于驳论，要考察某物的同等程度的特性是否不是它的特性；假如这样，这个同等程度的特性就不是它的特性。例如，既然视和听是人的同等特性，但视不是人的特性，那么，听也就不应是人的特性。对于立论，则要看某物的同等程度的特性是否是特性；假如是，这个同等程度的特性就是它的特性。例如，既然部分为最初的欲求能力与部分为最初的推断能力是灵魂的同等特性，而部分为最初的欲求能力是灵魂的特性，那么，部分为最初的推断能力也就应是灵魂的特性。

第六，对于驳论，要考察在同等程度上是特性的东西是否不是特性；假如这样，这个同等程度上是特性的东西就不会是特性。并且，如若那一个是特性，另一个就不是特性。例如，如果燃烧同等地是火焰和煤块的特性，但燃烧不是火焰的特性，所以，燃烧也就不会是煤块的特性。即使燃烧是火焰的特性，它也不应是煤块的特性。对于立论，这种方式没有用处。

从具有相同关系出发进行考察的方式与从同等程度地属于某物的属性出发的考察方式是有区别的。因为前一种方式依据类似来把握，不考虑所属的属性是什么，而后一种方式则是通过所属属性的综合比较进行的。

【9】 再有，对于驳论，要考察对方在设定潜能特性时，是否依据潜能而把与非存在相关的东西设定为特性，因为潜能的东西不可能属于非存在；假如这样，被断言的特性就不是特性。例如，把能呼吸说成空气特性的人就是依据潜能设定特性的（因为只有那种可以被呼吸的东西才是能呼吸的东西），同时，他也是把与不存在相关的东西设定成为特性；因为即使没有呼吸空气的任何动物生出，空气也可能存在；但是，如果没有动物存在，呼吸它就是不可能的；可见，在没有这样一种呼吸空气的动物存在时，能 139[a]
被什么东西所呼吸就不是空气的特性。因此，能呼吸不应是空气的特性。

对于立论，则要考察在设定一个潜能的特性时，他所设定的特性是否与存在物相关，或者是否与一个可能属于潜在的不存在的不存在物相关；倘若是，被断言为不是特性的就是特性。例如，把存在的特性设定为能被什么作用或能作用于什么的人，就是通过设定一个潜在的特性而把特性设定为与存在的东西相关，因为当存在存在时，它就能被什么作用或能作用于什么；因此，能被什么作用或能作用于什么就应该是存在的特性。

再次，对于驳论，要看对方是否使用了最高级来提出特性；假若如此，被断言的特性就不会是特性。因为按这种方式去设定特性，其结果乃是名称不适于论断方面的真实性；因为当事物已经毁灭时，论断将仍会存在；既然它是最大程度地属于存在的某物。例如，如若某人把火的特性设定为最轻的物体；因为当火已毁灭时，仍然会有某个最轻的物体存在，所以，最轻的物体不应该是火的特性。对于立论，则要考察他是否没有使用最高级来提出特性；倘若是这样，就会在这方面正确地断定特性。例如，既然把人的特性规定为本性上文明的动物的人不是使用的最高级来设定特性，那么，人的特性在这方面就应得到正确的说明。

第　六　卷

【1】　对于定义的讨论有五个部分。因为为了推翻一个定义，必须证明：或者对于名称所指称的主体的论断极不真实（因为人的定义必须对于每一个人都适合）；或者虽然所论主体有一个种，但他却没有把它置于种中，或者没能把它置于特有的种中（因为必须把被定义者置于种中，然后再加上属差；因为在定义的若干构成要素中，种最被认为是揭示被定义者本质的）；或者论断不是主体所特有的（因为正如前面所说，定义必须是特有的）；或者虽然他做到了上述的三点要求，但并没有下出定义，即没有说明被定义者是什么。除上面所说的几点外，再有，尽管他下了定义，但却不是一个正确的定义。

对于名称所指称的主体的论断是否不真实的问题，要从与偶性相关的那些方式出发来考察。因为考察总是要提出这样的问题；它是真实的还是不真实的？当我们证明了偶性属于时，我们就断言它是真实的，而当偶性不属于时，我们就断言它不真实。如果对方没有把主体置于它特有的种中，或者，如果他提出的论断不是主体特有的，我们就要从与种和特性相关的已经论述过的方式出发来考察。

剩下的就是如何考察主体是否没被定义或者是否没被正确定义的问题。首先应考察主体是否没被正确定义的问题，因为做什么事总要比正确地做什么事更加容易。因此很显然，既然后一种场合出错的机会更多（因为完成它更为劳苦），我们攻击后一种情形就比攻击前一种情形更容易得手。

定义不正确有两方面的表现。其一是使用了含混的语言（因为既然规定定义的目的是为了有助于人们认识主体，下定义者应当尽可能使用最明晰的语言）。其二是看他的论断是否说了不必要的多余话语。因为在定义中，一切添加成分都是多余的。上述的这两方面既表现各自，又都可以再分成若干种情况。

【2】 考察含混语词的一种方式是看他所用的是否是与其他什么同名异义的词。例如，把生成说成导向实体的途径，或者把健康说成热与冷的均衡就是如此。因为途径和均衡都是多义词；所以，论述者到底想要说明这种多义词中的哪一层含义是不明确的。如果被他定义的东西有多层含义，而他又不加区分，其情形也是如此。因为在这种场合，他所提出的定义到底是哪层含义就不明显，而且，人们还可能指责他，说他的论断不适于所提定义的一切对象。如若那多义

词没有被他发觉，这种责难就尤其可能做出。他自己也可以划分所提定义中语词的多层含义并作出推导；因为如果他的论断并不特别适于任何一层含义，那么显然，他就不可能作出一个特有的定义。

另一种方法是看他是否采用了隐喻的表述。例如，是否把知识说成不能变更的东西，称大地为乳母，或把节制叫做和谐。因为所有这些隐喻的表达都是不清楚的。通过把他的陈述当成特定的表达，也可以诘难这种使用隐喻的人；因为如果这样，他所表述的定义就是不适合的。例如，对于克制的表述就是如此；因为一切和谐都存在于声音中。此外，如若和谐是节制的种，同一个事物就会出现在两个互不包含的 140a
种中；因为和谐并不包含德性，德性也不包含和谐。

再有，要看对方是否使用了没有确认这种用法的语词。例如，柏拉图把眼睛称为眉毛遮盖之物，或把毒蜘蛛叫做咬得疼死人的东西，把骨髓说成生出骨头的东西；因为所有这些不常用的语词都是不清楚的。

有时候，有的人使用的语词既不是多义的，也不是隐喻的，但又不是特义的。例如，把法律说成本性公正之物的尺度或映象就是如此。这种用法比隐喻更糟糕；因为隐喻毕竟还通过相似性的比较说明使我们增长了一些知识；所有使用隐喻的人都是按照某些相似物进行隐喻说明的。但是，刚才所说的这种用法却不增加任何知识；因为按法律是尺度或映象的说法，并无什么相似物存在，也没有使用特有的常用表达。因此，如果有人断言法律是尺度或映象乃是道出了特有含义，他就是在说胡话；因为所谓映象，指的是通过模仿才生成的东西，而这并不属于法律；如果这种用法不是特有含义，那么显然，他的表述就是含混不清的，并且，比隐喻的表达还要糟糕。

再次，从他的陈述看相反者的论断是否不清楚；因为正确规定的定义也能表明相反者。或者，当它被自身说明时，要考察它是否没有清楚地表明定义的到底是什么，就像以前画家们的作品一样，如若未被标明，就没法知道每一幅表达的什么。

【3】 可见，如若定义不清楚，就可以通过上述方法来考察。如果对方的定义用语过多，首先就应考察他是否使用了某种普遍适用的属性，也就是说，它或者属于一般的实体，或者属于与被定义者同一个种的那些东西；假若如此，就必然会出现用语多余的情形。因为种应把其他东西从被定义者中区分出去，属差则应把与被定义者同种的其他属性区分出去。而普遍适用的东西根本不能把其他东西从被定义者中分离出去，适于同一种中所有事物的那些属性也不能把与被定义者同种的其他属性分离出去，因此，添加这样的多余话语就是没有意义的。

再次，即使添加的成分是主体的特性，也仍要考察在取消了这个添加成分之后所剩下来的论断是否仍是主体的特性

以及是否表明了本质。例如，在对人的论断中，能获得知识就是多余的添加成分；因为把这个成分删去后，剩下的论断 140b
仍是人的特性，并且能揭明人的本质。总之，只要剩下的论断仍能清楚地做成定义，被删去的一切都是多余的。如果把灵魂说成是自我运动的数，灵魂的定义就属于这种情况；因为正如柏拉图所定义的，灵魂是自我运动的东西①。或许，尽管这种说法道出了灵魂的特性，但是，一旦删去数这个语词，它也就揭示不出灵魂的本质了。这样，上述的两种说法哪一种正确，就难以确定。在所有的这种场合，我们就必须按经济原则行事。例如，如果把黏液定义为从食物中首先产生出来的未被消化的液体，情形就是如此。因为这里的首先意指单一而不是众多，因此，再添上未被消化的就属多余；因为如若把它删去，剩下的论断仍是黏液的特性；因为从食物中首先产生出来的不可能既是黏液又是其他东西。或许，黏液不是在绝对意义上首先从食物中产生的东西，而只是那些未被消化的东西中的第一者，如若是这样，未被消化就应该添加上；因为根据其他说明，如果黏液不是一切产生物中的第一者，这个论断就不真实。

再次，要考察论断中是否有某一成分不属于同种的所有事物；因为这样下出的定义比使用普遍适用的属性来下定义还要糟糕。因为在那种场合，如若剩下的论断是主体的特

① 参见柏拉图：《斐德罗》，245E。

性，整个定义也就会是主体的特性；原因在于，如果完全真实的某个成分被添加于那些特性时，整个定义也定会成为主体的特有说明。但是，如果论断中有某一成分不属于同一种的所有事物，作为整体的论断也就不可能是主体的特性；因为它不能与被陈述的主体换位。例如，把两足行走的动物定义为四肘高就是如此；因为这样的论断不能与被论断者换位，因为四肘高不属于同种的一切事物。

再有，要考察他是否同语反复。例如把欲望说成为了快乐的欲求；因为一切欲望都是为了快乐的，因此，为了快乐与欲望就是同一的。照此推理，欲望的定义就成了为了快乐的为了快乐的欲求；因为说欲望与说为了快乐的欲求没有什么区别，所以，它们每一种说法都是为了快乐。或许这种说法并无悖理之处。因为说人是两足的时，两足的与人就是同一的；而两足行走的动物又与人同一，所以，两足行走的动物就是两足的。但是，并不因此而出现悖理；因为两足的并不陈述行走的动物（假若如此，两足的就会两次陈述同一个东西了），而是被用于说明两足行走的动物，因此，两足的仅仅陈述了一次。欲望的情形也如此；因为为了欢愉并不是陈述欲求，而是陈述这整个短语，因此，这里的陈述也仅仅出现了一次。可见，悖理并不在于同一语词说了两次，而在于多次使用某个语词来陈述同一个东西，就像克色诺克拉底说谨慎是对存在物的规定和深思一样。因为规定了的东西就是某种深思熟虑过的东西，因此，当他再添加深思熟虑时，他就是将同一表述说了两次。那些把凉说成是热本性的缺乏的人也犯了同样错误。因为所有缺乏都是本性具有的东西的缺乏，因此，添加上本性的乃属多余，说热的缺乏也就足够了，既然缺乏本身就已经表示出了热就是指的本性的热。

再次，要考察他说了一般性的语词后，是否又添加了特殊性的语词。例如，如果他说过公平就是有利和公正的减少。因为公正乃是某种有利，所以，它是被包含在有利之中的。这样，公正就是多余的语词。原因在于他在说了一般性语词之后又添加了这种特殊性语词。如果把医学说成为了动物和人的健康的知识，或者把法律说成对本性美善和公正之物的映像，情形也如此；因为公正就是某种美善的东西。因此，他是多次述说了同一的东西。

【4】 要看对方的定义是否正确，就应通过上述这些以及诸如此类的方法来考察。而要看他述说的和定义的是否是事物的本质，则应从下述方式出发来考察。

首先，看他是否没有通过在先的和较易理解的语词来作成定义。因为提出定义就是为了有助于理解主体的含义，而我们理解它不是依据某些巧合的语词，而是依据那些在先的和更容易理解的语词，就像在证明中所做的一样（因为适用于任何一种教授和学习活动）；因此很明显，不是通过这类语词下定义的人就是没有作出定义。如其不然，同一东西就将有多种定义；因为显然，通过在先的和更容易理解的语词来作成的就是更好的定义，这样，二者就会成为同一个东西的定义了。但是，这是不为一般人所赞同的看法。因为每一个存在物都只有单一的本质；所以，如若出现了同一个东西的多种定义，由每种定义所揭明的本质在提出定义的人那里
141b 就应该是同一的；但实际上，既然定义各异，揭明的本质也就不会相同。因此显然，凡是没有按照在先的和更容易理解的语词来下定义的人就是没能给出定义。

不按更容易的语词来作成定义的情形有两种；或者是使用了在绝对意义上更不容易理解的语词，或者是使用了对于我们来说更不容易理解的语词。因为这两种情况都是可能出现的。绝对意义上在先的东西比在后的东西更容易理解。例如，点比线、线比面、面比体更容易理解，就像元一比数更容易理解一样，因为它先于数并且是一切数的本原。同样，字母比音节更容易理解。但是对我们来说，有时却会出现倒转过来的情况。因为体最容易被我们感觉到，面又比线，线又比点更容易感觉。多数人理解到的是诸如体、面之类的东西；因为体、面能被凡夫俗子理解，而线、点之类则只能被具有准确而优秀思想的人所理解。

在总的意义上，最好是通过在先的东西力图理解在后的东西；因为这样的方式更为科学。但是，对于那些不能通过这种方法获知的人来说，通过适于他们理解的语词来作成论断也同样是必要的。点、线和面的定义就属于这种情况。因为所有这些定义都是通过在后的东西来证明在先的东西；因

为他们说点是线的限，线是面的限，面是体的限。但是必须注意，这种方式的定义不可能揭示被定义对象是什么，除非碰巧同一事物既对于我们是更容易理解的，又在总体意义上是更容易理解的。因为一个正确的定义应该是按照种加属差的方式作出的，而种和属差是比属在总体意义上更容易理解的东西，也是先于属的东西。因为种和属差取消时，属也被取消了，因此，它们先于属。而且，它们也更容易理解，因为当属被认识时，种和属差必然也被认识（因为认识了人的属必定已经认识了动物和两足的东西），但是，当种或属差被认识时，属却不必然被认识，因此，属更不容易被理解。再有，按其真实情况而言，那些陈述这类定义的人，即从理解个别性的东西出发的，结果就不得不说同一事物有多个定义。因为对于不同的人，不同的事物更容易理解，但对于所有的人来说，同一的事物并不是同等地更容易理解。因此，相对于每个个别的人，就会提出不同的定义，如若这种定义必定要从对每一个更容易理解的角度出发来作出来的话。再有，对于同一个人来说，不同的事物在不同的时候也更容易理解。首先是那些感觉对象，当对它们的认识更为精确时，就会出现换位性陈述，因此，对于那些断言定义应通过对每个个别事物更容易理解作出的人来说，同一个定义不会总是被同一个人所提出。因此很显然，不应该按照这样一类语词，而应该根据在总体意义上更容易理解的语词来作成定义。因为只有这样，那单一而同一的定义才会不断产生。总体意义上理解的东西或许并不是一切人所认识的那种东西，而是那些智力超群、天资聪敏的人所理解的东西，正如总体意义上的健康是指那些身体素质良好的人的健康一样。所有的这些情况都应给予密切关注，并在实际的论辩场合中予以使用。但是应该承认，一个定义也是最有可能被推翻的，如若下定义的人碰巧既不从总体意义上更容易理解的东西，也不从对我们来说更容易理解的东西出发来作出论断的话。

不按照更容易理解的东西来下定义的一种方式是通过在后的来说明在先的东西，正如我们在前面所说的那样。另一种方式是通过设定义的和处于运动状态的东西来对处于静止状态的和被定义了的东西作论断。因为静止的和被定义了的东西要先于没有定义的和运动的东西。

不按照在先的东西来下定义有三种方式：首先，如果他通过对立的一方来定义对立的另一方，例如，通过恶来定义善；因为对立的双方在本性上是同时的。而且，按照有些人的看法，对这二者的知识也是相同的，所以，对立的一方不能比另一方更容易认识。但是也不要忽视这样一点：对有些东西的定义不可能采用其他方式。例如，如若没有半就不能定义倍，那些要在关系中自身才能被陈述的东西也是如此；因为对于所有的这类情形来说，它们的存在是和它们与某物具有何种关系同一的，因此，如若没有另一方，就不能认定这一方，因而一方必然要被包含在另一方的论断中。这样，我们就不仅应当认定所有这些情况，而且还要把它们当作似乎是便利的原则加以使用。

另外，如果他把一个被定义的词用于自身中，当被定义的那个词在表面上没有使用于自身时，这种情况容易被忽视。例如，如果有人把太阳定义为在白昼出现的星体就是如 142b
此；因为当某人要说明白昼时，就得使用太阳。要考察这类情形，就应当用论断去取代名称，例如，把白昼说成是地球上空太阳的移动；因为很明显，说地球上空太阳的移动的人也就用了太阳这个词，所以，说明白昼的人就使用了太阳。

再有，看对方是否通过相互区别的一个对等成分来定义另一个对等成分。例如，把奇数定义为从元一看比偶数更大的数。因为来自同一个种的相互区别的若干对等成分在本性上是同时的，奇数和偶数就是这样的对等成分；因为它们二者都是数的属差。

同样，也要看对方是否通过低层次的东西来定义高层次的东西，例如把偶数定义为可以分为二的数，或者把善定义为德性的状态。因为分为二的表述是从来的，而二就是一个偶数，同样，德性就是某种善，所以，二和德性是偶数和善的低一层次的语词。再有，为要说明低层次的语词，人们也必然要使用高层次的语词。因为说明德性的人要使用善，既然德性只是某种善；同样，想要说明分为二的人也得使用偶数，既然分为二表明要由二来分，而二是一个偶数。

【5】　总之，上面所说的这些表现是不按照在先的和更

容易理解的语词来作成论断的一种方式。第二种方式则是要考察，虽然主项是在种中，但是否没有把它置入种中。这类错误总是出现在本质没有被首先置于论断中的场合，例如把有三维性的东西说成物体的定义，或者有人把知道计数的东西当作人的定义。因为他没有说明具有三维性的本质或知道计数的本质；而种则意味着要表现本质，并且是置于定义中的第一个语词。

再次，要考察对方用以提出定义的语词是否只适于许多事物而不适于一切事物。例如，他是否把文法定义为书写的遣词造句知识；因为还应添上它也是阅读的知识。因为称文法为书写的知识并不比称文法为阅读的知识多规定些什么，所以，它们两者都不是定义，只是说明，既然同一东西的定义不可能是多个。在有些场合（如像上面的说法），这是真实的，但在另一些场合却没有真实性，例如，当主语在本性上不适于两种说法时，譬如把医术定义为造成疾病和健康。因为医术造成健康是由于本性，而它造成疾病则是由于偶然。因为医术造成疾病的说法完全不合适。所以，把医术定义为既造成健康又造成疾病的人并不比说医术只造成其中某一结果的人陈述得更正确，甚至还会更糟，既然不是医生的其他人也能造成疾病。

再有，在被定义的语词相关于多个事物时，就要考察他所规定的东西是否不相关于更好的事物，而是相关于更坏的事物；因为一般都认为，一切知识和能力都是相对于最好的东西。

再有，如果他没有把被陈述的语词置于特性的种中，就要从有关种的那些基本规则出发予以考察，就像前面说过的那样①。

再有，要考察他的陈述是否省略掉了种。例如，如果他把公正定义为产生平等的一种状况，或者是平等的分布。因为这样的定义省去德性。正因为省去了公正的这个种，所以就没有揭示出它是什么；因为特殊事物的本质是存在于它的种中的。这也没有把与主体相同的东西置于它的最近种中；因为把它置于最近种中的人就说明了一切更高层次的种，既然一切更高层次的种都陈述那些更低层次的种。因此，或者它应该被置于最近的种中，或者通过定义最近的种，所有的属差应被添加到更高层次的种上。这样，他就不会省去什么，而会用更低层次的种来代替所论说的那个语词。但是，仅仅陈述更高层次的种自身的人并没有说明更低层次的种；因为称某物为植物并没有说明它就是树。

【6】 再次，至于属差方面的情况，也要以同样方式去考察对方是否也像说明种种属差那样说明属差。因为如果他没有按照主体特有的属差来下定义，或者他所陈述的那一切根本就不可能是属差（例如动物或实体），那么很明显，他

① 见 139^b3。

就没有下定义；因为上述的这些语词并不是属差。还要看是否存在着与所陈述属差相区别的对等成分；如果没有，所述的就显然不应是该种的属差。因为一切种都是靠了那些相互区别的对等成分的属差才区别出来的，就像动物是靠行走的、有翅的、水栖的和两足的来和其他种区分一样。或者，
143b 还要考察虽然存在着相互区别的对等成分的属差，但它是否并不适于那个种。倘若如此，它们显然不可能是该种的属差；因为一切相互区别的对等成分的属差趋近于那个特有的种那样，也要考察尽管它适于种，但被添加到种上的东西是否并没形成属。倘若如此，它显然就不可能是该种的属方面的属差；因为与种在一起的一切属方面的属差都要形成一个属。但是，如果这个语词不是属差，已被陈述的那一个也就不会是，既然它是与这个语词相区别的一个对等成分。

再有，要考察他是否用否定语词来区别种，如像有些人把线定义为无宽度的长度那样，因为这种定义只不过表明了它没有宽度而已。因此，就会推出种分有它的属的结论；因为一切长度都或者无宽度或者有宽度，既然肯定或者否定适于一切，所以，线的种，即长度就或者无宽度或者有宽度。但是，无宽度的长度不过是对于属的论断，有宽度的长度也同样如此。因为无宽度和有宽度都是属差，而对于属的论断是属于属差和种的，因此，种也就应该包容属的论断。同样，它也应该包含属差的论断，既然上述的属差中必然有一个要陈述种。上述的方式对于设定理念存在的那些人是有用

的。因为如若有长度自身存在，它将如何陈述有宽度或者没有宽度的种呢？因为这两种说法中的某一种必定适于一切长度，既然它会适于种。但是，这个结论是不可能推出的；因为事实是，有些长度无宽度而有些长度有宽度。因此，这种方式仅仅对于那些断言一切种在数目上都是单一的人有用。而这正是那些设定理念存在的人所主张的；因为他们宣称，长度自身和动物自身才是种。

当然，在有的场合，下定义的人必然要使用否定语词，例如缺乏的各种情形。因为盲就是本性上应具有但实际上不具有视觉。使用否定语词来区分种与在相互区别的对等成分中必然地使用和肯定语词对立的否定语词来区分种，这两种做法没有什么区别，例如，如果具有宽度的长度作为一个定 144a 义出现。因为与具有宽度的长度相区别的对等成分是没有宽度的长度，而不是别的什么，所以，种再次被否定的语词区分了。

再有，要考察对方是否把属设定为属差，就像有些人把傲慢定义为与嘲弄相伴的骄横一样；因为嘲弄就是某种骄横，所以，嘲弄不是属差而是属。

此外，要考察对方是否把种说成了属差，例如，说德性乃是一种善的或优良的状况；因为善是德性的种。当然，如若同一事物确实不可能存在于两个互不包含的种中，那么，善或许就不是种而是属差；因为善并不包含状况，状况也不包含善；因为并非一切状况都是善，也并非所有善都是状况。因此，二者不会都是种。既然状况已被确定为德性的种了，那么，善就显然不再是种，而毋宁作为属差。再者，状况表明了德性的本质，善表明的都不是本质而是性质；而一般都认为，表明某种性质的东西应该是属差。

也要看被规定的属差所表明的是否不是某种性质而是一个特殊物。因为一般认为，属差总是表明性质的。

也要考察属差是否只偶性地属于被定义的东西。因为没有一个属差偶性地属于主体，正如没有一个种偶性地属于主体一样；因为属差不可能属于又不属于某物。

再有，如果某人用属差、属或者归之于属的某个具体事物来陈述种，他所作出的就不会是定义。因为上述的这几种情形没有一种可能陈述种，既然种所断言的外延比它们都更宽。再有，也要考察种是否用来陈述了属差；因为一般的看法是，种并不陈述属差，而是陈述被属差陈述的那些东西。例如，动物陈述人、牛以及其他行走的动物，但不陈述对属作出陈述的属差本身。因为如若动物要用来陈述每一个属差，许多动物就会陈述属了；因为属差就是陈述属的。此外，如若属差是动物，所有的属差就或者是属或者是不可再
144b 分的个体了；因为每个动物都或者是属或者是不可分的个体。

同样，也要考察属或者归之于属的任何具体事物是否陈述了属差；因为这是不可能的，既然属差断言的外延要比属更宽。此外，如若某个属陈述了属差，就会推出属差是属的

结论来；因为如果用人来陈述属差，属差就显然是人。再有，要考察属差是否没有先于属；因为属差应该后于种而先于属。

也要考察那个被断定的属差是否是既不被它包含也不包含它的另外一个不同的种。因为一般说来，同一个属差不能分属于两个互不包含的种。如若不然，就会推出同一个属存在于两个互不包含的种中的结论。因为每一个属差都跟随于自己特定的种，正如行走的和两足的跟随于动物一样。因此，如若每个种也陈述被属差所陈述的东西，那么显然，属就存在于两个互不包含的种中。或许同一个属差分属两个互不包含的种也不是不可能的，但是，要增加一个说明：这两者并不同属一类。因为例如，行走的动物和会飞的动物是不能互相包含的种，而两足的则是它们二者的属差。因此，要添上这二者不同属一类的说明；因为它们两者都属于动物。既然同一属差可能分属于两个不相互包含的种，那么显然，属差就并不必然地要跟随于每一个特有的种了；但是，它跟随的必然只能是另外一个，而且比它更高一层，就像两足的跟随于会飞的或行走的动物一样。

也要看对方是否把在什么之中的东西设定成了本质的属差。因为一般认为，在位置方面并不能使一个本质和另一个本质相互区别。因此，那些用陆行和水栖来区分动物的人是不对的，因为在陆行和水栖只是表明位置的不同。或许这种指责有失公允，因为水栖的可能不表示在什么之中，也不表示位置，而是表示某种性质；因为即使在干燥的陆地上，它也同样是水栖动物。在干燥的陆地上生活的动物也如此，即使处于水中，它也仍然是陆行动物而不是水栖动物。但是，
145a 如若属差表示的是在什么之中的存在，那么显然，他就犯了一个根本性的错误。

再有，要看对方是否把承受设定为属差。因为一切承受在其强烈时都要背离或者改变本质，但属差并不如此。一般认为，属差更多的是要保持其属差所以存在的那东西，并且，如若没有适当的属差，个体就根本不可能存在；因为如若行走的不存在，人也就不存在。从根本上说，在涉及可变事物时就没有什么是它的属差；因为所有这些东西在其强烈时都会背离或者改变本质。因此，如若对方把这类东西设定为属差，他就犯了错误；因为我们所说的属差是根本不会发生变更的。

也要考察对方是否没有把关系词的属差设定为对另外某物的关系；因为关系词的属差也是关系，就像科学的情形一样。因为科学被分为理论的、实践的和创制的，而它们每一种都表示一种关系；因为它或是沉思什么，或是创制什么和做什么。

也要考察下定义的人是否把每一个关系词指定给了本性上相关的东西。因为在关系词中，一些只能被运用于本性上与它们相关的每种东西，而不能用于其他的相关物，另一些又只能用于本性上与之相关的另外的东西。例如，视觉能相

关于看，也许可用刮皮器来排除什么，但是，如若有人把刮皮器定义为有关抽取液体的工具，那他就错了；因为这不是在本性上与它相关的用途。所谓本性上相关的定义是：它本应具有或适于的东西，如作为明智的那个明智人以及有关个体的特有知识。

或者，也要考察这种情况：当一个词碰巧有多种关系时，对方是否没有指出它的首要关系。例如，他是否把智慧规定为人和灵魂的德性，却没有定义为推断能力的德性。因为智慧首要的还是推断能力的德性；正是如此，灵魂和人才被说成是有智慧。

再有，如果被定义的那个语词被说成是承受、次序或者其他什么时，事物不能容纳它，那么，他就犯了错误。因为一切次序和一切承受都自然地发生于有着次序和承受的事物中，就像知识作为灵魂的次序处于灵魂中一样。但是，人们有时也在这样的一些问题上犯错误，例如，他们把睡眠说成是感觉的无能为力，把困惑说成是相反论断的势均力敌，把 145b
痛苦说成是由暴力造成的结合部分的分离。因为睡眠不属于感觉，当然，假如它真的是感觉的无能为力，它就会是感觉的属性。同样，困惑不属于相反的论断，痛苦也不属于结合的部分；因为假若如此，无生命的那些东西也会有痛苦了，既然痛苦是被包含在它们之中的。如若把健康的定义说成热与冷的平衡，情形也如此；因为倘若这样，热的东西和冷的东西也就必定具有健康了。因为每一种平衡都存在于具有平衡的事物之中，所以，健康也应该存在于它们之中。此外，还会推出一个结论：以这种方式下定义的人是把承受者置于行为者之中，或者反过来把行为者置于承受者中了。因为结合部分的分离不是痛苦，而是造成痛苦的原因；感觉的无能为力不是睡眠，而是一方造成了另一方；因为或者我们去睡觉是由于感觉已无力，或者我们失去感觉能力是由于已经睡着了。同样，一般认为，相反论断的势均力敌是造成困惑的原因；因为当我们就一个问题的两方面作出了论断时，似乎每一方都同样的有道理，发生困惑就在于我们两方都想采纳。

此外，考察一切时间，看是否有某种不一致的地方。例如，把不死的定义为现在没有毁灭的生物就是如此；因为一个生物现在没有毁灭就是现在不死。或许在这种场合推不出这个结论；因为现在没有毁灭的含义是不清楚的。因为它或者表示现在还没有被毁灭，或者意味着现在不能被毁灭，或者表示像现在一样绝不会被毁灭。因此，当我们说一个生物现在没有毁灭时，我们就意指它像现在一样绝不会被毁灭。而这种含义与说它不死是相同的，所以，就不能得出它只在现在不死的结论。但是，如若在论断中所规定的东西只能属于现在或过去，而名称所包含的含义又不是如此属于，那么，它们所指称的就不会是同一个事物。因此，要像上述一样使用这种方式。

【7】 还要考察按照某种其他方式来说明这个被定义的语词是否会比已经提出的这种论断更好。例如，如果把公正定义为分配平等的一种能力。因为比起能够分配平等的人来，对分配平等能审慎选择的人更是公正的人，所以，公正不应该是分配平等的一种能力。因为假若如此，最有分配平 146a
等的能力的人就会最公正了。

再次，要考察是否被定义的对象包含了更大的程度，而论断规定的东西却没有，或者反过来，是否论断规定的东西包含了更大的程度，而被定义的对象却没有。因为如果论断规定的东西与被规定的对象同一的话，它们二者就应该要么都包含更大的程度，要么都不包含。此外，如果二者都包含更大的程度，也要考察是否并不同时增长。例如，把爱定义为对异性交往的渴望就是如此；因为更爱的人对异性并无更多的渴求，因此，这两者并不同时包含更大的程度。如若它们是同一的，就应该同时如此。

再次，当面临着二者择一的设定时，要考察在被定义的对象更多适应之处，论断的说明是否更少适应。例如，如果把火定义成最精细部分构成的物体。因为火更多的是火焰，但最精细部分构成的物体，与其说是火焰，而不如说是光；可见，如若二者同一，就应在更大的程度上属于同一个东西。再有，要考察一方是否同等地属于被设定的两者，而另一方则不同等地属于两者，而是在更大的程度上属于其中的某一个。

再次，要考察对方是否把相关于两者的定义个别地提了出来。例如，把美好定义为悦目或悦耳的东西，或者把存在定义为能够被他物作用或者能够作用于他物的东西。因为如果是这样，同一事物就会既美好同时又不美好，既存在同样又不存在。因为如果悦耳的东西与美好相同，那么，不悦耳的东西就会与不美好相同。因为对于同一的事物来说，它们的那些对立面也是同一的，不美好是美好的对立面，不悦耳是悦耳的对立面。因此显然，不悦耳就是与不美好相同的。所以，如若某物悦目但不悦耳，那么，它就会既美好又不美好。以同样的方式，我们也能证明同一事物既存在又不存在。

再有，在所提出的定义中，作成种、属差和其他一切语词的论断，用以取代那些名称，并考察是否有什么不一致。

【8】 如若被定义者自身或它的种是关系词，就要考察
146b 对方在定义中是否没有表述出与自身或种的关系。例如，如果他把科学定义为确切不移的观念，或者把意愿定义为无苦痛的向往。因为一切关系词的本质都是与别物相关，既然每一个关系词的存在都是与某种关系的存在同一的。因此，他就应该把知识说成知识对象的观念，把意愿说成是对善的向往。如果他把文法定义为文字的科学，情形也一样；因为他在定义中应该提出或者与该词自身或者与该词的某个种相关

的东西。或者，也要考察他是否没有提出与所论关系词相关的那个目的。目的乃是每一特殊物中最好的东西，或者是其他一切所为了的东西。而最好的东西或终极的东西就应该被陈述出来。例如，不应当把欲望说成为了快乐，而是为了愉悦；因为正是为了愉悦，我们才选择了快乐的事情。

也要考察对方是否把生成或活动当成与他所规定的语词相关。因为生成或活动都不是目的；因为和正在生成与正在活动相比，完成了的活动和已经生成了的东西更是目的。或许这种说法并不完全真实；因为与获得了的愉悦相比，绝大多数人更为喜欢那正在享受的快乐，所以，人们就更会把正在进行的活动而不是把业已完成的活动当成目的。

再次，在有些场合，要考察对方是否没有确定数量、性质、位置或其他方面的属差。例如，当他想评判一个人对名利的抱负到底是什么以及有多大的时候；因为人人都有对于名利的欲求，所以，只说欲求名利的人有抱负是不够的，还应加上上述的那些属差。同样，也应该说明贪爱钱财的人欲求的钱是多少，或者放纵声色的人欲求的是什么性质的快乐，因为并不是把醉心于任何快乐的人都称之为放纵声色，而是仅指沉醉于特定快乐的人。或者再有，当把黑夜定义为笼罩着大地的阴影，把地震定义为大地的运动，把云定义为空气的凝聚，或者把风定义为空气的运动时，就要增加上数量、性质以及驱动这些运动的原因。在诸如此类的其他场合中也是如此。因为把任何所要涉及的属差省略掉的作法都意味着没有说明它是什么。而人们往往总是针对不足之处发难；因为地震并不是任何种类、任何程度的大地运动的结果，同样，风也不是空气的任何种类、任何程度的运动。

此外，在涉及欲望以及类似的其他场合时，要考察是否没有增加表面的这类字眼。例如，在向往是对善的欲求，嗜好是对快乐的欲求的定义中，就没有表面的善或者表面的快乐的限制。因为具有这类欲求的人往往没有把握到善或快乐的本质，因此，他们所欲求的就不是真正的善或快乐，而仅仅是表面的东西。所以，人们在作规定时应加上这类限制。但是，设定理念存在的人如若要提出上述的限制，他就必定会引向理念。因为没有一种表面的东西能够是理念，相反，一般认为，只有在和理念的关系中才能表述一个理念。例如，意愿自身是对于快乐自身的意愿，向往自身是对于善自身的向往。因此，它们绝不是对于表面的善或表面的快乐的向往或意愿；因为要设想有表面的善自身或表面的快乐自身是荒谬的。

【9】 再次，如若定义相关于具有的状况，就要考察具有者，如若定义是关于具有者的，就要考察具有状况；对于诸如此类的其他情形也以同样方式考察。例如，如果快乐有利于什么，享受快乐的人就是得到了利益。一般说来，在这类定义中，以这种方式下定义的人会导出定义几种事物的结果。因为以这种方式定义知识的人也会去定义无知，同样，

要定义有知识也会去定义没有知识，要定义知道什么也会去定义不知道什么。因为在这种场合，只要第一个变得清楚了，剩下的那些也会以某种方式清楚起来。在所有的这种场合，还要使用源于相反和相符的种种基本原则来考察是否有什么不一致。

再次，在涉及关系的场合，要考察属是否被规定为与种被规定与此相关的属相关。例如，如若观念与观念的对象相关，就要考察某个特殊的观念是否与某一特定的观念对象相关；如果多倍与多部分的东西相关，就要考察某个特殊的多倍是否与某个特殊的多部分的事物相关；因为如果不这样规定，显然就会犯错误。

要看语词的对立面是否是论断的对立面。例如，倍的论断的对立面是否是半的论断。因为如果倍是超过一个等量，那么，半就是被一个等量所超过。相反者方面的情形也如此。因为在相互连结的某一对相反者中，相反一方的论断也就表述了相反的另一方。例如，如果有益的是造成善的东西，有害的就是造成恶的东西或破坏善的东西；因为这些表 147b
述之一必然与那个原初语词相反。因此，假如这些表述没有一个和原初词相反，那么显然，后面提出的那些表述中就会没有一个是原初词的相反论断，如果是这样，原初的规定就不会是正确的。既然有些相反者是由于另一个相反者的缺乏而得到称谓的——例如，一般认为不等是相等的缺乏（因为并非相等被说成是不等）——那么显然，由于缺乏而得到称谓的那个相反者也必然要通过另一个相反者来定义，但是，另一个相反者的定义却不能通过由于缺乏而得到称谓的这个相反者来进行；因为如若这样，就会得出每一方都要通过另一方才能被认识的结论。因此，在对于相反者的讨论中，必须提防出现这一类的错误，例如，如若有人把相等定义为不相等的相反者；因为他是通过由于缺乏而得到称谓的语词来下定义的。此外，这样下定义的人也必然要使用他所要定义的那个词。如若用论断去取代那个词，这种情况就会明显可见；因为说不相等的缺乏没有什么区别。这样，相等就成了相等的缺乏的相反者，可见，他使用了所要定义的那个词。再有，虽然相反双方没有一方是由于缺乏而得到称谓的，但是，如若论断以这样的方式来规定，例如把善规定为恶的相反者，那么显然，恶也就是善的相反者（因为这类相反者的论断也是以同样方式规定的），这样，就会再一次得出他使用了所要定义的那个词的结论。因为善蕴含于恶的论断中。因此，如若善是恶的相反者，而恶与善的相反者没有区别，那么，善就会是善的相反者的相反者；可见，他显然是使用了所要定义的那个词。

再次，要考察对方在把语词规定为短缺时，是否没有规定短缺的是什么东西；例如，状况的、相反者的或诸如此类的东西的短缺，并且也要考察对方是否没有添加上根本地自然生成中的东西或者原初地自然生成中的东西。例如，在把无知称为短缺时，他是否没有说它是知识的短缺，或者，他是否没有增加上自然生成中的东西，或者即使他加上了，但却没有把它规定为原初地自然生成中的东西，例如不是规定为推断能力中的东西而是规定为人或灵魂中的东西。因为如若他没有做上述的这些事情，他就犯了错误。如果他没有把盲说成是眼中视力的短缺，情形也如此。因为想要正确规定本质的人 148a
必须既要说明是什么的短缺，又要说明被短缺的是什么。

也要看在对方不把语词说成是短缺时，他是否把它按照短缺来规定了。例如在对无知作规定的场合，当有些人不是把无知的含义仅仅当成否定词来使用时，他们就可能会犯这种错误。因为这种无知不被当成不具有知识，更多地认为它有一种混乱的东西，由于这样，我们就不把无生命之物以及孩童称为无知。因此，无知就不能按照知识的短缺来称谓。

【10】 再次，要考察论断中的那些相同词尾是否也适于表述该词的其他词尾。例如，如果有益的是能造成健康的，那么，有益地是否是以某种方式造成健康地，已受益的是否是已经造成了健康的。

也要考察所作出的定义是否适于理念。因为在有些场合并不如此，例如，柏拉图把有死的加在他对于动物的定义中。因为理念（例如人自身）不是有死的，所以，这个论断就不适于理念。此外，如若要加上行为或承受一类的语词，定义也绝对必然地要与理念发生冲突。因为按照主张理念存在的人们的说法，理念不能承受也不能运动。对于这些人，这类论证是很有用处的。

再有，要看对方是否按照歧义语来规定了某个单一的共同论断。因为与名称同一的那个论断所使用的语词是歧义的，所以，如果被规定的定义同等地适于一个多义词的一切含义，它也就不能适于这个名称之下的任何一层含义。狄奥尼索斯对生命的定义就是这样，既然他把它规定为由食物滋养的有机体的本性运动。因为和植物相比，这个定义并不更适于动物；而一般认为，生命一词不能只用以称谓某一类事物，而是动物有一种生命，植物又有另一种生命。当然，谨慎地把这种方式的定义规定为同义词，并把所有生命视为类，这也是可能的；或者他看见了同义词并且想提出一种含义的定义，然而并没有看到，他已经提出了共同适用于两者的说明，而没有作出适宜于一种含义的论断。不论他采取这两种含义中的哪一种，都同样要犯错误。既然有时容易忽视

148b 同义词，那么，在提出问题时，就应该把它们当作多义词使用（因为一层含义的定义不会适于另一含义，所以，一般认为这种定义是不正确的；因为它本应适于多义词的一切含义），而当自己回答问题时，则应区别它们。既然当提出的论断不适于词的一切含义时有些回答者把多义词说成同义词，而如若这个论断适于它的两种含义，他们又把同义词说成多义词，那么，就必须根据这些获得先行论断，或者预先证明这个词到底应该是同义的还是多义的。因为在人们还没预见到结果时，是更会同意的。但是，如若在没有什么论证

时某人就由于所提论断不适于特有含义而把一个多义词说成同义词，那就要考察这种含义的论断是否也适于其他的含义。因为如若适于，它就显然应该是一个也可用于其他含义的多义词。如若不适于，就会有多个其他含义的定义。因为有两种论断可用于适于它们的词，一种是先前提出的，另一种是后来提出的。再有，如若某人定义了某个多种含义的词，他提出的论断又不适于一切含义，而且，他又不说这是一个同义词，而说这个词之所以不适于一切含义乃是由于论断不适于它们，那么，就必须对这种人说，虽然人们有时使用与多含义相同的语词，但却应使用那些传统的和已经约定俗成的术语，而不要随意变更这类东西。

【11】 如若对方提出的是某种复合性语词的定义，就先减去这复合词某一部分的论断，然后考察定义中的所余部分是否是复合词所余部分的论断；倘若不是，整个定义也就显然不是揭示整个复合词的。例如，假如某人把有限的直线定义为其中心直接处于端点中的一个有限平面的限。如果有限的线的论断是一个有限平面的限，那么，其余的论断，即中心直接处于端点中就应是表述直的，但是，一条无限的线既无中心也无端点，直线也如此。可见，定义中所余的部分不是复合词中所余部分的论断。

再有，当被定义的是合成物时，就要考察提出的论断与被定义物是否具有相同数量的构成成分。当论断中的名词和

动词在数量上与被定义物的构成部分相等时，就意味着论断具有相同数量的构成成分。因为在这样的场合，所有语词或
149a 某些语词自身必然出现变化，既然现在比过去并没有断言更多的语词。这样，下定义的人就应该提出一个论断来尽力取代所有的那些语词，如果不行，就取代其中的多数语词。因为在涉及单一语词时也是这样，如若某人要改变那个语词，就应该下一个定义，例如用外套来取代披风。

再有，如若替换后所形成的更不好理解，所犯错误就会更大。例如，用闪光的有死者来取代白色的人；因为它不是定义，而且，像这样说话也更不清楚。

要考察在语词的替换中，它们所表示的意义是否不再相同了。例如，如果把思辨的知识说成思辨的观念。因为观念与知识不相同。但是，如若整个短语仍然相同，它们也本应相同；虽然思辨的在这两个短语中是共同的。但其余的部分则不同了。

此外，也要考察在替换一个语词时，替换的是否不是属差而是种，就像上述的那样。因为思辨比知识更不容易理解；因为知识是种，而思辨的却是属差，种乃是一切语词中最容易理解的；所以，被替换的不应是种而应是属差，既然属差更不容易理解，或许这种指责是荒唐的，因为没有什么妨碍要用最容易理解的语词来表述属差而不表述种；如果这样，那么显然，在表述的语词中要被替换的应是种而不应是属差。但是，如果不是用语词，而是用论断来替换语词，那

么显然，提出的更应是属差的定义而不是种的定义，既然提出定义是为了有助于理解；因为属差比种更不容易理解。

如果对方提出的是属差的定义，就要考察这个被提出的定义对于其他东西是否是共同的。例如，当有人把奇数说成是有中介的数时，就要进一步表明如何有中介。因为数在两个论断中都是共同的，但奇数却被新的论断取代替，一条线和一个体也有中介，但它们却不是奇，因此，有中介不应该是奇的定义。如果有中介是在多种含义上被述说，就应定义中介的这层含义是什么。因此，它或者受责难，或者被证明为没有作出定义。

【12】 再次，要考察对方提出论断的那个语词是否存在，而论断使用的语词是否不存在。例如，如果把白色定义 149b
为与火混合着的颜色。因为非物体的东西是不能与物体混合的，所以，颜色和与火混合着的都不能存在；但白色是存在的。

再有，在涉及关系词时，那些没有区分出与主体相关的是什么，但却在述说时把它包含在多个事物之中的人或者整个地或者部分地犯了错误。例如，如果某人把医学说成一门存在的科学。因为如果医学不是一门存在的科学，他显然是整个地犯了错误，如果它是某一存在物的科学但却不是另一存在物的科学，他就是部分地犯了错误。因为它应该是一切存在物的科学，如果它被断言为是本性的而不是偶性的存在科学的话，正如其他一切关系词所有的那样，因为所有知识的对象都被说成与知识相关。其他关系词也如此，既然它们全都能够换位。此外，如若提出说明的人不是在本性上而是在偶性上说它是，他就做出了正确的说明，因为每一关系词都被说成不是与单一而是与众多事物相关。没有什么妨碍同一事物既是存在的，又是白色的和善的，因此，如若他的说明与这之中的任何一个相关，他就可能提出了一个正确的说明，既然从偶性上作出说明的人是正确的说明。此外，这种论断不可能是被说明者的特性；因为不仅医学，而且许多其他科学都被说成与存在的东西相关，所以，它们每一门都是存在的科学。因此显然，这样的定义不是任何一门科学的定义；既然定义应该是特定的而不是共同的。

再次，被定义的不是事物，而是具有良好或完善状况的东西。讲演家和盗贼的定义就是这种类型，如若某人把讲演家定义为能洞察每一场合中可以巧辩的论题并能绕开不是这种论题的人，把盗贼定义为暗中拿走东西的人。因为显然，如若他们各自都能如此行为，一个就会是优秀的讲演家，另一个则会是高明的盗贼。因为并不是暗中拿走了东西的人，而是想暗中拿走东西的人才是一个盗贼。

再次，要考察对方提出的能产生、或者做成、或者能以其他方式作用于他物的东西是为了自身而值得选择呢，还是为了他物而值得选择。例如，把公正说成保持法律的手段，或者把智慧说成产生幸福的原因；因为这种产生者或保持者为了他物而值得选择的东西。或许，也没什么妨碍为了自身而值得选择的东西，也是为了他物而值得选择的。但是，这样来定义为了自身而值得选择的东西的人也同样犯了错误；因为每一事物中最好的东西都是其实体之中的东西，而为了自身而值得选择的东西要比为了他物而值得选择的东西更好，所以，定义更应该表明它。

【13】 要考察某人是否把某词的定义规定为甲和乙，或源于甲和乙，或甲和乙。如果他把某词定义为甲和乙，就会导致某词既属于两者又不属于任何一者的结论，例如，如果他把公正定义为节制和勇气。因为假如有两个人，各自具有公正的一种含义，那么，两种含义放在一起就是公正，但单独看都不是，既然两个人在一起他们就具有了公正，而分开来谁也不具有。如果上述例子还不是十分荒唐的话，那是因为这类情形也确实出现在其他某些例证中（因为没有什么妨碍两个人的钱放在一起有一个“米纳”，但分开来各自都不具有这个数），但是无论如何，要说他们有着相反的性质却似乎是完全荒谬的。这种情形也会出现：如若他们中的一个具有节制和怯懦，另一个具有勇气和放纵，那么，把二者放在一起，他们就会具有公正和不公正；因为假如公正是节制和勇气，不公正是怯懦和放纵。一般地说，所有能用以证明各部分与整体不同一的论证都有助于对上述例子作出反驳；因为以这种方式作定义的人显然是断言了部分与整体同一。

在这些部分的合并极明显的情况下这些论证是特别合适的，就像房屋以及诸如此类的其他东西；因为显然，各部分的存在并不妨碍整体不存在，因此，各部分与整体不同一。

如果他不把被定义的东西说成甲和乙，而说成源于甲和乙，首先就应考察从他所断言的东西中是否不能自然地产生出单一的东西。因为有些东西是如此紧密地相互关联，以至于没有什么能从它们之中产生，例如线与数。此外，也要考察被定义者是否自然地产生于最初的某个单一事物中，而那些他断言产生了被定义者的东西是否不是产生于某个最初的单一事物中，而是不同的东西产生于不同的事物中。如果是这样，那个被定义者就不可能是从这些东西中产生的。因为整体必然存在于各部分所存在的那些事物中，因此，整体不可能存在于某个最初的单一物中，而是存在于众多物中。但是，如果各部分和整体都是存在于某个最初的单一物中，就要考察它们是否不是存在于同一事物中，而是整体存在于一个事物中，部分则存在于另一事物中。再有，要考察整体被毁灭时，各部分是否也被毁灭了。因为应该推出这样的转换顺序：当部分毁灭时，整体也会毁灭；但当整体毁灭时，部分不必然毁灭。或者也要考察：整体是善的或者是恶的，各
150b
部分是否不是这样；或者倒过来，各部分是善的或者恶的，整体是否不是这样。因为善或恶的某物不能从不是善或恶的东西中产生，不是善或恶的事物也不能从是善或恶的东西中产生。或者也要考察，虽然和另一物的恶相比，某一物更

善，但从它们二者中产生出来的东西是否不具有比恶更多的善，例如，如果把无耻定义为产生于勇敢和错误的看法就是如此。因为和错误看法的恶相比，勇敢具有更多的善；那么，从它们中产生的行为照说也应有着更好的结果，或者是完全的善，或者是比恶有着更多的善。或许，如若每一方不是本性为善或者恶，这个结论就不是必然的；因为许多行为者本性上并不是善，而是被混合在一起时才是善的。或者反过来说，每个单独的事物是善的，但是，当被混合在一起时就是恶的，或者既不善也不恶。现在所说的这种情况在引起健康与疾病的那些东西方面最容易看到。因为有些药物就有这种性质，单独使用是好的，但如若将二者混合，就是坏的。

再次，要考察一个由更好和更坏的东西构成的整体是否不比更好的更坏，或者比更坏的更好。或许这不是必然的，除非它所由构成的那些部分自身本性是善的；但却没有什么妨碍整体不成为善，就像刚才所说的那些情形一样。

再有，要考察整体是否与某个部分同义。因为它是不应该如此的，就像音节方面不能出现这样的情形一样，因为音节不与构成它的任何一个字母同义。

再有，要考察对方是否没有说明构成的方式。只说由什么构成对于理解是不充分的；因为每一个构成物的本质并不在于它由什么构成，而是为什么以这种方式构成，正如一所房屋的情形一样，因为不论什么材料随便堆放在一起并不构成一所新房屋。

如果对方把某物的定义规定为甲和乙，那么，首先要说的就是：甲加乙与甲和乙或源于甲和乙是相同的。因为说蜂蜜加水的人的意思就或者是说蜂蜜和水，或者是说源于蜂蜜和水的某物，所以，如若他承认甲和乙与上述两种说法中的某一种相同，那么，对它就适于使用与对前面每种说法使用过的论证。此外，要区分所谓甲加乙的不同含义，考察甲加乙是否在任何含义上都不可能成立。例如，甲加乙也许或者指在同一个作为容器似的某物中，就像公正和勇敢在灵魂中一样，或者指在同一个地方或同一个时间之中；如果所说的这些含义没有一种适于，那么显然，提出的那个定义就不可能适于任何事物，既然甲加乙不能是其中的任何一种含义。但是，如果所区分的那些含义中有适于各自在相同时间内存在的，就要考察每一方是否可能不在相同的关系中被述说。例如，如果勇敢被定义为大胆加正确的看法。因为一个人可能有着劫掠的大胆，并对健康有着正确的看法，但是，这个在同一时间中具有着甲加乙的人就远不是勇敢的。此外，即使两者均在同一关系中被述说，例如都相关于医学（因为没有什么妨碍一个人对于医学问题既大胆又有正确的看法），但是，具有甲加乙的人也并不一定就是勇敢的。因为每一个都既不应与所说的不同对象相关，也不应与巧合的相同对象相关，而是与勇敢的目的相关，例如与战争的危险或某种更具有勇敢目的的东西相关。

有些以这种方式提出的定义则完全不归属于上述的区分。例如，如果把忿怒定义为痛苦加掉以轻心的观念。因为这个定义是想表明痛苦的出现是由于这一类的观念所引起；但是，在所说明了的任何一种含义中，甲由乙所引起与甲加乙都不相同。

【14】 再有，如果对方把整体说成是某些东西的构成物，例如说动物是灵魂和肉体构成物，那么，首先就要考察是否没有指出构成的性质是什么。例如，如果把肉或骨头定义为火、土和气的复合。因为只说出构成物是不够的，还要进一步表明构成物的性质是什么；因为肉并不是由这些元素随便结合而产生的，而是肉有肉的构成方式，骨头有骨头的构成方式。而且，上述的那些东西可能没有一种与构成物完全相同；因为一切构成物都有一个与之相反的分离物，而上述的肉和骨头都没有。此外，如果每个复合物都同样可能是或者不是一个构成的构成物，如果每个构成的动物不是一个构成物，那么，其他任何构成物也就没有一个应该是构成物。

再有，如果相反的双方同样自然地存在于某一事物中，而定义则是根据一方作出的，那么显然，实际上就没有下定义，如若不然，就会得出同一事物有多个定义的结论。因为双方都同样是自然地出现于同一事物中，那么，根据相反的一方下定义的人比根据相反的另一方下定义的人又更多地说了些什么呢？如果把灵魂的定义说成是能接受知识的实体，就属于这种情况；因为它也同样能接受无知。

151b 再有，如若不能由于不知晓整体而责备作为整体的定义，但可以责备它的某个部分，如若知晓这个部分，而它又显然没有被正确提出的话。因为如若部分被推翻，整个定义也就被推翻了。当定义含糊时，就应修正和重新构造它们，以使某部分清晰并予以指责，然后再以这种方式进行考察。因为对于回答者来说，他必然要以接受提问者提出的解释，要么自己弄清楚由论断表达的那隐藏的东西是什么。此外，就像在公众集会中提出一部新法律所惯常做的那样，如若这部新提出的法律更好，就废除过去的旧法律，下定义的情形也是这样，人们自己应该提出另一个定义来。因为如果它明显地是一个更好的定义，并更清楚地表明了被定义的东西，显然，那个业已确立的定义就应被推翻，既然同一事物不应该有多个定义。

在论及一切定义时，最为基本的是要事先在自己头脑里对定义的东西形成一个好的假定，或者接受一个已经得到很好表述的定义，因为这必然推出（就像一个固定的模式）：人们能够事先看出定义所欠缺的东西以及任何多余的添加成分，就能更好地提供指责之点。

那么，关于定义，就说这样一些吧。

第　七　卷

【1】　按照"相同"一词最严格的字面含义（我们已经说过，相同最严格的含义是指数目上的单一）来考察事物相同或是相异，应该从它们的词尾变化、对等词以及对立面出发。因为如果公正与勇敢相同，那么，公正者与勇敢者、公正地与勇敢地也相同。对立面的情形亦如此；因为如果甲与乙相同，那么，按照任何断言过的对立面来说，它们各自的对立面也是相似的。因为既然它们相似，把一方或者另一方相互对立就没有什么意义。再有，要从它们的生成者与毁灭者、生成与毁灭，以及一般地说，从与它们每一方具有同样关系的东西出发进行考察。因为在它们完全相似时，它们的生成与毁灭的生成者与毁灭者也相似。

也要考察当二者中的一方在最高级的意义上被述说时，与之相同的另一方是否也在相同的方面在最高级意义上被述说。例如，克色诺克拉底就提出幸福的生活和美好的生活相同，既然在一切生活中，美好的生活和幸福的生活最值得选择，因为最值得选择的和最大的东西只能是一种。诸如此类的其他情形也如此。被说成最大的或最值得选择的各自都应该在数目上是一，如若不然，就不可能表明它们是相同的。因为不能必然地这样推论：如果柏洛波勒斯人和拉克代谟利亚人是最勇敢的希腊人，柏洛波勒斯人就是与拉克代谟利亚人相同的，既然不论柏洛波勒斯人还是拉克代谟利亚人在数目上都不是一。但是，一方却必然被另一方包含，就像拉克代谟利亚人被柏洛波勒斯人包含一样。如若不然，即如果一些不被另一些所包含，就会推出每一方比另一方更好的结论。因为假如一些不被另一些所包含，就必然会得出柏洛波勒斯人比拉克代谟利亚人更好的结论来。因为他们全都比另外的那些人更好。同样，拉克代谟利亚人也会必定比柏洛波勒斯人更好；既然他们全都比另外的那些人更好。这样，就会变成另一方都比另一方更好。因此显然，如若还想表明二者相同，被称之为最好的和最大的东西就应当在数目上为一。克色诺克拉底却没有表明这一点。因为不论是幸福的生活还是美好的生活在数目上都不是一，因此，虽然二者都值得选择，但它们并不必然相同，而是一个被另一个所包含。

再有，要考察当相同双方的某一方与第三者相同时，另一方是否也相同。因为如果它们二者不与同一个事物相同，它们自己显然也就不彼此相同。

再有，要从它们的那些偶性以及从它们作为偶性所属的那些事物出发来考察。因为一物的任何偶性必定也是另一物的偶性，而且，如若它们中的一个是某物的偶性，另一个也必定是某物的偶性。如果在这些方面有某种不一致，它们显然就不是相同的。

也要看它们二者是否不在一个种类中被陈述，而是一个表示性质，另一个表示数量或关系。再有，每一个的种是否不相同，而是一个为善另一个为恶，或者一个是德性，另一 152b
个是知识。或者，尽管它们的种相同，但表述它们各自的属差是否不相同，而是一个的属差是理论的知识，另一个的属差是实践的知识。其他情形也同样。

再有，从更大的程度出发来考察，看是否一个容纳了更大的程度，另一个则没有，或者，虽然二者都容纳了更大的程度，但是否不是同时的。例如，一个更钟情于爱的人对于性交就没有更大的欲望，因此，爱与性交欲望就不是相同的。

再有，要从增加的结果出发来考察，看被增加到同一事物上去的每一个成分是否没有使整体同一，或者要看，从每一方中抽去相同的成分后剩下的东西是否不相同。例如，如果某人说过一半的一倍和一半的倍数是相同的。因为当把一半的从每一方中抽去后，所剩下的部分本应表现出相同性，但实际上却没有；因为倍与倍数不表示相同的东西。

不仅要考察某个不可能的结论是否由两者相同的断论中推出，而且也要考察它是否从一个假定中产生，就像虚空和充满空气被说成相同一样。因为很显然，如若空气被排除，虚空就不是更小而是更大了，因为它不再充满空气。可见，通过某个错误或者真实的假定（因为这并无区别），两个说法中的一个被推翻了，一个却没有；因此，它们不相同。

一般地说，要从每个语词所陈述的事物以及它们被陈述的事物出发来考察，看是否有什么不一致，因为陈述甲的东西也应陈述乙，并且，甲所陈述的东西乙也应陈述。

再有，既然相同有多层含义，就要考察相同的东西是否在不同的意义上也相同。因为属上或者种上相同的事物并非必然相同，或者不可能是数目上的相同，所以，我们要考察它们在这种含义上是或不是相同的。

再有，要考察如若没有乙，甲是否能存在。因为倘若不能存在，它们就会相同。

【2】 上述这些就是有关相同的不同考察方式。由此可见，所有关于相同的驳论方式都有助于定义，就像已经指出过的那样。因为如果语词与它的论断表明的不是同一个事
153ª 物，那么显然，这个提出的论断就不会是定义。但是，关于相同的立论方式却没有一种有助于定义。因为对于立论，证明了论断的内容与语词相同，并不能充分说明它就是一个定义，因为定义还应具有一切其他已被设定过的东西。

【3】 上述这些，就是企图推翻一个定义所要采纳的方法。但是，如果要想构成一个定义，首先必须认识到，在论辩者中，没有一个或很少有人推演出一个定义，而是所有人

都把这类假定作为起点，例如那些论及几何、算术以及诸如此类的其他学科的人。其次，也应看到，要严格地指出定义是什么以及应当如何下定义乃属于另外的探究任务①，现在能够做的只是有关当下的考察所必需的事情，因此，只需说明能够做成事物的定义及“所以是的是”的推论。因为如果定义是揭示事物所以是的是的论断，而定义中的谓项又应该是唯一在所以是的是中陈述事物的谓项（种和属差都是在所以是的是中陈述事物的），那么，显然，如若某人假定甲和乙是唯一在所以是的是中陈述事物的谓项，包含着甲和乙的那个论断就必然会是定义。因为不可能再有其他东西是定义了，既然已无其他东西能够在所以是的是中陈述事物。

由此显见，通过推理是能够做成定义的。关于应从什么出发来构造定义的问题，虽然在另一个地方已经更为明确地论述过了②，但是，对于当下的探究，同样的方式也是有用的。因为必须考察那些相反的方面以及其他的对立面，而且要从整体及其构成部分方面来考察论断。因为如果对立的论断是对立语词的定义，那么，给出的这个论断也就必然是当下所说语词的定义。但是，既然相反者可能有多种联结，就应从中选况其相反者的定义最为明显的那种。那么，从整体上考察论断就按上述的方式进行，从构成部分来考察则按下列

① 见《后分析篇》，第二卷，【3】—【13】。
② 同上，【13】、【14】。

方式进行。首先，看提出的那个种设定得是否正确。因为如果它的相反者是在相反的种中，而当下设定的词不是在同一种中，那么显然，它就会在相反的种中，既然相反的双方必 153b 然或者在同一种中或者在相反的种。再有，相反的属差被认为是陈述相反者的，就像白的与黑的一样；因为前者能分开视力，后者能凝聚视力。因此，如若相反的属差陈述的是相反语词，提出的这个属差就会是陈述当下所说的这个词。既然种与属差都设定得正确，那么显然，提出的那个论断就会是定义。或许，相反的那些属差并不是必然地陈述了那些相反者，除非那些相反者是在同一个种中。但是，当种是相反的时，就不会妨碍相同的属差陈述二者，例如陈述公正与不公正。因为一个是灵魂的德性，另一个是灵魂的丑恶，所以，灵魂的就作为属差被用于两者之中，既然也有肉体的德性和丑恶。但是，这只有在相反者的属差相反或者相同的场合才是真实的。所以，如若相反的属差陈述的是相反者而不是这一方，那么显然，所说的这个属差就会陈述这一方。一般说来，既然定义由种和属差构成，那么，假若相反者的定义是清楚的，当下讨论的这个定义也就会是清楚的。因为，既然相反者或者在同一个种中或者在相反的种中，并且，陈述相反者的属差也同样或者相反或者相同，那么显然：或者同一个种就会陈述相反者的那个当下所讨论的东西，属差则或者全都相反，或者一些相反，另一些相同；或者反过来，属差相同，种则相反；或者种和属差二者全都相反。因为不可能二者都相同；如若不然，相反者的定义就会相同了。

再有，从词尾变化和对等词出发来考察。因为在这种场合，种必定跟随种，定义必定跟随定义。例如，如果忘却是知识的丧失，会忘记就是会丧失知识，忘记了就是丧失了知识。因此，只要同意这些说法中的任何一种，就必然会同意其余说法。同样，如果毁灭是本质的分离，被毁灭就是本质被分离，毁灭地就是本质被分离地；并且，如果能毁灭的是本质的能分离，毁灭就是本质的分离。其他例证也同样。所以，只要承认了这些说法中的某一种，就会同意其余的所有说法。

也要从彼此具有同样关系的情形出发来考察。因为如果健康的东西造成健康，精力充沛的东西就是造成精力充沛，有益的东西就是造成善。因为上述的每种情形都同样地和它具有的特定目的相关，所以，如果其中某一个的定义能够造成它的目的，其余的每一种情形的定义也会如此。

再有，从更大的和同等的程度出发，通过将两者与另外两者加以比较，以各种可能的方式来立论。例如，如果甲定义丙比乙定义丙更好，而较为不好的乙是定义，那么，更好的甲也就会是定义。并且，如果甲是丙的定义与乙是丁的定义同样好，那么，如果甲是丙的定义，剩下的乙也就是剩下的丁的定义。但是，当一个定义与两个事物相比较，或者两个定义与一个事物相比较时，这种从更大的程度出发的考察就没有用。因为两个事物不能是一个定义，同一事物也不能是两个定义。

【4】 刚才所述的这些以及那些从对等关系和词尾变形出发的考察是最为恰当的方式。因此，尤其应该把握它们并适当地使用它们。因为在许多场合，它们最为有用。至于其他的方式，要使用最有普遍性的那些，因为它们是所剩诸种方式中最为现实的。例如，对个别情形的关注以及对属的考察就是要看它的论断是否合适，既然属与它所属的个别事物是同名的。这种方式对于反驳那些主张理念存在的人也有用处，就像前面所说过的①。此外，要看是否比喻地称谓语词，或者把它自身当作另外的东西来陈述。并且，也要使用某种其他的方式，如果它是普遍的和现实的。

【5】 从后面将要说到的情况会明白，构造一个定义比起推翻一个定义要困难得多，因为自己要识别出并且要防范被人诘问的那些前提是不容易的。例如，种和属差都存在于被给予的论断中，而种和属差又都是在本质范畴中被陈述的。但是，如果没有这些前提，就不能做成定义的推理，因为，如果其他的东西也在是什么范畴中陈述某物，那么，该物的定义到底是所说的这个论断还是另一个论断就不会清楚，既然定义乃是表明一物本质的论断。从下面所述看很明

① 见 148^a14 以下。

显，因为完成一件事情要比完成许多事情更加容易。所以，对于驳论来说，论证驳倒了一点也就足够了（因为只要驳倒了任何一点，我们也就会推翻那个定义），但是，对于立论，必然要把定义中的一切都弄齐备才行。此外，对于立论而言，要有普遍适用性的推理。因为定义应当陈述那个语词所表示的一切，除此以外，定义也应该能够换位，如若被设定 154b
的定义确实揭示了该物特性的话。但是，对于驳论来说，并不必然要表明普遍性。因为只要证明那个论断不适于该语词所指称对象中的某一东西也就足够了。而且，如若发誓要一般地驳倒定义，也不必要将它换位以便驳斥。因为对于一般的驳论来说，只要证明了那个论断没有表述出该语词所陈述对象之中的某一个东西就足够了。但是，反过来却不能必然地表明该语词是否陈述了被那论断所表述的东西。此外，如果它属于语词所指代的一切事物，而不是属于语词独有，定义也会被推翻。

在特性和种方面也有同样情形，因为在这两方面，驳论比立论更容易。依据前面所说，特性方面的道理是清楚的。因为特性常常是在复杂表述中被提出来的，因此，只要驳倒了其中的一个成分，就可以驳倒它；但是，对于立论，则必须推导出一切成分。并且，被说成是关于定义的，几乎其他一切也能合适地被说成是关于特性的。因为意欲立论的人应当表明特性属于语词指称的一切东西，而对于驳论，只需表明特性不属于其中某一个也就足够了。如果特性属于一切东西，而不独属于语词，这样也会驳倒它，就像定义方面已经说过的情形一样。关于种，意欲立论必然只有一种方式，即表明它属于一切事物；对于驳论，则有两种方式。因为如若表明它不属于任何东西，或者，如若表明它不属于某一特定东西，原先所假定的种就会被推翻。此外，对于立论，只表明它属于是不够的，而是要表明它作为种而属于；但是，对于驳论，表明了它不属于某一特定事物或者不属于所有事物也就行了。就如在其他一切情形中破坏比制作更容易一样，在这些方面也似乎如此，驳论比立论更容易。

在偶性方面，反驳普遍的东西也比构造普遍的东西更容易。因为对于立论，必须表明它属于一切，而对于驳论，只需表明它不属于某一个也就够了。但是反过来，在特殊方面，立论却比驳论更容易。因为对于立论，表明它属于某一个东西也就够了，但对于驳论，则要表明它不属于任何东西。

很明显，一切之中最容易的事情是反驳定义。因为在定义中有多个称谓，所以也就提供了多种反驳的机会，从这种机会出发，就能做出更快的推理。因为在众多称谓中比在少许称谓中更容易出现错误。此外，也可以通过其他方面对定义发起攻击。因为如若论断不是特有的，如若被提出来的东西不是种，如若论断中有某个成分不属于主体，那么，定义就会被推翻。但是，却不可能依据定义中的那些成分以及其他一切来对另外那些因素发起进攻；因为只有与偶性相关的那些东西对所说的一切才是共同的。因为所说的每一个方面都必定属于，但是，如果种不是作为特性而属于，种就不会被推翻。同样，特性并不必然作为种，偶性也不作为种或者特性，而仅仅是属于。因此，除了定义外，不能依据一些来攻击另外一些。那么很显然，一切之中最容易的事情是反驳定义，但最困难的事情则是构造定义。因为构造定义必定推演出一切要素（因为所述的东西属于，被提出的东西是种，而且论断要确当）。除此之外，论断还要揭示事物的本质，并且这还必须做得正确。

在定义以外的其他要素中，特性是最容易的。因为由于它常常由若干成分构成，所以，更容易反驳；但是最难于构造。因为必须把众多成分集中在一起，而且除此以外，它仅仅属于主体并能反过来被主体陈述。

偶性是一切之中最容易构造的。因为在其他几个方面，不仅要表明属于，而且还要表明怎样属于，但在偶性方面，只需表明属于就够了。但是，反驳偶性又是最为困难的，因为在它之中提供的反驳机会最少。因为在偶性中，并没附加如何属于元素的说明，所以，在其他的那些方面可以有两种反驳方式，即证明它不属于或者不如此属于，但是在偶性方面，除了证明它不属于外就无法反驳了。

成为我们攻击每个问题有效手段的这些方式，差不多已经适当地列举了。

第　八　卷

155b 【1】 接下来应该叙述排列方面的问题以及如何提问的问题。意欲提问的人首先应当找到攻击由以下手的地方，其次，提出问题并自身予以逐个地排列，剩下来的第三点就是对另外的人述说它们。到找出攻击之处为止，哲学家和辩证论者的考察是相同的，但是，后面的排列和提问则是辩证论者的特性；因为这类问题全都相关于另外的一方。对于哲学家和个别领域的探索者来说，虽然推理由以进行的前提是真实的和熟知的，由于它们离起点太近，以至于能预见结果，所以往往为回答者所拒绝，对此哲学家并不在意。哲学家所热望的也可能正是他的那些自明的公理最为熟知并且最贴近起点；因为从这样的公理出发，知识的推理才能构成。

应从何处入手进行攻击的问题前面已经说过了。现在，要在区分了除必然前提之外的那些人们必须获得的前提以后，来讨论排列和提问方面的问题。所谓必然的前提，是指通过它们推理才得以进行的前提。除此之外，必须获得的那些前提有四种：或者是有助于通过归纳来确定普遍的命题；

或者是能加重论断的分量；或者是能掩盖结论；或者是能使论证更清楚，除这些以外，不需要获得其他前提，而是要通过它们来扩充和提出问题。那些掩盖结论的前提有助于争辩；但是，既然这类行为全都针对另一方，所以，也就必然要使用它们。

不应直接从推理要经由的那些必然前提的原初形式出发，而要尽可能地远离它们。例如，如若想设定相反的知识相同，就不要说明相反者，而要说明对立者。因为只要确立了对立者的知识相同，就会演绎出相反的知识相同，既然相反者是对立者。如若对方不予承认，就要通过归纳，即提出相反者的特殊事例来说明。因为要或者通过推理，或者通过归纳，或者既通过归纳又通过推理来确保必然的前提，虽然也能从它们那非常清楚的原初形式出发。因为从远距离以及从归纳中得到的结论更不明显，而且同时，如若不能按那种方式设定所需前提，从它们的原初形式出发也是有用的。除这些以外的其他已经说过的前提也要为了这些而被确立，而且要这样来运用它们每一个：通过从特殊到普遍，从知晓到不知晓的归纳。就一般人或者多数人而言，对于感觉的东西更为知晓。当要掩盖结论时，就要通过原初命题的推理由以生成的前提进行预先推论，而且，这种前提应该尽可能多些。如若某人想不仅推演出必然的前提，而且推演出有助于它们的某些其他东西，就应当这样做。此外，不要说出结论，而要在后面的步骤中推演出它们。因为这样，就会使回答者尽可能地远离原初命题。一般说来，想通过掩盖结论来寻求的人，就该像这样提问，所以，当整个论断已经成为被问的问题时，而且，当他已经说出了结论时，也仍然要探求为何如此的原因，这是通过上述方式所能获得的最好结果。因为如若只说出最后的结论，就不会明白它是怎样得来的，因为回答者不能预见到它是依据什么得来的，也不能详细区分出先前的那些推理。如果我们不确立这样一些前提，而是靠推理出现的那些东西，就最不可能把结论的推理详细描述出来。

不确立推理由以进行的那些公理，而是把导致不同结论的前提加以彼此交换，这种方式也有用处。因为如果设定那些彼此密切相关的前提，就会清楚地预见到依据它们而推出的结论。

只要可能，也应通过不与语词自身而与对等词相关的定义来确立普遍性前提。因为当确立一个对等词方面的定义，而又不是作为普遍性命题承认时，人们就会使自己判断错误。例如，如若把忿怒的人当成是由于受到当面的蔑视而具有报复欲望的人，并且把忿怒确定为由于受到当面的蔑视而产生的报复欲望，就会出现这种情况；因为很明显，如若这个论断被确立，我们就会认可一个所需的普遍命题。对于那些在语词自身方面提出命题的人，则会常常出现回答者由于特别反对使用这类语词而拒绝认可的情形。例如，忿怒的人并不是想报复；因为我们虽然对父母忿怒，但并不是想报复。当然，这种反对也可能不真实，因为有些人仅仅由于痛苦和感到悔恨就做出相应的报复。然而，这就产生了某种印 156b 象：否定那个命题似乎并非不合道理。但在忿怒的定义方面，却不容易同样地发现反对。

再次，在说明自己的命题时，要做得仿佛不是为了自身而是为了其他命题。因为人们密切关注的是对于论题有用的东西。总而言之，不论提问者想确立的是那个命题还是它的对立者，都要尽可能做得含糊些，因为如果对论证有用的东西是含糊的，人们就会说出他们自己所思考的东西。

再有，通过相同性的类比来提问。因为这是一种巧辩方法，而且，普遍的命题更不会引起注意。例如，既然知识和相反者的无知相似，相反者的感觉也就相似；或者倒过来，既然相反者的感觉相似，相反者的知识也就相似。这个方法相似于归纳，但并不相似。因为归纳是从特殊的东西确立普遍命题，而在相似性的类比方面，确立的却是一切相似性所归属的普遍性。

有时，也应该对自己提出反驳。因为对于那些人进行似乎公正的攻击时，回答者们是不会有怀疑的。加上“诸如此类的看法乃惯常所有”也有用。因为如果提不出反驳，人们就怯于改动习惯的看法。同时，在他们自己运用这类看法时，他们也想小心翼翼地作些改动。此外，不要热情冲动，即使这样做完全有益，因为人们更容易与热情冲动对立。而且，要用比较说明提出命题。因为人们更喜欢接受不是为了自身而是为了他物而设定的那种命题。此外，不要提出实际上你需要确立的命题，而要提出必然从它得出的那个东西。因为由于从它所推出的那个结论与它没有同样的明显性，人们就更容易认可；实际上，当这个被确立时，那一个也就被确立了。要把最想确立的东西放在最后的问题上，因为由于多数提问者都把最为珍视之点放在开头来说，人们也就最爱否定这些首当其冲的东西。但是，对于有些人，则要首先提出这类命题。因为那些急躁者最爱认可的是开头的东西，除非后面跟随的结论十分清楚，而且，他们在最后还会烦躁起来。那些在回答问题中自认为尖刻狡诈的人也有同样的情形。因为当他们承认了许多东西后，最后就玩起花招，说结论不是从确立了的前提中推出来的；但当他们实际上已经认可时，还坚信自己的惯常做法，而且以为还没有败下阵来。此外，也可以拖长论证并且把一些无益的东西放到论证中去，就像那些错画几何图形的人所做的那样。因为只要充塞了众多的东西，错误存在于何处就不明显了。因此，提问者们有时就悄悄把一些本身不可能被认可的东西提出来塞入其中。

为达到掩盖结论，就要使用上述的那些方法；而为了达到修饰，则要使用归纳以及区分那些极为相似的东西。什么是归纳已很明显。所谓区分就是，例如，一门科学或者由于更精确，或者由于有更好的对象而比另一门科学更好；而且，有些科学是理论的，有些是实践的，有些是创制的。因为这每一种区分都有助于修饰论证，虽然不能必然地告诉结论。

为达到清楚，要引用例证和说明。例证要从我们所熟知的东西中得来，例如是荷马的而不是科伊里洛斯的；因为这样，命题就会更为清楚。

【2】 在论辩中，推理更多地要用来对付论辩家而不是对付众人，但是，归纳则应更多地用来对付众人；这个问题前面已经说过了[①]。在运用归纳时，有时能够提出普遍的问题，有时却不容易，因为没有一个适于一切相同情况的共同语词。然而，当需要确立普遍命题时，人们却说所有这类情形都是如此。但是，要分辨出哪些是这类被设定的东西，哪些又不是，却是最为困难的事情。正是如此，人们经常在论断中把它们相互弄错，有些人把不相同的断言为相同，另一些人则辩驳说把相同的当成了不相同的。所以，自己必须力图造出一个适于所有这类东西的语词，这样，回答者就不会辩驳说把设定的东西作为不相同，提问者也不会错误地把不同的当作相同来述说，既然许多不同的谓项似乎是当成相同的来言说。

当对众多特殊的东西进行归纳，而对方又不承认这普遍命题时，要求他提出反对意见就是公正的。但是，如果自己

① 见 105^a16—19。

没有说明什么东西如此，要求对方提出什么东西不如此就不公正了；因为应该先进行归纳，然后要求反驳。也可以要求
157b 对方所提出的反驳不要针对被设定的东西本身，除非它是唯一的一个这类东西，就像二是唯一的第一个偶数。因为反对者应该在另一个方面提出反驳，或者说明这一个就是唯一的这类东西。当人们反对一个普遍命题，但提出的反驳不是针对它本身，而是针对与它同名的东西时，例如说某人会有不是自己的颜色、脚或手（因为画家就会有不是自己的颜色，厨师也会有不是自己的脚），就要在区分了这些情形后再提出问题。因为如果忽略去同名的东西，对命题的反驳就会被认为有道理。但是，如若他通过不反驳同名的东西而反驳它本身来阻碍提问，就应当删去反驳所针对的那一点，提出剩下的东西并使之成为普遍的，直到确立起所需的东西为止，例如在忘却和忽略了的场合。因为人们不会赞同失去了知识的人就是遗忘了它，原因在于，当事物发生了变化时，他就失去了对于它的知识，但并不是遗忘了它。所以，要删去反驳针对的那一点，而言及剩下的东西，例如，如果在事物还保持着时，他就已经失去了对它的知识，他就是遗忘了它。也要以同样方法对付那些反对更大的恶与更大的善相对立的人。因为他们提出，比强壮的体魄更少善的健康与更大的恶是对立的；因为和瘦弱的身体相比，疾病是更大的恶。所以，在这个例证中，也应删去反驳所针对的那个东西；因为一旦删去它，它就更可能被认可，例如更大的恶与更大的善

相对立，除非一个善跟随着另一个善而出现，就像健康跟随着强壮的体魄一样。不仅在对方提出反对时，而且如果由于他预见到这类情形的什么，不提出反对而否认你的命题时，都应这样做。因为如果把反对所针对的东西删去，由于他不能预见到所剩下的论证中有什么不如此，就不得不承认你的命题；即使他不承认，当被要求提出反驳时，他也提不出来。在这类命题中，有些是错误的，有些是真实的；在处理它们时，要删去某些东西，而把真实的留下来。如若依据众多事例提出了一个命题，而他又没提出反对，那就说明他认可了。因为辩证的命题就是这样的命题：有众多事例为依据而又没有什么反对它。

当不用或依据不能推演出相同的结论可能时，如果使用的是证明而不是辩证的推理，那么，用前一个或后一个方法进行推理没有区别；但是，如果是在与另外的人论辩，就不能运用依据不能这种方法来进行推理。158a 因为如果不用不能来进行推理，就不会出现歧义；但是，当推演出不可能的结论时，除非错误十分明显，人们就不会说不能，这样，就不会出现提问者们想得到的东西。

因此，应当提出有众多事例为依据的、完全没有反对的，或在表面上无人看穿的命题。因为如果人们不能看穿那些不是如此的例证，就会当作真实的来承认。

不应当在问句中作结论。如若不然，一旦受到反驳，就会被认为推理没有实现。因为即使不把结论放在问句中，而是作为跟随的结果提出来，也常常会遭人否认，而且，通过这样做，也能免遭那些没有看到结论的得出是依据确认前提的人的非难。所以，当在问句中做结论，而又不说它是跟随的结果时，就会有人否认它，推理似乎就完全没有实现。

一般认为，并非一切普遍命题都是辩证命题，例如人是什么？善在哪些含义上被述说？因为辩证的命题就是能对它回答是或不是的命题；但对于上述的例子，则不能这样回答。因此，这一类的问题就不是辩证的命题，除非提问者本人在说之前先作出规定或区分；例如，善难道是在这个或者那个意义上被述说吗？因为对于这类问句，答案就是肯定或否定，因而容易作出。所以，必须力图像这样提出这类命题。同时，当自己已经作出规定时，也有理由向对方询问善在何种意义上被述说，而且，他提出的一定是不同意。

不论是什么人，如果长时间地追问一个论证，就是一种坏的询问方式。因为如果被问的人回答了问题，那么显然，如若还再问许多问题，或者多次重复询问相同的问题，就或者是废话，或者是没有推理能力。所以，一切推理都是以很少的前提为依据的；相反，如果没有回答问题，为什么不责难他或者是干脆停止呢？

【3】 同一个假定难以反驳，但易于主张。自然初始和自然终结的东西就是这类假定，因为初始的东西需要定义，而最终的东西要通过众多环节来实现，如若想从初始东西出

发建立一个连续的系列，或者论证力图以诡辩形式出现的话。因为如果不从适当的起点出发并经由连续不断的论证一直到达终点，要证明某个东西就是不可能的。而那些回答者既不打算给出定义，即使提问者下了定义他们也没在意；但是，如果被提出的东西显得不清楚，就不容易反驳。在起点方面，这类问题最有可能出现。因为只有通过它们，其他东西才能得到证明，它们则不可能通过其他来证明；而要知晓它们每一个，则必然要通过定义。

离起点非常近的那些东西也难以反驳。因为不可能提供许多论证来反驳它们，既然在它们与起点之间的中间部分（必然要通过它们来证明后面相随的东西）是很少的。一切定义中最难反驳的是使用这样一类语词的定义：首先，不清楚它们单纯地还是多层含义地被述说，除此之外，不知晓对于它们是在本来的意义上还是在被定义者陈述的隐喻的意义上使用。因为正是由于不清楚，才不具备遭反驳之点，而且，也正是由于不知晓这种不清楚是否根源于使用了隐喻，才不具备被反驳之处。

总之，所有问题，当它难以反驳时，都能被假定为或者是需要定义，或者是多层含义，或者被隐喻的述说，或者是距离起点不远，或者是由于它的初始点对我们不清楚，上述的这些方式，就是难以反驳的原因。因为如果这种方式是清楚的，那么显然，就或者应下定义，或者应作区分，或者提供中间性命题。因为通过这些，最后的结论才能被证明。

如果不正确地给出定义，有许多论题就不容易论辩和反驳，例如，一物有一个或众多相反者。通过给出相反者定义的方式，就会使人们容易比较出同一个东西是否可能有多个相反者。需要定义的其他东西也以相同方式处理。在数学中，有时似乎也存在着由于缺少定义而不容易画线的情况，例如，证明了能分割与一个边平行的线，也同样证明了能分割线和面。如果说明了“同样的”定义，这个含义就立即会清楚。因为面和线相对于减少来说是相同的；这就是相同比例的定义。总而言之，如果确立了定义，那些最初的原则（例如线是什么和圆是什么）是最容易表明的，除非由于没有众多中间环节而不能对它们每一个提出多条辩驳。但是，如果
159a 起点的定义没被确立，就是困难的，甚至有可能整个都不能进行。这些以及论证方面的情形都如此。

当一个论题难以反驳时，就不应当忽略上面所提出的种种情况①。但是，当辩驳公理或前提要比辩驳论题更加困难时，就可以怀疑这类设定是否应该做出。因为，如果对方不予承认，而认为有必要对它进行论辩，他就提出了一个比原初的设定更艰巨的任务；反之，如果他承认，他赖以出发建立信念的东西就更少。所以，如果不增加问题的困难，他就应承认；如果是通过更为熟知的前提推理，他就不应承认，或者换言之，对于求知的人来说，就不应承认，除非它更被

① 见 158^b16—21。

知晓；但对于仅仅为了练习的人来说，就应予承认，如若只有它显得真实。因此很明显，对于提问者和教师，不能同样地要求承认。

【4】 应该如何提出和排列问题差不多已经适当说过了。关于回答，首先要规定的是，一个好的回答者的工作是什么，就像一个好的提问者所做的一样。提问者的工作是这样：支配论证过程，以使回答者由论题必然地说出最悖理的答案来。回答者的工作则是指出：结论的不成立或悖理似乎不是由他自己负责，而是由于对方的论题；因为最初那个不应该设定的论题可能是某一类错误，而且在设定之后又没有适当地保持它。

【5】 既然对于那些为了训练和尝试而进行论证的人没有确定的规则（因为对于教授或学习的人以及争辩的人来说，他们关注的目的是不同的，而且，这种争辩的人还是那些为做有益的考察而花费时间相互切磋的人。因为学习的人总要确立思考的东西；而且，没有一个人企图教授谎言。但是，当人们在争辩时，提问者似乎必定竭力施加什么影响，回答者则似乎不愿意承受。然而，在论辩的遭遇中，所做的论证不是为了争辩，而是为了尝试和考察，没有什么规则被确定为回答者应当追求的目的，而且，他所给予的或者没有给予的那种东西，是和正确地或不正确地关注那论题相关

的），所以，既然没有什么由其他人传下来，我们就只有自己来力图说些什么了。

回答者必然是通过设定大家同意的或者大家不同意的或者既不是大家同意也不是大家不同意的论题进行论证，而 159b 且，大家同意或不同意的东西又或者是笼统的，或者是有限定的，例如被某人或者自己或者其他人所规定。但是，大家以什么方式同意或不同意并无区别；因为正确的回答方式是相同的，即同意或者不同意所问的问题。如若回答者的论题是大家同意的，结论就会是大家同意的，反之亦然。因为提问者总是想诱导出与回答者的论题相对立的结论。如果他所设定的论题既不是大家不同意的，也不是大家同意的，得出的也会是这类结论。既然进行正确推理的人要从大家更同意的和更熟知的前提出发来证明自己的命题，那么显然，如果提问者设定的是一个大家绝对不同意的命题，对于回答者来说，就不应承认那个大家绝对不同意的东西，也不应承认那个大家所同意的东西，而要承认比结论更少人同意的东西。因为如果回答者的论题大家不同意，结论就会是大家同意的，因此，提问者想确立的前提必然是大家所同意的，而且会比结论更为大家所同意，如若更不知晓的东西是通过更为熟知的东西得到的。所以，如若提出的不是某个这一类的问题，回答者就不应承认。但是，如果回答者设定的是大家绝对同意的论题，那么显然，结论就会是大家绝对不同意的。因此，回答者应该承认所有大家同意的东西，以及那些虽不是大家同意但却比结论更为大家同意的东西。因为这样，就会被认为是合适的论辩。如果回答者设定的是既不为大家不同意，也不为大家同意的论题，情形也如此。因为在这种场合，也应承认一切显得真的东西，并且，那些不为大家同意的东西与结论相比，就是更为大家同意的；因为它所得出的结论就是论证会为大家同意。所以，如果回答者设定的命题是大家绝对同意或不同意的，就应与大家绝对同意的东西作出比较；如果回答者设定的命题并不是大家绝对不同意或同意的，而是被他自己所设定的，就应当承认或者不承认他自己判断为大家同意或不同意的东西。如若回答者想保持另一个人的看法，那么显然，他就应该对那人的思想作出考察，并承认或否认其中的每一点。正因如此，那些提供其他人看法的人们（例如善与恶是同一的，就像赫拉克利特所说[1]），就不同意相反者不能同时出现于同一物中，而这不是由于他们自己不相信，而是按照赫拉克利特，他们要像这样说。这也是那些彼此接受论题的人们所做的事情；因为他们的目的就是接受论题者可能要说的东西。

【6】　可见，不论他设定的论题是大家绝对同意还是只为某个人所主张，回答者要达到什么目的都是清楚的。既然每个被问的问题都必然或者是大家同意的或者是大家不同意 160a

① 参见残篇 D58 和 102。

的或者既不是大家同意也不是大家不同意的，并且，被问的问题又或者与论证相关或者与论证不相关，那么，如若它是大家同意且又与论证不相关，回答者就应承认和同意它。如若它是大家不同意且又不与论证相关，回答者也应承认，但是，要标示出它不为大家同意，以防头脑简单的人草率对待。如果它相关于论证且又为大家同意，回答者就应说明，虽然它是大家同意的，但是离起点太近，并且，如果要认可它，设定的命题就会被破坏。如若它相关于论证，又远不是大家所同意的公理，回答者就应当指出，如果确立这个，就会导致所提命题极其蠢笨的结果。假如它既不是大家不同意，也不是大家同意的，那么，如果它不相关于论证，就应不加任何限制地承认；如果它相关于论证，就要说明：如若它被确立，将会破坏原初的命题。因为这样，回答者就不会被认为是由于自己的责任而承受，假如他能预见到各种设定的结果的话；提问者则可以通过推理提出一切对他来说比结论更为大家同意的前提。那些企图从比结论更不为大家同意的前提出发进行推理的人显然不是正确的推理。因此，对于提问者来说，就不应设定这种前提。

【7】 在意义含混和一题多义的场合，也会遇到同样情形。因为既然给予回答者的是一个不理解的问题，他就要说我不理解，而且，如果是一词多义，他就不必然地要赞同或者否认，那么显然，在第一种场合，即如若所说语词不清

楚，他就不要害怕说不理解；因为人们经常被给予他们的含糊不清的问题所困扰。如若问题虽然明了，但是却有多层含义，而且，如若所说的问题在每一个方面都是真实的或者错误的，他就应绝对地承认或者否认；但是，如若所说的问题在某方面错误而在另一方面真实，就应当指出它有多层含义，然后说明一种含义错误，另一种含义真实。因为如果仅仅区分了后半截，就弄不清楚他所涉及的问题是否本来就有两层含义。如若他没看出两种含义，而是由于只看见了一层含义就承认了那个问题，那么，当被引向另一层含义时，他就应当说：当我承认时，我看到的不是它们的这层含义，而是另一层含义。因为当多层含义归属于同一语词或论断时，容易发现不一致。如若被问的问题含义清楚而且单一，就必须回答是或不是。

【8】 既然每一个推理的前提都或者是推理所从出发的某一个东西，或者是这些东西所为了的什么（当通过许多被问的相同问题而被设定为有助于某东西时，这就很明显了。因为人们常常是通过归纳或者相同性来设定普遍命题），那么，就必然承认一切特殊的命题，假如它们是真实的以及被大家同意的；对于普遍命题，却应力图提出反对意见。因为如果没有实在的和显明的反对意见，阻碍论证就是粗暴之举。所以，如果不承认表现于许多方面的普遍命题，而又没有反对意见，就会显得粗暴无礼。再有，如若提不出相反的

论证来证明它不真实，就会被认为更为粗暴。但是，即使这样也还是不够的。因为我们具有许多与被承认的看法相反的，而且难以解决的论断，就像芝诺 关于不可能运动和穿过一个“斯塔得”长度的论证一样①。但是，不要因此而承认与这些对立的观点。所以，如若提不出反对意见和相反论证而又不予承认，显然就是粗暴无礼的。因为论证中的粗暴就是在上述方式之外的回答，其目的是破坏推理。

【9】 如要提出一个论题和定义，应当事先对自己提出反驳，因为他要反驳的显然正是提问者们由此出发攻击他所设命题的那些依据。

应当留心不要提出大家不同意的假定。大家不同意的可能有两种：一种是从它出发会导致荒谬的说法，例如，如果某人说一切在运动或无物运动；另一种是品质恶劣的人所选择而与人们的意愿相反的事情，例如享乐是善，施加不公正比承受不公正更好。人们会憎恨他，因为以为他假定它们不是为了论证，而是说出了他所想的东西。

【10】 对于论证过程中推演出的错误，解决的办法是驳倒错误所由产生的依据。即使一个人所驳斥的东西是错误的，但如果没击中要害，也不会解决问题。因为一个论证可

① 参见《物理学》，233^a21 以下；239^b9 以下。

能有几个错误。例如，如若某人假定“人坐着时在书写”，“苏格拉底坐着”，就会从这些前提得出“苏格拉底在书写”的结论。即使驳斥了“苏格拉底坐着”，也没有进一步解决论证；而且，虽然这里的大前提是错误的，但论证在这方面并没有错。因为如若某人碰巧坐着时没有书写，同样的解决就不会适于这方面的情况。所以，应该驳倒的不是这个，而是“人坐着时在书写”；因为并非一切坐着的人都在书写。可见，驳倒了错误所由产生依据的人就完全解决了这个问题，而知晓论证依据的人也就能知道如何解决，就像在画错几何图形方面的情况一样。因为即使驳倒的东西是错误的，但只提出反对还不够，而是要证明它为什么错误。因为这样，提出反驳的人是否预见了什么就会清楚。

161a 妨碍论证导致结论的方式有四种：第一是驳倒错误所由产生的依据，第二为对提问者提出反对；因为虽然回答者常常没有解决问题，但提问者也不能进一步提出问题。第三，对问题提出反对；因为由于提问不正确，提问者意欲得到的结论就不会从所提问题中出现，但如果加上某种东西，结论就会出现。所以，如果提问者不能进一步提出论证，就可以对他提出反对，如果他能进一步提出论证就对他提出的问题提出反对。第四种也是最坏的一种，是对于时间方面的反对。因为有些人对将要论辩的问题所提出的反对要比对当下所讨论的问题花费更多的时间。

如上所述，反对就有这四种。所说的这些中只有第一种是解决问题的方式，其余各种都只是妨碍和阻止结论。

【11】 论证的批驳由自身作出时与在提问中作出时一样，因为被问的人经常没有正确地讨论论证的原因，由于他不承认正确地论证他的论题所由以出发的步骤。因为要确保双方共同目的的实现，并不仅仅是一方的力量所能为。所以，当回答者密切注视着与提问者相反的那些东西并且也胡搅蛮缠时，有时就必然会攻击说话者而不是攻击他的论题。这样，人们一旦发怒，所做的就不是辩证的讨论而是争吵了。此外，既然这类论证是为了训练和尝试而不是为了教授，那么很明显，人们所推导出的就不仅有真实的东西，也有错误的东西，他们所依赖的前提也并不总是真实的，有时也是错误的。因为当真实的前提被设定时，诡辩者必定常常要予以推翻，以便提出错误的前提。有时候，错误的前提也会被错误的前提所推翻。因为没有什么能阻止一个人更相信不真实的东西，而不是真实的东西。因此，如果论证是依据于他所认可的东西，他就更会被说服而不是得到益处。想要正确地改变某人观点的人应该以辩证的而不是争吵的方式进行，就像几何学家要按几何学的方式推理一样，不论结论错误还是真实。至于进行辩证推理的问题，前面已经说过。既然妨碍共同事务的人是一个坏的合作者，论证中的情况也显然一样。因为在这些场合，具有某种共同的目的，除非是彼
161b 此争夺。对于这些来说，不会两者都达到同样目的；因为多

于单一的众多不能获胜。不论是通过回答还是通过提问，他这样做都无区别。因为不论是以争吵方式提问的人，还是在回答中不承认显明答案或不接受提问者意欲提出的任何问题的人，都是坏的辩证论者。依据上述显见，对论证自身和对提问者的反驳是不一样的。因为没有什么妨碍这种情况：论证是坏的，但提问却可能以最好的方式与回答者论辩。因为对于那些发怒的人，不能够直接进行所想作的推理，而应进行可能作出的推理。

既然在人们认可相反者时以及在认可原初物时是不确定的（因为常常在他们自己言谈时，他们断言相反者，并且先行反驳，后来又承认它。因此，当被问时，他们就经常赞同相反者以及原初物），那么，论证就必然会搞糟。但是，要负责任的应是回答者，既然他不承认这些，而是承认同类的另一些。所以显然，对于提问者和他们论证的批驳不一样。

论证自身容易受五种反驳。第一，当设定的结论或者一般而言的任何结论都不能从被问的问题中推出时，当结论所依赖的一切前提或者多数前提都错误或者不能为大家接受时，并且，当前提的删减或添加或既删减又添加都不能产生结论时。第二，如若推理与论题无关，尽管它依据于那些前提，并且按照前面所述的方式进行。第三，如若推理产生于某些添加的前提，而这些前提又比所提出的那些问题要差，并且，和结论相比，也更不容易为大家接受。再有，如若推理产生于某些应被删减的前提。因为有时候人们假定了比必要更多的前提，所以，不通过它们，推理也能产生。此外，如若它依赖于比结论更不为大家接受的，以及更少可信性的前提，或者，如若它所依赖的前提虽然真实，但却比问题需要更多的劳动才能证明。

人们不应要求对于所有问题的推理都同样地为大家接受，并且具有同样的可信性。因为被探索的东西有些更容易，有些更困难乃属于自然的直接结果，所以，如若某人的结论是从最可能为大家接受的前提出发作出的，那就是正确 162a 的论证。因此，很清楚，同一个反驳不能既相关于设定问题的论证又相关于论证自身。因为没有什么妨碍一个论证就自身而言要受指责，但相关于设定的问题而言则该受赞扬，或者反过来，就自身而言该受赞扬，相关于设定的问题而言则要受指责，即使在它从许多容易为大家接受的和真实的前提出发得出结论的时候。得到了结论的论证有时也可能比没得出结论的论证更糟。如若前者的命题虽然不愚蠢但却是从愚蠢的前提出发得出结论的；后者则需要添加一些大家能接受而又真实的前提，尽管论证并不会在这些添加的假定中进行。批驳那些由错误的前提得出真实结论的人是不公正的，因为错误的结论总是必然由错误的前提推出，但真实的结论有时也由错误的前提推出，在《分析篇》中已经清楚地表明了这一点①。

① 见《前分析篇》，第一卷，【1】、【2】，53^b26 以下。

当所述论证虽然是某物的证明，但如果这个某物是与结论不相关的另物时，推理就不是关于后者的。如若显得是这样，它就是诡辩而不是证明。哲学的工作是证明的推理，反驳的工作是辩证的推理，论辩是争吵的推理，而辩谬的工作则是导出矛盾的辩证推理。

如若某东西由两个大家接受的前提所证明，但这两个前提并不是同等地为大家接受，那么，就没有什么阻碍这被证明的东西比某一个前提更为大家接受。但是，如果一个前提是大家接受的，另一个不被接受也不予拒绝，或者，如果一个是大家接受的，另一个不被接受，那么，如果同等地接受与不接受，结论也就会是同等地接受和不接受，但如果接受与不接受的程度不等，结论也随之一样。

当某人通过更长的过程来证明，或者虽然通过更短的过程但却已包含于论证之中时，这种推理也是错误的，例如某人要证明一种看法比另一种更合适。如若他假定一个自在的东西最合适，而且又有一个看法的对象自身真实存在着，那么，它就比任何特殊看法的对象更合适；并且，如若它更合适，与它相关的那种说法就会更合适。而且，存在着一种真实的自在的看法，它比任何特殊的看法都更准确；既然假定了有一种真实的自在的看法，又假定了自在的东西最合适，那么，这种看法就是更准确的。这里有什么毛病吗？或者，难道不正是它成了遮掩论证所依据的原因吗？

【12】　论证清楚的一层含义并且最普通的含义是，如若它能如此这般地推出结论以至于不必要再提问题。另一层也是最常使用的含义是，设定的结果是从必然的前提中得到
162b 的，而且结论正是通过自身也是结论的前提得到的；再有，如果它明显地不需要公认意见。

错误的论证有四层含义。一层含义是，当它似乎导致了结论实际上却没有结论时，这就被称为争议的推理。另一层含义是，当它得出了结论却与设定的结论不相干时，这种情况最常出现于那些导向不可能的场合；或者，它虽然相关于设定的结论，但却没有根据适当的方法。也就是说，把非医学的论证当作医学的，或者把非几何的当成几何的，或者把非辩证的当成辩证的时，不论所得结论错误还是真实。再一层含义是，如果结论通过错误的前提得到，在这种场合，结论有时是错误的，有时却是真实的。因为错误的结论总是通过错误的前提得出，但真实的结论也能从不真实的前提得出，正如前面所说。

论证的错误更多地是论证者的错误而不是论证本身的错误，但是，论证者也并不总是错误，只是在他没注意到时。既然我们更多接受的是错误的论证自身而不是许多真实的论证，那么，如若某个论证从大家最接受的看法出发，它就会破坏真实的前提。因为这类论证是对其他真实前提的证明；因为被设定的任何一个前提都完全不应存在于那里，所以就

会是这种情况的证明。但是，如若真实的结论是通过错误且完全愚蠢的前提得到，就会比导致错误结论的许多论证更糟，尽管导致错误结论的论证也可能会是这种类型。因此很明显，对于论证自身的考察首先要看它是否得到了结论，其次看它的结论是否真实，第三看它的结论从什么性质的前提中得来。因为，如果它依据的前提是错误的但却是大家接受的，论证就是辩证的，如果它依据的前提是实在的但却是大家反对的，就是坏的；如果前提既错误又为大家极为反对，那就显然是坏的，或者是一般的，或者是相对于某问题的坏。

【13】 提问者如何探求原初的和相反者的问题，在《分析篇》中已经从真实的角度说过了①，现在再从意见的角度作出说明。

探求原初的问题似乎有五种方式。第一种也是最明显的一种是，如果某人探求的是需要被证明的那一点。在使用语词自身时，这是不容易被疏漏的，但是，在使用多义词的场合以及语词和陈述表示同一东西的场合，它就更容易被疏漏。第二，当某人探求一般性的东西时，他应该从特殊的方 163ª
面来证明它，例如，如若他企图表明相反的知识是单一，就应说明对立的知识一般说来是单一。因为如果这样，他就会被认为与其他许多东西一道探求了应由自身证明的东西。第

① 见《前分析篇》，第二卷，【10】。

三，如若某人要证明设定的一般性东西，就从特殊性方面来探求，例如，如果假定要证明一切相反的知识是单一，就要探求某一对相反者。因为倘若如此，他就会被认为与其他许多东西一道自身地而且分别地探求了应予证明的东西。再有，如果某人把命题区分开来探求，例如，如若他要表明医学既是健康的也是疾病的科学时，他就要分别地说明每一个方面。或者，如果某人要探求必然相互跟随的两者中的一方，例如，如若他要证明对角线与边不能公约，就要探求边与对角线无公约数。

探求相反者的方式也和探求原初问题的方式一样多。首先，如若某人要探求对立、肯定与否定。其次，如若他要探求对等意义上的相反者，例如善与恶是相同的。第三，如若某人要表明一般性的东西，就在特殊方面探求它的矛盾，例如，如若要假定相反者的知识是单一，就说明健康的知识和疾病的知识各异。或者，在探求了这个之后，他还企图在一般的意义上确定矛盾的说法。再有，如若某人想探求与依据设定前提必然得出的结论相反的东西，但却没有确定对立自身，只是探求了对立的矛盾所依据的两个这类前提。相反者的设定区别于原初问题的探求，因为后者的错误相关于结论（因为在看到那结论时，我们才说探求了原初的问题），但是相反者则处于前提之中，即它们有某种相互的关系。

【14】　对于训练和尝试这类论证来说，首先就要习惯

于转换论证。因为这样，我们就会对于所说的论题有着更好的准备，而且在一些场合中完全知晓许多论证。因为转换就是变换与其余所提问题在一道的结论，并且推翻某一个被确认的事实。因为如若结论不真，某一个前提必然会被推翻，正是由于有这一切假定，才必然有结论。对于所有论题，必须既赞成又反对地来考察论证，而且一旦发现，就必须立即寻求解决的办法。这样，就会出现同时在提问和回答两方面 163b
受到训练的结果。如若我们没有找到与之论辩的另外的人，就和自己论辩。此外，要选择与同一论题相关的论证并且对它们进行比较。当某人有足够的论证来赞成和反驳什么时，这对于有力地贯彻自己的观点，能提供许多便利，而且也非常有助于反驳。因为结果就会使人提防相反的论证。而且一眼就能看出，两个假定中每一个的结果都不意味着是对科学和哲学智慧的工具。因为如果这样，所剩的事情就只是正确地选择它们中的一个了。对于这类工作，必须具有某种自然能力，而真正的自然能力就是正确地选择真理避免谬误。那些具有自然能力的人是能够这样做的；因为他们通过对所提出事物的正确的爱憎，从而正确地判别出最好的来。

应该完全了解那些最常出现的问题的论证，尤其是关于首要性论题的论证。因为在对这些问题的讨论中，回答者们经常灰心丧气。此外，应该具有一些好的定义，并且得心应手地掌握一些流行性的和首要性的定义。因为正是通过这些东西，推理才得以进行。也应尝试并掌握其他论证最常归属于其中的那些东西。因为，正如在几何中关于基本的练习是有用的，在算术中有了到 10 为止的乘法知识就更好地对于倍数的其他数目进行辨别一样，在论证中也如此，要具有有关原初的知识并牢固地熟知命题。犹如有记忆力的人一样，仅仅是事物所处的位置也能立即引起它们的记忆，所以，这些会使某人进行更好的推理，因为他能看到被规定了的有数目依据的前提。比起论证来，更应承认并记住具有普遍性的前提。因为对于提供原初的东西和假说，它的难度适宜。

此外，应当习惯于把一个论证变成多个，而且要尽可能隐蔽地进行。如若某人能尽量远离与所论题目关系密切的问题，这种事情就会干好。最普遍的论证最能承受这种做法，例如多种事物的知识不是一门的说法。因为在关系词、相反词和对等词方面都是这样。

应当对论证做一般的记载，尽管讨论是在特殊方面的。因为这样就能使单一的论证成为众多。这也同样适于修辞学中的省略论证。但是，你自己却要尽力避免进行一般的推理。也应当总是考察论证，看它们是否以普遍性的原则为基础。因为一切特殊的论证也是对于一般的讨论，而且一般的证明存在于特殊之中，原因在于，如若没有一般，就完全不可能推理。

对年轻人应当提供归纳的训练方法，对专门家则应提供推理的训练方法。也必须力图从推理者那里确立前提，从归纳者那里获得说明。因为他们各自正是在这些方面受过训练的。总之，从辩证的训练中，必须力图得到或者关于某物的推理，或者解决问题的办法，或者命题，或者反驳，或者是否由自己或别人正确或不正确地提出的某个问题，以及此外的其他东西。因为能力来于这些，而训练就是为了获得能力尤其是有关命题和反驳的能力。概括地说，善于提出命题和反驳的人是辩证法家。形成命题就是使众多成为单一（因为论证所导致的结论必定是在单一的整体中），而反驳则是使单一成为众多。因为反驳者或是区分或是推翻，承认一个而否认另一个假定的命题。

不要与一切人辩论，也不要愚弄一般的人。因为对于有些人，论证必然会变糟。对于那种不惜一切似乎想逃脱被击败的人，使用一切手段推出结论乃是公正的，但却是不文雅的。所以，不要轻易地与一般的人交锋，因为这必然会导致糟糕的论证。因为正在受训练的人难以摆脱争强斗胜式的辩论。

也应该有准备地来论证那样一些问题，在这些问题中，尽管提供给我们的论证很少，但在许多场合都很有用。这些论证是一般性的，而且，很难从经验中提供关于它们的材料。

辩谬篇

秦典华　译

* Sophistikoi Elegkhoi 据《洛布古典丛书》希腊本文。

【1】 我们现在来探讨有关诡辩式反驳的问题。这是一种表面上看起来是反驳，而实质上是谬误的论证。我们就根据这个问题的自然过程，从最先发生的开始讨论。

很显然有些推理是真正的推理，有些则是似是而非的推理。在其他方面也会由于真假混淆而发生这种事情，论证也是如此。有些人具有良好的体质，而有的人则徒有其表，那只是粉墨妆点，乔装打扮的结果，就像部落的合唱队成员一样，有些人是真正漂亮，有些人则是由于穿戴华美而显得漂亮；无生命的东西也是这样，有些金属是真正的白银和黄金，有些则只是在我们感官看来好像是白银和黄金，例如铅黄或锡制作的东西就很像是银的，橙黄色的东西就像黄金。同样，推理和反驳有时是真的，有时并不是真的，而只是貌似而已，如果缺乏经验就不易辨别出来，因为没有经验的人就像从远处看事物的人一样。推理是从某些陈述出发，这些已经作出的陈述必然要引起对陈述之外的另一些事物加以论断，而且是作为这些陈述的一个结果。反驳则是推出所给结论的矛盾命题的推理。有些反驳并没有做到这一点，这也许有多种原因，其中最为普遍广泛的，是那种取决于名词的论证。因为直接将现实事物拿来，那是无法进行争论的。但我们可以用名词作为事物的符号来代替事物，相对于这些名称所发生的一切，也就是事物本身所发生的一切，正如计数的人认为他数的是硬通货币一样。其实这些事例并不真正相同；因为名词和语句的数量是有限的，而事物的数目则是无限的；所以同一语句和单一的名称必定能表示大量的事物。正如上面作的说明，不擅理财的人会被行家欺骗，同样，在论证中，那些不熟悉名词作用的人，无论是他们自己在争论，还是在听别人论证，都容易被虚假的推理所蒙骗。由于这个原因，我们在后面将要提到的问题，就包括那些表面看来货真价实，然而其实并非如此的推理和反驳。在一些人看来，表面的智慧比起真正的智慧来，更为有用，真正的智慧也许显得并不智慧（因为诡辩术只是一种表面的智慧而不是真正的智慧；诡辩家便是仰仗这种似是而非的智慧来获取金钱的人）。很清楚，对于这些人来说，表面上发挥了智者的作用，比起虽然表面上并非如此而实际上发挥了智者作用，必然更有价值一些。我们就一点加以比较，在某个特殊领域里有知识的人，其职责就是避免在自己的知识范围内进行荒谬的论证，并能够向进行错误论证的人指出错误所在。这些作用就在于能够给出一个理由，并且能够抓取到理由。所以，那些扮演诡辩家的人必然要寻求我们所提到的这样一类论证；对于他们来说，这是值得的，因为拥有这种能力使他显得是有智慧的，这也就是诡辩家们的真正动机。

显然存在着这样一类论证，而我们称之为诡辩家的人其目的就在于追求这样的能力。接下来我们看看各种诡辩式的论证是什么，这种能力的各个组成要素是什么，研究这个问题属于什么不同领域，以及我们所说的这一技巧的其他要素。

【2】 我们讨论所涉及的论证有四类：教导的论证[1]、辩证的论证、检验的论证以及争议的论证。教导的论证是从适应于所有论题的基本原理出发，而不是从回答者的意见出发进行推理的论证（因为学习者必须要确信所学的东西）；辩证的论证是从被人们广泛接受的意见出发进行推理，最后得出一个矛盾命题的论证；检验的论证是从回答者所持有的观念出发所进行的论证，而且这一观念必须为每个具有这种专门知识的人所公认（至于以什么样的方式，我已经在其他地方讲过了[2]）；争议的论证是从仿佛被人们所接受而实际并没有被人们所接受的意见出发所进行的假推理，它只是显得像推理而已。关于证明的论证我们已经在《分析篇》中讨论过了，关于辩证的论证和检验的论证也在其他地方讨论过[3]。所以，我们现在要说的是竞争的论证和争辩的论证。

【3】 首先，我们必须看看那些在用论证进行争衡和论辩的人所怀有的各种目的。其数目有五个：反驳、谬误、自相矛盾、语法错误、迫使对方处于赘语的状态，亦即让他多次重复同一话语，或者即使并不真正这样，也得在每个这种事情的表面上显得是这样。他们最大的愿望显然是反驳、揭

① didaskalikoi。

② 见《论题篇》，第八卷，【5】，159^a25。

③ 同上，第一至八卷。

露对手在说谎、使他自相矛盾、使他犯语法错误（即作为论证的结果，使回答者说话不符合语法规则），或者使他多次重复同一事情。

【4】 反驳的方式有两种，其一与语言有关，其二与语言无关。用语言造成错觉的方法有六种：语义双关[1]、歧义语词、合并、拆散、重音以及表达形式。我们可以通过归纳法和演绎法来证明这一点。除此之外也可能假设。在这样一些方面，我们不能用同样的名词或语句来表示同一事物。以下这些论证就与语义双关有关，例如，“有知识的人学习，因为知道字母的人学习他们要听写的东西”[2]。“学习”在这里就是语义双关，它有两层意思，“通过使用知识而理解”和“获得知识”。再如，“恶是善，因为必然存在的是善，而恶必然存在”。“必然存在”在这里就有两层意义，它是指“必然性的事物”，而这对于恶在许多情况下也都是适用的（因为有些恶就是某种必然性的事物），然而我们也说善是“必
166a 然存在”的。再如，“同一个人既坐着又站着，既在生病，又恢复了健康，因为过去站起来的人现在正站着，过去正恢复健康的人恢复了健康，而过去坐着的人正站着，生病的人正

① homonumia，amphibolia。

② 在本节内所举各例句，由于语义双关等六种情况，或意义含糊不清，或主谓所指不明，等等。为与原句意义接近，尽量保持直译，所以有些例句不太通顺。

在恢复健康”。因为“病人”或者要做这样一些事情，或者他要经历这样一些事情，因而它并不只是表示一种意义，在一个时候它意味着“现在生病的人”，在另外的时候又意味着“从前生病的人”。病人还在生病时，他就已经开始恢复健康了，他现在无病时健康良好，但他现在无病以前却有病，以下这些论证与歧义语词有关，“但愿俘虏我这个敌人”[①] 以及“人知道这个，这个知道”，因为这种说法既可以表示知识者，也可以表示作为知识而被知道的东西。“看见了这个，这个看见；看见了圆柱，所以圆柱看见”。再如，“你承认是的东西，你承认其为是；你承认石头是，所以你承认是石头”。再有，“沉默者的说是可能的”。“沉默者的说”就有两层意义，指说话者沉默和被说的事物沉默。语义双关和歧义语词包括三个方面，其一，一个语句或名词恰当地表示多种意义时，如 aetos 和 kuon[②] 这两个词；其二，当我们习惯在多种意义上使用一个词时；其三，当一个词和另一个词合并后产生了多种意义时，虽然这个词本身只有一种意义，例如，“识字”，是由“认识”和“字母”两个词合并在一起形成的，把它们拆开都只有一种意义，但合并起来后就有了多种意义，即，它既指字母自身所具有的知识，也指别人具有这些字母的知识。

---

① 由于“我”与“这个敌人”在句子中均是宾格，故此语既有“但愿我俘虏这个敌人”之意，又有“但愿这个敌人俘虏我”之意。

② aetos 有“鹰”、“人形山头”的意义，“kuon”有“狗”、“天狼星”和“犬儒派哲学家”的意思。

歧义语词和语义双关的形式就是这样一些。我们现在来看看与合并有关的情况，例如，“坐着的人能散步，没写字的人能写字”。分别使用这些词与把它们合并起来使用，其意义是不同的，如“一个人能够坐着散步”。另外，如果有人把这两个词结合起来，情况也是一样，即“在不写字时写字”，这意思是说他能够同时写字又不写字。如果不把这些词结合起来，其意思是说，当他没有写字时，他具有写字的能力。再如“他现在知道字母，因为他已经学习过他所知道的东西”。再有，“能搬运一件物品，就能搬运多件物品”。

下面的情况与拆散有关。“5 是 2 和 3”，“5 就既是奇数又是偶数”，那么“大就和小相等”，因为它不过是同样多和再加一些。因为同一语句被拆散时和合并在一起时，并不总是表示同样的意义，例如，“我给你奴隶以自由”，“神勇的阿喀琉斯留下了一百又五十人”。

166b 与重音有关的论证，以口语的形式是难以形成的，但以书面的形式则容易得多，例如，有些校勘者指出，荷马的这一句话错了：“其中的一部分因雨水而腐败”。他们解决这个问题的方法是改变重音，将 hou（其中的）变成 ou（不），这样就成为“它并不因雨水而腐败”了。再如，关于阿加梅农之梦，他们认为，宙斯自己并没有说“我们答应他保证使他的祈祷成为现实”，而是说“但愿这个迷梦能使他的祈祷成为现实”。这样一些例子就与重音有关。

与表达形式有关的反驳，在用同样的形式表示不同的事物时就会发生。例如，用阴性表示阳性，或用阳性表示阴性，或者用阳性或阴性表示中性；再如，用量表示质，或用质表示量，或者用被动表示主动，用主动表示状况，以及用我们在前面①所说过的其他种种区分相互表示等等。因为人们可能会用属于行为的事物来表示不属于行为的事物，例如，“健康”和“切割”、“建筑”在表达形式上就很像，然而前者表示性质和某种状况，后者则表示行为。其他一些例子也是这样。和语言有关的反驳就是由于这样一些原因而产生。至于与语言无关的谬误则有七种：（1）由于偶性而产生的谬误；（2）由于意义笼统而产生的谬误，或者虽非笼统，但是就某个方面或地点或时间或关系上被述说而产生的谬误；（3）由于对反驳无知而产生的谬误；（4）由于结果而产生的谬误；（5）因假定尚待论证的基本论点而产生的谬误；（6）把不是原因的事物作为原因而产生的谬误；（7）将多个问题并成一个问题而产生的谬误。

【5】　因偶性而产生的谬误，当一属性既属于某事物同时又属于它的偶性时就会产生。因为同一事物有多种属性并不必然地属于一事物的所有谓项，以及属于它们所表述的东西。例如，“如果哥里斯库斯不同于人，那么他就和自己不同，因为他是人”，“如果他和苏格拉底不同，而苏格拉底是

① 见《论题篇》，第一卷，【9】，103^b20。

人”。所以他们说：我们得承认哥里斯库斯和人之所以不同是由于偶性，因为他说哥里斯库斯与之不同的人就是人。

当措辞只涉及部分却仿佛是被笼统地表述时，这样一种谬误就会产生，即由于笼统地使用了表示个别事物的词，或者由于本应在某一方面被述说但使用时意义不当而产生的谬误，例如，“如果非存在是意见的对象，那么非存在存在”，因为“存在某物”与笼统的“存在”并不是同一的。再如，“如果存在不是存在者中的某物，例如如果它不是一个人，那么存在就不存在”，因为“不存在某物”与笼统的“不存在”并不是同一的。但由于用语相近，“存在某物”和“存在”、“不存在某物”和“不存在”似乎差别很小。当措辞本应指某个方面但笼统所指时，也会同样地产生这种谬误。例如，“如果一个埃塞俄比亚人全身都是黑的，只有牙齿是白的，那么他既是白的又不是白的”。“如果两种属性都属于某一方面，那么相反的属性同时存在”。有时人们很容易察觉这种谬误，例如，如果确知埃塞俄比亚人是黑人，有人会问，他的牙齿是白的吗？如果他的牙齿是白的，他便认为找到了问题的答案，证明了埃塞俄比亚人既白又不白。但有时这种谬误会不为我们所察觉，即不论在什么地方或什么时候，假如在某一方面指出一属性，则那种笼统的属性仿佛也适用，而且在这种情况下，我们不易辨别出哪一种属性在严格恰当的意义上属于某一事物。当两种对立的属性同样地存在时，这种情况就会发生。因为人们通常以为要么两者可以笼统地被表述，要么两者都不能。例如："如果某物半白半黑，那它是白的还是黑的？"

其他一些谬误的产生，则是因为对三段论是什么，反驳是什么没有适当的定义，或者它们的定义存有不足。反驳是具有同样单一谓项的矛盾命题，它并不是与一个名词，而是与一事件矛盾，这一事件在两个命题中并不是同义词而是同一个词，反驳就是在同一的方面，以同一的关系，同一的方式，就同一的时间，从所给予的前提出发（不包括在争论中的出发点），进行必然推论。有关某物的虚假陈述也是以同样的方式发展的。但是，有些人则置上述一切条件于不顾，其反驳只是表面的，例如，同一事物既是二倍又不是二倍，因为 2 是 1 的二倍，但不是 3 的二倍。同一事物既是另外同一事物的二倍又不是它的二倍。然而这二倍并不是就同一方面来说的，因为就长度来说是二倍但就宽度来说并不是二倍。或者，它在同一的方面，以同一的方式既是同一事物的二倍又不是它的二倍。那它也不是就同一时间说的，所以这只是一种表面的反驳。也许有人把这种谬误硬性归到与语言有关的这一类。

与断言尚待证明的论点有关的谬误和强求基本论点所可能产生的谬误，是以同样的方式在同样多的方面发生的。它们表面上貌似反驳，这是由于人们不可能在同时看出同和异来。

与结果有关的反驳，其谬误的产生是由于人们以为因果 167b
是可以相互倒置的。因为如果甲存在，则乙必然存在的话，他们便以为，如果乙存在，甲也一定存在。意见是以感觉为基础产生的，与这种意见相关的欺骗即根源于此。人们常以为胆汁是蜂蜜，因为蜂蜜总是黄颜色。天一下雨，地上便是湿的，一旦地上是湿的，人们便以为天下雨了。然而这并不一定是真的。在修辞论证中，从标示而来的证明就是以结果为根据的。如果人们想证明某人是奸夫，便得根据奸夫的特征来抓把柄，即这个人穿戴花哨，深更半夜在外面东游西荡。但这些事实对于许多人都合适，而要控告他们是奸夫则是荒谬的。辩证的推理也是这样，例如，麦里棱论证说，如果要证明宇宙是无限的，就得假定宇宙没有生成（因为任何有生成的事物都不可能从非存在中产生出来），就得假定一切有生成的事物是从开端产生出来的，所以，如果宇宙没有生成，它也就没有开端，所以宇宙是无限的，但这个结论并不能必然推出。因为，如果说一切有生成的事物都有开端，这并不能必然地推出有开端的事物就有生成。这正如患感冒的人会发烧，但从这并不能必然也推出发烧就是由于患感冒。

当人们把不是原因的东西硬塞进论证中并仿佛反驳是以此为根据的，这时，与以非原因的事物作为原因有关的反驳就会产生。在导致谬误的推理中，这种情况就会出现。因为在这些推理中，人们必然会推翻那些前提中的某一个，所以，如果把非原因的东西放在必然产生不可能结果的问题之内，那么这种反驳就常常显得是作为它的结果而产生的。例如，"灵魂和生命不是同一的"这个论证，如果生成和毁灭是相反的，那么某种个别的生成和某种个别的毁灭也是相反的，死亡是某种毁灭，与生命相反，所以生命是生成，生活是被生成。然而这是不可能的，所以灵魂和生命这两者并不是同一的。但这个结论并不是推理的结果。因为，即使我们不能断定生命和灵魂是同一的，而只是说生命和作为毁灭的死亡、生成和毁灭是相反的，也不可能得出这个结论。但这种论证并不是绝对地没有说服力，而只是就争论的论点来说是没有说服力的，提问者本人常常也没有意识到这一点。

与结果有关的论证以及与非原因的事物有关的论证就是这样一些。至于将两个问题并成一个问题有关的论证的反驳，如果人们没有注意到问题有多个，由于答案只有一个，便仿佛问题也只有一个似的，这时，上述反驳就会发生。有时，人们可以轻而易举地看出，问题有多个，因此不能只作一种回答，例如，当人们问道："大地是海洋呢？还是天空是海洋？"有时则不易察觉。由于人们认为只有一个问题，他们或者不作回答而让步，或者接受那种表面的反驳。例如："他和他是人吗？"那么"如果有人打了他和他，他打的是一个人而不是多个人"。再如："如果部分是善部分不是善，那么整体是善还是不是善呢？"答案似乎可能要么包含了一种表面的反驳，要么只是一种虚假的陈述。因为，当某事物是善的却说它不善，或者当它不是善的而说它是善的，便是一种虚假的陈述。但有时如果增加某些前提，那就可能成为真正的反驳。例如，如果有人同意，单一的事物和许多事物就可以同样地被叫做"白的"或"裸体的"或"盲的"。因为，如果"盲的"一词用来指本性应当有视力而没有视力的事物，那么它也可以用来指大量本性应有视力而没有视力的事物，所以，当一物没有视力而另一物却有视力时，这两者不可能或者都能看，或者都是盲的，因为这是不可能的。

【6】 我们应当或者按照上述方式对表面的推理和反驳进行分类，或者把它们全部归因于是对反驳的无知，并且我们以此作为我们的出发点。因为我们可以把上述所有的谬误都归结为违反了反驳的定义。首先，我们得看一看，它们是不是非推理性的。因为结论应当从所设立的那些前提推出，以便我们能够说它是必然的，而不只是表面上显得是必然的。其次，我们考察它们是否符合定义的其他部分。因为与语言有关的谬误，有些是由于双重意义引起的。例如，语义双关和歧义语词[①]以及结构相同（因为人们习惯于把所有东西当作一具体事物来表示），而合并、拆散、重音都应归于不同一的用语或有差别的名词。如果要使反驳和推理产生效果，名词也应当和它所表示的事物是同一的。例如，如果论点说的是马甲，那么就应当推出马甲的结论，而不是斗篷的结论，虽然这一个结论也是真实的，但它不是推论出来的。如果回答者问你是怎样驳倒他的，那就必须指出另一个问题来说明这两个词指的是同一事物。

一旦我们给出了推理的定义，那么与偶性有关的谬误就会变得十分明显。因为这同一个定义也适用于反驳，除非我

① logos。

们增加矛盾命题。因为反驳就是要推出这个矛盾命题。所以，如果关于偶性的推理不存在，反驳也就不会发生。如果甲和乙存在，则丙存在，而且丙是白的，但它是白的并不是因为三段论必然推出。再如，三角形内角和等于两直角，而 168b
且它碰巧是图形或基本组成部分或公理，但这并不能推出它是图形或公理或基本组成部分。因为证明与作为图形或作为基本组成部分的三角形无关，只与三角形本身有关。其他情况也是如此。所以，如果反驳是某种推理，与偶性有关的论证就不可能是反驳。正是在这一方面，行家和学者受到了无知者的反驳；他们正是拿那种以偶性为根据而进行的推理和学者们进行争论，无知者由于不能将这两者区分开来，所以一旦有人质问便只得妥协放弃，或者以为他们进行反驳了，而实际上他们并没有反驳。

与意义限制在某一方面和意义笼统有关的谬误，其产生是因为肯定命题和否定命题并不是就同一事物而说的。“非部分白”是对“部分白”的否定，“非绝对白”是对“绝对白”的否定，如果有人同意这种说法，即，如果某物部分是白的，就等于它完全是白的，但这不是反驳，而只是显得像反驳而已，其原因就在于他对于反驳是什么完全无知。

最明显的谬误是已经说到过的与反驳定义有关的那些谬误，它们的名称也就是由此而来。表面的反驳是由于定义有缺陷而造成，如果我们按照这种方式来区分谬误，我们就应当把“定义有缺陷”当作所有谬误的一个共同标志。

由于假定尚待论证的基本论点以及由以非原因的事物作为原因而产生的谬误，我们已经通过定义弄明白了，因为结论应当是由于这些事物如此而推论出来的，如果所说的原因并非原因，这种情况便不会发生了；其次，结论应当在不包括基本论点的情况下推论出来，这种情况对于以强求基本论点为根据的论证并不适用。

与结果有关的谬误是与偶性有关的谬误的一个部分，因为结果就是一种偶性，但又与偶性有所不同。因为偶性存在于单一的事物之中，例如黄色的东西和蜂蜜，白色的东西和天鹅便是同一的；而结果则存在于多种事物之中，因为我们认为，那些相同的事物与另一些事物相同。某一相同的事物与另一事物相同，这就是与结果有关的反驳所产生的根据，但是，这并不全是真的。例如，相对于偶性意义的白就不适用。因为雪和天鹅两者都同样是白的，再有，在麦里棱的论证中[①]，有人假设“已经生成”和“有开端”是同一的，“相等”和“占有同样体积”是同一的，因为已经生成的东西有开端；而且他也断定有开端的东西已经生成，其理由就在于“已经生成”和“有限”两者是同一的，因为这两者都有开端。同样，就相等的事物来说，他假定，如果具有同一体积
169a 的东西是相等的，同时，相等的东西也具有同样的体积，这样，他实际上假定了一个结果。因为与偶性有关的反驳，其

① 167b13。

产生就在于对反驳的无知。显然，与结果相关的反驳，其产生也是如此。但我们还必须从其他观点来考虑这个问题①。

由于将多个问题合为一个问题而发生的谬误，其产生就在于我们没有明确区分命题的定义。因为命题是陈述某单一事物的某一事实。同一定义既可应用于某单一事物，也可笼统地应用于这种事物，如应用于人和单一的人；在其他情况下也是如此。如果单一命题是陈述的某一事物的某一事实，那么，笼统的命题也是这一类问题。由于推理是从命题开始，而反驳是一种推理，所以反驳也是从命题开始。如果命题陈述的是单一事物的单一事实，那么显然这种谬误也是由于对反驳的无知而产生。因为在反驳中，并不是命题的东西仿佛是命题，如果有人所作的回答仿佛是针对某一单一问题，那么便会出现反驳，但是如果他只是显得好像作了回答而实际并没有回答，那么这就会出现一种表面的反驳。所以，所有属于对反驳本质无知而产生的谬误都与语言有关，矛盾命题是反驳的一个特征，因为矛盾命题只是表面的反驳，其他的谬误则与推理的定义有关。

【7】 与语义双关、歧义语词有关的谬误，其产生是由于人们不能将词的多种意义加以区分（因为有些词的意义不易区分，如“元一”、“存在”以及“同一”），与合并、拆散

---

① 见 179ª26，181ª22。

有关的谬误，其产生是由于我们认为词的合并或拆散并不会引起任何不同。与重音有关的谬误，其产生也是一样。因为一个词的抑音或高音似乎并不会改变词的意义，或者说，改变词的意义的情况极少发生。与表达形式有关的谬误，其产生是因为语言相同。因为要区分哪一些事物可以用同一表达，哪一些事物可以用不同表达是很困难的。有能力作这种区分的人几乎快接触到真理了。最容易使我们犯错误的是，我们认为所有事物的谓项都是一个别事物，我们把它当作单一的事物来理解。因为人们通常认为，“具体事物”和“存在”乃是最真实的元一和实体。因为这个原因，这种谬误也可以归类到与语言有关的那些谬误中去。首先，这种谬误产生的主要原因是由于我们是和别人一起研究而不是由我们自己研究（因为和别人一起研究靠的是语言，而在我们心里进行研究则更主要用的是事物的本质）；其次，是因为在单独研究时，人
169b 们易于为所使用的语言蒙骗；第三，由于相同而易于受骗，这种相同是出自语言。与偶性有关的谬误，其产生是由于人们不能区分同和异、一和多，以及什么样的谓项具有作为其主项的同一偶性。与结果有关的谬误也是如此，因为结果属于偶性的一个部分。而且，在许多时候，这被看作是不证自明的真理：如果甲不能和乙分离，则乙也不能和甲分离。与反驳定义存在缺陷有关的谬误，以及与陈述意义限制在某一方面和意义笼统有关的谬误，其产生乃是由于这两者之间差别太小的缘故。因为我们不会认为就某个别事例或方面或方

式或时间的限制具有另外的意义，便承认命题的一般意义。当有人假定尚待证明的基本论点，拿非原因的事物作原因，以及将几个问题并成一个问题时，所产生的谬误也是如此。在这样的情况下，其谬误的产生就是由于差别太小的缘故；因为我们不能从上述原因精确地给出命题和推理的定义。

【8】 我们知道了那些表面推理所产生的各种原因，我们也就知道了诡辩式推理和反驳所产生的各种原因。我们说的诡辩式的反驳和推理并不只是指那种似是而非的反驳和推理，而且还包括那些虽然真实但与所讨论的问题只是表面上相关而实际上并不真正相关的反驳和推理。在所讨论的范围内它们并不能驳倒他人并揭露无知，这就是检验的论证的作用。检验论证是辩证论证的一个部分，回答者由于无知可能会推出一个错误结论。诡辩式的反驳，即使它们推出了一个矛盾命题，人们也不清楚他是否无知，因为人们试图用这样一些论证诱使有知识的人落入陷阱。

很显然，我们用同样的方法便可以认识它们；因为同样的原因，那使得听众以为结论是作为问题的结果而被推论出来的东西，也会使回答者产生同样感觉，所以，由于所有这些方法或某一些方法，就会出现虚假的推论；在没有人追问时一个人会同意他所思想的东西，即使有人追问他也会同意。但有时，一旦我们提出必要的问题，我们就会把这种谬误暴露在光天化日之下，例如，与语言以及文法有关的谬误。所以，如果矛盾命题的虚假推理是由于表面的反驳而产生，很显然，虚假结论的推理一定也和表面的反驳一样，其产生是由于同样的一些原因。表面的反驳，其产生就在于那
170a 些构成真实反驳的组成部分，因为如果缺少了某一部分，那就会只是一种表面的反驳。例如，结论不是通过论证而来（论证导致谬误）；将两个问题合并为一个；命题不完善；用偶性代替事物的本质等等表面的反驳，以及与偶性的一种即结果有关的表面反驳。而且，有的反驳，其结果只是从文字推导出来的，而在事实上并非如此；还有的情况是，矛盾命题并不是全称的，并不是就同一个方面、同样的关系以及同样的方式来说的，其外延乃是有限制的，或者与这些限制的某一个相联系。还有这种情况，违背不能将基本论点包括在内的原则而假定基本论点。这样我们就举出了虚假推理所产生的各种情况，所有虚假推理都是从以上说到的这些原因得出，不可能还有其他情况。

诡辩式的反驳并非绝对的反驳，而且相对于某个人，诡辩式推理也是这样。除非由语义双关而产生的反驳设定同名异义词只有一种意义，除非由于用词相同而产生的反驳设定，这些用语只是表示个别事物，等等，否则，对于回答者来说，无论是笼统的，还是相对的反驳或推理都是不可能的；如果加了这样一些假设，对于回答者来说，反驳或推理相对地说是可能的，但笼统地说则是不可能的。因为它们并不能确保某种说法只有一种意义，它们只能保证某种说法似

乎只有一种意义，而且只能保证从某个别人来看只有一种意义。

【9】 如果没有关于存在着的一切事物的知识，我们就不应当试图去把握从反驳者的反驳所产生的各种方式。但这并不属于任何学问[①]的范围，因为知识可能是无限的。同样，证明显然也是无限的，反驳也有真实的，因为凡是证明可能的地方，也可能对坚持与真理相悖的矛盾命题的人加以反驳。例如，如果有人认为，正方形的对角线可以和边长通约，那么就会有人反驳他，证明不可能通约。所以，我们必须具有关于一切事物的知识；因为有些反驳取决于几何学的一些原理及其结论，有些反驳则依赖于其他知识原理。而且，虚假的反驳也同样是无限的，因为所有的学问都具有自己特有的虚假推理。例如，几何学有几何学的推理，医术有医术的推理。我用“学问所特有的”一词指“与该学问的原理符合一致”。很显然，我们需要掌握的，并不是所有反驳的规则，而只是和辩证论证有关的规则，因为这些反驳对于所有的技术和能力来说是共同的。有识之士的任务是考察那些为各学科所特有的反驳，弄清它们是否只是表面而非真实的反驳；或者，如果是真实的，其原因何在。相反，考察那些以不隶属于任何一门技术的共同原理为根据的反驳，则属于辩

① techne。

170b 证法家的任务。因为只要我们把握了任何学科的规范推论的根据，那么我们也就把握了反驳的根据；因为反驳是一种矛盾命题的推论，所以，矛盾命题的一个或两个推论就形成反驳。这样我们就知道了所有这种推论的各种根据，而知道了这些根据，我们也就知道了它们的消除方法；因为对它们加以反驳就是消除它们的方法。我们也知道表面反驳的各种根源，这种表面并不是就所有人来说的，而只是就具有某种特征的人来说的；因为对于偶尔碰到的人来说是表面反驳的各个方面，如果要加以考查，那将是一项无止境的工作。所以，辩证法家的任务就是要把握那以共同原理为根据而形成的反驳的各个方面，考查所产生的反驳是真实的还是表面的，亦即看它们是辩证的，或者表面是辩证的，或者属于检验的论证。

【10】 在针对语词的论证和针对思想的论证之间，并不存在有些人所想象的真正的差别。以为有的论证是针对语词，有的论证是针对思想，两者并不同一，这是荒谬的。为什么就不能用这个论证来针对思想呢？除非一个人不是在被追问者所想到的意义上使用名词，而当他正被追问时他是承认这个意义的；这与使用思想针对语词完全是同一的。然而使用语词针对思想则等于在这一层意义上使用语词，即一个人在承认这一意义时所想到的意义。如果这个名词具有多种意义，而追问者和被追问者都认为它只有一种意义，例如，

“单一”和“存在”都具有多种意义，然而回答者在回答时，以及追问者在提问时，都假定只有一种意义，并论证说，万物是一。难道这种论证只能被用来针对语词而不能针对被追问者的思想吗？相反，如果他们中有人认为，某一语词有多种意义，显然，论证就不能被用来针对思想。因为，首先，针对语词和针对思想属于有多种意义的那些论证。其次，属于所有一切论证。因为针对思想并不取决于论证，而是取决于回答者在心里对于被承认观点的某种态度。再次，所有的论证都可以针对语词，因为在这里“针对语词”就意味着“不针对思想”。如果所有的论证既不针对语词也不针对思想，那么第三种论证也不会针对语词或思想。然而他们宣称，所有的论证就是这么多，并且他们把论证分为两部分，一部分针对语词，一部分针对思想，不存在其他的论证。事实上，取决于语词的推理就是取决于多种意义的推理的一个分支。这种说法是谬误的，即认为“取决于语词”就等于说所有的论证都取决于语言。事实上有些论证之所以是虚假的，并不是因为回答者对它们采取了某种特殊的态度，而是因为论证本身就包含了具有多种意义的问题。

171a 不预先讨论推理便讨论反驳乃是极其荒谬的。因为反驳即是一种推理，所以我们在讨论虚假的反驳之前应当先讨论推理；因为这样的推理乃是一种矛盾命题的表面推理。所以谬误的原因既存在于推理、也存在于矛盾命题之中（因为必须增加矛盾命题），但有时如果只有一种表面的反驳，则存在于两种情况之中。在“沉默者的说话”这个论证中，其反驳就存在于矛盾命题之中，而不是存在于推理之中；而在“人可以放弃他所没有得到的东西”这一论证中，其反驳则存在于两种情况之中；在“荷马的诗是一幅图画”这一论证中，其反驳则存在于推理之中，因为它形成一个圆环，它存在于推理之中。在两方面都没有错误的论证乃是真实的推理。

我们再回到论证所离开的正题上来①，数学的论证是永远都可以被用来针对思想呢，还是不能呢？如果有人认为“三角形”这个词有多种意义，并且假定它的意义不是已被得到证明的包含两直角的图形，那么追问者在这里是否已经用他的论证来针对回答者的思想，还是没有呢？

而且，如若一个名词有多种意义，但回答者并不认为或想象它有多种意义，那么，回答者是否并没有用他的论证来针对他的思想？或者除了通过给出区别来，他如何用别的方法来提出他的问题呢？假如有这样一个问题：“沉默者的说话是可能的还是不可能的？这个问题的答案在一种意义上是‘是’，在另一种意义上是‘不是’吗？”如果有人回答说，这在两种意义上都是不可能的，而另一个人则争辩说，这是可能的，那么，他的论证是否针对回答者的思想了呢？然而这种论证被认为是与语词有关的一种论证。所以，不存在什么被用来针对思想的其他种类的论证。有些论证被用来针对

① 见 170b40。

语词，这样的论证并不包括全部表面的反驳在内，更不用说所有的反驳了。因为还有一些表面的反驳与语言无关，例如这些反驳以及其他就与偶性有关。

如果有人要求进行区别，说：“沉默者的说话，一词有时我是指一事物，有时则是指另一事物。”但是，首先，这个要求是荒谬的（因为有时这个问题似乎并没有多种意义，在想不到区别在什么地方而非要进行区别不可，这是不可能的）。其次，除了这个以外教导的论证还是什么别的东西呢？对于那些从来没有想到，或者不知道，或者并不认为还有任何其他说法的人来说，因为它就使得这种状况变得很清楚了。在没有双重意义的情况下，是什么阻碍着同一事物的发生呢？4 之中的那些单元是否等于那些 2 呢？要看到，在一种意义上以某种方式和那些 2 相等，在另外的意义上则以另外的方式和那些 2 相等。再有，“相反者的知识是一种知识还是不是呢？要看到，有些相反者是可认识的，有些则是不 171b 可认识的”。因此，提出这种要求的人似乎不清楚教导的论证和辩证的论证是完全不同的，他们不知道进行教导论证的人不会提问，他会自己把问题弄清楚；而进行辩证论证的人则要提问。

【11】 而且，要求回答者或者肯定，或者否定，这并不是证明某事物之人的任务，而是进行检验之人的任务。因为检验也就是一种辩证法，并且进行沉思的人并非有识之

士，而是无知者和假装博学的人。根据特殊事例而静观一般原理的人是辩证法家，表面上这样做的人则是诡辩家。争论的推理和诡辩的推理是表面的推理，辩证的推理是作为一种检验的方法来讨论它，即使其结论是真实的，因为它的原因是靠不住的。所以，存在着一些虚假的推理，它们与某些特殊的研究方法不一致，却显得和所说到的技术相一致。虚假的几何学图形并不是争论的（因为这种谬误和这种技术的论题是符合的），相对于其他说明真实事物的虚假图形也是如此。例如，希波克拉底的图形，或者用圆弧使圆变成正方形；而布吕松使圆变方的方法，即便可行，也仍然是诡辩的，因为它和有关的论题不符合。所以，关于这些事物的所有表面的推理都是一种争论的论证，任何只在表面上和论题一致的推理，即使它是真正的推理，也仍然是争议的推理。因为它只是表面上和论题符合一致，所以是靠不住的，不公正的。这正如在体育竞赛中，如果采用某种不公正的形式，那就是一种不公正的拼博。争议的推理就是在论证过程中的一种不公正的拼搏。因为在前一种情况下，满心期望不惜任何代价取得胜利的人会不择手段；在后一种情况下，争议中的争议者也会这样。我们把这样取胜的人通常叫做喜欢抬杠的人，把那些靠这样赢得反驳而谋取金钱的人叫做诡辩家。正如我们说过的[①]，诡辩术是一种利用表面智慧的赚钱术，

① 见 165^a22。

所以诡辩家们所追求的只是一种表面的证明。喜欢论争的人和诡辩家虽然利用同样的论证，但他们的目的不同。同样的论证既可以是诡辩式的，也可以是争议式的，但它们并不是出于同样的着眼点。如果其目的是追求表面的胜利，那就是争议的；如果其目的是追求表面的智慧，那就是诡辩的，因为诡辩是一种表面的智慧，但不是真正的智慧。喜欢抬杠的人和辩证法家的关系就像绘出虚假几何图形的人和几何学家的关系一样，因为他的错误论证和辩证法家的论证是从同样的原则出发的，就像描绘错误图形的人和几何学家是从同一原理出发进行论证一样。但后者并不是争议的推理者，因为他作的虚假图形所依据的原则和结论属于几何学范围，而前者进行论证所依据的原则属于辩证论证的范围，所以很清楚他是就其他问题进行争议论证的人。例如，用圆弧使圆成正方形就不是争议式的，而布吕松的方法则是争议式的。我们不可能把前者从几何学范围划分出去，因为它是以几何学所特有的原则为根据的。相反，后者则被用来反对许多争论者，即那些在所有个别情况下都不知道什么可能什么不可能的人，因为它总是可以应用的。这对于安提丰使圆成正方形的方法也是合适的①。再有，如果有人因为芝诺的论证②而否认饭后散步更好，那这绝不会是医生的论证；因为它可以

① 参见《物理学》，185ª17。

② 同上，239ᵇ1。

应用于一般的情况。所以，如果争议论证与辩证法家的论证之间的关系，正如绘出虚假几何图形的人和几何学家的关系一样，那么关于这些论题就不会存在争议的论证了。但事实上，辩证论证并没有某种范围，也不证明任何个别的事例，它和一般的论证也不同。因为没有什么种能包括一切，即使有，也不可能使万事万物归属在同样一些原则之下，所以，任何旨在证明事物本性的技术都不是由提问开始的。在问题的两个可能方面中不容许任选一项，因为这两者都不会形成一个推理。但辩证论证则是由提问开始的，反之，如果它想要说明某事物，即使它并不是关于所有事物，而只是关于最基本的东西以及一些个别原理，它就不会提问。因为如果对手不承认这些，则辩证论证便失去了驳斥反对意见的论据。辩证的论证同时也是一种检验的方法。因为检验的技术并不是一种和几何学相同的技术，而只是即使没有任何知识时也都具有的一种技术。因为一个对论题没有知识的人可以检验另一个对论题没有知识的人，只要后者根据那些结果，而不是根据他的知识或论题的特殊原则予以承认就行了。他即使知道这些结果也不能就所讨论的技术使他免于无知，而不知道这些结果必然会对这一技术无知。所以，很清楚，检验并不属于某种特殊的知识。因为这个原因，它涉及所有学科，因为所有的技术也使用某些共同的原则。所以，所有的人，包括无专门知识的人，都在某个方面运用辩证和检验的方法；因为所有的人都会程度不同地验证那些有知识的人。在这里他们所用的便是那些共同的原则；他们自己和行家一样熟知这些，尽管他们表达起来显得离题太远。所有的人都能反驳；辩证法家有条不紊地从事的事情，他们干起来毫无条理。用推理的技术进行检验的人就是辩证法家。所有领域都有着许多同样的原则，但这些还没有达到具有特殊本质并构成某种特殊种类的程度，它就像否定命题，而其他一些则不属于这一类，而是局限于某些专门的范围；所以，根据这些对所有论题进行检验是可能的，而且存在着某种这样做的技术，虽然这种技术和证明的技术并不相同。因此，争论的论证并非在所有方面都和绘虚假几何图形的人相同；因为争论的论证并不是根据某种原理进行错误推理，它所涉及的是各 172b
种原理。

这些就是诡辩式反驳的种种形式，不难看出，对它们进行研究并能够应用它们乃是辩证法家的任务；因为这种研究的全部内容都由探究命题的方法所构成。

【12】 关于表面的反驳我们就说这么一些。现在要说的是，说明回答者正在陈述的是谬误，他正在使其论证导向悖论（这是诡辩家的第二个目的）。首先，这最主要地是通过某种方式的查询和追问而达到的。提出的问题和所设定的论题毫无关系而且无所限制，乃是达到这些目的的极好圈套。因为人们在漫无边际地交谈时最容易陷入错误的境地，而当人们没有一个确定的论题时谈话便会漫无边际。提出许

多问题（即使某人所驳诉的论点已被限定），并且要求回答者说出他的思想，这就提供了一个充足的机会使一个人陷入悖论或谬误，而且，如果有问题，他即使对任何问题回答“是”或“不是”，这也会使得他陷入这一论点，而别人则有丰富的材料就这一论点对他进行非难。这种不公正的方法并不比前一种更加实用；因为人们要问：“这和原来的问题有什么关系呢?”导致谬误或悖论的要则，并不是直接提出论点，而是假装由于想知道而提问，因为这种追问的方式就提供了进行非难的机会。

诡辩式的方法有这么一种专门揭示谬误的方法，即，诱使对手达到某一观点，而他自己则有大量论据反对这一观点；就像前面所说的，这样做既可能用正确的方式，也可能用错误的方法①。

要使人导致悖论，你就得先查明和你交谈的人属于哪一派，然后就这一派的某种见解向他提问，而大多数人认为这种见解是荒谬的；因为任何一派都有这种信条。在这里基本的原则是把各种不同派别的观点都汇集起来，收进你自己的命题之中。在这里适当的消除方法就是要说明，由于这种论证，悖论才没有产生，而你的对手总是愿望事情应当如此。

而且，你应当从人们的愿望和所持有的意见中寻找。因为人们嘴上说的和心里所愿望的事情并不是同一的，他们说

---

① 见《论题篇》，111^{b}32。

着最冠冕堂皇的话，然而他们希望的则是他们的利益。例如，他们声称，与其快乐地生，不如高尚地死；与其卑贱富 173a
裕，不如诚实贫穷。但是他们的愿望则与他们所说的正好相反。所以，按照心愿说话的人必定会表达平常所持有的意见，而那些按照平常意见说话的人，必然会接受被隐瞒起来的意见。因为在这两种情况下，他们都会必然地产生悖论，因为他们所说的观点要么和他们所持有的观点矛盾，要么和他们隐藏的观点相矛盾。

将人们导向悖论的最平常的通例就是应用自然的和法规的标准，在《高尔吉亚篇》① 中卡里克勒斯就应用了这些标准，所有的古人都认为这些是正当的。他们认为，自然和法规是相反的，根据法规公正是美好的，而根据自然则不是美好的。所以，对于根据自然标准说话的人，你应当根据法规来回答，而当他根据法规说话时你一定得根据自然来进行论证；因为在这两种情况他说的都是悖论。古人认为，符合自然的事物就是真实的，而符合法规的事物则是人类的一般观念。所以，很清楚，他们也像现在的人一样，试图驳倒回答者，或致使他作出悖理的陈述。

有些问题无论从哪个方面回答都包含了一个悖论。例如："人是应当服从智者还是服从自己的父亲?""人是应当做便易的事还是做公正的事?"以及"宁可我负人还是宁可

① 柏拉图：《高尔吉亚篇》，482E。

人负我?”你应当将人们引到和大众以及智者的意见相反的意见上来，如果说话者像熟练的论证者一样说话，那么你便将他引到和大众意见相对立的意见上来；如果他像大众一样说话，那么便将他引到和论证行家的意见相左的意见上来。因为有的人说：幸福的人必然是公正的，因而“国王是不幸的”，而这和大众的观点是相互冲突的。将一个人导向这种悖论，与将一个人导向自然与法规标准的反面是同一回事。因为法则乃是大众的意见，而智者的言论只是和自然与真理相符合的。

【13】 这就是所应当研究的通过一些通例而达到的悖论。至于使一个人陷入赘语，我们已经在谈到这个词时指出过它的意义①。在以下所有论证中我们就可以看到这种情况，“如果陈述一个名词与陈述其定义没有什么差别，‘两倍’和‘一半的两倍’就是同一回事，如果‘两倍’是‘一半的两倍’，则它就是‘一半的一半的两倍’，如果可以用‘一半的两倍’代替‘两倍’，同一表达就会重复三次，‘一半的一半的一半的两倍’”。再有“欲望不是对快乐的渴望吗?”“欲望
173b 是对快乐的渴望”，所以“欲望是对快乐的快乐的渴望”。

这种论证在使用一些关系词时就会发生，这些关系词不仅其属是相对的，而且它们自己也是相对的，它们是相对于

① 见165b16。

一和同一事物而被给出的（例如，渴望是对某事物的渴望，欲望是对某事物的欲望，两倍是某事物的两倍，即一半的两倍）。当使用这样一些词时也会出现这种情况，这些词虽然不是关系词，但实体（即这些词是其状况或承受或类似性质的事物）则是在其定义中被指明的，因为它们叙述这些事物。例如，“奇数”是“包含中间数1的数”，有奇数存在，所以“奇数”便是“包含了中间数1的数”。再如，如果“塌”是“鼻的塌”，有“塌鼻”存在，那么“塌鼻”便是“塌鼻的鼻”。

有时似乎也产生了这种重复的结果，但事实上并没有。这是因为人们并没有进一步追问单独的“两倍”是否有意义，如果有，那意义是相同还是不同，但他们是立刻得出结论。而它似乎具有同一意义也是因为这个词是同一的。

【14】 我们在前面已经指出过什么是文法错误[①]。人们既可能犯文法错误，也可能并没犯错而只是显得犯了文法错误，以及犯了错误而显得并没有犯文法错误，就像普罗泰戈拉常说的，如果menis（忿怒）和peleks（头盔）是阳性[②]，他认为，把忿怒说成是毁灭女神的人便犯了文法错误，尽管在别人看来他似乎并没有犯文法错误，而把忿怒说成是“毁灭者”的人，似乎犯了文法错误，其实并没有犯

① 见$165^{b}20$。

② 事实上这两个词是阴性。

错。很显然，人们也可以用技术产生这一结果；所以，有许多论证似乎推出了文法错误而事实上并没有，正如在反驳中所发生的情况一样。

几乎所有的文法错误都是因为这种情况而发生，即由于"这个"① 这个词的词尾变化既不表示阳性，也不表示阴性，而是表示中性。"他"② 表示阳性，"她"③ 表示阴性，而"它" ④ 虽然在意义上表示中性，但经常既表示阳性，也表示阴性。例如，"这⑤是什么?""这是卡里娥佩"，"这是木头"，"这是哥里斯库斯"。阴性和阳性在格的形式上全都不同，而中性名词的格的形式，则只是有些不同，而有些则是相同的。所以，一旦人们假定"它"正确，人们便好像已经使用了宾格的"他"⑥ 一样进行推论，同样，他们在应该用其他格的地方却使用不同的格，这种错误的推论其所以发生，原因就在于"它"对多种格都是一样的；因为"它"有时表示主格的"他"，有时则表示宾格的"他"。它可以交替地表示这两者；当和陈述式的"是"联系时它应表示主格的"他"，当和不定式"是"联系时它应表示宾格的"他"，例如，"这是哥里斯库斯"和"是哥里斯库斯"。阴性名词以及

① tode。

② houtos。

③ houte。

④ touto。

⑤ touto。

⑥ touton。

所谓的物品也是如此，这些物品既有阳性的，也有阴性的。174a 只有那些以-on 结尾的名词才表明属于物品之类，例如，ksulon（木头），skhonion（绳索）。那些形式与此不同的名词或者是阳性，或者是阴性，其中一些就属于物品之类，例如 askos（皮酒袋）就是阳性，kline（床）是阴性。所以，在这样的情况下，使用陈述式的“是”和使用不定式的“是”存在着同样种类的区别。在某种意义上说，文法错误有些类似于因为用同样的词表达不同的事物而产生的反驳，因为正如在一种情况下我们是在实际事物上犯了文法错误，在另一种情况下，我们则在名词上犯了文法错误；因为“人”和“白”既是名词又是事物。

很清楚，我们应当在上面所说到的词尾变化的基础上对文法错误进行推论。

这些就是争论式的论证的种类，以及这种种类的子种类。以上所说的乃是应用它们的方法。如果为了隐瞒思想以某种方式来安置提问的材料，这样便有较大区别了，正如在辩证论证中的情况一样。所以，从我们以上所述推论，我们必须首先讨论这个问题。

【15】 对于反驳，较好的办法是延长，因为在一瞬间要同时瞥见多件事物是十分困难的，而要延长就得利用我们前面说到的那些要则。另一个办法是加快，因为人一旦落后就很少朝前看，另外还有忿怒和争辩；因为人们在激动时总

是很少保护自己。挑起忿怒的要则是挑明某人想行为不公，而且寡廉鲜耻。另一个计谋是交替提问，看一个人的多种论证是否得出同一论点，或者看他的论证是否既证明了某物是这样又证明了某物不是这样，因为这个结果是，回答者得同时提防多种观点的非难或相反观点的指责。一句话，以上所提到的所有隐瞒自己的方法对于争论的论证都是有用的，隐瞒是为了逃避被人察觉，而要免于察觉则是为了蒙骗别人。

一旦遇到那些拒不承认自己思想的人，而且那会有助于你的论证，那么你务必用否定的形式提问，就仿佛你想知道与你正想知道的答案相反的答案，或者装出一副漠不关心的样子提问；因为只有在人们弄不清你想要得到什么样的答案时，他们才比较好对付。在涉及特殊事例时，人们常常同意个别的事例，那么，在归纳的过程中你不能使用共相来作为你问题的论题，而应假定你同意这一点，并利用它；因为人们有时认为，他们自己同意的，似乎他们的听众也同意。因为他们对归纳的过程牢记不忘，并且认为，如果没有某种目的，问题就无法提出来，在没有适当名词表示这个共相时，为了便利，你应利用与特殊事例相似的东西，因为这种相似性常常能瞒混过关。为了引出你的前提，你应当在你的问题
174b 中将它和它的相反者加以比较。例如，如果你想引出这一前提：人应当在所有事情上服从自己的父母，那么你就问道：人在所有事情上是应当服从自己的父母呢，还是不服从他们？如果你想规定，数通过多次乘方会得出一个大数目，你

便问道，我们是承认它是一个大数目呢，还是承认它是一个小数目？如果再强迫一下，那么他就会承认，它应当是一个大数目，因为把相反的东西放在一起，便会让人们看到事物的大和较大、较坏和较好。

提问者采取各种诡计而形成的最诡辩的反驳，往往最具有反驳的显著特征，虽然他们什么也没有证明，他们并不以问题的形式表示最后的命题，而是作为结论指出来，就仿佛他们已经证明它了，“所以如此这般的事物并不确实”。

另一个诡辩式的圈套是，如果论题是个悖论，在人们最新提出一般被接受的观点时，要求回答者回答他对此是怎样想的，并且以这样的方式提问：“这是你的意见吗？”如果问题是论证的前提之一，那么结果要么一定是反驳，要么是一个悖论。如果他同意这个前提，那么便会产生一个反驳；如果他不承认这个前提，甚至否认它是个被一般接受的观点，那么他就形成了一个悖论；如果他不承认它但同意它是个被一般接受的观点，这就会产生反驳的假象。

而且，就像在修辞的论证中一样，在反驳中也同样如此。你应当在回答者的观点和他自己的陈述或他认为其言行是正确的人的观点之间，或者与人们一般认为具有相同特点的人的观点之间，或者与和他自己观点相同的人的观点之间，或者与大多数人的观点之间，或者与整个人类的观点之间找出矛盾之处。正如回答者一样，当他们被反驳时，如果他们将要被驳倒，他们常常提出某种区别，提问者有时也是一样，在他们和反对者打交道时，如果反对一个词的某种意义是正确的，而反对这个词的另一种意义不正确，那么提问者常采取这样的权宜之计，即声称对手采取了这个词的后一种意义。克洛丰在《门得罗布洛斯篇》中就是这样做的，如果回答者在这时已经觉察到了这个动机，事先就提出了反对意见，并且开始进行论证，那么提问者就应当从论证中退下来，并中止他们的其他非难。如果一个人完全没有可能对已经确立的论点进行攻击，那么他应当攻击除了所提到的观点外，有时还应当攻击其他一些观点，就像吕科富隆，人们建议他发表一篇赞美七弦琴的颂词时他就是这样做的。对于那些要求人们对某个确定论点加以非难的人（因为人们通常认为，一个人应当陈述理由，反之，如果作了某些陈述，那么捍卫自己的观点就要更容易些），你应当说，你的目的就是要达到反驳的一般结果。即，否定对手所肯定的，肯定对手所否定的，至于相反者的知识是同一还是不同一，并不加以证明。人们不应当以前提的形式追问结论，有些前提根本不能追问，而只能默认。

175a **【16】** 我们已经讨论了问题的来源，以及在争论论证中应如何提出这些问题。接下来我们必须说到回答，消除的方法是如何产生的，它们的论题是什么，以及这种论证可以用于什么样的目的。

有两个理由，可以说它们对于哲学是有用的，第一，由于它们通常依赖于语言，所以，它们使得我们更好地理解了一个词所具有的各种含义，明白了在事物之间和在它们名称之间有什么相同和差别。第二，它们对于一个人在内心所提出的问题是有用的；因为如果一个人容易被另一个进行虚假推理而且还没有发现自己错误的人引入歧途，那么他在自己内心也可能常常陷入这种错误。第三，它们给人们以名誉，即一种表明人们在所有事情上都受到了良好训练以及在任何事情上都不是没有经验的名誉。如果有人在论证中发现了论证的错误，但不能指出错在哪里，这就会使人疑惑：他的烦恼似乎并不是由于真理，而是因为经验不足。

如果我们在前面正确地说明了谬误产生的根源，并且充分区分了提问中种种骗人的方式，那么回答者应当如何对待这样的论证就是显而易见的了。将论证拿来并分辨论证中的错误，与在被追问时能迅速地对待它并不是一回事。因为当我们所知道的事物以某种不同的形式出现时，我们常常不能认出它。而且，就像其他一些事情一样，通过训练可以使快速更快，缓慢更慢，在论证中也是一样；所以，即使有的事物对我们来说清楚了然，但如果我们经验不足，那么我们也常常错过认出它们的时机，有时在几何学图形上也发生同样的事情。因为我们有时分析了一个图形，却不能重新作出这个图。在反驳中也是一样，我们知道该怎样把论证连结起来，但却不知道怎样把它分开。

【17】 首先，就像我们说的那样，有时我们更应当精心地进行一种似乎有理而并非真正有理的论证，我们在解决问题时，有时也应当这样，解决问题与其说符合真理倒不如说是似是而非。一般地说，当我们不得不与好争论的论证者论战时，我们不应当把他们看作是在企图反驳我们，而看作只是表面上好像在反驳我们；因为我们认为他们什么也没有证明，所以，在纠正他们的过程中，我们的目的就必定是要 175b 消除这个反驳的假象。如果反驳是以某些前题为根据而形成的非同名异义的矛盾命题，那么就没有必要针对语义双关和用词歧义作出区分了；因为它们并没有构成推论。但是，作进一步区分的另一个唯一动机是，结论显得像反驳。所以一个人务必要提防的，并不是被反驳，而是好像是被反驳，因为以一些有歧义的词和包含了同名异义词的问题提问，以及所有同类的欺骗性诡计，掩盖了真正的反驳，并且谁被反驳，谁没被反驳就变得模糊起来。因为在最后，当结论得出来时，可能会说，如果不是因为语义双关，对手和他所断定的并不自相矛盾，可能他碰巧是坚持的同一观点，至于一个人是否被反驳那是不确定的；因为人们并不清楚他此时是否正在讲真话。但如果一个人已经作了区分，并就同名异义词和有歧义的词向他提问，那么反驳就没有什么不确定的了。好争论的论证者的目的（虽然对他们来说这个目的眼下不如从前）也就达到了，亦即，被提问的人就得回答“是”，或

者回答“不是”；但事实上，由于提问者提问不合理，被问到的人不得不通过纠正命题的不公正之处在其回答中增加一些东西，因为如果提问者作了充分的区别，那么回答者就必须说“是”或“不是”。

如果有人想象，由于语义双关而产生的论证是反驳，那么回答要避免在某种意义上被反驳那是不可能的；因为就那些显然的对象来说，一个人必然地要否认他所肯定的名词，肯定他所否定的名词，因为人们为此所采取的纠正方法完全是徒劳无用的。他们并不说哥里斯库斯多才多艺与并非多才多艺，而说这位哥里斯库斯是多才多艺的，以及这位哥里斯库斯并非多才多艺的。说这位哥里斯库斯是多才多艺的（或并非多才多艺的），与说这位哥里斯库斯是这样，使用的是同样措辞；而且一个人在同时既肯定这个又否定这个。但是这也许并不是意指同一事物；因为在前一种情况下，名称也不是指同一事物，那么差别在哪里呢？但是如果他对一个人给出个简单的名称“哥里斯库斯”，而对另一个人则增加“某个”或“这个”，那么这就是荒谬的；我们不能一个增加，另一个就不增加；因为无论他给两个中的任何一个增加了“这个”都是一样的。

但是，如果有人无法分辨有歧义之词的种种意义，那么他是否已经被反驳还是没有被反驳就不清楚。因为在论证中，分辨它们的权利是得到承认的，很显然，承认简单的问题而不作任何分辨，乃是一个错误；因为这样他的论证就的确显得被驳倒了，尽管这个人自己似乎并没有被驳倒。但经常的情况是，人们看到了词的歧义，但对做出这种辨别却犹豫不决，人们在许多情况下都考虑到了这类问题，但他们不愿意显得在任何时候都行为反常。还有，人们从来没有想到，论证就是取决于这一点，他们常常面对着的是一个悖论。由于进行辨别的权利是得到承认的，所以，就像我们在前面所讲过的①，我们一定要毫不犹豫地利用它。

如果有人并不将两个问题并成一个问题，那么与语义双关和用词歧义有关的谬误便不会产生，而是产生反驳，或者
176a 反驳也不存在。在这两者之间，即提问加里亚斯和泰米斯托克勒是不是多才多艺的人，和用同样的人名就两个人提出同样的问题，这两者有什么不同呢？如果有人说的是多种事物而不是一件事物，那么他提的问题就是多个。所以，如果两个问题只要求给予一种回答是不正确的，那么对于语义双关的问题只给予一种简单的回答，就显然是不合时宜的。有些人宣称，一个人应当这样回答问题，甚至即使这个词对于所有的论题都适合，也是如此。因为这个问题和问“哥里斯库斯和加里亚斯是不是在家?”是完全一样的；他们两个是都在家呢，还是都不在呢？在两种情况下，命题都不止一个。如果回答是真实的，那就无法得出问题只有一个。因为在问到无数问题时，很可能说“是”或“不是”都是正确的。尽

① 见《论题篇》，第八卷，【7】。

管如此人们还是不应当用一个简单的答复来回答它们，因为这意味着论证走进了死胡同。这种情况有些类似于用同样的名称来指不同的事物。所以，如果有人对两个问题根本无法作出一个答复，那么很显然，在使用同名异义词的情况下他就既不应当说“是”，也不应当说“不是”；因为说话的人并没有作出回答，而只是陈述。但那些进行论证的人却认为这有几分像回答，因为他们并没有认识到结果是什么。

正如我们所说的，有些反驳表面上是反驳而其实并不是真正的反驳；同样，有些消除方法表面上是消除，其实并不是真正的消除方法。我们说，在争论的论证中，在遇到用词歧义的情况下，我们应当在进行真正的反驳之前就把这些提出来。如果陈述好像是真实的，一个人必须用“姑且承认”这种措辞来回答；因为这样一来，被驳倒的可能就变得十分小了；但如果有人被迫说了某些自相矛盾的话，那么他尤其要补充一句：它似乎是这样。这样一来，就不会被驳倒或出现悖论了。既然人们清楚“假定最初的论点”意味着什么，而且人们总是认为他们必须竭尽全力推翻靠近结论的那些前提，而且由于有人正在假定最新的论点，有些前提必然不会得到承认。所以，一旦有人宣称这样一个论点是从我们论题中必然推出的结论，而且是虚假的或者是自相矛盾的，那我们必须为同样的论题进行辩护；因为必然结论通常被认为是论题自身的一个组成部分。而且，一旦已经得到的普遍没有名称，而只是通过比较例子来说明，那我们必须说，提问者并不是在它被认可的意义上使用它，也不是像他所提出来的那样，因为反驳也常常取决于这一点。

一旦人们无法使用这些权宜之计，那就必须求助于并没有得到恰当证明的论证，并根据前面说到的谬误分类来对待它。

当名词是在恰当的意义上使用时，人们必须要么作出简单回答，要么通过作出辨别而回答。如果我们的陈述蕴含了
176b 我们要说的意思，但又没有明确表达出来，那么反驳就随之产生了。例如一个问题并不是清楚地提出的，而是用一种缩短了的形式提出，如“凡属于雅典人的东西都是雅典人的财产吗?”“是的，而且这对于其他一切事物都同样适用。”“如果这样，那么人属于动物吗?”“是的”，“既然如此，人就是动物的财产。因为我们说，人属于动物，因为人是动物，正如我们说吕山德是斯巴达人一样。”显然，当前提不清楚时，一定不要简单地承认这个前提。

通常人们认为，如果两件事有一件是真实的，则另一事物也必然是真实的，但是如果第二件事是真实的，则第一件事并不必然是真实的。当有人问到哪一件事是真实的时候，我们应当承认前提较少的一件；前提的数目愈多，则得出结论就愈难。再有，如果他想确定，一事物没有相反者，而另一事物有相反者，如果他的争论是真实的，那么我们就应当说，两者都有相反者，但其中之一还没有确定的名称。

至于绝大多数人所持的观点，如果有任何不同意他们观

点的人，他们就会说他是在撒谎，对于别的他们就不会这么说。例如，对有些论题人们的看法就不一致（如对于生物的灵魂到底是有死的，还是不灭的这种问题，绝大多数人就没有取得确定一致的意见）。所以，当人们并不确定一般人所提出的前提是在什么意义上使用，是否像格言一样被使用（因为人们把两者都称作真实的意见，而且人们用“格言”这个名称来表示普遍的肯定），还是像陈述一样，如“正方形的对角线不能和它的边长通约”，而且，在这里真理完全是不确定的，在这种情况下，人们就会有极好的机会改变名词而不被发觉。因为前提在哪一种意义上才真实这一点并不确定，所以人们不会被看作是在玩弄诡辩，由于在论题上意见并不一致，所以人们并不被认为是在撒谎；因为这种改变会使我们的论证立于不败之地。

而且，一旦有人预见到了任何要提出的问题，那他必定是最先持反对意见的人，并且会说出一个人必须要说的话，这样他就会最有效地使提问者手足无措。

【18】 既然正确的消除方法是将虚假的推理暴露出来说明谬误所依赖的问题之本性；既然虚假的推理有两种意义（因为如果所达到的结论是虚假的，或者推理只是貌似而并非真正的推理，都会产生虚假的推理），所以必须既有刚才所说到的消除方法，也要有表面推理的纠正方法，以说明是哪一种问题导致的谬误。结果是，一个人消除推理正确的论证

的方法就是推翻它们，并通过作出辨别来消除那些貌似的论证。再者，在它们的结论中，既然在那些推理正确的论证中有些是真实的有些是虚假的，那就可能以两种方式来消除那些结论是虚假的论证，即或者推翻那些被提问的前提中的一个，或者指明结论并不像所陈述的那样。相反，前提是虚假的那些论证,则只能通过推翻其前提中的一个来消除,因为它
177a 的结论是真实的。所以，那些希望消除论证的人应当看到，首先，它是被正确地推导出来，还是被不正确地推出；其次，结论是真实的还是虚假的，以便我们或者通过进行辨别，或者通过推翻一个前提，并且以刚才说到的两种方式的任何一种来推翻一个前提而得到消除。在一个人被提问时消除论证与在没有被提问时消除论证，这两者之间有着天壤之别；因为在后一种情况下，要看清将会发生什么是困难的，但是当一个人有闲暇时，要看清一个人的方式就要容易一些。

【19】 在与语义双关和用词歧义有关的反驳中，有些反驳所包含的问题具有多种意义，而有些反驳则是所包含的结论具有多种意义。例如，在关于“沉默者的说话”的论证中，其结论就有双重意义，而在“知道的人并没有意识到他知道什么”这一论证中，其中的问题之一就包含了用词歧义的情况。再有，有双重意义的东西，有时是，有时不是。“双重”这个词就是指有时是有时不是。

当结论中出现多种意义时，就不会有反驳发生，除非提问者事先就得到一个矛盾命题，例如，在“盲人的看”这个论证中。因为，如果没有矛盾命题就不可能有反驳。在问题中出现多种意义时，就没有必要预先否定词的歧义；因为这并不是论证的目的，而只是论证得以进行的手段。所以，在开初，人们应当以下面的方式对有歧义的词或措辞作答：“在一种意义上它是这样，在另一种意义上它不是这样”。如“沉默者的说话”在一种意义上是可能的，在另一种意义上是不可能的。再如“有时人们要做必需的事情，有时则不做必需的事情”，因为“必需的事情”这个词有多种意义。如果人们并没有发现词的歧义，那么就应当在最后作一个修正，对于“沉默者的说话是可能的吗”这个问题，增加“不，但是个别的沉默者在说话是可能的”。在前提中包含了多种意义时也是一样：“人们没有意识到他们所知道的东西吗?”“意识到了，但那些在特殊方面知道的人没有意识到。”因为说知道的人不可能意识到他们的知识和说在特殊方面知道的人不可能意识到他们的知识，这两者并不是同一回事。一般地说，即使对于以直接的方式进行论证，一个人也必须坚持他所否定的并不是一个人所肯定的事实，而只是它的名称，所以并不存在什么反驳。

【20】　怎样消除与拆散和合并有关的谬误也是很显然的；如果因为拆散和合并措辞表示某一不同事物，当对手得

出了结论时，我们务必从相反的意义上来对待这些词。由于拆散或合并而产生的这种论证，如“他被打了，用什么你看见他被打了呢?”和“你看见他被打了，用什么他被打了呢?”这一论证就存在着由于问题用词歧义而产生的谬误，但它实际上是由于词的合并。因为与拆散有关的东西不会产生双重意义的问题（因为同样的措辞不会产生分离），除非 horos（界限或词项）与 oros（山丘）是按照气号发音，这两者的意义完全不同（作为书面语言，应当用同样的字母、同样的方式，被书写时词就是一样的，尽管人们现在又增加了一些记号，但是在口语中这些词就不一样了），所以，其意义取决于拆散的措辞，不会产生双重意义问题，所有的反驳都不依赖于词的双重意义，这也是很显然的。而有些人则说反驳依赖于词的双重意义。

拆散是就回答者来说的，因为“用我的眼睛我看见有人挨打”与说“我看见有人挨打用我的眼睛”并不是一回事。还有欧序德谟斯的论证:“你在西西里能知道比雷埃夫斯有三层桨的战舰吗?”还有，“是皮鞋匠的好人能是坏的吗?”“不。”“但是一个好人可以是一个坏的皮鞋匠，所以，他是一个又好又坏的皮鞋匠。”再如，“恶的知识是好的，所以恶是学习的好对象。”“但是，恶既是恶又是学习的对象，所以恶是学习的恶的对象；但我们看到，恶的知识是好的。”另外，“在现在说你是出生的是真实的吗?”“是。”“那么你是现在出生的了。”拆散词会产生不同的意义吗？在现在说你是出生的，是真实的，但说你是在现在出生的则不真实了。再有，“当能做时你能做你能做的事情吗?”“能。”“当你并没有弹奏竖琴时你具有弹奏竖琴的能力，所以，在你没有弹奏竖琴时你能够弹竖琴奏。”但是，当他没有正在弹奏竖琴时他不可能正在弹，当他没有弹时只是能弹而已。

有些人以另一种方式来消除这个，如果有人承认，人能够做他所能做的事情，这并不能说，当他没有正在弹奏时他能弹奏竖琴。因为并没有人承认这一点，他将以他任何能够的方式来演奏，因为以他能够的方式做和以他能够的任何方式来做并不是同一回事。但是很显然，这并不是一种好的消除方法。只有论证所依赖的原则是同一的时，其消除方法才是同一的，这种消除方法并不能适用于所有的论证，也不适用于一切提问的方式，它只是针对提问者，而不是针对论证。

【21】 无论是书面语言，还是口语，论证都与重音无关，虽然像以下少数情况也可能发生，例如这个论证：房子是“你居住的地方吗?”是的，“你不①居住”是“你居住”的否定命题吗？是的，但是你说过，“你所居住的②地方”是房 178a
子，所以，房子是一个否定命题。这种谬误该怎样消除是显而易见的，因为高音调和抑音调的口语其意义是不同的。

① ou。

② hou。

【22】 在看清了我们拥有各种范畴后，我们应当如何对付与用同样措辞表达不同事物有关的论证也就很清楚了。假设有人在被追问时已经承认，有的表明实体的事物不是属性，另外的人则指出，有的事物是属性，属于关系或数量的范畴，但由于它的措辞，人们通常认为它是指的实体。例如在下面的这个论证中：在同时正在做和已经做完同一件事是可能的吗？不可能。但是，在同时并在同样的状态下，的确可以正在看而且已经看到了同一事物。再如，被动是主动吗？不是。那么，“他被割了”，“他被烫了”，“他感觉到某物”都是类似的表达，而且都是被动的形式。而另一方面，“说”、“跑”、“看”彼此间也是类似的表达形式，但“看”显然是感觉到某物，所以被动和主动同时发生。在前一种情况下，有人在承认不能在同时正在做和已经做完同一件事后，如果他又说看一件东西和已经看到了这一件事是可能的。假如他坚持说“正在看”并不是主动的形式而是被动的形式，那么他就不会被驳倒。这个问题也是要必然被提出来的，虽然听话者假定他已经承认了它，在他承认“割”是“正在做某事”，“已经割了”是“已经做了某事”的时候。同样的表达形式也是一样。因为听话者自己补充了其余的东西，即，假设意义是相同的，而实际意义并不是真正相同，只是由于措辞的缘故貌似相同。在用词歧义的谬误中，也会发生同样的情况；因为在谈到同名多义词时，对论证不熟练的人以为对手已经否定

了他所肯定的事实，而没有否定名词，然而还需提出另一个问题，即他是否使用了同名多义词，而他以为只有一种意义；因为如果他承认了这个，那么就会存在一个反驳。

下面的论证也与以上论证相同：一个人是否已失掉了他曾经有而后来又没有了的东西呢？因为已经遗失了1颗骰子的人就不再有10颗骰子了。事实并非如此，毋宁说，他已经失去了他从前有过而现在不再有的东西，但这并不能得出他已经失去了他现在没有的东西的全部。在这个问题中，他所谈的是他所有的东西，在结论中，他所谈的则是所有的东西的全部数目；因为骰子的数目是10。所以，如果他一开始就提问，从前拥有的东西的数目，现在已经没有了，这样的人是否已经失去了全部的东西呢？谁也不会同意这一点，但人们将会说，他要么全部失去了，要么失去了其中之一。再有，人们争论说，一个人可以给出他所没有的东西，因为他所没有的东西只不过是一颗骰子而已。事实并非如此，毋宁说，他并没有给出他所没有的东西，但是以他所没有得到 178b
它的方式，即作为一个单一的单位，给出了它。因为“单一的单位”既不能说明个别的事物，也不能说明性质或数量，而只能说明与其他事物的某种关系。所以，这就仿佛他问道：一个人是否能够给出他所没有得到的东西？在得到回答“不能”后，他会问，一个人在他没有很快地得到某物时是否能够很快地给出它呢？在得到回答“能够”后，他就会推论说，一个人能够给出他所没有的东西。很显然他的推论不正确，因为“很快地给出”并不意味着给出某个特殊的东西，而只是以某种特殊的方式给出，一个人能够以他所没有得到某物的方式给出它。例如，他可以高兴地得到它，痛苦地给出它。

以下所有论证也是一样，“一个人能用他所没有的手打或用他所没有的眼睛看吗?”因为他只是没有一只眼，所以，有些人用来消除这一困难的方法是说，具有不止一只眼的人，也仅仅具有一只眼睛，其他任何事物也是一样。有些人还有这样的论证，“一个人所具有的只是他所接受到的东西”，这个人仅仅投下一块卵石，他们说，那个就具有仅仅一块从他那里得来的卵石。其他的人则通过直接推翻所提出的问题，争论说，一个人所具有是他所有接受到的东西。例如，一个人能够接受一瓶好酒。但如果这瓶酒在转移的过程中变坏了的话，他所具有的就只是一瓶酸酒了。但是，正如前面所说的[①]，所有这些人，他们的消除都不是针对论证，而是针对人。如果这算得上消除的话，那么，通过承认对立的观点，就像在其他情况下所发生的一样，要得到一种消除方法那是不可能的，例如，如若“它部分是这样部分不是这样”是消除办法，如果人们承认这种说法是笼统的，那么，这就会使结论变得正当。但是如果并没有得出结论，那就不可能有消除办法。在以下的例子中，尽管人们承认了所有前

① 见 177^b33。

提，但我们仍然说，推理并没有形成。

以下的论证也是属于这一类："如果有的东西在被写下来，是有人写下它的吗？"但被写的是"你在坐着"；这是一个虚假的论证，但在它被写下来时是真实的；所以，被写下来的东西在同时既是虚假的又是真实的。但这是谬误，因为就一个论证或意见来说，虚假或真实并不表示实体而只是说明一种性质；因为同样的说明也可以应用到意见上来。再有，"学习者所学习的东西是他所学习的东西吗？"一个人学习慢快是什么，这并不意味着他学什么，而是他如何学习它。再如，"一个人会踏着他在其中散步所穿过的东西吗？"但他整天都在散步。但这话并不是说他散步穿过了什么，而是指他散步的时间，这就像有人说"喝一杯"，并没有说明他喝什么，而是指他用什么来喝。再有，"是不是要么靠学习，要么靠发现，一个人才知道他所知道的东西呢？"但是，假定存在两件事物，他发现了其中之一，学习了另一件，那么他就既不是发现了这两件事物，也不是学习了这两件东西。说他所知道的东西是一个单一的东西，而不是放在一起的全部东西，难道这有什么不真实的吗？还有一个论证，除了"人"和"具体的人们"以外，还有一个"第三人"。但是"人"和所有的全称名词表示的并不是个别的实体，而是性质，或关系或方式或这一类的东西。"哥里斯库斯"和"音乐家哥里斯库斯"是相同的呢，还是不同的？这个问题也同上面的情况一样。因为在这里，一个名词表示的是个别的实体，另一个表示的是性质，所以，要把它孤立起来是不可能的；因为它并不是产生“第三人”的孤立过程，而是同意它是一个别事物的态度。因为人的本质绝不可能像加里亚斯一样是一个别事物。如若有人说被孤立的东西并不是个别事物而是性质，那也没有什么区别。因为在“众多”之外，还存在着“单一”，例如“人”。所以，很显然，绝不能承认能全称地表示一个属的名词是一个别事物。但我们必须说，它表明的是性质，或关系、数量，或这一类的某些事物。

【23】 总的来说，就依赖语言的论证来说，消除的方法永远都取决于论证所依赖的东西的对立面。例如，如果论证与合并有关，那么消除的方法就是拆散；如果论证与拆散有关，那么消除的方法就是合并。再有，如果论证与高音调有关，则消除的方法是抑音调，反之亦然。如果论证与语义双关有关，那么消除的方法就是使用与之对立的词。例如，如果有人在否定了某物无灵魂之后，又说它是无灵魂的，人们一定会指出它是有灵魂的。如果有人说过它是无灵魂的，而且他的对手争论说它是有灵魂的，那他必须肯定它是无灵魂的。相对于用词歧义也是如此，如果论证取决于语言的相似性，对立的命题就是消除方法。“一个人能够给出他所没有得到的东西吗？”他的确不能给出他所没有得到的东西，但是能够以他所没有得到它的方式给出它，例如单一的一颗骰子。“人是通过学习或发现而知道他所知道的某件东西

吗?”“是的，但是他不是他所知道的那些东西。”一个人要踏在他散步要穿过的东西，但不能踏在他散步要经过的时间。关于其他事例也是一样。

【24】 对于与偶性有关的论证，一般地可以运用同样的消除方法。既然某一属性在什么样的情况下应当属于某一物体并不确定，在一些情况下，它属于事物 的偶性，而且人们有时一般地认为并叙说它属于事物的偶性，有时人们否认它必然地属于事物的偶性。所以，在得出结论时，我们必须在所有相同的情况下肯定，它并不必然属于事物的偶性。但是我们必须举出一个例子来。下面所有这样的论证都与偶性有关：“你知道我将要问你什么吗?”“你认识那个向我们走过来的人吗?”或“你认识那个戴着面罩的人吗?”“这尊雕像是你的作品吗?”或“这狗是你的父亲吗?”“一个小数目与另一个小数目之积还是一个小数目吗?”很显然，从这些事例我们并不能必然地推出，对于偶性是真实的属性，对于那些事物也是真实的。因为人们通常认为所有同样的属性只是属于不能区分的，在本质上是同一的事物。但是，就善来说，是善的和将是问题的主题并不是同一回事。就“正向 179b
我们走过来的人”来说，或就“戴着面罩的人”来说，“正朝我们走来”与“是哥里斯库斯”也不是同一回事；所以，如果我们认识哥里斯库斯但并不认识那个正朝我们走过来的人，这并不能得出，我们既认识又不认识同一个人。再有，如果

这是“我的”，而且这也是“一种制作品”，这并不能推出，这是“我的一件作品”，只是为我所有，它也可能是我的物品或其他别的东西。在其他情况下也是用同样的方法来对待。

有些人通过推翻问题的论题来消除这些。既认识又不认识同一事物是可能的问题，但不可能就同一方面来说；所以，当人们并不认识正朝他们走过来的人但又认识哥里斯库斯时，他们说，他们认识又不认识同一事物，这就并不是就同一方面来说的。但是首先，就像我们说过的①，纠正那些依靠同样原则的论证的方法应是同一的；然而，如果人们并不是将这同样的原则应用于“知识”，而是应用于“存在”或“某种状态的存在”，例如，“这狗是父亲，这狗是你的”情况就会有所不同。虽然有时认识又不认识同一事物是真实的，但所提出的消除方法在以上事例中根本不能应用。没有什么能防止同一论证具有多处缺陷，但这并没有揭露所有的缺陷，以构成消除方法，因为一个人可能指出推出的结论是虚假的，然而并没有指出它的根据是什么。例如，芝诺关于运动不可能的论证。所以即使有人试图推论这种观点不可能，甚至即使他已经给出了无数证明，他也仍然是错误的，因为这个过程并不构成一种消除方法，正如我们所说，解决乃是揭露虚假的推理，指出谬误的根据是什么。所以，如果他没有证明他的问题，或者他试图用错误的方法进行推论，

---

① 见 177^b31。

无论他的命题是真实的还是虚假的，消除方法就是把这个过程揭露出来。有时虽然没有什么能阻止这个发生，但在以上的事例中，人们一般是不会承认它的。因为他知道，柯里斯库斯就是柯里斯库斯，朝他走过来的人正朝他走过来。但是在有些情况下，人们通常认识又不认识同一事物是可能的；例如，一个人知道，某个人是白的，但并不知道他是多才多艺的。所以认识又不认识同一事物是可能的，但不能就同一方面来说；至于正朝他走过来的人和柯里斯库斯，他既知道他正朝他走过来，也知道那是柯里斯库斯。

我们提到过的这些人和那些在解决论证“所有的数都是小数目”的人一样，犯了相同的错误。如果在还没有推出结论时，他们无视这一事实，并且说结论已经推出来了，还是真实的，因为所有的数目既是大的，又是小的，这样他们就犯了错误。

有些人也利用双重意义来解决这样的推理，例如，“你的”意味着“你的父亲”或“你的儿子”或“你的奴隶”。 180a
很显然，如果反驳取决于多种意义，那么名词或表达也应当严格地被用于多种意义。但是，如果一个人是孩子的主人，那么不会有人在严格意义上说孩子是他的孩子。这种词的合并是与偶性有关的。“他是你的吗?”“是的。”“他是一个孩子吗?”“是的。”“那么他是你的孩子。”因为他碰巧既是你的，又是孩子，然而他并不是你的孩子。

还有这样的论证：“某个‘恶的’事物是善的；因为明

智是对恶的知识。”但“这是‘这个的’”不能用于多种意义，而只是指明所有关系。假如所有格有多种意义（因为我们说，人是“动物的”，但并不是动物的所有物），如果，“这个的”和恶之间的关系用所有格来表示，它就是“恶的”这个，但这个并不是“恶的”一种。这种区别似乎就在于是将所有格用在个别的意义上呢，还是用在笼统的意义上。然而说“某个恶的事物是善的”也许可能有双重意义，虽然并不是就上面举的例子来说，而主要是就这样的句子来说：“奴隶是恶人的善”。但是，也许这个例子并没有说到重点上；因为如果某物是“善”而且是“这个的”，那它并不在同时是“这个的善”。“人是动物的”这个说法并没有多种意义，因为并非每次我们以省约的形式表达句子意义时，句子都会有多种意义。因为我们说，“给我《伊利亚特》”，引用这样半行“歌唱吧，女神，忿怒的”。

【25】 这样的论证，即依赖于只是就个别事物或个别方面，或地点，或方式，或关系来说，而非笼统地说是适当的表达的论证，其消除方法应当是针对其矛盾命题来考查结论，看是否可能在上述的任何方面受到了影响。因为两个相反的命题，两个对立的命题，以及一个肯定命题和一个否定命题绝不可能笼统地属于同一事物；另一方面，没有什么阻碍其中的每一个在个别方面或关系或方式上属于同一事物，或其中之一在个别方面，另一个则是笼统地属于同一事物，

所以，如果一个是笼统地属于，一个是在个别方面属于，那么这就不可能会产生反驳，我们必须通过和它的矛盾命题进行比较，在结论中来考察这一特点。

以下所有的论证都属于这一类：非存在存在可能吗？但非存在确实是某种东西。同样，存在将不在，因为它并不是某种存在的个别事物。同一个人能够在同时既信守又破坏自己的誓言吗？同一个人能够在同时既遵守又不遵守同一道命令吗？“存在某物”和“存在”不是同一的吗？而非存在，即使它是某物，它也不会笼统地是。其次，如果一个人在某一特殊情况下或在某一特殊方面信守誓言，这也并不能必然得出，他就是一个信守誓言的人。但是如果一个人发誓要破 180b
坏自己的誓言，并破坏了这一誓言，那么他只是在这种特殊情况下信守了自己的誓言，但他并不是一个信守誓言的人；如果一个人不遵守命令，尽管他遵守了某一特殊命令，他也不是一个顺从者。涉及这种问题的论证也是如此，这种问题，即，问一个人是否能说某种东西同时既是真实的，又是虚假的。这似乎是一个很棘手的问题，因为人们不易弄清，这个“笼统的”限制是应用到“真实”上来，还是应用到“虚假”上来，但没有什么能阻止说他是一个笼统的说谎者，尽管他在某个特殊方面是真实的，或者他所说的事情中有一些是真实的，但他自己并不是真实的。如若在关系或地点或时间上有某些限制的话，情况也同样如此。以下的全部论证都与这种特点有关：健康（或财富）是好的事情吗？但对于滥用它的傻瓜来说，它并不是一件好的事情，所以，它既是一件好的事情又不是好的事情。健康（或政治权利）是好的事情吗？但有时它并不比别的事情更好，所以，对于同一个人来说，同一事物既是好的，或者对某个特殊的人来说是好的，然而在此时或此处并不好。聪明的人不愿意要的东西就是恶的吗？但聪明人并不想抛弃善；所以善是一种恶。然而这并不是真实的。因为说善是一种恶和说抛弃善是一种恶完全是两码事。关于小偷的论证也是如此，它并不能得出，如果小偷是一种恶，则他所窃取之物也是一种恶。小偷并不想要恶的东西，而是想要善的东西；因为他所窃取的好东西是善的。疾病是一种恶，但消除疾病却不是一种恶。公正的东西比不公正的东西更可取吗？公正的境况比不公正的境况更可取吗？但是，被不公正地置于死地更可取。每个人都应拥有他自己，这是公正的吗？但是一个人按照他自己的意见无论是作出什么样的裁决，即使它是错误的，在法律看来也是正当的，所以同一事物就既是公正的又是不公正的。再有，一个人所作出的裁决是应当有利于说话公正的人呢，还是应当有利于说话不公正的人呢？但对于不公正的受害者来说，完全说出他所遭受到的一切事情是公正的，而这些事情是不公正的。因为如果不公正地遭受某种事情是可取的，这并不能得出不公正的境况比公正的境况更可取，但是，公正绝对地是更可取的。不过，这并不能制止不公正的境况比在个别情况下的公正的境况更可取。再有，一个人应当拥有他自己，这是公正的，如果他拥有的东西属于别人，那么这就是不公正的了。没有任何理由说按照裁决的意见所做出的裁决会是不公正的；如果它在某一个别情况下和某一个别境况下是公正的，但它却绝对地不是公正的。同样，虽然事情是不公正的，但没有什么理由只是说它们应当不是公正的，因为如果对于这些事情的说法是公正的，这也并不能得出，这些事情就必然是公正的，正如如果对于这些事情的说法是有益的，这并不能得出这些事情就是有益的。对于公正的事情也是一样。所以，如果所说到的事情是不公正的，这并不能得出，使用不公正借口的人赢得了胜利；因为他所说到的事情只是在他说起来是公正的，而对于任何其他人来说，遭受到这些事情绝对是不公正的。

【26】 由于反驳的定义而产生的反驳，正如在前面[①] 181^{a}
所概括的，必须这样对待，即，根据其矛盾命题考察结论，看看同一个名词是如何出现在同一方面，在同一关系，同一方式和同一时间中。如果在一开始就把这个附加的问题提出来，那你就必然不会承认，同一事物不可能既是两倍又不是两倍。只有在并不是指从前曾被承认用来满足反驳的条件下，你才会承认那是可能的。以下所有的论证都与这种特点有关："知道甲是甲的人也知道甲这一事物吗？"同样，"不

① 见 167^{a}23。

知道甲是甲的人就不知道甲这一事物吗?”但知道柯里斯库斯是柯里斯库斯的人，可能并不知道他多才多艺，所以，他既知道又不知道同一件事物。再有，“四肘长的东西是不是比三肘长的东西更大呢?”但三肘长的东西可能变得四肘长，较大的东西比较小的东西更大。所以，一个东西既比它自身大又比它自身小。

【27】 与假定尚待论证的基本论点有关的反驳，如果这是明显的，那么即使他的观点被广泛认可，也不要承认，而要陈述出真实的来。但是，如果这个过程并没有被发觉，由于这种论证的糟糕，你应借口他的论证不恰当将你的无知归还给提问者；因为反驳必须在不假设基本论点的前提下进行。其次，你必须论证，这个论点被承认是因为想到他并不是作为前提使用它，而是为了论证与它对立的观点，或者为了在一些细枝末节的问题上进行反驳。

【28】 而且，对于那些从结果得出结论的反驳，必须从论证本身进行揭露。得出结果的方式有两种，正如普遍从个别中得出，如“动物”就是从“人”得出，因为人们断言，如果甲伴随着乙，那么乙也伴随着甲，或者其他别的对立面的伴随过程。因为如果甲随着乙出现，那么甲的对立面也将随着乙的对立面出现。麦里梭的论证就是依赖于这一点，因为他断言，如果已经产生了的东西有开端，则没有产

生的东西就没有开端。如果天没有产生，那它就是无限的，但这并不是真的，因为这个顺序被颠倒了。

【29】　就那些由于增加某些东西而进行推论的反驳来说，你必须考察在抽走了增加的成分后这种不可能性是否仍然会发生。如果是这样，那么回答者就应当澄清这个事实，并且应当指出，他承认所增加的成分，并不是因为他相信它，而是因为论证的缘故，不过他的对手却根本没有为了他的论证而使用它。

【30】　对待那些将多个问题并为一个问题的人，你应当在一开始就立刻作出辨别，因为如果答案只有一个，那么问题也只有一个。所以，人们务必不能这样做，即对于一件事肯定或否定多件事，或对于多件事肯定或否定一件事，而应当一对一地就事论事。正如同名异义词的情况一样，一种属性有时对于两种意义都是合适的，有时对于两者又都不合适，所以，虽然问题并不是简单的，但如果人们作出了一个简单的回答，那并不会引起什么损失，对于那些双重的问题也是如此。所以，当多种属性对于一件事情，或多件事物对一种属性合适的时候，作出一种简单的回答并不会包含矛盾，尽管他已经犯了这一错误。但是，当这种属性对一事物合适，对别的事物并不适合时，或多种属性对多件事物合适时，那么，在一种意义上，两者对两者都是合适的。但在另

一种意义上，则它们都是不合适的。所以，人们必须提防这个。下面的论证就说明了这一点：(1) 假如甲是善的，乙是恶的，那么说它们是善的和恶的就是真实的；另一方面，它们既不是善的，也不是恶的（因为甲并不是恶的，乙并不是善的），所以，同一事物既是善的又是恶的，而且既不是善的，又不是恶的。(2) 如果所有事物与自身同一，而与别的东西不同，因为一些事物和别的事物不同，但和它们自身同一，而且也和它们自身不同。所以，同一些事物既与它们自身不同，又与它们自身相同。(3) 而且，如果善的事物变恶了，恶的事物变善了，那么它们就变成了两件事物。这两件不相等的事物，每一个都和自身相等，所以，它们既和自身相等又不相等。

这些反驳还可以列入其他一些消除方法的范围之内，因为“两者”和“所有”这些措辞具有多种意义，所以，肯定或否定同一事物只表现在用词方面，正如我们看到的，这并不是反驳。但是很清楚，如果对于多个问题中的一个并没有提问，而回答者肯定或否定了某一单一属性，那么这种不可能性就不会存在了。

【31】 对于那些把人引向多次重复同一事情的人，很清楚，人们务必不要承认，关系词在离开了有相互关系的词后，它们自身还会有任何意义；例如“两倍”离开了“一半的两倍”之所以还有意义，正是因为它出现在“一半的两

倍”这一措辞之中。因为“10”出现在“10减1”这个措辞之中，“做”出现在“不做”这个措辞之中，肯定一般出现在否定之中。但是，有人说，这不是白的和他并没有说这是白的，这是完全一样的。“两倍”可能根本没有任何意义，正如“这一半”中的“这”一样，如果它有什么意义，那这也和结合起来的用语中的意义是不同的。特殊门类的“知识”，如“医学知识”，就与一般的“知识”不同，因为后者指“能知者的知识”。关于一些被用来表述那些名词的名词（它们是由那些名词来定义的），你必须说，被定义的名词，在用语中被分开时与其在用语中被结合时是不同的。因为“凹形”一词在被用于“塌鼻的”和“弯腿的”时，具有同样的意义，但是当它在一种情况下与鼻子结合使用，在另一种情况下又与腿结合起来使用时，就没有什么理由说它们不 182a
是表示不同的事物；因为在第一种情况下，它表示“塌”，在另一种情况下，它表示“膝的弯曲”，至于你说的是“塌鼻”还是说的“凹鼻”这并没有什么不同。而且，务必不要让用语不加任何限制地过关，因为这是错误的。因为“塌”并不是“凹鼻”，而是某种属于鼻子的东西，即某种状况，所以，如果假定“塌鼻”是一种具有鼻子的凹的鼻子，就不会有什么荒谬的地方了。

【32】 关于语法错误，我们已经指出过它们产生的表面原因[1]，应当怎样消除它们，这在实际论证过程中也是很

① 见165^b20。

显然的事。以下所有论证旨在产生这种结果："一事物真是你真实地说它所是的那样吗?"你说某物是石头，那么它就是石头，但是说某物是石头，并不是说主格的它[1]，而是宾格的它[2]；它不是主格的那个[3]，而是宾格的那个[4]。如果有人要问："一事物是那个你真实地断言它的那样吗?"那么他就被认为不是说的规范的希腊语，这正如有人问："他是你说她是的那个人吗?"但是，在使用"棍棒"这个词或其他中性词时，主格和宾格就没有什么差别；所以，当你说"这是你说它所是的东西吗"时，是不会犯语法错误的。你断定它是棒，所以它是棒。而"石头"和"他"是阳性，如果有人要问："他能是她吗?"并且再问道："为什么呢?他不是柯里斯库斯吗?"然后又说："所以他是她。"但即使柯里斯库斯表示"她"，他也并没有证明这种语法错误，尽管回答者并不承认这一点，但这一定是一个进一步的问题。不过如果情况并不是这样，而且他也不承认它，那么无论是在事实上，还是相对于被提问的人来说，都没有证明这一语法错误。所以在第一个例子中也是这样，"他"[5]必须表示石头。但如果这既不合适，也不被承认，那就不可能陈述结

---

① ho。
② hon。
③ touto。
④ touton。
⑤ houtos。

论，尽管它表面上是合适的。因为词所用的格，看起来是相同的，其实并不相同。“说这个物体是你所说它是的东西，是真实的吗?”你断言它是一个宾格的盾牌[1]，那么它就是一个宾格的盾牌。或许它并不一定这样，如果“这个物体”[2] 并不表示宾格的盾牌，而是表示主格的盾牌[3]，同时，“这个物体”[4] 表示宾格的盾牌。再有，如果他是你说他所是的东西，而你说他是宾格的克来翁纳，那么他是宾格的克来翁纳吗？他并不是克来翁纳，而是主格的克来翁纳；因为这里所指的，是主格的“他”[5]，而非宾格的“他”[6] 才是我说他所是的东西。因为如果以这种方式提问，那么这个问题就不会是希腊语了。“你认识这个吗?”这是石头，所以你认识石头。在“你认识这个吗”和“这是石头”之中，“这个”[7] 一词的确切意义是不同的吗？它是否在第一种情况下表示阳性宾格的“这个”[8]，在后一种情况下则表示阳性主格的这个[9]呢？当你具有一个物体的知识，那你还能不知道它吗？你具有石头的知识，所以你知道“石头的”。这样，

① aspida。

② haute。

③ aspis。

④ toutou。

⑤ houtos。

⑥ touton。

⑦ touto。

⑧ touton。

⑨ houtos。

182b 不是在一种情况下把物体变成了所有格，并说“石头的”，而在另一种情况下，把物体变成了宾格，并说“石头”了吗？但人们承认这一点，即当你具有一事物的知识时，你知道的是“它”，而不是“它的”，所以你知道的并不是“石头的”，而是“石头”。

这种论证并没有证明语法错误，而只是显得好像证明了而已。它们为什么会显得好像证明了，以及该怎样对付它们，这些从上面所说的可以看得很清楚了。

【33】 关于论证有一点必须要加以说明，即，要看清这些论证为什么以及在什么地方混淆了听话者的耳目，有些要看清比较容易，有些则比较难，虽然后者常常和前者是同样一些论证。因为如果论证依据的是同一原则，那我们就必须说这个论证是同一的，但是同一个论证，有些人认为它与措辞有关，有些人认为与偶性有关，有些人认为与别的东西有关，因为当每一个论证出现在不同的上下文中时，它并不是同样地清楚。所以，正如与语义双关有关的谬误一样，这通常被认为是最愚蠢的谬误形式，有些对于智力平常的人来说也是显而易见的（因为几乎所有最可笑的语句都与措辞有关），例如：“一个人被留在战车架子的立板上了。”“你被绑到哪里去了？”“在风帆的桁端上。”“这两条母牛哪一条在前面生小牛？”“不，两条母牛都在后面生。”“北风洁净吗？”“不，因为他（风神）杀死了乞丐和购物者。”“他是厄万库

斯吗?”“当然不是，他是阿波罗尼德斯。”几乎所有其他的用词歧义的情况也是这样，但有些甚至连行家也难以察觉。其证据是：人们常在所使用的名词上争论不休，例如，“存在”和“元一”是否总是指同一事情呢，还是指不同的事情？因为有的人认为，“存在”和“元一”在意义上是同一的，而有的人则说“元一”和“存在”具有多种意义，以此来解决芝诺 和巴门尼德的论证。那些与偶性有关的论证，以及与其他东西有关的论证也同样如此，有些论证比较容易察觉，有些则比较难，要理解它们属于哪一类论证以及反驳是否发生并不总是同样容易。

讥讽的论证①是一种让人进退两难的论证，因为这种论证刺人最深。为难有两种情况，其一，在推理的论证中，人们不知应当推翻哪一个问题；其二，在争论的论证中，人们不知该用什么方式来表达一个命题。所以，在推理的论证中，愈是讥讽的论证，便愈能对研究有刺激，当推理的论证从最能为一般所接受的前提出发，推翻了最能为一般所接受的结论时，它就是最讥讽的论证了。如果矛盾命题发生了变化，那单一的论证就会导致所有的三段论都相同，因为从那些被广泛接受的前提出发，它将推翻或形成一个同样的被广泛接受的结论；所以困难就必然会产生。这就是最为讥讽的论证，这种论证使得结论和前提处于同等地位。另一种最讥

① drimus logos。

讽的论证是，那种从那些全都处于同等地位的前提出发进行争论的论证，因为这对于那种应当推翻的问题来说，会引起同样的困难，困难就在于，必须推翻某事物，但不清楚它是什么。争论的论证中最机敏的论证是，一开始就立刻使这些变得暧昧不明，即推理是确实的呢，还是不确实？以及消除是由于虚假的前提呢，还是由于作出了辨别？其他的论证其消除方法明显与辨别或推翻有关，但与推翻或辨别有关的消除方法是以哪一个前提为根据则是不清楚的。而且，这个过程是否与这个结论或前提中的某一个有关也是不清楚的。

有时，如果被假定的前提太过于自相矛盾或荒谬，那么推理不恰当的论证就是愚蠢的；但有时还不应忽视它。因为一旦忽视了某个与论证的主题和关键有关的问题，如果推理既不能提供这个，也不能恰当地进行争论，这种推理就是愚蠢的；但是，如果被略去的东西是某个无关紧要的问题，那么就不能轻易对这种推理进行指责，而应当有足够的重视，虽然提问者并没有提好他的问题。

正如消除有时可能是针对论证，有时针对提问者和他的提问方式，有时对这些都不针对一样，一旦消除所需要的时间比现在情况所提供的时间更长，一个人的问题和推理可能是针对论题、回答者及时间。

【34】 关于在讨论中所有谬误产生的根源的数量、本性；我们要怎样去证明对手在说虚假的话，并使他说出自相

矛盾的话来；而且，在什么样的情况下会发生语法错误；怎样提问；问题的正确的安排是什么；以及所有这些论证的用处是什么；关于问题的所有回答；如何一般地和特殊地消除论证和语法的错误；关于这些问题我们作过充分的论述了，现在剩下的是再回到我们原来的目的上来，并用几句话来结束我们的讨论。

我们的目的是要发现一种能力，即从所存在的被广泛认可的前提出发，对我们所面对的问题进行推理的能力；因为这就是辩证论证本身以及检验论证的功能。但是，因为它和
诡辩术有着密切的关系，既然我们还要对它再补充一些东 183b
西，即它不仅能辩证地进行检验，而且装出一副有知识的样子，所以，我们论文的目的，不仅包括前面所提到的能够对待一个论证的任务，而且还在于，当支持一个论证时，我们怎样依靠被最广泛接受的前提首尾一贯地捍卫我们自己的论点。我们已经说明了这方面的理由，因为这就是苏格拉底何以经常提问而从不作答的原因，因为他自认无知，在前面，我们已经说过事物进行的过程，与之相关的各种事例，以及为此而使用的各种材料。我们并且指出，我们从其中获得了大量材料的各种根源，必须怎样提出问题，怎样一般地安排问题，以及关于能应用于所使用的推理之上的回答和解决方法。我们也澄清了属于同一论证方法的其他所有问题。除此之外，我们还解释了各种谬误。

很显然，我们的目的已经完满地达到了，但我们不能不

注意到有关这种研究所业已发生过的事情。在所有的发现中，他人的劳动成果已经被人们接受，而且这些在被人们第一次详尽阐发以后，又被那些接受了它们的人一步步地向前推进了，或者其中一些独创的发明，常常在开初进展甚微，但是比起由它们所导致的后来的发展，则具有大得多的作用。“万事开头难”也许是一句真实的格言，所以开端也是最难的。因为在其效果上它是极其巨大的，而分量则极其微小，所以要看清是极其困难的。但是，一旦找到了事情的开端，那么再给它补充一些，以及发展其他的部分就很容易了。在语言修辞方面，以及在其他所有技术方面，也发生过同样情况，那些对修辞学的开端有所发现的人仅仅只是迈进了一小步，而今天那些有名的学者，由于继承了那些逐渐推进了修辞学的许许多多前辈的遗产，已经使修辞学达到了现在日臻完善的地步——在那些最早的创立者们之后是提西阿斯，提西阿斯之后是斯拉苏马可，继斯拉苏马可之后是塞奥多罗，还有许多其他人都对此作过大量的贡献，所以这门学问具有大量丰富的内容就不足为奇了。但是，就我们现在的研究来说，如果说已经部分地进行了详尽的阐述，部分地还没有，那是不合时宜的。它以前根本不曾有过。由收费的教师所指导的在争议论证方面的训练和高尔吉亚的行径很相同，因为他们有些人教学生记下那些或者属于修辞学的，或者包括了问题和答案的演说辞，在其中两派都认为争辩的论证绝大部分都被包括进来了。所以，他们对学生所进行的教

育是速成的、无系统的，因为他们认为通过教授学生这种技 184[a]
术的结果，而不是技术本身便可以训练学生，这正如有人宣称他能传授防止脚痛的知识，然而他并不教人鞋匠的技术以及提供适当鞋袜的方法，而是拿来各种鞋以供选用。因为他只是帮助满足了别人的需要，而没有传授技术给他。关于修辞学，在过去就宣布已经有了大量的材料，然而相对于推
理，我们完全没有一部早期的作品可以借鉴，而是在长时期 184[b]
里，费尽心机在进行着尝试性的研究。所以，如果仔细想一想，在你们看来，鉴于原来的这样一些状况，再与其他一些在继承传统的过程中所建立起的方法比较，我们的体系还是能够让人满意的，对于你们所有人，或者接受我们指导的人来说，剩下的唯一事情，就是要请你们能够原谅我们的体系不够完备，并对我们的发现感到由衷的欣悦。

后　　记

《亚里士多德全集》的编译是哲学社会科学“七五”期间国家重点研究课题。对亚里士多德著作 47 种，我们准备完全按贝克尔版的页码顺序编为 9 卷，把后来发现的《雅典政制》和其他残篇编为第 10 卷。在前面的序言中说过，在亚里士多德现存著作中，有许多篇的真实性已受到怀疑。我们对受怀疑的篇章用 * 号标出，受怀疑较大的用 * * 号标出。全部 10 卷的篇目如下：

第一卷：

《范畴篇》、《解释篇》、《前分析篇》、

《后分析篇》、《论题篇》、《辩谬篇》

第二卷：

《物理学》、《论　天》、《论生成和消灭》、

《天象学》、《论宇宙》**

第三卷：

《论灵魂》、《论感觉及其对象》、《论记忆》、

《论睡眠》、《论　梦》、《论睡眠中的征兆》、

《论生命的长短》、《论青年和老年》、

《论生和死》、《论呼吸》、《论气息》**

第四卷：

《动物志》

第五卷：

《论动物部分》、《论动物运动》、

《论动物行进》、《论动物生成》

第六卷：

《论颜色》**、《论声音》**、《体相学》**、

《论植物》**、《奇闻集》**、《机械学》**、

《问题集》*、《论不可分割的线》**、

《论风的方位和名称》**

第七卷：

《论麦里梭、克塞诺芬和高尔吉亚》**、

《形而上学》

第八卷：

《尼各马科伦理学》、《大伦理学》*、

《优台谟伦理学》、《论善与恶》**

第九卷：

《政治学》、《家政学》*、《修辞术》、

《亚历山大修辞学》**、《论　诗》

第十卷：

《雅典政制》、《残篇》、全集索引。

按照出版的要求和读书界的需要，从1990年开始，我们准备首先编译出第一、二、三卷，第二步接着编译七、八、九卷，其余各卷的编译工作争取于1995年前完成。这部全集的译文主要以《洛布古典丛书》的古希腊语本文为依据，其理由很简单，这部丛书是在现时流行较广，而在我们目前条件下最容易到手的一个版本。追求知识是人的天性，我们热切地期待着有更精美的、以更完善的版本为依据的亚里士多德著作的译文问世。

这个《全集》的编译受到国家社会科学基金会的资助，受到中国人民大学出版社的大力支持和编辑部的热情关怀才得以进行，在此第一卷问世之初，谨向他们致以深挚的谢意。

1990年8月

图书在版编目（CIP）数据

亚里士多德全集　第一卷/苗力田主编
北京：中国人民大学出版社，1996 重印
ISBN 978-7-300-00850-9

Ⅰ. 亚…
Ⅱ. 苗…
Ⅲ. 亚里士多德全集
Ⅳ. B502.233

中国版本图书馆 CIP 数据核字（96）第 23407 号

亚里士多德全集

第一卷

苗力田　主编

Yalishiduode Quanji

出版发行	中国人民大学出版社		
社　　址	北京中关村大街 31 号	**邮政编码**	100080
电　　话	010－62511242（总编室）		010－62511770（质管部）
	010－82501766（邮购部）		010－62514148（门市部）
	010－62515195（发行公司）		010－62515275（盗版举报）
网　　址	http://www.crup.com.cn		
	http://www.ttrnet.com(人大教研网)		
经　　销	新华书店		
印　　刷	涿州市星河印刷有限公司		
规　　格	140mm×202mm　32 开本	**版　　次**	1990 年 9 月第 1 版
印　　张	20.25 插页 3	**印　　次**	2021 年 9 月第 8 次印刷
字　　数	383 000	**定　　价**	98.00 元
